Große Erwartungen an das Leben hat Marten nicht. Er stammt aus einem problematischen Elternhaus und wächst in einem Umfeld auf, das von illegalen Geschäften, Schlägereien und Sex beherrscht wird. Beim Drogenentzug trifft er Peter, einen ehemaligen Restaurant- und Clubbesitzer, der Martens Talent zum Kochen entdeckt. Sie tun sich zusammen, Marten entwickelt sich zu einem meisterhaften und erfolgreichen Spitzenkoch.

Stella wächst bei ihrer Tante in wohlhabenden Verhältnissen auf, in einer für Marten unerreichbaren Welt. Als ihre Wege sich wieder kreuzen, haben sich die Vorzeichen ihrer Freundschaft verkehrt. Stella zeichnet und malt und stellt ihre Bilder aus, doch Marten nimmt ihre Kunst nicht ernst. Behutsam und unerschrocken führt Silke Scheuermann in menschliche Abgründe und erzählt von brüchigen Lebenswegen. »Wovon wir lebten« ist auch eine Liebesgeschichte, in der sich am Ende unerwartete Zusammenhänge aufdecken.

Silke Scheuermann, geboren 1973 in Karlsruhe, lebt in Offenbach. Für ihre Gedichte, Erzählungen und Romane erhielt sie zahlreiche Stipendien und Preise, darunter ein Stipendium der Villa Massimo sowie den Hölty-Preis für Lyrik. Im Wintersemester 2012/13 hatte sie die Poetikdozentur in Wiesbaden inne. Zuletzt wurde sie mit dem Bertolt-Brecht-Preis 2016, dem Robert-Gernhardt-Preis 2016 und dem Georg-Christoph-Lichtenberpreis 2017 ausgezeichnet. Sie veröffentlicht Lyrik und Prosa, darunter 2005 den Erzählungsband »Reiche Mädchen«, 2007 den Roman »Die Stunde zwischen Hund und Wolf«, 2010 das Kinderbuch »Emma James und die Zukunft der Schmetterlinge« sowie die Romane »Shanghai Performance« (2011), »Die Häuser der anderen« (2012) und »Wovon wir lebten« (2016). 2018 hatte sie die renommierte Frankfurter Poetikdozentur inne.

Weitere Informationen finden Sie auf *www.fischerverlage.de*

Silke Scheuermann
Wovon wir lebten

Roman

FISCHER Taschenbuch

FÜR M.

Alle im Buch vorkommenden Personen und das Geschehen
sind frei erfunden, etwaige Ähnlichkeiten zufällig
und nicht beabsichtigt.

Erschienen bei FISCHER Taschenbuch
Frankfurt am Main, Oktober 2018

© Schöffling & Co. Verlagsbuchhandlung GmbH, Frankfurt am
Main 2016. Lizenzausgabe mit freundlicher Genehmigung.

Satz: Fotosatz Amann, Memmingen
Druck und Bindung: CPI books GmbH, Leck
Printed in Germany
ISBN 978-3-596-70142-1

Haus aus Glas

»Glaubst du, das ist eine tote Nutte?«

Ich drehe mich um. Ein Stück über mir an der Böschung steht ein Junge, den ich hier noch nie gesehen habe.

Von seinem Geschrei sind die Blesshühner, Enten und Nilgänse aufgeschreckt worden, die sich am Ufer versteckt halten; sie flattern wild durcheinander. Es ist sehr früher Morgen, ich kann die Nacht noch in der Luft riechen; Nebelreste qualmen über dem Flusswasser.

»Nein, ganz bestimmt nicht!«, gebe ich ärgerlich zurück.

»Es könnte ja sein, Mann. Die liegt da so!« Er zuckt mit den Achseln.

Seine blonden Haare glänzen in der Sonne, die direkt hinter ihm aufgegangen ist und ihn beleuchtet wie einen Filmhelden. Gerade habe ich beschlossen, ihn einfach nicht mehr zu beachten, da fängt er an, zu mir herunterzusteigen. Das Gras ist nass vom Tau und rutschig; vielleicht fällt er hin. Aber nein. Knackend zerbricht Gehölz unter seinen Schritten, und er steht neben mir.

Er ist etwa so groß wie ich und sehr kräftig. Obwohl es noch ziemlich kühl ist, trägt er nur ein T-Shirt zu den Jeans.

»Hast du sie angefasst? Atmet sie noch?« Um warm zu bleiben, tritt er auf der Stelle. Ich sehe die Gänsehaut auf seinen Armen.

»Reg dich ab. Natürlich atmet sie noch. Wenn du mal die Klappe hältst, hörst du sogar, wie sie schnarcht. Das ist übrigens meine Mutter. Und sie schläft nur.«

»Echt? Oh, sorry.«

Es macht ihm absolut nichts aus, das sehe ich. Um Mutter genauer zu inspizieren, geht er in die Knie. Ihre Haut ist noch blass vom Winter, ihre Haare sind rot. Alle anderen in der Familie haben braune Haare. Vater sagt, sie will etwas Besonderes sein. Sie hat den Kopf auf die Arme gelegt und umgebogene Zweige als Kissen benutzt, schläft gemütlich weiter. Ein Spuckefaden läuft ihr am Kinn hinunter.

»Das ist deine Mutter? Was macht sie hier?«

Ich lasse mich nicht zu einer Antwort herab. Er hätte sie nie entdeckt, wenn ich nicht vor ihr gestanden hätte wie eine blöde Hinweistafel. Hier, wo der Fluss sich zu biegen beginnt und die Strömung schneller wird, stehen die Ufer voller Schilf, das alles verdeckt. Deshalb setzt Mutter sich abends mit ihrem Bier oder der Schnapsflasche gerne hierhin. Ich würde es wahrscheinlich genauso machen, gerade jetzt, an den ersten schönen Tagen. Bisher hatten wir dieses Jahr nur schlechtes Wetter, sogar unser Erdkundelehrer, der unwitzigste Typ überhaupt, hat angefangen, über den Unterschied von nasser Kälte und kalter Nässe zu scherzen.

»Aufwachen!« Ich tippe ihr auf die Schulter. Halte die Hand ins Flusswasser und bespritze ihr Gesicht.

Der Junge findet das total spannend, das merke ich. So schnell werde ich den nicht mehr los, also sage ich: »Hilf mir mal, wenn du schon da bist.«

Das muss man ihm nicht zweimal sagen. Er stürzt sich auf Mutter und zieht so heftig an ihrem Arm, dass er ihr fast die Schulter auskugelt. Aus ihrem Mund kommt ein Grunzen, sie blinzelt endlich. Zusammen gelingt es uns, sie hochzuziehen. Sie nuschelt etwas.

»Er hilft uns kurz«, erkläre ich.

»Warte«, sagt der Junge, »ich halte sie an der anderen Seite.«

Sie steht inzwischen, auf unsere Schultern gestützt, mühsam arbeiten wir uns die Anhöhe hoch. Auf dem Weg wird es leichter, und prompt schließen sich ihre Augen wieder halb, während sie wie ein Automat weiter Fuß vor Fuß setzt.

»Was sollte das mit der toten Nutte?«, frage ich.

»Tut mir leid. Ich wusste doch nicht, dass sie deine Mutter ist!«

Ich versuche es anders: »Ich meine, wie bist du darauf gekommen? Hast du schon einmal eine tote Nutte gesehen?«

»Klar. Zweimal. In Frankfurt.«

»Wow.«

»Na ja, nur vom Fenster aus, sie rannte aus einem Haus. Jemand hat auf sie geschossen. Dauernd war da was los auf der Straße, Polizeirazzien, Messerstechereien und so. Wir haben im Bahnhofsviertel gewohnt, das ist eine gefährliche Gegend.« Er klingt stolz.

»Hm.« Hier in der Stadt gibt es auch jede Menge fiese Ecken, aber da bin ich natürlich nachts nicht.

»Ich habe ein Fernglas«, sagt der Junge.

»Ein Fernglas?« Ich stelle ihn mir damit am Fenster vor und muss grinsen.

Er grinst zurück: »Ja. Genau wie ein Spanner.«

Ich merke, dass er gern eine Pause machen würde, um sich zu unterhalten, aber den Gefallen kann ich ihm nicht tun. Wir gehen weiter. An der Seite wird das Ufer schnurgerade, und nur niedriges Grün wächst am Rand.

»Frankfurt ist sicher nicht schlecht, oder?«, frage ich. Eigentlich nur, weil man das eben so sagt, denn ich vermisse hier nichts.

»Na ja. Jetzt sind wir hier. Wir sind am Wochenende eingezogen. Da!« Er dreht sich um, soweit das mit Mutter an der Seite geht, und deutet zu den Blocks an der Mainstraße.

»Wir müssen da vorne hin.« Ich zeige in die entgegengesetzte Richtung und setze mich wieder in Bewegung. Es ist nicht mehr weit. Wir stoppen vor dem fleischfarben gestri-chenen Mehrfamilienhaus. Meine Eltern nennen es Altrosé, wenn sie jemandem den Weg beschreiben.

»Soll ich mit hochkommen?«

Ich schüttele den Kopf.

»Gut, dann nicht. Ich bin übrigens Micha.« Er streckt mir die Hand hin.

»Marten.« Ich schlage ein, was soll ich sonst tun?

»Man sieht sich!« Er rennt weg.

Unsere Wohnung ist im ersten Stock. Gleich links, wenn man reinkommt, liegt mein Zimmer, gegenüber Mutters. Sie sind etwa gleich klein, aber nur ihres besitzt noch eine Tür. Die zu meinem hat Vater abmontiert, damit ich besser mitbe-komme, wenn Mutter nachts mal wieder betrunken abhauen will, anstatt ihren Rausch auszuschlafen. Das funktioniert gut, weil sie dann das Licht im Flur anknipsen muss, und ich wache von Licht immer auf. Vor Kurzem bin ich darauf ge-kommen, mir eine Unterhose als Schlafbrille über den Kopf zu ziehen. Mal sehen, wann Vater es merkt.

»Da ist ja das Dreamteam!«, ruft er aus der Küche. »Kommt herein und lasst euch ansehen!«

Wir schieben uns in die Küche.

Er sitzt mit Nicole auf dem Schoß am Tisch, und sie teilen sich das Essen auf seinem Teller. Nicole ist erst fünf. Ihr Gesicht ist mit Marmelade beschmiert, und sie strahlt, als sie uns sieht.

»Hey, Süße«, sage ich, aber als sie zu mir hüpfen will, hält mein Vater sie fest. Mit der anderen Hand klatscht er auf den Tisch. »Mein Gott, wie die wieder aussieht!«

So spricht er gerne mit Mutter: als ob sie nicht da wäre. Wenn man das immer wieder hört, dann fühlt man sich wahrscheinlich auch nicht mehr richtig anwesend.

Wir warten, ob noch etwas kommt, aber das ist anscheinend alles gewesen. Vater steckt eine Scheibe Brot in den Toaster. Ich überlege kurz, ob es sich lohnt, wegen einem Apfel oder einer Banane an ihm vorbei zum Obstkorb zu gehen. Aber wer weiß, was ihm dann wieder einfällt, und ich bin sowieso spät dran.

»Viel Spaß in der Schule!« Mutter streicht mir über den Kopf.

»Geh du erst mal duschen, bevor du die Kinder anfasst«, sagt Vater.

Der Scheißkerl. Wenn ich abends nicht einschlafen kann, zähle ich Schimpfwörter für ihn auf, Wörter, für die er mich totprügeln würde, wenn er auch nur eines davon hörte: Scheißkerl, Drecksack, Flachwichser, Miesmacher, Angeber, Arschloch, Arschgeige, Arschgesicht – überhaupt alles mit Arsch. »Arschvater« habe ich neulich erfunden.

Ich schnappe meinen Ranzen und renne raus, die Straße entlang. Zum Glück kommt gerade ein Bus in die richtige Richtung. Ich fahre die zwei Stationen zur Schule mit. Sehe mich nach Micha um, aber der ist nicht da.

2

Es ist Vaters großer Abend. Weil die Familie allein nicht so viel hermacht, hat er sämtliche Nachbarn eingeladen, und wer nicht spontan eine gute Ausrede parat hatte, quetscht sich jetzt bei uns auf die Couchgarnitur: Familie Krauss, die unter uns wohnt, die Wohllebens aus dem Haus links von uns, und das Hausmeisterehepaar aus dem Dachgeschoss. Der Hausmeister hat sein steifes Bein auf einen Hocker gelegt. Wie der

Mann überhaupt noch Reparaturen ausführen kann *mit dem Bein* und ob sie das nicht die doppelte Menge an Stundensätzen kostet, darüber unterhalten sich meine Eltern oft mit den Nachbarn. Heute ist das Nebensache. Alles ist heute Nebensache, denn Vater kommt im Fernsehen.

Ich rücke mit meinem Küchenstuhl so dicht wie möglich an den Berg belegter Brötchen, den zu machen mich den halben Nachmittag gekostet hat. Mutter hat unterdessen geduscht und etwa eine Handvoll Aspirin mit zwei Litern Kaffee hinuntergespült. Nun nimmt sie, fast wieder nüchtern und von einer Sicherheits-Parfümwolke umgeben, lächelnd das Lob der Gäste entgegen, sogar Vater ist zufrieden. Ich gönne es Mutter: Ihr Dankeschön an mich steckt längst in meinem Portemonnaie – im Fach für Scheine, wo sonst nicht viel los ist. Es ist halt ein wahnsinnswichtiger Tag. Da muss auch ein Stapel Brötchen »kalte Platte« heißen.

Als die Sendung beginnt, wagt keiner mehr, sich zu regen. Alle starren auf die Moderatorin von »Unser schönes Hessen«, als ob die uns verraten würde, welche Außerirdischen bald unseren Planeten angreifen. Dabei hat Mutters Freundin Judith vorhin zu ihr gesagt, von dieser Sendung habe sie noch nie was gehört.

Der erste Beitrag über eine Ausstellung im Ledermuseum zieht sich. Ich beschäftige mich damit, möglichst geräuschlos möglichst viele Brötchenhälften nacheinander zu essen. Vater seufzt bei jedem Schnitt, der wieder nur eine neue Museumsinnensicht zeigt. Der nächste Beitrag beginnt mit Bildern des breiten, begrünten Mainufers. »Die Hunderennbahn nennen Insider diesen Abschnitt«, begeistert sich die Stimme aus dem Off, »weil die Vierpföter hier freie Bahn haben!«

Ich freue mich auch: Hunden im Sprint könnte ich stundenlang zusehen. Vater, der nicht damit gerechnet hat, dass ihm Dobermänner und Dackel die Sendezeit stehlen, knirscht wütend mit den Zähnen.

Dann, endlich, ist es so weit. »Jetzt aber«, presst er hervor. Im Wohnzimmer bewegt sich keiner, selbst Nicole sitzt wie festgefroren da. Ich höre auf zu kauen.

»Da!«, stößt Frau Krauss hervor: »Da biste, Schorsch!«

Ihr Gestöhne klingt fast wie das der Frauen in den Sexfilmen, die die Jungs aus der achten Klasse sich gegenseitig ausleihen. Nicht so mein Ding, sage ich dazu nur. Aber Frau Krauss hat den Bann gebrochen, Nicole stößt einen begeisterten Quietscher aus, und Judith klatscht in die Hände.

Man sieht Vater, wie er über den Mathildenplatz läuft und dabei redet.

»Ruhe«, donnert er jetzt live und deutet dabei auf sein Alter Ego in der Glotze. »Man versteht ja sein eigenes Wort nicht!«

Wow, so witzig kenne ich ihn gar nicht! Als Mutters alarmierter Blick mich trifft, lasse ich mein Lachen in ein Husten übergehen.

Es folgen ein paar öde Minuten zum Thema »Sanierung des Mathildenplatzes«, es spricht der »Bauamtsleiter Georg Wolf«. Früher ein Schandfleck im Stadtbild – in Vaters Worten: »von Obdachlosen belagert und jugendlichen Rauschgiftsüchtigen als Treffpunkt missbraucht« –, ist der Platz gegenüber der katholischen Kirche jetzt wieder zum »veritablen Schmuckstück« aufgewertet worden. Gekostet hat das Schmuckstück 2,3 Millionen D-Mark. Das finde ich nun ziemlich viel, denn es besteht eigentlich nur aus einer »modernen« Brunnenanlage in der Mitte, bei der das Wasser von allen Seiten aus einer Art schwärzlichem Riesenklumpen kommt, der aber nicht so genannt wird, sondern »organische Form«. Das Organ hat den ausgeschriebenen Wettbewerb gewonnen – wieso bloß? Losentscheid? Blindenjury? Schmiergeld? Oder gab es nur eine einzige Einsendung?

Abgesehen von dem wässernden Klumpen definiert sich der Platz eigentlich nur über das, was es nicht mehr gibt: die Bäume, die Currywurstbude, das Grünstück zur Kirche hin, auf dem der Mathildenplatzpenner seinen Schlafsack liegen hatte. Halt, doch: Ein neues Schickimicki-Café, das Latte macchiato, hat aufgemacht.

»Achtung! Jetzt!«, sagt Vater. »Oder nein, doch nicht.«

Der Bürgermeister sitzt hinter seinem billardtischgroßen Schreibtisch und lobt seine Mitarbeiter und die vereinten Kräfte seines Amtes, also sich selbst.

»Jetzt aber. Achtung«, sagt Vater wieder, und nun sieht man ihn tatsächlich noch einmal. Er hat sich in das neue Café gesetzt, wo er etwas verloren aussieht, weil es so leer ist. Der Kellner kommt sofort angerannt und ist superfreundlich.

»Namentlich!«, sagt Vater live, wobei er nun selbst seine eigenen Worte im Fernsehen übertönt. »Namentlich hat mich der gegrüßt. *Da* haben die vom Fernsehen vielleicht geguckt! *Das* ist der Kontakt zu den Bürgern, von dem alle immer reden.«

»Horst, wieso kommst du nie im Fernsehen?«, fragt Frau Wohlleben, und alle lachen, außer Horst.

»Wir haben selbstverständlich niemanden verdrängt«, tönt Vater aus dem Apparat. »Es ging bei dem neuen Konzept darum, den Platz für die Normalbevölkerung nutzbar zu machen.«

Normalbevölkerung? Ich denke an Rainer und seine Jungs vom Boxclub, die coolsten Typen überhaupt. Sie haben den Platz immer zärtlich »die Mathilde« genannt und sich zum Herumhängen und Kiffen dort verabredet. Und jetzt? Wo sollen sie hin, wenn sich die »Normalbevölkerung« auf der Mathilde breitmacht? Ich verpasse den Schluss, weil ich meinen Gedanken nachhänge.

»Schon fertig?«, schleimt die Wohlleben. »Das ist aber schade!«

Vater steht auf, um zu kontrollieren, ob das Videogerät die Sendung aufgezeichnet hat.

»Lass noch mal durchlaufen«, sagt Judith und zwinkert Mutter zu.

»Wirklich?« Er ist geschmeichelt.

»Ja, mach doch, Georg«, sagt Mutter. »Ich hole den Nachtisch.«

Ich verlasse die Party.

3

In den nächsten Tagen sehe ich Micha nicht, auch nicht an dem Morgen, als ich noch einmal Mutter am Fluss suchen gehe. Ich glaube schon, dass er Blödsinn erzählt hat und gar nicht wirklich hierher gezogen ist, da steht er in der großen Pause mitten auf dem Hof, umringt von ein paar Jungs aus der 6b. Als er mich sieht, kommt er sofort angerannt: »Marten! Mann, schade, dass ich nicht in deine Klasse gekommen bin!«

Ich freue mich. Wir reden ein bisschen über die Lehrer und Mitschüler, und Micha schlägt vor, dass wir uns für den Nachmittag verabreden: »Bei uns ist noch nichts eingeräumt. Ich komme zu dir«, kündigt er an.

»Ähm, ja. Klar«, sage ich.

Zu Hause hat Mutter Nicole vom Kindergarten abgeholt und sich dann zum Ausruhen auf das Sofa gelegt.

»Hallo, mein Schatz«, sagt sie. »Es ist leider nicht mehr viel im Kühlschrank. Wäre nicht schlecht, wenn du einkaufen gingest. Der Zettel liegt neben dem Geldbeutel … Nur ein paar Sachen.«

»Bin schon weg.«

Auf dem Papier steht: »Tomatenmark, Salat, Reis, 1 Schweinelende ganz, W.« Der letzte Buchstabe ist am wichtigsten: Wodka. Nicht zu verwechseln mit ww für Weißwein oder rw, wobei sie selten Rotwein trinkt, weil der Flecken macht. Die Verschlüsselung ist eine Vorsichtsmaßnahme. W. könnte für Wasser stehen, für Würzmittel, Wellnesspflegespülung oder Wasweißichsonstnochalles, und falls jemand anderes als ich die Liste in die Hand bekommt – schließlich benutzt Mutter immer alte Briefumschläge als Einkaufslisten, und da steht vorne unsere Adresse drauf –, liegt kein Beweis gegen sie vor. Insofern kann man sagen, dass sie unseren Haushalt mit großer Umsicht führt.

»Marten, bist du noch da?«

»Jaha.«

»Danke, mein Großer. Ich weiß manchmal nicht, was ich ohne dich täte.«

Das ist mir nicht neu, aber ich höre es immer wieder gerne.

Zum Supermarkt ist es nicht weit, ich weiß, wo alles steht, und mein Korb ist in wenigen Minuten gefüllt. An der Kasse sitzt wieder die neue Angestellte, die mit den langen, strassbesetzten Fingernägeln. Sie hat sich vor ein paar Tagen geweigert, mir Alkohol zu verkaufen. Weil irgendein Gesetz den Verkauf an Minderjährige angeblich verbietet.

Ein Gesetz? Ich lachte sie aus, denn ich war nun wirklich nicht zum ersten Mal für Mutter unterwegs, aber sie blieb stur. Zum Glück stand die Frau des Zahnarztes in der länger werdenden Schlange und sagte, sie kenne die Familie, das sei schon in Ordnung. Trotzdem ist mir die Szene immer noch so peinlich, dass ich allein beim Gedanken daran in den nächsten Gully versinken möchte.

Heute ist es nicht so voll, dennoch bin ich nervös, als ich mit meinem Korb zum Bezahlen antrete. Umsonst, die Kassiererin lächelt sehr süß und zwitschert: »Ach, du bist es, hallo.«

Wahrscheinlich hat sie mit ihren Kolleginnen gesprochen und weiß jetzt auch Bescheid.

Auf dem Rückweg mache ich einen Umweg am Boxclub vorbei, wo mittags noch nicht viel los ist und Rainer oft rauchend und telefonierend auf dem Hof steht.

Rainer heißt mit vollem Namen Rainer März und ist Anfang der achtziger Jahre Juniorchampion im Leichtgewicht gewesen, bevor er sich am Knie verletzte und vom Profisport Abschied nehmen musste; jetzt ist er Trainer. Er ist schon ziemlich alt, mindestens dreißig; trotzdem sind wir befreundet, seit mir einmal vor dem Bahnhof die Kette vom Rad abgesprungen ist und er mir beim Reparieren geholfen hat. Das heißt, genau genommen hat er einen seiner Jungs herbeordert, und der hat den Schaden behoben. Die Boxübungen, die er mir gezeigt hat, mache ich regelmäßig.

Der Hof ist leer, aber das hat erst einmal nichts zu bedeuten. Ich bleibe in der Einfahrt stehen, um zu verschnaufen, und da geht auch schon die Tür auf. Rainer kommt allerdings nicht allein heraus. Ein Typ im Trainingsanzug, den ich vom Sehen kenne, und zwei Frauen sind bei ihm. Die eine – blondierte Wallemähne, hohe Schuhe, Neontop – ist Jackie, Rainers große Liebe, schon seit Ewigkeiten. Keiner widerspricht Rainer, wenn der sagt, es ist eine komplizierte

Beziehung, denn das ist es wohl. So kompliziert sogar, dass Jackie eigentlich in Darmstadt bei einem anderen Mann wohnt. Auch von einem Kind, das Rainer und Jackie haben, wird oft geredet. Mal heißt es, es lebe bei Jackies Mutter, dann wieder, dass sie es ganz weggegeben haben, ein andermal, dass Rainer es nicht sehen darf; er war nämlich schon im Gefängnis. Was davon nun stimmt und was nicht, weiß ich nicht, keiner tut das, ich glaube, nicht einmal Rainer selbst. Meiner Meinung nach gibt es das Kind gar nicht, sonst hätte ich es irgendwann einmal gesehen. Schließlich taucht Jackie in unregelmäßigen Abständen hier auf – manchmal schaut sie ganz kurz vorbei, manchmal sogar für eine Woche –, aber ein Kind hatte sie nie dabei.

Während er sich mit den anderen unterhält, schiebt Rainer eine Hand in die Gesäßtasche von Jackies Jeans. Sicher gar nicht einfach bei der knallengen Hose.

Ob ich wirklich hingehen soll? Ich wäre lieber allein mit Rainer gewesen. Aber zu spät, er hat mich gesehen und winkt. Sowieso löst sich die Gruppe gerade auf, der andere Mann geht zurück ins Studio, während die beiden Frauen über den gepflasterten Hof in meine Richtung staksen. Die Mädels in der Clique brezeln sich immer total auf, und keine besitzt auch nur ein Paar flache Schuhe.

»Na du? Keine Schule?« Das ist Rainers Standardfrage, die stellt er immer, auch abends um zehn.

Ich schüttele den Kopf. Setze die pralle Einkaufstüte ab, die er anscheinend übersehen hat.

»Hast du meine Jackie gesehen? Sie hat was mit den Haaren gemacht, sieht echt geil aus, was?« Sein Blick wandert Richtung Hofeinfahrt.

»Auf jeden Fall«, bestätige ich, obwohl Jackie für mich ausgesehen hat wie immer.

Er lacht auf einmal los. »Und weißt du was – im Bett ist

die der Hammer. So'n bisschen kennst du dich mit Sex schon aus, hm? Na klar.« Er zwinkert mir zu.

»Hm«, mache ich vage. Zu blöde, dass er jetzt wieder mit dem Thema kommt, viel lieber hätte ich mich über Krafttraining unterhalten, zu Sex habe ich nichts zu sagen. Was man mir anscheinend ansieht, denn Rainer fragt jetzt: »Obwohl – wie alt bist du, zehn, elf, zwölf?«

Ich warte, aber höher zählt er nicht mehr: »Genau«, sage ich dann.

»Dann haste alles noch vor dir, freu dich!« Und halblaut fügt er hinzu, als sei es nicht mehr wirklich zum Hören gedacht: »Nur schade, dass sie so eine Schlampe ist …«

Puh, denke ich, jetzt kommt wieder was mit Sex. Besser, ich verschwinde.

»Was ist, willst du schon weg, Kleiner? Ach so, die Einkäufe … Die lassen dich ganz schön schuften, was? Aber pass auf, das ist gut so, auch wenn dir das jetzt nicht so vorkommt. Aus dir wird mal ein echter Kerl.«

Ich werde rot vor Freude und Verlegenheit.

Mutter macht sich gerade eine Tasse Tee, als ich zurückkomme.

»Ein Junge ist für dich da gewesen«, sagt sie. »Micha. Sah nett aus. Ich hab ihm gesagt, du bist nicht da.«

Mist. Ich hätte nicht gedacht, dass er *sofort* nach der Schule kommt.

»Klingelt er später noch mal? Hat er was gesagt?«

»Oh. Nein.« Sie packt die Einkaufstüte aus. »Vielleicht hätte ich ihn fragen sollen.«

»Ja«, sage ich ärgerlich und gehe in mein Zimmer.

Hinter mir höre ich ein Gluckern. W. ist im Einsatz.

4

Vater, Nicole und ich besuchen die Tierhandlung Kutter. Ich habe Mutter überreden wollen mitzukommen, weil ich ihr endlich einmal die Terrarien zeigen will, aber keine Chance, sie ist viel zu froh, am Wochenende mal ihre Ruhe vor Vater zu haben, selbst wenn es nur ein, zwei Stunden sind.

Na ja, wenn es die Kragenechsen nicht gäbe, würde ich das auch vorziehen.

Herr Kutter bedient uns mit Lächeln und Elan. Holt ein Kaninchen nach dem anderen aus den Ställen hervor, damit Nicole sie streicheln kann. Wow. Ich erkenne den alten Kotzbrocken kaum wieder. Aber vermutlich hasst er Kinder in seinem Laden nur, wenn sie allein kommen, denn dann wollen sie in der Regel nichts kaufen, sondern bloß gucken und ihn mit Fragen löchern.

Nicole begutachtet den ersten Kandidaten, ist sich nicht sicher, will den zweiten und dritten ansehen, dann erneut das Kaninchen von vorhin haben, nein, nicht das, das erste bitte – mir ist völlig schleierhaft, wie sie die Tiere auseinanderhält. Alle sind »süß«, weiß oder braun und haben idiotisch hängende Ohren, Ohren, die Nicole nicht müde wird aufzurichten, nur damit sie wieder herunterfallen. Herr Kutters Lächeln wirkt langsam etwas bemüht.

Ich drehe eine Runde durch den Laden. In der großen Voliere sitzen etwa ein Dutzend Sittiche, ganz verschiedene Arten. Hellgelbgraue Nymphensittiche mit Punkerfrisuren. Zwei Unzertrennliche, deren grelles Grün jeden Neonmarker neidisch machen kann, schmusen miteinander. »Unzertrennliche« heißen sie, weil sie sich ihr Leben lang treu bleiben; wenn einer stirbt, ist der andere auch so gut wie tot. Die Rosellas sind die buntesten: als habe jemand an ihrem

Gefieder zeigen wollen, wie perfekte Farben aussehen sollten. Das blauste Blau, das man sich vorstellen kann, ein Rot wie eine Explosion, und bei dem Gelb denkt man, ein Stück des Vogels sei in die Sonne gefallen. Wenn ich dagegen an die Menschen denke mit ihrer gelblichweißen, graubräunlichen Haut und ihren stumpfen Haarfarben – die Krone der Schöpfung, also na ja.

An der Wand mit den Aquarien bleibe ich nur kurz stehen, obwohl die Farben der Fische kaum weniger prächtig sind. Nur ein dünnes Stück Glas, und dahinter ist diese vollkommen fremde, unheimliche Welt. Man sagt ja immer, Fische beruhigen, aber mich machen sie zappelig, zumindest wenn sie in Glaskästen untergebracht sind wie hier. Immer nur dieses winzige Stück Wasser abschwimmen, das muss furchtbar sein. Wenn man einen Papagei zu Hause hat, kann man ihn wenigstens mal im Wohnzimmer rumfliegen lassen, aber einen Fisch? Nichts zu machen. Ob sie von Seen oder vom Ozean träumen? Albträume vom Ersticken haben? Auf solche unangenehmen Gedanken bringen sie mich, die angeblich beruhigenden Fische.

Im Hinterzimmer stehen die Terrarien: In einem sind Geckos untergebracht, in dem daneben Warane. Im größten, fast zwei Meter lang, wohnen drei Kragenechsen. Auf den ersten Blick entdeckt man sie nicht und denkt, der Kasten sei leer. Man muss wirklich genau hinschauen. Wegen ihrer Tarnfarbe verschmelzen sie mit der Erde und den Wurzeln, die eine Art Wüstenlandschaft bilden. Da ich ihre Lieblingsplätze inzwischen kenne, sehe ich den bräunlichgrauen Otto und den etwas dunkleren Oscar sofort. Die dritte Echse, die kleinste, ist noch nicht sehr lange da. Sie muss sich im umgekippten Blumentopf versteckt haben. Ihr habe ich noch keinen Namen gegeben, aber ich denke an Olaf. Orlando passt irgendwie nicht.

»Hallo, Otto!«, grüße ich leise. Bevor ich gegen die Scheibe klopfe, um ihn ein wenig zu erschrecken, drehe ich mich unauffällig um – Kutter schaut gerade zu mir rüber. Hat wohl Angst, dass ich hier irgendwelchen Blödsinn mache.

»Ihr Junge interessiert sich ja sehr für die Reptilien!«, sagt er zu meinem Vater.

Mein Vater gibt etwas Ähnliches wie »Hmmpf« von sich.

»Seit diesem Jurassic-Park-Film ist die Nachfrage enorm gestiegen, gerade unter Jugendlichen. Es ist ja auch eine fantastische Art, eine Spezies zu beobachten, wenn …«

»Der Junge kriegt keine Echse. Das hätte mir gerade noch gefehlt«, schnauzt mein Vater. »Sich so ein Monster zu halten! Und die Kosten: Strom, Licht … nein, nichts da.«

Tja. Wenn das ein Test gewesen ist und Kutter herausfinden wollte, ob Herr Wolf eventuell auch bei seinem Sohn so großzügig ist, dann weiß er jetzt Bescheid.

Monster! Eine längst vergangene Welt hat einige Saurier im Miniaturformat überleben lassen. Chlamydosauren ist ihr lateinischer Name, ich weiß das aus einem Buch in unserer Schulbibliothek. Die Seiten über die Kragenechse habe ich so oft gelesen, dass ich sie fast auswendig kann.

Er hat keine Ahnung, was diese Tiere können. Wenn sie sich nämlich bedroht fühlen oder erschrecken, stellen sie sich auf die Hinterbeine, öffnen den Mund und klappen ihre großen, leuchtend orangefarbenen Kragen auf. Sie rennen auch so, aufrecht, den Kragen gut sichtbar, sind sie auf diese Weise größer – wobei man bedenken muss, sie werden bis zu einem Meter lang! Einfach irre.

Ich klopfe leicht gegen die Scheibe. Schade, weder Otto noch Oscar erschrecken. Aber ich will ihnen keinen Stress machen, lauter pochen möchte ich nicht. Otto ist dicht an der Scheibe, wachsam.

Wenn ich so ein Terrarium besäße, denke ich, würde ich

meine Echsen die Wände hochklettern lassen, sie könnten in der Badewanne schwimmen, und ich würde so viele Heuschrecken fangen, wie sie essen können, natürlich lebend. Und ich würde ihnen eine wunderbare Höhle basteln. Wir wären bald richtige Kumpels.

Gleichwertige, denn vor allem aber gefällt mir, dass sie ihren Besitzern nicht wehrlos ausgeliefert sind; viele haben sogar Angst vor ihren spitzen Krallen.

Wenn ich mir das Gegenteil eines Kaninchens denken soll, dann ist das eine Kragenechse.

»Natürlich kannst du den Hasi nennen«, schwadroniert Herr Kutter unterdessen. »Kaninchen gehören zur Familie der Hasenartigen. Der Unterschied ist, dass Kaninchen gerne in Rudeln leben, Hasen aber Einzelgänger sind. Und Hasen haben natürlich stärkere Hinterläufe und mehr Gewicht ...« Als ob das eine Fünfjährige kapieren würde.

Plötzlich werde ich traurig. Ich werde nie einen Otto haben. Ein Witz meines Vaters fällt mir ein: Schließ mal die Augen und leg die Hände davor, Junge. Ja, gut so. Nun mach sie wieder auf: Was du jetzt siehst, gehört dir.

»Kommst du endlich«, tönt es auch schon vom vorderen Teil des Ladens. Vater hat eines der weißen Kaninchen im Arm; es versucht panisch, sich unter seine Achseln und in die Ärmel der Wildlederjacke zu wühlen. »Nimm das, ich gehe zahlen.«

Das Tier zittert in meinen Armen wie verrückt. Die Augen von Kaninchen blicken immer fürchterlich erschrocken drein – als erwarteten sie das Schlimmste. Ich frage mich, wie es sein muss, jeden Augenblick in Angst zu leben, das muss ein unglückliches Leben sein.

Ein Kaninchen kostet dreißig Mark, mein Vater kauft Nicole drei. Die beiden anderen hat Herr Kutter schon in den Käfig gepackt, den Nicole natürlich auch braucht.

Während Kutter meinem Vater noch an der Kasse Zusatz-futter, Vitamine, Spielzeug und andere Extras aufzuschwatzen versucht, streichele ich das Kaninchen in meinem Arm, und beim Streicheln drücke ich am Hals ein wenig zu, erst ohne Absicht, nur um zu spüren, ob man durch das dicke Fell an die Kehle kommt, oder ob es quiekt.

Dann, als ich merke, dass es sich nur ein wenig in meinen Armen versteift, drücke ich fester.

Und noch fester.

Das Kaninchen zappelt überhaupt nicht. Es strampelt nicht und kickt auch kein bisschen mit den Hinterläufen wie im Zeichentrickfilm. Auf einmal ist es tot, und keiner hat es gemerkt. Es ist ganz still, tot und still, aber sehr friedlich und hübsch.

Mir kommt der Gedanke, dass ich jetzt ein Problem habe.

Ich handele sofort, denn sonst hätte ich keine Chance gehabt. Überhaupt keine.

Während sich auf meiner Stirn Schweißtropfen bilden, setze ich das Tier zu den beiden anderen in den Käfig. Nicole steht inzwischen bei den Hundeleinen, sie möchte mit den Häschen spazieren gehen, sagt sie. Die Männer lachen, weil sie so goldige Ideen hat. Mir wird schlecht. Nicht nur, dass ich eben nichts Goldiges getan habe, das tue ich eigentlich nie. Aber ein Kaninchenmord? Das hat eine andere Dimension. Ein Kaninchenmord könnte eine schwerere Strafe nach sich ziehen, als ich sie je zuvor bekommen habe.

Meine Brust schmerzt vor Aufregung bei jedem Atemzug. Wenn mich jetzt jemand anspricht, kippe ich um.

Wie durch ein Wunder tut das keiner. Vater nimmt Nicole an der Hand und spaziert mit ihr hinaus, während ich ohne zu protestieren den Käfig und den Sack mit Streu hinter ihnen hertrage. So überladen zu sein hat den Vorteil, dass ich mein Gesicht verstecken kann.

Niemand merkt etwas auf dem Weg zum Auto. Das weiße Kaninchen Nummer zwei und das braune purzeln übereinander, das tote fällt absolut nicht auf. Nicole sieht ab und an zu mir rüber und in den Käfig: nichts.

Die ganze Zeit pocht mein Herz so laut, als wollte es für das tote kleine Tier mitschlagen.

Zu Hause verschwinden mein Vater und meine Schwester sofort in Nicoles Zimmer. Mutter hängt auf dem Balkon Wäsche auf und winkt, sie komme gleich. Ich atme ruhiger. Fühle mich seltsam leicht, aus der Welt gehoben: Jetzt kann mir nichts mehr passieren. Zwar bin ich die ganze Zeit darauf gefasst, dass Nicole loskreischt, aber nichts passiert.

Vorerst. Etwas muss ja geschehen.

Ich sitze in meinem Zimmer und warte.

Kurz darauf kommt Vater mit verärgerter Miene in den Flur, ein kleines Fellbündel an der Brust. Er vergewissert sich, dass die Tür hinter ihm geschlossen ist, und lässt das tote Kaninchen auf den Telefontisch im Flur plumpsen.

»Kaum zu glauben«, zischt er, »guck mal, der ist schon hin!«

»Oh«, mache ich.

»Pst!« Er legt den Finger an den Mund. »Pass auf, wir machen das jetzt so: Du gehst noch mal zurück und tauschst das um. Ich habe deiner Schwester gesagt, bei diesem fehlt die Impfung.« Er ist sichtlich stolz auf seinen Einfallsreichtum.

»Oh«, wiederhole ich. Mehr fällt mir im Augenblick wirklich nicht ein, diese Wendung der Dinge kommt allzu unerwartet.

»Tja, unglaublich, was? Hat wohl beim Transport einen Herzkasper bekommen.«

»Oh, natürlich ...«

»Oh? Bist du jetzt vollends verblödet? Stell dich nicht so an. Sag Kutter, er soll dir ein Robusteres geben, das darf ja wohl nicht sein! Hast du verstanden?«

Ich schrecke auf. »Ja, klar.«

Er gibt mir sogar Geld für den Bus, so wichtig ist ihm die Sache.

Zuerst ist es ein befremdliches Gefühl, mit dem toten Hasen in einer Umhängetasche zwischen den anderen Fahrgästen im Bus zu sitzen, doch als ich aussteige und den Weg zurück ins Geschäft einschlage, werde ich vor lauter Erleichterung jede Minute vergnügter, und zuletzt stehe ich richtig fröhlich vor Kutter.

Ich triumphiere innerlich.

Zum ersten Mal habe ich meinen Vater ausgetrickst.

Zum ersten Mal habe *ich* gewonnen.

5

Es klingelt an der Tür. Nicole plärrt: »Besuuch!«, während Mutter etwas aus dem Badezimmer ruft, das ich nicht verstehe. Ich nehme gerade auf dem Balkon ein Sonnenbad, aber jetzt beeile ich mich, in meine Espadrilles zu schlüpfen und aufzumachen.

Diesmal hat Micha genau gesagt, wann er kommt, damit ich ihn nicht verpasse.

»Wo ist denn die Tür?«, fragt er sofort, als wir in mein Zimmer gehen. Komisch, er ist der Erste, dem das auffällt.

»Im Keller. Kaputt.«

»Kann man die nicht reparieren? Oder eine neue einbauen? Dafür hat man doch ein eigenes Zimmer – damit man die Tür hinter sich zumachen kann.« Micha sieht mich verständnislos an.

Ich zucke die Achseln. »Bin nicht oft hier.«

Er hat ins Schwarze getroffen: Ich bin genau deshalb selten in meinem Zimmer. Es gibt dort keine Verstecke für mich; ich könnte genauso gut auf dem Flur stehen.

Die einzige Möglichkeit ist, sich im Bett zu verkriechen. Doch wer will das schon.

»Mein Vater kann euch das in zwei Minuten machen.« Micha streicht mit der Hand über das Holz des Türrahmens.

»Ist der Schreiner, oder was?«

»Genau.«

»Danke, aber muss nicht sein.«

Nicole tapst herein.

»Geh weg, Nicole«, sage ich.

Sie beachtet mich nicht, sondern strahlt Micha an. »Willst du meine Kaninchen sehn?«

»Gern«, sagt Micha.

»Die sind in meinem Zimmer.«

Nicoles Zimmer ist größer als meines, aber dermaßen mit Spielzeug vollgestellt – sie stellt *alles*, was sie hat, immer ordentlich in mehreren Reihen auf dem Boden auf –, dass es kaum einen Unterschied macht. Es bleibt nur ein schmaler Durchgang frei, der zum Käfig führt. Meine Schwester, völlig überwältigt von dem Besuch in ihrem Zimmer, lässt sich auf ihr Bett fallen, während Micha die Tiere begutachtet.

»Das sind Widder«, sagt er.

Nicole kichert und sagt zu mir: »Der ist doof.«

»Widder heißt die Rasse mit den hängenden Ohren«, erklärt Micha. »Die sind extra so gezüchtet.«

»Das sind *Kaninchen*«, widerspricht Nicole, während ich so tue, als sei mir das geläufig. Hätte Kutter ja auch mal erwähnen können.

»Klar sind das Kaninchen«, sagt Micha. Er ist so schlau, nicht weiter auf dem Thema herumzureiten: »Hast du ihnen Namen gegeben?«

»Tick, Trick und Track«, nuschelt meine Schwester.

»Trick und Track sind die weißen. Schwer auseinanderzuhalten«, erläutere ich.

Micha öffnet die Käfigtür und greift hinein.

»Nein! Tu die Hand wieder raus. Das sind meine«, quengelt meine Schwester, aber Micha lässt sich nicht stören. Er angelt nach einem Widder und betastet das zitternde Tier.

»Tja, Nicole. Bald hast du mehr als drei«, bemerkt er fachmännisch.

»Was?«, frage ich, »meinst du etwa …«

»Gib her«, sagt Nicole, und ihre Augen füllen sich mit Tränen: »Marti, sag dem da, er soll Tick wieder reintun!«

»Ja, die ist schwanger.«

Micha setzt meiner Schwester das Kaninchen vorsichtig auf den Schoß.

»Sicher?«, frage ich. Noch mehr Kaninchen … Eine vage Idee formt sich in meinem Kopf.

»Ich glaub schon. Nicole, bald brauchst du einen größeren …«

Ich lege den Finger auf meinen Mund, Micha nickt. Ich weiß auch nicht, warum, aber ich will nicht, dass Nicole es weiß und überall herausposaunt.

Wir spielen eine Weile mit den Tieren, lassen sie herumhoppeln und versperren ihnen ab und zu den Weg. Nicole quietscht vor Begeisterung und wird auch nicht müde, das umgerannte Spielzeug immer wieder ordentlich in Reih und Glied zu stellen.

»Die müssen im Sommer in den Garten, das ist doch nicht schön, wenn sie nur in deinem Zimmer sein können. Du brauchst einen richtigen Stall für die. Wenn du willst, frage ich meinen Vater, ob er dir einen baut«, sagt Micha. »Okay?«

Nicole bringt keinen Ton heraus vor Glück. Als wir gehen wollen, liegt sie auf einmal bäuchlings auf dem Teppich und hält Michas Fußgelenke umklammert.

»Ich weiß gar nicht, was du hast, deine Schwester ist doch supersüß«, sagt er später, als wir wegen des Windes aufgegeben haben, Federball zu spielen, und nun nebeneinander auf dem Rasen sitzen und zum Fluss runterschauen.

»Sie ist ganz okay«, sage ich großspurig. Er hat natürlich recht, meine Schwester ist das niedlichste kleine Mädchen, das man sich vorstellen kann. Wenn man mit ihr einkaufen geht oder sie zum Kindergarten bringt, bleibt sie an jeder Ecke stehen, um eine Blume zu pflücken. Wenn wir zusammen einen Film ansehen, legt sie immer ihre winzigen, nackten Füße auf meinen Schoß, obwohl sie weiß, dass ich sie gerne kitzele. Wenn sie dabei einschläft und träumt, stößt sie manchmal kleine Kiekslaute aus und strampelt mit den Armen und Beinen, als wolle man sie gefangen nehmen. Und an manchen Tagen, wenn sie schwierig ist und nichts essen will, kann nur ich sie dazu bringen. Ich habe nämlich das Hungrige-Schweinchen-Spiel für sie erfunden, bei dem man laut grunzt und sich tief über die Teller beugt, um die Mahlzeit, ohne Messer und Gabel, direkt vom Teller zu schlürfen. Ihre Haare bekommen dann Soße ab, aber sehr schnell ist sie wieder so vergnügt, dass sie alle paar Bissen um den Tisch flitzt, wie es Schweinchen ihrer Ansicht nach tun. Es dauert eine Ewigkeit, bis ihr Teller halbwegs leer ist. Man könnte Nicole immerzu knuddeln, so ein Mädchen ist sie.

Trotzdem finde ich, sie muss nicht überall dabei sein.

»Du kannst froh sein, dass du Geschwister hast. Ich hätte gerne welche.« Micha bohrt mit dem Finger im Gras herum.

»Na ja, alle mögen Nicole, manchmal bin ich ein bisschen eifersüchtig. Wenn Vater mit ihr spielt – also, dann erkennt man ihn gar nicht wieder.«

»Wieso? Wie ist er dann?«

»Nett. Man könnte meinen, er hat ein Herz, sagt Mutter immer.«

»Puh. So schlimm?«

Ich nicke nur.

Micha sagt nachdenklich: »Er muss kein Herz haben. Du bist sicher, weil du sein Nachwuchs bist. Und noch nicht ausgewachsen. Ich meine, es kann auch bloß Instinkt sein, weißt du? Bei Hunden nennt man das Welpenschutz.«

Ich starre ihn an: Er versteht mich. Und er sagt wirklich interessante Sachen. Ich will wissen, wie seine Eltern sind, und er erzählt, seine Stiefmutter sei Thailänderin und heiße Bai Lin. Dann steht er auf und klopft sich Gras von der Hose: »Komm einfach vorbei. Ich muss jetzt nämlich heim.«

6

Das ist Bai Lin – Kramer? Ich blinzele überrascht. Die Frau, die mir die Tür geöffnet hat, ist klein und pummelig. Sie sieht kein bisschen aus wie die zwei schönen jungen Schwestern, die im Chinarestaurant bedienen, abgesehen von den schrägen Augen. Und selbst die sind anders, liegen so tief über den runden Wangen, dass ich nicht einmal ihre Farbe erkennen kann.

»Du willst zu Micha.« Ihr hoher Singsang erinnert mich an das Miauen einer Katze. »Komm herein.«

Sie hat keine Schuhe an. Ich folge ihren winzigen braunen

Füßen ins Wohnzimmer, das mit bunten Vorhängen, Blumengestecken und goldenen Buddhas ausstaffiert ist wie ein Palast. Couchgarnitur und Fernseher verschwinden hinter Kissen, Wandteppichen, hübschen Schalen und Tellern. In der Luft hängt ein süßlicher, würziger Geruch, der teilweise von Räucherstäbchen in einer Art Schrein stammt, aber es scheint auch gerade gekocht worden zu sein. Ich staune nur so. Es kommt mir vor, als hätte ich ein fremdes Land betreten. Während ich auf Micha warte, sehe ich die Fotos über der merkwürdig niedrigen Couchgarnitur an. Da steht Michas Stiefmutter, dünner und in ein Blumenkleid gewickelt, am Strand. Neben ihr der Mann mit gelbbraunen Zähnen und dem Ziegenbart muss Michas Vater sein. Die zwei lachen fröhlich in die Kamera. Auf anderen Bildern wieder stehen sie vor Sehenswürdigkeiten oder sitzen an der Bar. Einmal trägt Michas Vater ein Hawaiihemd, das mit Palmen bedruckt ist, ein andermal eines mit lauter kleinen Regenbogen darauf.

Ich lasse mich auf einem der glänzenden Kissen nieder. Michas Stiefmutter kommt zurück, stellt einen Teller mit Obst vor mich und legt eine Serviette mit einer Gabel dazu. Klein geschnittene Wassermelone, Ananas und Stücke einer hellgelben Frucht, die ich nicht kenne. Es sieht gut aus. Ich spieße ein Stück Ananas auf. Die thailändische Gastfreundschaft gefällt mir.

»Sorry, ich war am Computer!« Micha ist da. »Spielst du auch gerne?«

Ich schüttele den Kopf. Esse noch mehr Ananas, und als sie alle ist, fange ich mit der Melone an.

»Sag mal, Bai Lin, gibt's auch was Richtiges?«, ruft Micha. »Lass doch mal den Nachtisch stehen, Marten.«

Den Nachtisch?

Da kommt auch schon Bai Lin herein, mit zwei Schalen voll dampfendem Essen. Fleischstreifen, Reis und Gemüse.

»Nein, danke!«, sage ich. Ich denke an all die Gerichte beim Chinesen, die ich wegen der schleimigen süßsauren oder scharfen Soße nicht mag. Abgesehen davon ist es jetzt nicht mehr ganz so peinlich, schon den Nachtisch gegessen zu haben, finde ich.

»Probier wenigstens«, drängt Micha. »Zwei Bissen.«

Vorsichtig ziehe ich mit der Gabel ein Stück Fleisch aus der Sauce, die milchig und rötlich ist, und nehme es in den Mund. Es schmeckt unglaublich.

»Das ist ein Curry«, sagt Micha.

Ich esse zwei Currys. Hinterher zeigt Micha mir seine Videosammlung, zu der ich nur »wow« sagen kann, das trifft es am besten, zumal man eine ganze Menge eigentlich erst ab achtzehn ansehen darf. Ich darf aussuchen und wähle *Jurassic Park 2*, denn den kenne ich noch nicht; er lief vor zwei Jahren im Kino, und ich fand es furchtbar, dass ich ihn verpasste. Den Grund weiß ich schon gar nicht mehr, vielleicht hatte ich Hausarrest oder kein Geld oder musste mich um Nicole kümmern. Am wahrscheinlichsten alles hintereinander, und dann waren die Vorführwochen auch schon vorbei.

Kaum ist ein Dilophosaurus zu sehen, trumpfe ich mit Fachwissen auf: »Der kommt ja auch im ersten Teil vor, erinnerst du dich? Aber in Wirklichkeit war er dreimal so groß und hatte auch nicht so einen Kragen. Das haben Forscher herausgefunden. Weißt du, wo Spielberg diese Idee herhatte?«

Micha schaltet sofort den Film auf Standbild: »Sag schon!«

Ich erzähle ihm alles, was ich über diese Art noch weiß, und selbstverständlich auch von Otto, Oscar und Olaf. Wir diskutieren noch eine Weile und sind uns dann einig, dass die Filmhandlung aber trotzdem logisch ist, weil für den Saurierpark, das wird extra gesagt, die DNA von lebenden

Amphibien benutzt wird, um die fehlenden Stränge aus der fossilen zu ergänzen. Die Zeit vergeht dabei rasend schnell, schon ist es fünf, und ich muss dringend nach Hause.

»Ich begleite dich ein Stück«, sagt Micha.

Wir wollen gerade zur Wohnungstür raus, da wird die aufgeschlossen, und der dürre Mann mit Ziegenbart, den ich von den Fotos kenne, kommt herein.

»Hallihallo«, ruft er, und als er mich sieht: »Ei, der Micha hat ja Besuch!«

Er sagt noch, ich könne ihn Rudi nennen, wie Micha, und da muss ich auch schon los, gerade als Bai Lin nun Rudi ein Bier und eine Schüssel Curry serviert; anscheinend isst hier jeder einfach, wann es ihm passt. Micha sagt, dass er mich ein Stück begleitet wird, und Rudi nickt mit vollem Mund.

Langsam gehen wir den Fluss entlang.

»Dein Vater ist echt nett«, sage ich. Ich bin ein bisschen neidisch, weil ich sofort gemerkt habe, dass Micha und er sich gut verstehen. Er ist der erste Junge, den ich kenne, der seine Eltern beim Vornamen nennt, als wären sie seine Freunde. Abgesehen davon, dass er mitten am Tag Videos ansehen darf, sogar welche, für die er eigentlich zu jung ist.

»Stört es ihn nicht, dass du ihn Rudi nennst?«

»Nö, ich glaub nicht. Hat sich so ergeben.«

Zu Hause wartet mein Vater schon, um mich ins Kreuzverhör zu nehmen: Wer ist dieser neue Junge? Was ist das für eine Familie? Wo kommen die her?

Ich antworte so knapp es geht.

Er runzelt die Stirn, er sieht müde aus. »Sein Vater ist Schreiner, sagst du? Eigener Betrieb?«

»Ja, doch«, sage ich und hoffe, dass er mein Zögern nicht bemerkt hat.

Aber Vater sagt nur: »Na, dann werden wir mal sehen, ob

du diesen Micha lange als Freund halten kannst«, und geht weg.

Nicole hört in ihrem Zimmer eine Kinderkassette, Mutter kann ich nirgends finden. Vermutlich schickt er mich nachher los, um sie im Gemütlichen Eck abzuholen.

Das Gemütliche Eck ist ihr Stammlokal. Für Vater ist es kaum zu glauben, dass sie ausgerechnet diese Kneipe regelmäßig besucht; er würde nie einen Fuß hineinsetzen, sagt er, er habe einmal durchs Fenster gesehen, das reiche ihm. Mutter gefällt es im Eck natürlich genau deshalb. Für die *Normalbevölkerung* ist der Laden einfach nicht vornehm genug. Viel zu beschäftigt damit, generelles Hundeverbot im Büsingpark durchzusetzen und die Tempo-30-Zonen vor Kitas zu erweitern, liegt er praktisch außerhalb ihrer Wahrnehmung.

Außerdem muss Mutter im Gemütlichen Eck nicht befürchten, hinausgeworfen zu werden, denn das ist noch nie passiert. Auch dann nicht, wenn der Rausch sie ein gutes Stück über die Schamgrenze geschoben hat und sie anfängt, Reden zu schwingen über Gott und die Welt, Leid und Trost zum Beispiel und was Hass und Misstrauen damit zu tun haben. Einmal, es ging um Liebe und Besessenheit, habe ich sie mitten in so einem Vortrag abgeholt, und der Eck-Wirt hat behauptet, dass sie zu sehr interessanten Ergebnissen kommt, wenn sie nicht gerade mittendrin den Faden verliert. Er ist wirklich nett. Ein andermal habe ich gesehen, wie er ihr, als sie an der Theke einschlief, ein besticktes Kissen unter den Kopf geschoben hat. SÜSSER TRAUM stand darauf.

7

Die Kramer'sche Schreinerei befindet sich zu meiner Überraschung in dem Gebäude, in dem früher ein Bestattungsinstitut gewesen ist – aber eines, das man auf den ersten Blick
überhaupt nicht als solches erkannte, denn die Besitzer
dekorierten das Schaufenster immer neu und aufwändig um.
Als wollten sie zeigen, dass der Tod genauso abwechslungs-
reich wie das Leben sein kann.

Mal saßen Gipsengelchen mit dicken Gesichtern, wo immer Platz war, und Lichterketten rankten sich quer über das
Fenster. Dann wieder sah man eine Überfülle an Stoffblu-
mengestecken oder Kerzen. Plakate mit Sonnenblumen oder
Bäumen und meistens einer Spruchweisheit darauf klebten
am Fensterglas: »Lerne an die Hoffnung zu glauben«, las ich
einmal, und ich weiß noch, dass ich es gemein fand, den un-
glücklichen Hinterbliebenen auch noch so komplizierte
Aufgaben zu stellen. Hallo Leute, da ist gerade einer aus der
Familie gestorben, aber bitte, beschäftigt euch erst mal damit, »glauben« überhaupt zu »lernen« – also nicht mal das
gibt's umsonst.

Jedenfalls musste man zweimal hingucken, bis man die
Särge dazwischen bemerkte. Aber es lohnte sich: Manche
aufgeklappte, gepolsterte sahen geradezu bequem aus, wie
für Graf Dracula gebaut. Man bekam Lust, sich hineinzu-
legen. Dann wieder waren rosa Kisten angesagt, schlicht und
zugeklappt ähnelten sie gigantischen Pralinenschachteln.
Oder es gab helles Kiefernholz, das mit Schnitzereien ver-
ziert war.

Anfangs machte mich die heitere Atmosphäre, die so er-
zwungen werden sollte, erst recht beklommen. Ich fühlte ein
unheimliches Kribbeln, wenn ich wieder einmal vor dem

Schaufenster stand, war verwirrt von der Ratlosigkeit, mit der diese angeblichen Profis mit dem Tod umgingen. All der Firlefanz. Als ob es einen Unterschied machte, in welcher Kiste man unter der Erde vermodert.

Zuletzt gab es für mich nur einen logischen Grund: Die Ladenbesitzer mussten Vampire sein und die Särge für ihresgleichen machen. Nur so ergab der Aufwand einen Sinn.

Mir fällt das letzte Plakat ein, kurz bevor jemand ein »Zu vermieten«-Schild mit Telefonnummer am Haus anbrachte: »Fürchte dich nicht vor der Veränderung, nur vor dem Stillstand« hatte darauf gestanden.

»Weißt du, was hier vorher drin gewesen ist?«, frage ich Micha.

»Na klar!«

»Und? Findest du das nicht gruselig?«

»Nee, ich muss hier ja nicht übernachten.«

Das Schaufenster wirkt nun viel ernsthafter als damals beim Bestattungsinstitut. Ein Regal aus dunklem Holz, das aus mehreren Teilen auf Rollen bestand, eine Kinderwiege, die vorne in einem hölzernen Löwenkopf endet, mehrere Tische in ovalen Formen, die an Einzeller unter dem Mikroskop erinnern. Ich blinzele. Meine Nasenspitze berührt das Glas. Weiter hinten stehen noch mehr Sachen, doch ich kann nur Umrisse erkennen.

»Rudi fertigt nur Einzelstücke an, direkt auf Kundenwunsch«, erklärt Micha. Er klingelt noch einmal, und als sich immer noch nichts tut, lässt er den Finger auf dem Knopf. »Eigentlich könnte er sich Designer nennen, sagt er, so schweineteuer wie er seine Sachen verkauft. Aber er hat herausgefunden, dass die Leute es lieber mögen, wenn sie denken, sie hätten einen Geheimtipp gefunden, so 'nen Handwerker alter Schule; ich versteh's auch nicht ganz.«

Ich kann meinen Blick nicht vom Schaufenster losreißen.

Wer wohl ein Regal haben will, dessen Teile man immer neu gruppieren kann? Jemand, der häufig umzieht? Ich zucke zurück, als sich etwas bewegt. Doch der Umriss im Dunkeln entpuppt sich lediglich als eine graue, strapaziert aussehende Katze, die mit vorsichtigen Schritten auf mich zukommt und dann direkt vor der Scheibe stehen bleibt, um mich anzugähnen.

»Das ist Momo«, erklärt Micha, »die hat den Beerdigungsleuten gehört. Mann, wann macht der endlich auf?«

Den Beerdigungsleuten? Aber die sind vor einem *halben Jahr* ausgezogen, mindestens. Wieso lebte die noch und war nicht verhungert?

Anscheinend habe ich das laut hervorgestoßen, Micha antwortet jedenfalls mit einer Gegenfrage. »Weil die vielleicht durch ein Schlupfloch raus ist zum Mäusefangen? Ah, endlich!«

Rudi öffnet uns in einer fleckigen Latzhose. An vielen Stellen sind Farbe oder Leim daraufgekommen, und große Teile des Stoffs schmiegen sich nicht mehr an seinen Körper, sondern wölben sich um ihn wie eine Rüstung fest. Fast wirkt die Hose auf mich wie ein Möbelstück aus seinem Sortiment der Sonderanfertigungen.

Er habe uns nicht gleich gehört, weil er Bretter zurechtschneiden musste, erklärt er, und Micha sagt: »Ist schon okay, keine Sache.«

Ich muss mich langsam daran gewöhnen, dass die zwei miteinander reden wie Kumpel.

Die Werkstatt ist im Hof und geht hinten in eine Garage über, die Rudi als Lager nutzt. Dort lehnen Tischplatten und Bretter an den Wänden, einige davon mit so feiner Maserung, als wären die Striche mit einem superdünnen Stift nachgezogen worden. Kästchen mit Nägeln, Schrauben und Muttern sind in rollbaren Körben untergebracht, vier Säcke prallvoll mit Holzresten stehen säuberlich aneinandergereiht wie Wachsoldaten daneben. An der Wand hängen Sägeblätter, Feilen und eine Menge Geräte, die ich nicht kenne. Obwohl das Tor sperrangelweit offen steht und alles gut durchlüftet, riecht es nach Holz und Lack.

»Wow«, sage ich, »von der Straße aus hätte ich nicht gedacht, dass hier so viel Platz ist.«

»Was man halt so braucht«, erwidert Rudi bescheiden. »Ich mach dann mal weiter.«

Er steuert auf den Tisch zu, der im Freien aufgebaut ist und um den verstreut allerhand Werkzeug liegt. Darunter stehen eine halb volle Bierflasche und ein Aschenbecher, in dem eine Zigarette qualmt.

»Teakholz, riech mal daran, Marten«, sagt er und streicht mit den Händen über die Platte, »das ist eine Maßanfertigung für die Dachgeschosswohnung eines Architekten.«

Ich schnuppere. »Riecht gut, ja.«

»Ei, wie eben Teakholz so riecht«, bemerkt Michas Vater und sieht mich an, als warte er auf etwas.

Micha wispert: »Frag ihn, ob er die Holzsorten am Geruch unterscheiden kann!«

»Können Sie die Holzsorten etwa am Geruch unterscheiden?«

»Aber klar doch!«, sagt Rudi. »Wenn's sein muss, auch nur mit einem Nasenloch.«

»Wieso gehen wir dann nicht einmal zu *Wetten, dass …?*«, quengelt Micha. »Einen Holzsortengeruchsbestimmer hat es mit Sicherheit noch nicht gegeben!« Er wendet sich zu mir: »Das habe ich ihm schon so oft vorgeschlagen!«

Aber sein Vater schüttelt den Kopf: »Nee, nee, lass mal. Ins Fernsehen, das ist nix für mich. Ich würde mich da nur zum Affen machen.« Er greift zu einer Feile und sagt: »Ihr könnt euch im Laden Fanta aus dem Kühlschrank holen.«

»Hier kann man's aushalten, was?«, sagt Micha, als wir mit der Limonade im schattigen und kühlen Laden sitzen.

Ich nicke, das finde ich auch. Der Laden ist noch interessanter als die Werkstatt. Ich kann mich gar nicht sattsehen an den vielen kleineren Dingen aus Holz; Kinderspielzeug wie Schachspiele, Autos oder Puppenbetten, die man vom Fenster aus gar nicht sieht, machen ihn zu einer richtigen Schatzhöhle.

Micha sieht sich zufrieden um: »Ich werde auch mal Schreiner. Manchmal helfe ich jetzt schon aus.«

»Ich würde das hier auf jeden Fall ins Schaufenster hängen«, sage ich und deute auf ein Mobile aus Holztieren. »Und das da auch.«

»Das Schaukelpferd? Hm, das habe ich auch schon gesagt, aber Rudi sagt, er will, dass die Leute wegen großer Aufträge herkommen. Das mit dem Spielzeug ist eher so ein Hobby von ihm. Ich finde es gut, dass wenigstens die Kinder von den Kunden was Normales kriegen.«

Als die Fanta-Dosen leer sind, gehen wir zurück in die Werkstatt und schauen Rudi bei der Arbeit zu. Man merkt ihm an, dass er sich darüber freut, denn er erklärt die ganze Zeit, was er gerade tut und für wen die Sachen bestimmt sind.

»Eine Architektenfamilie«, erzählt er, auf den Knien sitzend und an der Längsseite des Tischs herumfeilend, »völlig überkandidelte Vorstellungen. Das Haus wird vollgestopft ohne Ende, aber denen gefällt's. Das da«, er deutet auf eine Bücherwand, die an einer Seite schräg ist, sodass sie wie ein halbes Geodreieck aussieht, »ist noch das vernünftigste Ding hier, ist für unters Dach. Obwohl ich auch nicht weiß, wieso der so viele Bücher braucht, die kann doch kein Mensch lesen.«

»Hier, guck mal, der ist fertig«, ruft Micha von irgendwo hinter den Brettern und zeigt mir ein zierliches kleines Möbelstück. Ich sehe mir den zierlichen Schreibtisch mit den Schubladen, der nach vorne ausziehbaren Tischplatte und den stilisierten Rosen links und rechts genau an. Nicole würde durchdrehen vor Freude, wenn sie so einen hätte.

Aber am besten gefällt mir das riesige flache Bett auf Rollen. Wenn man darauf einschläft, kann man sich vorstellen, es entwickle ein Eigenleben und transportiere einen über Nacht an einen anderen, schöneren Ort.

Rudi setzt die Feile ab und trinkt einen Schluck Bier: »Was ich schon für einen Blödsinn zusammenbauen musste, das glaubst du gar nicht! Anfangs hab ich bei der Gestaltung noch meinen eigenen Senf dazugegeben. Das lass ich inzwischen bleiben. Die haben was im Kopf, und dann muss es so aussehen. Ob das nun praktisch ist oder nicht, ist ihnen völlig egal.«

»Ist das schwierig zu machen?«, frage ich und deute auf die Verzierungen des Miniaturschreibtischs.

»Nein, kinderleicht.«

Weil ich nicht weiß, ob er es ernst meint, sage ich nichts mehr.

Nach meiner Erfahrung unterhalten sich Erwachsene, und ganz besonders Väter, nur mit anderen Erwachsenen. Einem Kind, egal ob dem eigenen oder einem fremden, werfen sie höchstens mal eine Frage hin. Antwortet man schnell und in normaler Lautstärke, gilt man als frech, sagt man gar nichts oder nuschelt, heißt es, der oder die kriegt wohl den Mund nicht auf, womit sie eigentlich meinen, der ist »bisschen zurückgeblieben«. Ist die Antwort schlau und gut begründet, schimpfen sie einen neunmalklug. So funktioniert das. Dass sich ein Vater mit einem Kind zum Vergnügen unterhält oder sich mit ihm einen Spaß macht, der nicht zur Erniedrigung gedacht ist, das ist mir neu.

Micha scheint es völlig normal zu finden. Er hat seine Fanta ausgetrunken und spielt mit einer Säge herum.

»Das ist Abfallholz, da in der Kiste, zum Basteln. Micha kann dir bisschen was zeigen, außer Laubsägearbeiten hast du sicher noch nichts gemacht«, sagt Rudi, ohne von seiner Arbeit am Teakholztisch aufzuschauen.

8

»Eigentlich ist es komisch«, sagt Micha.

»Was ist *eigentlich komisch*?«

Wir liegen bäuchlings in seinem Zimmer auf dem Fuß-boden, um uns herum verstreut seine Sammlung von Comic-heften, und zeigen uns gegenseitig, welche Stellen wir am besten finden. Es ist der erste Tag der Sommerferien, und wir haben noch nicht entschieden, was wir mit ihm anstellen wollen.

»Na ja, dass du noch keinen besten Freund hattest – ich meine, bis ich gekommen bin!«

»Das stimmt«, sage ich zögernd. Auf der Seite vor mir klebt Spiderman kopfunter an einer Hochhauswand.

Ob ich es Micha sagen soll? Dass es einfach gutes *Timing* ist und ich es selbst noch nicht glauben kann? Es ist schließ-lich schon ein paar Wochen her, da hat Mutter von einem auf den anderen Tag beschlossen, »sich zusammenzurei-ßen«, also die Finger von W. & Co. zu lassen. Seither wid-met sie sich dem Haushalt, putzt, saugt, kauft ein, wäscht die Gardinen und ersetzt die von meinen Kochexperimenten zerkratzten Pfannen. Nur so habe ich die Chance gehabt, Micha nach der Schule die Gegend zu zeigen, den Fußballplatz, den alten Tierpark, das Schwimmbad. Sonst hätte es jemand anderes getan. So einfach ist das, ich weiß es leider aus Erfahrung. Ich kann nur hoffen, dass Mutters Phase möglichst lange dauert.

»Manchmal muss man einfach warten, bis der Richtige kommt«, sage ich – und beiße mir sofort auf die Zunge, denn unbeabsichtigt hat das wie ein Heiratsantrag geklungen.

Aber meine Antwort kommt gut an, Micha wird rot vor Freude. »Also, was machen wir heute?«

Ich überlege. Gebe mir einen Ruck: »Holen wir die Räder. Ich zeig dir etwas, das du noch nicht kennst.«

Es ist ein Test, den ich schon seit einer Weile mit ihm machen will. Jetzt ist der Zeitpunkt gekommen: Ich bin mir nämlich so gut wie sicher, dass Micha nicht durchfällt.

»Bin schon unterwegs!«

Ansonsten – es wäre schade. Aber so weit will ich gar nicht denken.

Wir fahren Richtung Stadthalle und dann in den Wald. Micha auf seinem fast neuen Kettler mit Fünfgangschaltung, ich auf meinem alten Modell mit drei Gängen und peinlicher Rücktrittbremse.

Schon von Weitem hört man die Autobahn, ein gleichmäßiges fernes Rauschen wie bei einer Störung im Fernsehen, dann immer lauter, bis man an der Brücke angekommen ist. Es ist eine schmale Brücke, für Fußgänger und Radler gedacht. Die Steigung sieht leichter zu bewältigen aus, als sie ist, trotzdem gibt sich keiner von uns beiden die Blöße, abzusteigen und zu schieben.

Am obersten Punkt angekommen, steige ich ab: »Hier!«

»Hier? Was meinst du? Was soll hier sein?« Micha brüllt gegen den Lärm an.

Verständliche Frage, natürlich ist hier nichts, nur wir eben, und die Autobahn unter uns. Ich habe selten jemanden über die Brücke kommen sehen, und wenn, dann beeilen die Spaziergänger oder Radfahrer sich, um rasch in die Stille des Waldes zurückzugelangen.

Ich lehne mein Rad an die Brüstung: »Mach mal die Augen zu! Und zähl laut bis zwanzig. Nicht schummeln!«

Als er fertig ist, stehe ich mit dem Rücken zu ihm auf der *anderen* Seite der Brüstung, auf der sehr schmalen Betonleiste direkt über der sechsspurigen Fahrbahn. Natürlich halte ich mich mit den Händen an der Brüstung fest, aber gleichzeitig kippe ich den ganzen Körper nach vorne, schließe die Lider, höre nur das gleichmäßige Rauschen unter mir und genieße das brennende Gefühl von Gefahr. Ich spüre die Gefahr, *meine* Gefahr, sie ist immer hier, nur für mich. Sie wartet auf mich. Will wissen, ob ich mich wieder traue. Oder ob ich dieses Mal als feigere Version von mir selbst zurückkomme, angepasst, gewöhnlich, brav wie alle Langweiler. Es ist *mein* Test, ich teste mich selbst. Denn ich weiß, dass ich viele mutige, interessante, fröhliche Kinder und Jugendliche kenne. Aber kaum einen Erwachsenen. Es ist, als würden sie einem etwas wegnehmen ab einem bestimmten Alter. Ich habe keine Ahnung, was es ist. Mut? Schnelligkeit? Unerschrockenheit? – das trifft es alles nicht. Aber genau deswegen komme ich jeden Monat mindestens einmal hierher.

»Scheiße!«

Der unerwartete Ausruf erschreckt mich. Ich habe für einen Moment vergessen, dass ich nicht alleine bin.

»He, Mann, pass auf«, sagt Micha von hinten. Er klingt beeindruckt. »Das ist doch scheißgefährlich.«

Er weiß gar nicht, wie recht er hat: Eben hätte ich beinahe vor Schreck losgelassen. Ich beschließe, dass es reicht, und klettere zurück.

»Jetzt du. Los.«

Er zögert.

»Oder bist du nicht schwindelfrei?« Das hätte ich gelten lassen.

»Doch, schon ...«

Ich sehe ihm an, dass er zögert, überlegt, was er von der Sache hält, um dann zu entscheiden. Es gehört zu seinem Wesen, dass er – für sich selbst, nicht für mich oder sonst jemanden – eine klare Position beziehen will. Ich gebe ihm Zeit. Er tritt an die Brüstung, schaut hinunter, sagt nichts, sondern federt locker in den Knien und klettert dann geschickt über das Geländer.

Ein paar Atemzüge lang bleibt er dicht an den Eisenstäben, dann geht er in die Schräge. Wie ein Skispringer.

Wie ein startender Vogel.

Wie jemand, der etwas vorhat.

Dem unendlich viele Möglichkeiten offenstehen.

Der ein Gefühl für *das Leben* hat.

Ob er versteht, was ich meine? Dass man, wenn man da oben hängt, so intensiv wie sonst nie merkt, wie toll es ist, das ganze Leben, nicht wegen, sondern trotz allem?

Der eigentliche Test ist, ob er das begreift. Wenigstens *etwas* davon. Wenn ihm jetzt gleich nur die Arme wehtun und er dann froh ist, die Mutprobe hinter sich zu haben.

Ich halte die Luft an. Er bleibt da jedenfalls sehr lange, länger, als er müsste, das ist ein gutes Zeichen.

»Ich komme neben dich!«, rufe ich. Kurz darauf hängen wir wie zwei schiefe Dreiecke über den Asphaltspuren, sehen auf die unter uns hindurch flitzenden Autodächer herab.

Ich drehe den Kopf vorsichtig zu Micha. Er schaut mit fasziniertem, ganz ruhigem Gesicht und zusammengepressten Lippen nach unten, und so stehen wir minutenlang da, ohne Angst und taub für alles außer dem Rauschen des Verkehrs.

»Es ist irre«, sagt er, als wir wieder auf sicherem Boden stehen. »Man fühlt sich wie auf einer Kommandobrücke.«

Er sieht schon wieder gebannt auf den Strom aus Blech, der ununterbrochen über den Asphalt unter der Brücke fließt. »Man kriegt so ein Gefühl von Freiheit, finde ich.«

»Mein Vater hat einmal gesagt, es stinkt auf solchen Brücken, aber ich rieche nichts.«

Er schnuppert. »Ich auch nicht.«

»Es ist, als wäre man plötzlich an der Grenze zu einer anderen Welt«, sage ich.

Er nickt begeistert: »Genau, das ist es! Wenn man springt, landet man in der Zukunft!«

»Und in der Zukunft ist unsere Erde zerstört! Sie wird nicht mehr Erde genannt, sondern Asphaltplanet. Es gibt keine Menschen mehr, nur noch Maschinen!«

»Die Welt, wie wir sie kennen, wird am elften August untergehen! Die Sonnenfinsternis löst die Katastrophe aus! Genau wie Nostradamus es prophezeit hat!«

Klar, die Sonnenfinsternis! Dass ich da nicht selber draufgekommen bin! Ich nehme die Idee begeistert auf: »Es gibt eine Atomkatastrophe und Satellitenabstürze!«

»Paris wird beim Aufprall der russischen Raumstation MIR verwüstet!«

»Der Asphaltplanet der Zukunft wird von Maschinen regiert! Von Robotern und Androiden! Nur sie sind immun gegen die tödliche Strahlung!«, fällt mir ein.

»Aber uns gibt es noch«, widerspricht Micha, »du und ich und noch ein paar Menschen haben in einem Bunker überlebt. Wir wollen gegen die feindliche Macht kämpfen, aber wir sind zu wenige. Wir versuchen, mit anderen Sonnensystemen, in denen es menschliche Siedlungen gibt, Kontakt aufzunehmen!« Seine Stimme kippt.

»Aber nicht mit dem Sonnensystem, in dem mein Vater lebt«, brülle ich zurück.

»Es sind nicht alle menschlichen Siedlungen automatisch

gut! Das macht es noch schwieriger! Wir stehen vor einer schier unlösbaren Aufgabe!«

Wir grinsen uns an. Inzwischen hat er ebenso Einblick in meine Verhältnisse zu Hause gewonnen wie ich in seine.

Wir spielen das Szenario noch durch, bis der Asphalt-planet gerettet ist, wir wieder Pflanzen anbauen und erste Tiere sich zeigen. Dann nehmen wir unsere Räder und schieben sie nach unten, wo wir uns besser unterhalten kön-nen. Die Anspannung fällt von mir ab. Ich bin froh, dass er es kapiert. Ich bin froh, dass er verstanden hat, worum es geht.

»Du hast schon recht, es ist scheißgefährlich«, sage ich nach einer Weile, in der wir in angenehmem Schweigen nebeneinanderher getrottet sind, »aber es ist eine Gefahr, die man eingeht, weil man damit die Angst besiegen kann. Es ist Training.«

»Und die Belohnung ist der Schwindel: Ein *guter* Schwin-del, kein schlechter!«, sagt Micha. »Den Unterschied kennt sonst kaum jemand. Ich glaube, das ist das Gefährlichste, was ich je in meinem Leben gemacht habe. Und du?«

Ich überlege: »Ich glaube, auch.«

Da weiß ich noch nicht, dass sich das bald ändern wird.

9

»Ich liefere aus«, ruft Rudi am nächsten Tag, als wir schon vormittags bei ihm in der Werkstatt sitzen und aus Holzres-ten aussägen, was später zu einem Raumschiff zusammen-gesetzt werden soll. »Wollt ihr mit?«

»Ja«, sage ich sofort.

»Nein«, widerspricht Micha und sieht mich warnend an.

Kaum ist sein Vater im Lieferwagen aus dem Hof hinaus-gefahren, springt mein Freund auf und rennt nach hinten in die Werkstatt. Ich hechte hinterher und helfe ihm, den schweren Eimer, auf den er es offenbar abgesehen hat, unter dem Tisch hervor und ins Freie zu ziehen. Micha greift nach einem Schraubenzieher, um den Deckel aufzustemmen.

»Riech da mal dran.« Micha deutet auf die milchig weiße Flüssigkeit.

Ich schnüffele kurz: »Farbe, na und?«

»Nein, das ist Leim. Und du musst das anders machen.« Er sucht wieder herum, dann schleppt er eine graue Woll-decke an, an der Farbreste und Haare kleben. Kniet sich vor den Eimer und beugt sich mit dem Kopf darüber, fast hinein, als wolle er seine Haare darin waschen. Dann zieht er sich die Decke über den Kopf.

Erst finde ich die komische, unförmige Skulptur lustig, dann sage ich: »Mann, komm da raus. Atmest du das ein? Das ist doch giftig!«

Er murmelt etwas, das ich nicht verstehen kann. Ich will ihm die Decke schon wegziehen, da wirft er den Kopf hoch und schnappt nach Luft. Seine Augen glänzen fiebrig. Als er aufstehen will, kippt er hintenüber, auf die Decke. »Pro-bier mal«, drängt er und lallt: »Das ist ein Schwindel wie auf der Autobahnbrücke. Du wirst das mögen. Es macht dich *high*.«

»Wer hat dir das gezeigt?«, frage ich misstrauisch.

»Ein Lehrling von Rudi. Los. Jetzt komm schon.«

»Nee.«

»Wieso nicht?«

»Einfach so.« Ich habe keine Lust, ihm zu erklären, dass er mich an Mutter erinnert. Seine Augen glänzen wie aus weiter Ferne, er wird es sowieso nicht kapieren.

»Jetzt mach schon. Ich habe mich auch an die Autobahn-brücke gehängt, das ist viel gefährlicher gewesen.«

Aha, daher weht der Wind. Ich verziehe mich unter das Zelt und atme vorsichtig ein und aus.

»Merkst du was?«, ruft Micha.

»Ja!«

»Was?«

»Mir wird schlecht.« Ich krieche unter der Decke hervor und würge.

»Noch mal«, drängt Micha mich. »Dir wird nur beim aller-ersten Mal schlecht, versprochen.«

Ich wiederhole den Versuch, diesmal nehme ich mir vor, zehn Atemzüge zu bleiben. Ich schaffe sieben oder acht.

Der Kick kommt wie eine Welle, die sich in meinem Kopf langsam aufbaut, dann bricht und mich umschubst; ich gehe zu Boden. Habe den Eindruck, der Leim sei in meine Nase gedrungen und verstopfe sie, daher atme ich hechelnd durch den Mund. Die kleineren Wellen, die jetzt kommen, genieße ich einfach – Micha beugt sich noch einmal über den Eimer, dann legt er sich zu mir. Wir liegen mit dem Rücken auf dem Boden nebeneinander und sehen in den wirbelnden, kreisen-den Wolkenhimmel, der mir noch nie so interessant vorge-kommen ist. Es ist kein richtiges Liegen, denn in einer ande-ren, viel angenehmeren Realität bin ich bei den Wolken und schlage Saltos rückwärts. Es ist fantastisch, ich will nie mehr damit aufhören. Dann wird die Wirkung des Leims schwä-cher, mein Landeanflug beginnt. Für einige Minuten bin ich zwar nicht mehr im Himmel, aber auch noch nicht ganz auf solidem Grund. Kurz darauf kann ich mich wieder orientie-ren; mir fällt ein, was passiert ist und weshalb ich auf dem Boden liege. Ich rieche Nikotin: Direkt neben meinem Kopf steht Rudis Aschenbecher. Verrückt, was da mit mir passiert ist, denke ich und bleibe einfach liegen. Von hier unten sehen die Möbel, die Rudi macht, riesig aus, und ich staune das geschwungene Bein eines Tisches an.

»Der Tisch tanzt! Micha, siehst du das? Er tanzt!«

10

Als ich das Haus verlasse, steht Rainer plötzlich vor mir.

»Hallo«, sage ich überrascht.

Er trägt Shorts, man kann seine Narbe am Bein sehen. Ich bemühe mich, nicht hinzustarren. Stattdessen konzentriere ich mich auf das Totenkopftattoo am linken Oberarm. Es ist schon älter, die Farben sind matt und zerlaufen.

»Na, Kleiner, wie geht's?«

»Prima«, sage ich wahrheitsgemäß. Es sind Ferien, ich bin auf dem Weg zu Micha, und Mutter hat eben erzählt, dass Vater ab morgen eine Dienstreise macht. Was will ich mehr?

»Also, ich hab gehört, zurzeit ist keine Schule?«

Ich nicke. Woher weiß er auf einmal, dass es so etwas wie Ferien gibt? Das hat ihn bisher noch nie interessiert.

»Pass auf, warum ich dich hier abpasse – ich will dir einen Vorschlag machen. Hast du mal 'ne Minute?«

Klar hab ich die.

Wir gehen zusammen weiter, er steckt sich eine Zigarette an und raucht im Gehen: »Du hast erzählt, du kriegst kein Taschengeld, stimmt doch, oder?«

»Hm, ja …«

»Also. Ich hab vielleicht einen Job für dich. Nenn es Ferienjob. Du müsstest was ausliefern. Du kennst dich doch ganz gut aus in der Stadt, oder? Jedenfalls seh ich dich dauernd irgendwo rumdüsen.«

»Ziemlich gut, ja«, sage ich so gelassen wie möglich.

»Du bist jetzt dreizehn, oder? Zwölf? Elf? Zehn?« Er mustert mich. Er hat unglaublich strahlende blaue Augen, die von einem Kranz dichter, schwarzer Wimpern umgeben sind, wie ihn sonst eher Frauen haben.

Ich runzele dir Stirn. Wieso zählt er auf einmal nach unten?

»Elf. Im November werde ich zwölf.«

»Elf, das ist gut. Dir kann überhaupt nichts passieren. Hast du eine Ahnung, worum es geht?«

»Ich glaub schon, ja.«

»Gut.« Er ist stehen geblieben und sieht mich prüfend an. »Du bist ganz schön clever. Ich weiß auch nicht, aber ich vertraue dir, Kleiner. Du kommst mir vor wie mein … Neffe oder so.«

Hat er eben sagen wollen, wie sein eigener Sohn?

Wir sind an der Kreuzung, an der er gleich Richtung Boxclub abbiegen muss.

Ich überlege fieberhaft, womit ich unser Gespräch in die Länge ziehen könnte. »Wie oft brauchst du mich denn, für den Job, meine ich?«, fällt mir ein.

»Na ja, vielleicht erst mal zwei Abende die Woche? Du bringst doch immer deine Mama zu den AA-Gruppen und hängst dann eh rum, oder?«

Ich bin verblüfft, wie genau er über mich Bescheid weiß. Es kommt mir so vor, als habe er alles gründlich geplant.

Ich räuspere mich: »Das kann ich schon machen.«

»Bist du sicher, dass du weißt, worum es geht?«

»Ja, ich denke schon.«

»Und?«

»Na, wahrscheinlich um Drogen.« Hält er mich für blöd, oder was?

Er stutzt, bleibt kurz stehen, nimmt einen Zug von der

Kippe und setzt sich wieder in Bewegung. »Ehrlich, Kleiner, du nennst die Dinge beim Namen. Also, hast du ein Problem damit?«

»Nein.«

»Du bist mir mal eine Nummer!« Er wiehert vor Vergnügen, wird aber rasch wieder ernst: »Schlaf noch mal eine Nacht drüber, ja? Wenn dir irgendwas daran nicht gefällt – das geht für mich klar. Ansonsten: Morgen um die Mittagszeit bei mir, okay? Ich muss dich ja nicht fragen, ob du weißt, wo ich wohne.«

Er merkt nicht, dass ich rot werde, weil er sich sofort umdreht: Er hat es eilig. Ich weiß sogar sehr genau, wo er wohnt: Ich habe nicht nur beobachtet, wie er einmal einen Typen zusammengeschlagen hat, der an seiner Tür klingelte, nein, ich habe ihn auch mit Jackie gesehen, als sie Sex hatten – keine Vorhänge, hell beleuchtete Fenster; ich habe alles ganz genau mitgekriegt. Trotzdem: zu Sex habe ich einfach nichts zu sagen.

11

»Abendessen!«, ruft Mutter.

Mir ist schlecht, aber ich muss es irgendwie hinter mich bringen, also setze ich mich widerwillig auf meinen Platz. Als ich die Teller mit Aufschnitt und den Salat sehe, habe ich sofort wieder ein würgendes Gefühl im Hals. Verdammt, wieso musste Micha bloß ausgerechnet heute auf die Idee mit dem Würstchenwettessen kommen? Ab morgen ist Vater auf Dienstreise, da hätte ich Mutter einfach sagen können, dass ich nichts will – aber so?

Vater lässt seinen Blick über den Tisch schweifen, nickt zufrieden und beginnt sich den Teller vollzupacken.

Ich rühre in meinem Tee herum.

»Was ist, kein Hunger? Nicht mal ein Brot? Bist du krank?«, fragt er scharf.

Ich schüttele den Kopf und murmele etwas von Übelkeit.

»Aha. Wie kommt's? Was hast du heute den Tag über so getrieben?«

»Ich war bei Micha«, sage ich wahrheitsgemäß.

»Und was ist da passiert?«, bohrt er.

Ich wollte wieder Leim schnüffeln mit ihm, aber auf einmal war der total dagegen, von wegen nie wieder und so. Ich kriegte aus ihm raus, dass Rudi ihn erwischt und ihm eingeimpft hat, dass er sich davon die Gehirnzellen zerstört. Da hatte er dann die blöde Wettessenidee. Dachte, er tut mir einen Gefallen. Also, meinen Gehirnzellen.

»Wir haben ein Wettessen gemacht, Micha und ich.«

»Aha.« Vater wartet. Er hat richtig böse Augen, fällt mir wieder auf.

»Ich habe achtzehn Wiener Würstchen gegessen, und mir wurde schlecht.«

»Igitt«, sagt Nicole und sieht mich mitleidig an.

»Hast du gewonnen?«, fragt Vater.

Ich schüttele den Kopf.

»Nicht direkt eine Überraschung, oder?« Er sieht in die Runde.

Mutter starrt auf ihren Teller; ich weiß, dass sie auf meiner Seite ist und später versuchen wird, mit ihm zu reden, aber nicht jetzt. Ihn »vor den Kindern« zu kritisieren, hat er ihr abgewöhnt.

Die Übelkeit wird immer schlimmer, ich habe das Gefühl, ich müsste mich gleich wieder übergeben, aber ich kann mich nicht rühren.

Vater sagt: »Geh ins Bad, bevor du uns das Esszimmer versaust.«

Ich hänge schon halb über der Kloschüssel, als ich ihn mir nachrufen höre: »Um was habt ihr gewettet?«

Ich spüle, fühle mich etwas besser.

»Hallo? Lebst du noch?« Vater kommt ins Badezimmer, das ich in der Eile nicht abgeschlossen habe.

»Um Kinokarten.«

»Kinokarten? Na, da hat er dich ganz schön drangekriegt, dann fang schon mal an zu sparen. Wettschulden sind Ehrenschulden.«

Er hat wirklich zu allem ein Sprichwort parat. Ich rappele mich mühsam auf.

»Geht's wieder?«, fragt er hinterhältig. »Na, dann komm bitte zum Essen. *Etwas* wirst du schon runterkriegen.«

Ich sitze eine halbe Stunde vor einer Tomate, die ich in winzige Stücke zerlegt habe. Ich kann das nicht essen. Starre nur auf die pralle rote Haut, das weiche Fleisch mit den weißlichen Körnern. Nehme das kleinste Stück und lutsche daran. Obwohl er nicht halb so intensiv ist, lässt mich der Geschmack an das verfluchte Ketchup von vorhin denken.

Vaters Gesicht leuchtet von innen, daher gehe ich davon aus, dass er sich gerade eine kreative Bestrafung für mich überlegt – gar nicht leicht, denn er ist ab morgen ja weg, und im Moment bin ich nicht in dem Zustand, dass er gleich loslegen kann. Oder doch?

Doch. Ich kriege zwei Stunden.

»Zwei Stunden kriegen«, das heißt stehen. Einfach in seinem Arbeitszimmer in der Ecke stehen, vor der Wand mit seinen Bildern, akkurat in zwei Zentimetern Abstand gehängten altdeutschen Landschaftsstichen, sehr selten, limitierte Auflage, betont er, wenn er Besuch hat. Stehen und nichts tun. Hört sich besser an, als es ist. Wer noch nie zwei

Stunden gestanden hat, ganz allein, ohne sich zu bewegen und mit nichts zum Angucken als diese akkurat gestrichelten Langweiler-Landschaften, weiß nicht, was das für eine Folter ist. Alles in meiner Person tritt zurück, da ist nur noch der übermächtige Gedanke, mich irgendwo zu kratzen, mir wenigstens die Beine auszuschütteln. Natürlich, mein Vater geht zwischendurch auch mal kurz raus, weil er zur Toilette muss oder Lust auf eine Tasse Tee bekommt, aber die meiste Zeit sitzt er an seinem Schreibtisch und arbeitet. Und selbst wenn er für einen Moment verschwindet, dann linst er gleich wieder herein, gierig darauf, mich zu ertappen, und jede Bewegung bedeutet für mich Verlängerung.

Diesmal ist er nach einer Stunde gnädig; ich glaube, er will einfach ins Wohnzimmer und ungestört im Fernsehen Sport sehen. Würde ich auch gerne, aber die Frage kann ich mir wohl schenken. Ich gehe auf steifen Beinen in mein Zimmer. Boxe eine Links-rechts-Kombination gegen mein Kopfkissen, dann Haken, Gerade, dann Jabs, bis mir die Arme schmerzen. *Morgen ist er weg. Morgen ist er weg. Morgen ...*

12

Ich stehe vor der Wand mit den Klingelschildern für diesen Wohnblock, es sind mindestens dreißig, eher vierzig, und suche nach »Mendlicki«. Mit allen möglichen Schwierigkeiten habe ich gerechnet, aber nicht damit. Als ich mir den Namen mit Filzstift auf den Arm geschrieben habe – Rainer hat es mir geraten –, da habe ich gedacht, prima, so ein komplizierter fällt auf. Aber jetzt lese ich: Milena Ciricaite, Rasuole Adomatyte, Triantafillou/Stankeviviute – und so geht es über dreißig Parteien weiter. Noch dazu sind viele Schilder halb abgerissen oder vom Regen verwaschen, vor allem dann, wenn jemand einfach ein Stück Papier mit Tesafilm über den oder die Namen der Vormieter gepappt hat, sodass man einige Buchstaben nicht erkennen kann. K. Kisniaridis/ I. Kinniaridou, Stebel-Stosarcyk, Kryczka, Offofile kann ich gut lesen. Tizazu, Campechano/ Schneider, Vujćić-Mendlicki muss ich entziffern. »Mendlicki!«, da ist es.

Kaum habe ich geklingelt, höre ich eine dunkel nachhallende Frauenstimme aus der Gegensprechanlage. Was sie fragt, ist kaum zu verstehen.

»Ich komme von Rainer.«

Das ist mein Text, kein Wort mehr, genau wie er es mir eingeschärft hat.

»Sechster Stock. Fahrstuhl links.«

Der Türöffner wird gedrückt.

Ich bin nervös und erinnere mich daran, dass Rainer gesagt hat, das sei kein Problem, im Gegenteil. »Das ist gut so, das macht dich wachsam.«

Ich entspanne mich ein wenig, als ich im Haus bin, das ist schon mal was. Und Rainer hat schließlich gesagt, ich bekäme nur Kunden, die er schon lange beliefert und die nie Probleme gemacht haben.

Aus dem Aufzug tritt ein Mann im Trainingsanzug und mit einer Sporttasche. Er mustert mich, ich lächele minimal und starre dann die zerdellte Wand im Aufzug hinter ihm an. *Mit niemandem reden, wenn es sich vermeiden lässt.*

Es gibt drei Türen im sechsten Stock, die erste steht einen Spaltbreit offen. Ich zögere, dann klopfe ich trotzdem noch einmal an. Eine junge Frau in einem verwaschenen Jeanskleid, mit dunkler Haut und feinen, schwarzen Augenbrauen, die wie aufgemalt wirken, und mit wie im Kontrast dazu blond gefärbten Haaren, öffnet die Tür ganz. Als sie mich sieht, steht ihr die Erleichterung ins Gesicht geschrieben. Sie hat einen Hundertmarkschein in der Hand. Alles klappt und ist in zwei Sekunden erledigt.

»Bis bald«, sagt sie zum Abschied.

»Bis bald«, erwidere ich.

Wie glücklich sie gewesen ist, mich zu sehen und ihr Päckchen zu bekommen. Über eine Pizza würden die Leute sich nicht so freuen.

13

Wettessen hin oder her, Micha ist ein verdammt guter Freund. Das stelle ich in den darauffolgenden Wochen fest, als Vater längst wieder da ist, die Schule angefangen hat – und mein Sommerjob übergangslos zum Herbstjob geworden ist, was alles zusammen bedeutet, dass ich weiterhin sehr beschäftigt bin.

Aber Micha beklagt sich nicht und ist auch nicht beleidigt, wenn ich immer mal wieder einige Stunden verschwinde. Er nimmt jedes Mal an, es wäre irgendetwas Langweiliges im Haushalt, das ich zu erledigen hätte. Keine Sekunde zweifelt er daran, dass ich, hätte ich die Wahl, natürlich lieber mit ihm spielen würde. Dabei hat Mutter erfreulicherweise immer noch alles im Griff – ja, das Verhältnis zwischen ihr und meinem Vater scheint sich sogar ein wenig verbessert zu haben, er ist nicht mehr ganz so hart zu uns allen; sie reden zwar nur das Nötigste miteinander, aber sie streiten seltener. Die Lage ist so entspannt, dass ich einmal am Wochenende sogar vergesse, das Geld von Rainer vernünftig zu verstecken, und es einfach so auf dem Schreibtisch liegen lasse. Zum Glück stattet mein Vater meinem Zimmer an diesem Vormittag keinen Kontrollbesuch ab.

Meine größte Sorge, Micha könnte anfangen, sich mit anderen Jungs zu treffen, erweist sich ebenfalls als unbegründet. Auf diese Idee scheint er gar nicht zu kommen. Stattdessen widmet er sich der einzigen Leidenschaft, für die ich ohnedies kein Verständnis habe: Er beschäftigt sich mit Computerspielen. Mich langweilen seine endlosen Berichte über seine Fortschritte, denn kaum hat er den nächsten Level erreicht, gibt es immer noch einen weiteren, und aus Gründen, die er mir gerne und detailliert auseinandersetzt, steigt der Schwierigkeitsgrad ständig weiter an.

14

Nicht alle Kunden wollen, dass man zu ihnen nach Hause kommt. Einen treffe ich immer auf dem Fußballplatz, zweimal die Woche um sechs Uhr morgens, wenn sogar die Umkleidekabinen noch zugesperrt sind.

Heute bin ich schon kurz nach halb sechs da. Ich stoppe mein Rad in Vollbremsung am Mannschaftsgebäude, wo ich es vor dem schwarzen Brett mit den Trainingsplänen parke. Inzwischen bin ich kaum noch aufgeregt. Ich mag meinen Job, und ich verdiene mächtig Kohle dabei – einmal waren es dreißig Mark in einer Stunde. Das Geld spare ich, bis ich weiß, was ich damit anfangen soll.

Der Typ, auf den ich warte, ist merkwürdig, das sagt sogar

Rainer, und das tut er nicht oft. Weil der Mann seinen Namen nicht preisgeben will, nennen wir ihn Mr. X.

Rainer hat Mr. X vor ein paar Wochen zufällig in einem Tranceclub getroffen, das ist eine Art Diskothek. Mr. X passte da nicht so recht rein, vom Alter und der Kleidung her. Aber er kannte den Code, den man sagt, wenn man was kaufen will. Der Satz lautet: »Kannst du mir aushelfen?«

Mr. X hat Rainer aber gesiezt, also »Können Sie mir aushelfen?« gefragt, äußerst vornehm – und ziemlich panne. Rainer wusste dadurch gleich, dass Mr. X erstens kein Bulle ist, auf so was Idiotisches kommen die nämlich nicht, und dass er zweitens noch nicht viel Erfahrung in der Szene hat – was gut ist, denn so konnte er den Preis ein bisschen höher ansetzen.

Seitdem sind wir mit Mr. X im Geschäft, regelmäßig jeden Mittwoch und jeden Samstag. Er kommt auf die Minute genau in seinem schwarzen BMW mit Frankfurter Kennzeichen, von dem Rainer annimmt, dass es sich um einen Dienstwagen handelt. Einmal sollte ich mir das Nummernschild für Rainer merken, und er hat es sich aufgeschrieben, für alle Fälle. Wo Mr. X arbeitet, wissen wir trotzdem nicht, Rainer sagt, einen Dienstwagen haben viele, Politiker, Unternehmensberater, Manager von Showstars oder Filmproduzenten.

Das macht Mr. X nicht weniger interessant für mich.

Ich sehe auf die Digitaluhr an meinem Handgelenk, die Rainer mir geliehen hat, weil ich keine eigene habe. Noch über zehn Minuten, aber das war meine Absicht.

Das Fußballfeld liegt leer im frühen Herbstlicht, das Gras ist kurz, ausgetrocknet, nur an den Rändern, wo Bäume stehen, wächst es länger.

Am hinteren Schattenrand sehe ich die Silhouette, die in ständiger Bewegung ist – das Mädchen ist wieder da, wie jeden Samstag. Ich kenne nicht einmal ihren Namen, aber seit ich sie das erste Mal gesehen habe, schaue ich ihr gerne beim Laufen zu.

Zuerst habe ich gedacht, sie trainiert Langstrecke, aber sie ist eigentlich zu klein für eine Leichtathletin. Sie ist auch ziemlich kurvig. Beides gefällt mir. Ein wenig ähnelt sie einer Indianerprinzessin, mit dem dunklen Teint und den rabenschwarzen Haaren.

Wer sie wohl ist? Sie ist nicht von hier, jedenfalls geht sie nicht auf unsere Schule.

Sogar Micha habe ich neulich wegen ihr hierhergeschleppt, und erst dachte ich, das hätte ich mal schön bleiben lassen sollen, denn er hat natürlich sofort angefangen, mich mit ihr aufzuziehen. Aber er hat mich auch darauf gebracht, dass sie vielleicht über die Ferien hier ist. Erst habe ich erwidert: »Es sind doch noch gar keine Ferien«, aber daran, dass sie aus einem anderen Bundesland kommen könnte, wo die Ferienzeiten andere sind, hatte ich nicht gedacht. So stand ich zwar wie ein verliebter Heini da, war aber immerhin um eine Vermutung reicher. Inzwischen habe ich mir überlegt, dass sie vielleicht geschiedene Eltern hat und ab und zu über das Wochenende da ist, eben weil ich sie nur samstags antreffe – und bin wieder so schlau wie zuvor.

Das Mädchen hat die Längsseite des Platzes geschafft und biegt nun Richtung Tor auf die schmalere Querseite. Ihr gelbes T-Shirt leuchtet unter dem pechschwarzen Pferdeschwanz, der ihr auf den Rücken schlägt.

Ich reiße mich von ihrem Anblick los, als ich hinter mir die Reifen eines Wagens über den Kies knirschen höre. Der schwarze BMW wird langsamer und rollt das letzte Stück auf mich zu. Er sieht wie immer nagelneu aus. Blitzblank und ohne jeden Kratzer. Mr. X bremst, lässt das Fenster hinunter, gibt mir das Geld, nimmt das Päckchen und fährt weiter. Noch nie habe ich auch nur ein Wort von ihm gehört, nicht einmal Guten Morgen oder Danke. Sehr mysteriös. Manchmal ertappe ich mich dabei, wie ich in den Fernsehnachrichten nach seinem Gesicht suche, bisher ohne Erfolg.

Das Geschäft dauert keine Minute, dann sitze ich wieder auf meinem Rad, unterwegs zu Rainer. Wenn ich ihm das Geld bringe und meinen Anteil kassiere, plaudern wir über die Frauen und Männer, bei denen ich war, wie die Wohnungen ausgesehen haben und »in welchem Zustand« die Kunden waren.

Nur wenn die Türken da sind, fällt unser Treffen so kurz aus wie ein Kundenbesuch: Yussuf, Furhan, Mehmet, und wie sie alle heißen, mögen mich nicht besonders. Rainer sagt, sie seien ein bisschen eifersüchtig, weil ich so gut und schnell arbeite; sie sähen mich schon als künftige Konkurrenz. Auch wenn das vielleicht übertrieben ist, das Kompliment hat mich gefreut. Außer mit den Türken und den Boxkumpels arbeitet Rainer noch mit ein paar fetten Glatzköpfen zusammen, das sind die Nazis. Die dürfen bei ihm daheim auf keinen Fall auf die Türken treffen, was ja logisch ist, und auch ich soll mich lieber fernhalten. Die Nazis sind die Einzigen, vor deren Besuch Rainer nervös ist. Ich will nicht direkt sagen, dass er Angst vor ihnen hat, aber fast. Zum Glück sind die Nazis sehr selten da.

Längst kenne ich – neben dem Satz mit dem Aushelfen – jede Menge Fachbegriffe. »Etwas offen haben« zum Beispiel. Wenn eine Kundin sagt, sie hätte noch etwas offen bei Rainer, dann schuldet sie ihm Geld. Wenn er bei ihr noch etwas offen hat, dann ist es umgekehrt. Und ich habe verstanden, weshalb er auf eine bestimmte Reihenfolge in der Auslieferung besteht: die Harmlosesten zuerst, denn falls ich doch einmal von jemandem »abgerippt«, also um die Ware erleichtert werde, dann habe ich nicht mehr viel bei mir. Außerdem gilt die Regel, dass ich maximal drei Kunden hintereinander bediene und dann das Geld zu ihm bringe. Nur beim Abwiegen und Strecken des Stoffs bin ich nicht dabei. Noch nicht.

15

»Schon wieder zu spät, Marten«, schreit der Trainer und winkt mich heran. »Los, wärm dich auf, wir üben Torschüsse.«

Ich beeile mich, die Schuhe zu wechseln, und renne zu den anderen auf den Platz. Das Gras, auf dem ich auf der Stelle laufe, um mich aufzuwärmen, ist nass und glitschig. Wir sind zu einer richtig guten Mannschaft geworden, und jetzt, wo wir auf dem zweiten Platz der Hessenjugend stehen, arbeitet er viel härter mit uns, lässt uns gepflegtes Kurzpassspiel üben, Viererkette und Manndeckung. Ich muss mich ranhalten, ich bin nicht so oft auf dem Platz wie Micha, der jetzt an mir vorbeirennt und den Ball richtig schön mit Effet in den Strafraum flankt.

Als er dann an mir vorbeitrabt, sagt er: »Erinnere mich dran, dass ich dir nachher was Wichtiges sagen muss!«

Vermutlich will er mir von einem neuen Computerspiel berichten oder etwas in der Art, denke ich und reihe mich hinten ein. Der Rasen ist wirklich glatt; trotzdem rase ich auf den Ball zu wie ein Irrer, als ich an der Reihe bin. Ich glaube, ich weiß schon, dass ich einen Treffer lande, bevor ich schieße. Der Ball segelt in einer Kurve hart Richtung Winkel, und dann schreien alle: »Tooor!« Es überrascht mich kein bisschen. In den zwanzig Minuten, die das Training noch dauert, gebe ich alles, ich schwitze und bin so nass wie das Gras, zweimal rutsche ich aus und segele meterweit durch den Matsch, aber als ich aufstehe, habe ich das schon vergessen und laufe weiter. Als wir um sechs Schluss machen, dampfen unsere Körper.

Ich lege Micha den Arm um die Schulter und sage: »Also, was willst du mir sagen?«

Er zieht mich ein Stück zur Seite, damit die anderen nichts mitbekommen: »Ich weiß jetzt, wer deine Joggerin ist!«

»Was? Wieso?«, frage ich aufgeregt, denn damit habe ich nun wirklich nicht gerechnet.

»Na ja, ob du es glaubst oder nicht, ihre Tante war mit ihr in der Schreinerei«, sagt Micha lässig.

»Wahnsinn! Wieso, jetzt sag schon. Warst du dabei?«

Er schüttelt den Kopf: »Aber das ist sie, definitiv. Ich habe Rudi ausgehorcht, und er hat mir alles haarklein erzählt. Stell dir vor, die hat eine Villa in Obertshausen, und sie will das komplette Kinderzimmer – ein Riiiiesending, logisch! – für ihre Nichte in Maßarbeit. Stellt dir mal vor. Rudi hat gesagt, bei IKEA kriegt sie das für einen Bruchteil des Geldes, aber nein, Maßarbeit; es muss nämlich ›ins Haus passen‹! »Ein *komplett neues* Zimmer. Nur weil sie *manchmal* in den Ferien bei ihrer Tante ist. Kannst du dir das vorstellen. Mann, die hat Kohle ohne Ende.« Micha holt Luft: »Also, Rudi meint, die Nichte tut ihm leid; ihre Eltern sind tot oder so. Wenn sie nicht bei der Tante ist, lebt sie in so einem Schweizer Internat.« Er ahmt Rudis Sprechweise nach: »Ei, wenn du mich fragst, muss die plemplem werden. Die Nichte, mein' ich. Hat gar keine andere Chance im Leben. Innen das teuerste Holz, und da soll ich eine *Farbschicht* draufmachen, damit es einen *speziellen Weißton* bekommt. Das gute Holz sieht man gar nicht mehr!« Obwohl er seinen Vater Rudi glänzend imitiert, bin ich zu aufgeregt, um das lustig zu finden; ich will, dass er alles erzählt, was er weiß, und kein Fitzelchen auslässt. Daraufhin erfahre ich von einem Schreibtisch mit extra ausziehbarem Zeichentisch und von einem rückenschonenden Hocker dazu, erhalte eine detaillierte Beschreibung des Kleiderschranks und eines Couchtisches. »Na?«, schließt mein Freund und strahlt. »Tja, jetzt bist du mir was schuldig.

»Auf jeden Fall«, sage ich mit belegter Stimme; mehr bringe ich nicht heraus, die Gedanken wirbeln mir durch den Kopf.

Micha schlägt sich mit der Hand auf den Kopf: »Ach so, ja, das Beste habe ich vergessen: Das Mädchen heißt Stella. Und die Tante von Sternberg.«

Ich muss schlucken: »Stella *von Sternberg*?«, wiederhole ich dumpf. »Ist die adlig oder was?«

»Keine Ahnung. Ich weiß nur, dass ihre Tante mit Nachnamen so heißt. Wenn sie ihre Nichte ist, kann sie auch anders heißen ... Aber das ist doch egal. Wenn Rudi das Zeug hinfährt, dann sind wir dabei! Na, bist du mir jetzt dankbar, oder was?«

»Ja, hab ich doch schon gesagt, Mann.«

In Wahrheit bin ich mir schon nicht mehr sicher. Eine Adlige?

Sie erscheint mir auf einmal unerreichbar weit weg. Auch wenn ich mir mit den bei Rainer verdienten Scheinen, versteckt in alten Aufsatzheften, vorkomme wie der König der Welt.

16

Rainer ist umgezogen. Zu seiner neuen Wohnung am August-Bebel-Ring brauche ich auf dem Rad knapp zehn Minuten länger. Anfangs muss ich jedes Mal aufpassen, dass ich nicht automatisch den alten Weg einschlage, aber inzwischen bin ich es gewohnt. Es gibt mehrere identische hässliche Hochhäuser dort, er wohnt im ersten Stock. Ich nehme die Treppe, die Wohnungstür ist nur angelehnt, komisch, so unvorsichtig ist er sonst nicht. Noch ungewöhnlicher ist aber der süßliche Geruch, den man bis in den Flur riechen kann – ungewöhnlich für Rainer, meine ich, bei den Kunden riecht es oft nach Marihuana. Was ist hier los?

»Bin da«, rufe ich. Nichts. Ich sehe im Wohnzimmer nach.

Rainer liegt auf dem Sofa, halb unter einer filzigen Decke begraben. »Gut, dass du kommst«, sagt er schwerfällig.

»Was ist los?«, frage ich.

Er hat Mühe, sich aufzurichten: »Das mit Jackie ist aus. Das ist los. Die blöde Schlampe hat einen anderen.«

Ich weiß darauf nichts zu sagen, also lasse ich es bleiben.

»Pass auf, wie du siehst, bin ich heute nicht so fit. Du musst einspringen. Hab dir da alles hingelegt. Drei Leute, okay? Zwei kennst du, ein Neuer. Also eine neue Adresse.« Er deutet auf das Regal hinter mir. »Nimm die da.«

»Die Münzen? Wieso das denn?«

»Du stellst dich an die Frankfurter Straße, auf der Höhe, wo dieser Kiosk ist, kennst du, ja? Den mit der Telefonzelle nebenan? Von da aus musst du ihn anrufen. Er kommt dann raus. Heißt Joachim, so ein Anzugträger. Bankfuzzi. Milchgesicht, Pickelfresse, erkennst du gleich. Okay so weit?«

»Ja.«

Sichtlich erleichtert angelt er mit dem Arm einen Aschenbecher unter dem Sofa hervor, in dem ein dicker Joint lehnt.
Es dauert eine Weile, bis er ihn wieder zum Brennen gebracht
hat, dann sehe ich zu, wie er zwei Züge inhaliert. »Ehrlich,
dass ich mal wegen so einer Schlampe …« Sein Brabbeln wird
unverständlich. Er inhaliert noch einmal: »He, was ist, Kleiner? Was glotzt du? Was machst du noch hier?«

»Ich?«

»Ja, du!« Jetzt klingt er aggressiv. Er springt plötzlich auf,
die Decke gleitet herunter, und ich stelle fest, dass nicht nur
sein Oberkörper nackt ist, er hat auch keine Hose an. Nur
ausgeleierte Boxershorts, die noch dazu irgendwie schief an
ihm hängen: An einer Seite baumeln ihm die Eier heraus.
Seine haarigen Beine stecken in Socken, die eigentlich weiß
sein sollten, aber er trägt sie wohl schon länger.

»Fuck! Glotz mich nicht so an! Seh ich aus wie ein Loser
für dich?«

»Nein«, sage ich besorgt. Am liebsten würde ich ihm den
blöden Joint wegnehmen. Wider Willen streift mein Blick
den frei schwingenden Hodensack: dunkel, verschrumpelt.

»Was ist dann?« Er geht einen drohenden Schritt auf mich
zu.

»Nichts! Du … du hast nur keine Hose an.« Ich beschließe, dass es höchste Zeit ist zu gehen.

Aber er baut sich vor mir auf und fuchtelt mir mit der
Haschzigarette vor der Nase herum. »Du darfst mich echt
nicht verarschen, Kleiner. Ich rechne alles durch, klar? Du
fasst das Zeug nicht an!«

»Nein«, wiederhole ich. »Ich habe noch nie …«

»Du schwörst mir das beim Leben deiner Mutter?«

»Ich schwöre.«

»Gut so.« Er lässt sich zurück auf die Couch plumpsen:
»Dann kannste jetzt abhaun.«

Diesmal habe ich beim Ausliefern kein gutes Gefühl, doch alles klappt reibungslos. Zuletzt ist Joachim an der Reihe, ich rufe ihn vom verabredeten Ort an, und er sagt, er komme runter.

Ich warte. Dabei habe ich ständig das Bild von Rainers Eiern vor mir. Also – so wahnsinnig viel größer als bei mir haben die nicht ausgesehen, oder täusche ich mich da? Aber nein, bestimmt nicht. Außerdem, im November werde ich zwölf.

Ich trete von einem Bein auf das andere. Wann kommt das Pickelgesicht endlich? Dabei habe ich größere Sorgen als einen trödeligen Neukunden. Was ist, wenn Rainer jetzt für längere Zeit so ist wie vorhin? Wenn ich nun ständig auf Abruf für ihn bereitstehen soll? Das schaffe ich einfach nicht. Meiner Mutter geht es wieder schlechter, und die Schule ist schwieriger geworden.

Ich erschrecke, weil auf einmal der Kopf des Kioskbesitzers durchs Fenster ragt; er will nachsehen, was ich da treibe. Vermutlich starre ich schon viel zu lange auf das Haus gegenüber. Also, jetzt muss ich mich ganz schnell wie ein normaler Junge benehmen, nicht wie einer, der an die Eier seines bekifften Chefs denkt und immer noch zwei Gramm Koks in der Tasche hat. Wie geht das noch mal? Ach ja, genau. Ich beginne zu pfeifen und schlendere weg.

»Alles Irre, sogar die Kinder schon«, höre ich den Kioskbesitzer hinter mir hergrummeln.

Zum Glück ist nun endlich der Kunde in Sicht. Der Mann, der jetzt aus dem Haus kommt, muss es sein. Er trägt einen Anzug, das Hemd ist um den Hals offen, die Krawatte weit gelöst, als hätte er eine Schlinge um den Hals; vielleicht kommt er gerade von der Arbeit. Er sucht unauffällig die Umgebung ab, und weil er an mir vorbeisieht, nicke ich ihm kurz, aber deutlich zu und gehe ein paar Schritte weg vom

Kiosk. Er glotzt von der anderen Straßenseite zurück. Will die Fahrbahn dann, ohne auf den Verkehr zu achten, überqueren. Jemand hupt. Der Kioskbesitzer hat jetzt einen Zahnstocher im Mund, auf dem er herumkaut, während er unser Treiben beobachtet. Joachim zieht mich ein Stück außer Sichtweite. Er ist kurzatmig und sieht überhaupt nicht erfreut aus, mich zu sehen.

»Pardon«, sagt er, »aber bist du der, für den ich dich halte?«

Also bitte, gibt es auf solch eine Frage überhaupt eine vernünftige Antwort? Ich schenke mir jeden Versuch. Warte einfach auf das Geld. Wenn er ein Problem mit mir hat – bitte schön. Wenn nicht, Geld her, sonst passiert von meiner Seite aus gar nichts.

Er zögert. Greift in die Anzugtasche, zieht aber keine Scheine heraus, sondern fummelt ein paar Münzen hervor: »Also – das geht nicht, nein! Ich ruf den jetzt mal an und sag, dass das – ich bin ja ganz entsetzt! Ein Kind! Das bist du doch noch!«

Bevor er die Telefonzelle erreicht, ziehe ich ihn am Arm: »Rainer ist krank«, sage ich, so betrübt ich kann. »Ich bin sein kleiner Bruder. Es ging wirklich nicht anders, aber ich muss Ihnen heute Ihr Medikament bringen. Mein Bruder hat gesagt, Sie brauchen es dringend.« Ich mache eine Pause. »Und dass Sie mir das Geld dafür geben, hat er gesagt.« Medikament! Das fällt mir einfach so ein, ganz erstaunlich! Ich versuche, nicht zu begeistert von mir selbst zu wirken, denn er hat es plötzlich eilig.

Er steckt mir drei zusammengerollte Fünfziger in die Hand und kriegt sein Tütchen. Dann dreht er sich um und geht ohne ein weiteres Wort.

Es ist genau, wie Rainer mir gesagt hat: Egal, wie gut sie aussehen oder was sie Schlaues tun und ob sie eigentlich total gegen illegale Geschäfte sind, sie wollen ihre Drogen.

Als ich zum August-Bebel-Ring zurückkomme, verhält sich Rainer wieder wie immer. Nichts erinnert an seinen Ausbruch von vorhin. Ich atme auf. Mir ist unklar, wie er sich so schnell wieder wach bekommen hat – ich habe so meinen Verdacht –, aber es ist mir auch egal. Ich betrachte seine Nase, wie er es mir beigebracht hat, da ist kein weißer Pulverrest.

»Und wie ist er so, unser neuer Kunde?«, will er wissen. Ich erzähle ihm haarklein von Joachim, ahme ihn ein wenig nach, wie ich es mir bei Micha abgeschaut habe. Bald wiehert Rainer vor Lachen: »Pahr-dong! Pahr-dong! Ehrlich wahr, ich fasse es nicht.«

Ich warte noch, ob er eine Erklärung zu vorhin abgeben will, aber es kommt nichts; er händigt mir meinen Anteil aus, einen Zehnmarkschein und ein paar Münzen, und ich beeile mich nach Hause zu kommen, was seit Neuestem wieder eine Menge unangenehmer Überraschungen bereithält.

Tatsächlich, kaum hat Vater meinen Schlüssel im Schloss gehört, steht er auch schon da und fragt scharf: »Wo bist du gewesen? Deine Mutter hat weder eingekauft noch irgendetwas zum Abendessen gemacht!«

Na toll, denke ich, wenn das so weitergeht, wird das ein schwieriger Winter.

17

Rudi springt aus dem Lieferwagen, den er direkt vor dem imposanten Garagentor geparkt hat: »Hier sind wir! Schaut euch den Tempel an, Jungs! Vierhundert Quadratmeter

Wohnfläche, das Erdgeschoss ist komplett verglast. Da will jemand eigentlich in einem, falsch: seinem eigenen Park wohnen.«

Das Haus von Stellas Tante ist ein flacher Bau mit zwei Stockwerken, der, soweit ich das sehe, tatsächlich rundum aus Fensterglas besteht. Die Wintersonne spiegelt sich in den Scheiben und blendet uns, aber je näher wir kommen, desto besser können wir durch die makellosen Glasflächen hineinsehen. Ein paar schlichte weiße Sofas sind zu erkennen, ein flacher weißer Tisch. Eine riesige Bodenvase mit Blumen darin, natürlich ebenfalls weiß. Das ist erst einmal die ganze Einrichtung. Jetzt ist mir klar, wohin die seltsamen Möbel sollen, an denen Rudi die ganze Zeit herumgebastelt hat.

»Wow«, sage ich. Solche verrückten, modernen Häuser gibt es, das habe ich gewusst, aber ich hätte nicht gedacht, dass sich eines davon ganz in der Nähe befindet, nicht weit hinter dem Bieberer Berg. Es kommt mir vor wie ein Gebäude aus der Zukunft, eines, das hier erst in hundert Jahren oder zweihundert stehen sollte. Als ob die Zeit vorgespult worden wäre.

»Wie *hält* das denn?«, fragt Micha. »Das müsste doch eigentlich zusammenklappen, wenn es nur aus Glas ist?«

»Gute Frage!«, lobt ihn Rudi. »Ei, das ist genau der Witz. Ihr könnt es von hier aus schlecht erkennen, aber mitten im Haus, da ist ein Quader, in dem sich Küche, Gäste-wc und das Treppenhaus verbergen. Nur auf diese Weise hält sich das statische Gleichgewicht.«

»Ein Quader? Ah, ich glaube, ich sehe ihn! Er hat eine Holzverkleidung, oder?«

»Ja, und zwar nicht irgendeine. Das ist *Ulmen*holz. Wartet, bis ihr drin seid. Der Traum eines jedes Architekten, ich sag's euch.«

Ich bin ein Stück zur Seite geschlendert, zu dem seltsam

kargen Garten an der Längsseite des Hauses, der nur aus verschiedenfarbigen, zu Flächen arrangierten Kieseln besteht.

»Das ist ein japanischer Steingarten«, ruft Rudi mir zu, ziemlich laut übrigens, dafür, dass wir schon dicht am Haus stehen. »Hat sie mir alles erklärt, die Steine da in Wellen, die sind das Wasser …«

Ich berühre mit der Spitze meines Turnschuhs eine im Kies geharkte Linie.

»Wie bescheuert. Hier wäre Platz für einen Pool! Marten, sag doch mal was!«

»Ja, ein Pool wäre toll …« Vor allem würde ich mir wünschen, dass die beiden nicht so herumschreien. Ganz links im Gebäude ist nämlich eine hagere, weißhaarige Frau aufgetaucht. Sie stützt sich auf einen Stock, der fast so groß ist wie sie. Ich bin mir sicher, sie hat uns schon von Weitem kommen sehen und dann die ganze Zeit beobachtet.

Rudi hat sie wohl auch bemerkt, denn er schaltet sofort auf einen geschäftigen Ton um: »So, Jungs, jetzt aber mal los! Helft mir mal beim Ausladen.«

Aber Micha ist inzwischen so nah an die gläserne Eingangstür getreten, dass diese sich automatisch nach beiden Seiten öffnet, wie im Supermarkt. Rudi und ich laufen ihm nach; ich bin zuerst da.

»Grüßt's euch!« Aus dem Nichts ist eine dicke, rotgesichtige Frau aufgetaucht, die wie eine Arzthelferin in einen weißen Kittel gekleidet ist. Wo kommt die auf einmal her?

»Guten Tag, Frau von Sternberg«, sagt Micha artig.

»Ah geh', i bin fei die Haushälterin.« Sie lächelt und begrüßt Rudi und mich.

Die Anwesenheit der Haushälterin erleichtert mich, einfach weil sie auch nicht so richtig hierher passt – genau wie wir drei und das schäbige Lieferauto.

Sie tritt zur Seite: »Kommen S' rein. Wann i euch ins Wohnzimmer bitten darf. Die Dame des Hauses wird jeden Moment da sein.«

Für den letzten Satz ist sie in ein angestrengtes Hochdeutsch gewechselt, und sofort rammt Micha mir den Ellbogen in die Seite: »Dame des Hauses!«, flüstert er mir viel zu laut zu.

»Psst«, mache ich. Aus den Augenwinkeln sehe ich, wie die alte Dame und ihr Stock näher rücken.

»Hier entlang, die Herrschaften.«

Auch aus der Nähe betrachtet ist das Glas überall so sauber, dass es schwierig ist, nicht geradewegs in eine Wand zu rennen.

»Ob sie ganz allein Fenster putzen muss?«, wispert Micha, als habe er meine Gedanken gelesen.

Ich brumme etwas. Kann nur hoffen, er *fragt* sie jetzt nicht danach.

Wir gehen über weiße Bodenbeläge ins Wohnzimmer; ich trete vorsichtig auf. Meine Turnschuhe sind nicht gerade dreckig, aber besonders sauber sind sie auch nicht. Der Wohnzimmerteppich ist ausnahmsweise nicht komplett weiß. Auf ihm befindet sich ein Muster, oder vielmehr: eine krakelige Schrift.

Rudi ist meinem Blick gefolgt: »Ja, Jungs, auf den Teppich hat Frau von Sternberg eine Seite ihres Tagebuchs sticken lassen! Natürlich auf Französisch, es soll ja nicht jeder dahergelaufene Schreiner …«

»Es handelt sich um eine fiktive Konversation mit Baudelaire«, unterbricht Frau von Sternberg.

»Habe ich's mir doch gedacht!«, sagt Rudi gut gelaunt, und darüber muss sogar ich lachen.

Frau von Sternberg nicht. Sie sagt pikiert: »Guten Tag erst einmal.« Beim Versuch zu lächeln verzieht sich ihr glattes, straffes Gesicht wie eine Gummimaske. Sie reicht uns nacheinander die Hand, die faltig und von dicken bläulichen Adern durchzogen ist und überhaupt nicht zum Gesicht passt. Ein Herbstblatt im Vergleich zu einer Plastikrose, denke ich: Nicht schöner, aber echter.

»Klasse Haus!«, lobt Micha, breit grinsend, und fegt damit Frau von Sternbergs Lächeln weg. Der Spruch meines Vaters fällt mir ein: Wer lobt, stellt sich damit über den anderen.

Jetzt überrascht Rudi mich: »Sie müssen entschuldigen, gnädige Frau«, sagt er auf einmal ganz ernsthaft, »ein solches Haus ist neu für die Jungs.«

Frau von Sternberg nickt gnädig: »Gleich zwei so unterschiedliche Buben«, bemerkt sie säuerlich.

»Nein, nur der Micha ist meiner. Marten hier – sein Vater ist Ingenieur.«

Ich bin mir nicht sicher, ob er es sich falsch gemerkt hat oder absichtlich aufschneidet, ich finde die Bemerkung auf jeden Fall peinlich.

»Er war schon im Fernsehen!«, schaltet sich jetzt auch noch Micha ein.

Ich schaue verlegen auf den Boden: »Je suis«, steht da in krakeliger Schreibschrift geschrieben, weiter kann ich nicht lesen. Jesus?

»Ja, er war …«, beginne ich, dann fällt mir nichts mehr ein.

Zum Glück kommt jetzt die Haushälterin mit einem Tablett, auf dem zwei Gläser mit einer dicklichen grünen Flüssigkeit stehen.

»Vorsicht! Sie verschütten gleich alles«, zischt Frau von Sternberg ihr zu. »Und wo bleibt eigentlich Stella? Dieses Gör macht doch, was es will!« Dann wird ihr Ton gezwungen freundlich: »Es ist Zeit für ein Glas gesunden Gemüsesaft, Kinder!«

»Sofort! Ich hole sie«, die Haushälterin drängt uns das

Tablett auf, sie will den Saft loswerden, um den nächsten Auftrag auszuführen.

»Was ist das, und wieso ist es grün?«, fragt Micha misstrauisch.

»Das ist selbstgepresster Gemüsesaft. Schmeckt ein wenig nach Salat«, antwortet sie, es klingt wie eine Entschuldigung.

»Hätte gedacht, hier gibt es nur Milch«, sagt Micha und sieht sich um, ob jeder den Witz verstanden hat.

Der Saft schmeckt so, wie ich mir den Geschmack von Gras vorstelle, und will partout nicht die Kehle hinunter, aber nun bringt die Haushälterin Stella, und es ist – ja, das ist sie, das ist das Mädchen vom Fußballplatz.

Mit dem stämmigeren Körperbau, den schwarzen Haaren und der dunklen Haut sieht sie ihrer Tante kein bisschen ähnlich. Mir kommt es vor, als würde ein gesundes Indianermädchen von einer schwächlichen Weißen mit gebügeltem Gesicht großgezogen.

Ich strahle sie an. Das macht mir Spaß, und daher dauert es eine Weile, bis mir auffällt, dass sie nicht zurückstrahlt. Sie lächelt nicht einmal. Ihr Gesichtsausdruck ist schwer zu beschreiben, gelangweilt trifft es am ehesten. Kennenlernen will sie uns jedenfalls nicht. Sie wäre lieber ganz woanders, jetzt gerade, denke ich erschrocken.

»Hi«, trompetet Micha.

»Hi«, erwidert sie. Dabei gelingt es ihr, nur den leeren Raum zwischen Micha und mir zu grüßen.

»Wir kennen uns vom Sehen. Vom Fußballplatz!«, sagt Micha.

Stella zuckt zusammen, dann sieht sie ihre Tante vorsichtig von der Seite an. »Quatsch. Was soll ich denn auf einem *Fußballplatz*?«

»Joggen. Du warst da joggen. Trainierst du für was?« Micha lächelt. Mir fällt auf, dass er keinen Saft mehr in der

Hand hält, der befindet sich plötzlich auf dem Tischchen hinter ihm. Wie hat er das so unbemerkt geschafft? Das Glas ist voll – wenn er überhaupt probiert hat, dann hat er den Schluck wohl zurückgespuckt.

»Das war nicht ich«, sagt Stella scharf.

»Eine Verwechslung«, bestimmt die Tante.

»Wahrscheinlich, ja«, sage ich, obwohl ich es besser weiß. Aber Stella sieht wieder so merkwürdig zu ihrer Tante hin. Als hätte sie ein Geheimnis vor ihr – oder Angst.

Ich bilde mir jedenfalls ein, einen dankbaren Blick von ihr zu erhaschen.

»Wir haben einen Fitnessraum«, sagt Frau von Sternberg. »Hier joggt ganz bestimmt niemand um einen, äh, Platz!«

»Einen Fitnessraum? Wo denn?«, fragt Micha, erhält aber keine Antwort.

»Also gut«, Frau von Sternberg reicht es, sie hat sich eindeutig lange genug mit Kindern abgegeben. »Dann würde ich sagen, wir kümmern uns um die Möbel und die Bezahlung und …« Sie unterbricht sich, etwas Schwarzes ist durch das Zimmer gehuscht. »Diese Katze!«, sagt Frau von Sternberg gereizt. »Stella – dieser Kater wäre im Internat wirklich besser aufgehoben, dass er dich vermisst, bildest du dir nur ein, nicht wahr, Herr Kramer? Das sind bloß *Tiere*. Also, ihr könnt jetzt spielen gehen, während wir uns um das Geschäftliche kümmern.« Sie wedelt uns mit der Hand weg wie lästige Insekten.

»Wo ist dein Zimmer?« Micha wendet sich an Stella, die wieder kein Wort von sich gibt, sondern einfach losmarschiert. Wir folgen ihr durch das Treppenhaus in den ersten Stock, dann stehen wir in einem Raum mit einer flachen weißen Ledercouch, auf der ein aufgeschlagenes Buch liegt. Auf dem Boden steht eine todschicke Hi-Fi-Anlage. Sonst ist da nichts.

Stella macht eine ausholende Armbewegung, die wohl sagen soll: Da sind wir.

»Na, du brauchst die Möbel aber ziemlich dringend«, bemerkt Micha. »Wo hast du deine ganzen Sachen?«

»Woanders.« Meine Hoffnung, sie würde in Abwesenheit ihrer Tante netter sein, zerschlägt sich angesichts ihrer Miene.

»Ich meine – es liegt gar nichts herum. Was machst du denn hier?«

»Das ist *minimalistisch*, das soll so sein. Das wird auch mit den neuen Möbeln nicht anders aussehen«, erwidert sie schnippisch. »Aber das geht dich ja wohl kaum etwas an.«

»Da hast du recht«, gibt er zu, überlegt kurz und probiert es dann anders: »Sieht deine Tante eigentlich immer alles, was du gerade machst? Ich meine, durch das ganze Glas?«

»Ja, irgendwie schon«, sagt Stella zögernd, und ich habe den Eindruck, sie antwortet nur, weil die Frage sie komplett überrumpelt.

»Ist das nicht – komisch?«, bohrt Micha weiter, die braunen Augen so weit aufgerissen, dass ich langsam den Verdacht habe, er macht sich über sie lustig.

Stella sagt böse: »Wieso? Ich tue ja nichts Verbotenes!«

Micha hat aber nur angetäuscht. Jetzt greift er aus anderer Richtung an: »Na ja, wenn du auf dem Fußballplatz joggst – das sieht sie dann nicht, oder?«

»Verdammt noch mal«, zischt Stella plötzlich. »Wie blöd bist du eigentlich? Ich laufe unten, im Fitnessstudio. Ich geh nicht auf dieses Fußballfeld, nie mehr! Und jetzt könnt ihr wieder abhauen!«

»Okay«, sagt Micha friedlich und zieht mich mit hinaus. Dabei sagt er halblaut zu mir: »Hast du gehört, dass sie nie *mehr* gesagt hat? Also war sie doch dort!«

Mein letzter Blick auf Stella: Sie steht kerzengerade da, ihre Hände sind zu Fäusten geballt.

Im Treppenhaus beschließt Micha, dass er sich selbstständig noch das Untergeschoss ansehen wird, das bemerke ja wohl niemand.

»In Ordnung, ich setze mich schon mal ins Auto«, sage ich.

»Seht ihr«, sagt Rudi auf der Rückfahrt, »eine schlimme Kindheit kann man auch mit sehr viel Geld haben.« Seit er den Scheck von Frau von Sternberg erhalten und ihn in die Brusttasche seines Hemdes gesteckt hat, ist er bester Laune.

»Was ist das bloß für eine Schule, in die man seine Katze mitbringen darf?«, fragt Micha.

»Eine teure«, erwidert Rudi und hupt einen Radfahrer von der Straße.

Kein Wort habe ich zu Stella gesagt, denke ich, kein einziges Wort.

»Als du schon draußen warst, hab ich mich ein bisschen umgesehen. Das Untergeschoss war abgesperrt, leider. Aber ich war in der Küche – glaubt ihr, da gibt es *Essen*?«

»Ich hoffe, du hast den Kühlschrank nicht vergessen«, sage ich miesepetrig.

»Brr, ja, Obst und Gemüse ohne Ende … Ich bin mir sicher, von der Pampe, die sie daraus pressen, *vergiftet* man sich, ich meine: auf Dauer! Und hast du gehört, wie die von Sternberg *Tiere* gesagt hat? Da ist es mir kalt den Rücken runtergelaufen.«

Ich schweige. So sehr hatte ich mich darauf gefreut, Stella kennenzulernen, und nun wäre ich froh, gar nicht dabei gewesen zu sein.

»Das war übrigens dumm von dir, dass du früher raus bist«, sagt er plötzlich, und ich sehe, wie er etwas unter seinem T-Shirt hervorzieht.

»Was ist das?«, frage ich alarmiert. »Was hast du getan?«

»Ein Computerspiel. Ich habe es mitgenommen.«

»Mensch, Micha, war das nötig?«, fragt jetzt Rudi, aber er wirkt nicht besonders verärgert.

»Sie hat fast vierzig, wenn ich richtig gezählt habe, auch einige *doppelt*«, verteidigt sich Micha. »Sie wird es gar nicht merken.« Rudi schaltet das Radio ein, das Micha mühelos übertönt: »Blöd nur, dass wir nicht ins Untergeschoss konnten. Was ist, wenn es da gläserne Böden gibt, durch die man die Würmer sieht, wie in einem unterirdischen Terrarium …«

»Hm«, sage ich widerwillig.

»Du, stell dir vor: Sie lässt sich in einem Glassarg beerdigen, wetten? Wie Schneewittchen!«

»Jetzt lass doch mal locker, Micha«, mahnt nun Rudi.

Aber ohne Erfolg, Micha plappert weiter: »Ich glaub, es ist total anstrengend, da zu wohnen. Irgendwie – als wollte das Haus dauernd was von einem. Ich meine, wo zum Beispiel kann man da gemütlich fernsehen?«

Rudi schaltet das Radio aus. »Was ist los, Marten?«, fragt er mich jetzt direkt, was ja immerhin bedeutet, dass Micha mein Interesse an Stella für sich behalten hat. Aber – zu früh gefreut.

»Was soll schon los sein«, antwortet Micha für mich. »Marten hat sich verknallt. Aber, Rudi, du musst zugeben, er hat keinen guten Frauengeschmack.«

18

Nicht Rainer ist es, der mir öffnet, sondern Yussuf.

»Rainer ist nicht da«, schnauzt er mich an und dreht sich auf dem Absatz um. Da er die Tür offen gelassen hat, marschiere ich hinein, schließlich hat Rainer mich herbestellt, und der hat hier das Sagen.

Im Wohnzimmer ist die ganze Bande versammelt. Außer Yussuf sind noch Mehmet und Furhan da, die Namen der zwei Deutschen kenne ich nicht, aber ich habe sie schon öfter gesehen – ein großer Dünner und einer, der immerzu Cowboystiefel trägt, egal bei welchem Wetter.

»Mann, der Rainer, der soll sich einen Hund kaufen, wenn er bewundert werden will!«, lästert einer von ihnen, als ich hereinspaziere.

Yussuf lacht: »Die Jackie fehlt ihm halt.«

»Wann kommt Rainer denn zurück?«, frage ich.

»Gleich, er ist nur kurz auf dem Amt.«

Ich beschließe, in der Küche zu warten, wo es nicht besser aussieht als bei uns zu Hause, denn seit einer Weile geht es Mutter wieder schlechter.

Da ich mich hier aber nicht zuständig fühle, räume ich nur so viel verdrecktes Geschirr vom Tisch, dass ich mein Mathebuch hinlegen kann, keinen Teller mehr.

Drüben reden sie sehr laut. Ich versuche, eine Aufgabe zu lösen, aber ich kann wirklich jedes Wort verstehen.

»Ich dachte, er ist es gewesen, der Schluss gemacht hat? *Er* hat doch die Jackie in die Wüste geschickt?«

»Die machen dauernd Schluss und fangen wieder was an«, sagt einer der Deutschen.

»Nee, nee, diesmal ist es endgültig«, sagt Yussuf.

»Das isses immer.«

Alle lachen.

Mehmet sagt: »Jackie will wegziehn zu 'nem andern Kerl, und zwar weiter weg als nur nach Darmstadt. Deshalb hat's der Rainer jetzt doppelt eilig mit großen Deals. Ist seine letzte Chance, und die Zeit drängt. Wenn ihr mich fragt, er wird vor lauter Hetze unvorsichtig.«

»Hört, hört, das sagt der Richtige.« Wieder einer der Deutschen.

»Mann, mir hat der Rainer was anderes erzählt. Dass er keinen Bock mehr auf sie hat.« Mehmet wechselt mit Yussuf ein paar Worte auf Türkisch.

»Jetzt sprecht halt deutsch!«

»Er hat nur gesagt: Die Wahrheit war das nicht.«

Ich lege den Stift endgültig hin: Das interessiert mich.

Die Wahrheit, darüber reden Rainer und seine Leute nämlich ständig, und deshalb bin ich seit einiger Zeit auch auf dieses Problem aufmerksam geworden. Vorher bin ich in den meisten Fällen automatisch davon ausgegangen, dass etwas wahr ist, das man erzählt bekommt. »Was hast du gestern gemacht?« – »Ich war im Kino«, so in der Art. Jetzt weiß ich, dass es so einfach nicht ist. Denn: wie um Himmels willen soll man das eigentlich beurteilen können?

Klar ist das ein Kinderspiel, wenn man selber dabei ist, wie ich vor einiger Zeit, als Rainer und Mehmet diesen Rockertypen zusammengeschlagen haben. Er hat sie provoziert, das haben sie den anderen Rockern auch gesagt, es ist die Wahrheit. Die anderen Rocker sagten, nee, der ist kein Idiot, wenn ihr zu zweit seid und er allein, provoziert der bestimmt keinen Streit. Sie hielten Rainer und Mehmet für Lügner. Ihr zusammengeschlagener Kumpel war vorerst auch keine Hilfe, denn der lag mit eingegipstem Kinn im Krankenhaus. Es war aber im Prinzip klar, dass er eine andere Version zur Wahrheit erklären würde. Darauf bereiteten sich Rainer und seine Kumpels schon vor. So weit ist es ja einfach – weil ich dabei war.

Was wäre, wenn ich es nicht gesehen, sondern auch nur erzählt bekommen hätte? Dann wäre ich eigentlich aufgeschmissen, da *muss* das Erzählte dann nicht unbedingt die Wahrheit sein, dann hängt es von der Glaubwürdigkeit der erzählenden Person ab. Also von Rainer. Und natürlich glaube ich Rainer mehr als irgendeinem dahergelaufenen Rockertypen.

Aber genau hier wird es innerhalb der Clique unklar: Eine Person, die einmal als glaubwürdig gegolten hat, muss es nicht für immer sein, alles kann sich ändern, »alles ist im Fluss«, wie Rainer gerne sagt. Die Koalitionen sind, so kommt es mir jedenfalls vor, auch nicht sicherer als Jackies große Liebe zu Rainer. Vielleicht haben ja Mehmet und Rainer Gründe, einen Streit mit den Rockern anzuzetteln, wer weiß das schon? Jedenfalls ist die Lage im Moment so, dass sich alle gegenseitig misstrauen und in wechselnden Zweiergruppen gesondert besprechen. Bei den Türken kommt noch hinzu, und das macht es jetzt wirklich trickreich, dass es spezielle *türkische* Wahrheiten gibt, die für die Deutschen nicht gelten. Wenn Rainer zum Beispiel sagt: »Die Selin« – das ist Furhans Schwester – »ist eine wirklich süße Schnecke«, so ist das nach deutscher Wahrheit ein Kompliment, nach türkischer jedoch eine Beleidigung. Und das ist auch der Grund, weshalb sich alle ständig über die Wahrheit versichern, darauf pochen, dass sie die *Wahrheit* sagen. Wenn sie sehr eng befreundet sind oder sogar verwandt wie Mehmet und Furhan, hängen sie schon bei Kleinigkeiten oft noch die Versicherung: »Das ist die Wahrheit, Alter, ich sag's dir«, dran. Was die Schlägerei angeht, ist es gut gewesen, dass Rainer und Mehmet einander quasi decken. Was aber, wenn es sich nur um einen gehandelt hätte, der den Rocker verprügelt hat? Noch vor Kurzem wäre die Clique sich sicher gewesen, dass Rainer automatisch glaubwürdiger war als der Rocker, bei Mehmet dagegen wäre jeder von Lüge oder wenigstens Übertreibung ausgegangen. Jetzt bin ich mir da nicht mehr so sicher. Das Kräfteverhältnis ist, glaube oder vielmehr befürchte ich, »im Fluss«. Ich persönlich würde für

Rainer meine Hand ins Feuer legen, aber mich fragt ja keiner.

Auf einmal werden sie drüben still. Ich höre Schritte, Rainer ist da. Er sagt: »Hallo!«, und dann besprechen sie sich etwas leiser. Ich zögere kurz. Dann stehe ich auf und schleiche in den Flur.

»Moment mal«, höre ich Rainer sagen, »seit wann genau kennt ihr den?«

Mehmet und Furhan antworten gleichzeitig, dann reden auch die anderen drängend auf Rainer ein.

»Jaja«, sagt der genervt. »ich will ja größere Deals. Aber es kommt mir komisch vor – wir kennen den nicht, und dann gleich so eine Riesenbestellung.«

Yussuf antwortet: »Der Typ, der ihn normalerweise beliefert, ist im Knast. Und es ist eine BWLer-Abschlussparty, die Jungs wollen es ein paar Tage lang krachen lassen. Geld ist bei denen kein Thema. Ich weiß nicht, wo dein Problem liegt.«

»Mein Problem liegt darin, dass ich vorsichtig bin bei Geschäften mit Unbekannten! Kapiert's doch endlich! Und jetzt verpisst euch. Ich lasse mir die Sache durch den Kopf gehen, mehr kann ich nicht versprechen.«

Getrampel, Türenschlagen, und dann sind sie weg.

Rainer kommt in die Küche. Er beachtet mich nicht, sondern öffnet eine Dose Linsensuppe, kippt sie in einen Topf und stellt den Herd an. Dann geht er wieder ins Wohnzimmer. Ich habe ihn fragen wollen, ob ich zwei Wochen Pause beim Ausliefern machen kann, aber der Zeitpunkt erscheint mir nicht günstig. Vielleicht, wenn er gegessen hat.

Ich schlage noch mal das Heft auf. Die Suppe blubbert. Wenn man sie nicht langsam umrührt, brennt sie an. Ich will gerade etwas sagen, da stürzt Rainer auch schon zurück an den Herd.

»Mittagessen ist fertig, Kleiner.«

»Hab schon gegessen«, lüge ich.

Er schenkt uns beiden Cola ein, ich setze mich ihm gegenüber hinter den Geschirrstapel und sehe zu, wie er den braunen Linsenmatsch in gleichmäßigem Rhythmus in sich hineinschaufelt, bis der Teller leer ist. Dann stellt er ihn weg, zündet sich eine Zigarette an und fragt: »Hast du eine Freundin, Kleiner?«

»Ich bin erst zwölf«, antworte ich und beiße mir sofort auf die Lippe. Zwölf ist immerhin etwas, auch wenn ich es erst kürzlich geworden bin.

»Hm, hast recht. Vergesse ich immer, stimmt's?« Er zieht und stößt Rauch durch die Nase. »Ich bin überhaupt nicht froh, dass sie weg ist«, sagt er plötzlich. »Mann, Scheiße, wir haben ein Kind zusammen! Wie soll ich da froh sein, dass ein anderer den Vater spielt! Nee, nee.« Er schüttelt den Kopf. »Aber das bleibt unter uns, okay?«

»Natürlich.«

»Na, du hast sie eh nicht besonders gemocht.«

Ich sage dazu nichts, aber es stimmt. Sie hat immer getan, als wäre ich Luft.

»Wenn du ein paar Jahre älter wärst, wäre das anders ... Da würdest du sie ganz anders ansehen, meine sexy Lady.« Er wird nachdenklich: »Aber was ist schon die Optik, Kleiner, na? Nichts als Titten und Make-up.« Er pocht sich auf die Brust: »Da drin ist sie eine Gute. Jedenfalls ist sie's gewesen, bevor sie angefangen hat, mit diesem Arsch zu bumsen! Zusammenziehen, pah!« Ich rieche jetzt, dass er keine gewöhnliche Zigarette raucht, und beschließe, bei der nächsten Gelegenheit abzuhauen. Rainer redet noch ein bisschen vor sich hin, dann gähnt er: »Sag mal, wolltest du eigentlich was Bestimmtes? Brauchste 'nen Auftrag?«

Das nun nicht gerade, denke ich. Ich schüttele den Kopf: »Nein, nur mal Hallo sagen. Ich muss auch wieder los jetzt.«

»Klar, ist immer nett dich zu sehen.« Er seufzt: »Wenn du sowieso schon stehst, mach bitte noch schnell das Fenster im Wohnzimmer zu, Kleiner. Die über mir wohnen, beschweren sich ständig, dass sie Marihuana riechen. *Marihuana.* Solche Idioten, was?«

19

Als ich nach Hause komme, sitzt meine Schwester im Wohnzimmer, lutscht am Daumen und starrt auf den Fernseher. Links und rechts von sich hat sie ihre Stofftiere drapiert. Seit die Kaninchen nicht mehr in ihrem Zimmer, sondern im neuen, großen Gehege auf der Wiese hinter dem Haus untergebracht sind, hat sie rasend schnell das Interesse an ihnen verloren.

»Nicole, was ist los, was schaust du dir denn da an? Wo ist Mama?«

»Die schläft. Papa hat eine gaaaanz lange Dienstreise.«

»Schon wieder?«, frage ich. »Wer hat das gesagt?«

Weil meine Schwester darauf keine Antwort weiß, frage ich sie, ob sie zu Mittag gegessen hat; sie schüttelt nur den Kopf. Ich schiebe zwei Bären beiseite und setze mich neben sie. Es geht anscheinend um Sekten, die zur Jahrtausendwende auf den Weltuntergang warten, eine davon im Schwarzwald.

»Was ist eine Apolypse?«, fragt Nicole ängstlich. »Und wo geht die Welt hin, wenn sie untergeht?«

»Ach, das sind nur Spinner, so was solltest du dir nicht anschauen.« Ich lege den Arm um sie und angele gleichzeitig nach der Fernbedienung, um das Programm zu wechseln.

»Erinnerst du dich an die Sonnenfinsternis? Da ist doch auch nichts passiert – wir haben nur kurz einen schönen schwarzen Kreis mit Strahlen drum herum gesehen.«

»Ich hab gar nichts gesehen!« Nicole fängt an zu heulen: »Ich hab Hunger. Ich hab schon das ganze Obst gegessen, aber ich hab Hunger auf was *Richtiges*.«

»Ich guck mal nach Mama, dann mach ich uns was«, sage ich und stehe auf.

Mutter liegt mit dem Rücken auf der Bettdecke und starrt die Decke an. »Was ist los?«, frage ich. »Wo ist Vater?«

»Na, vermisst du ihn?«, sagt sie bösartig. »Der so viel arbeitet und uns alle finanziert? Den ach so wichtigen Herrn?«

»Mama ...«

»Die Dienstreise ist blond und zehn Jahre jünger als ich, nur dass du's weißt! Ich bin ja immer zu besoffen, als dass er mit mir ...« Sie schlägt sich mit der Hand gegen die Stirn, aber nicht zum Spaß, sondern so, dass es richtig wehtut. »Der Scheißkerl! Dieser Scheißkerl!«

Ich beiße mir auf die Unterlippe. »Mama«, sage ich wieder. Ich bin erschüttert. Auf diese Art hat sie noch nie mit mir gesprochen.

»Und du bist auch nie zu Hause, nie hilfst du was!«

Obwohl ich weiß, dass sie es nicht so meint, dass da jemand anders aus ihr spricht, tut es weh, das zu hören. Und es ärgert mich auch. »Keiner aus meiner Klasse hilft so viel im Haushalt wie ich!«

Sie setzt sich im Bett auf: »Du Lügner. Du bist genau wie dein verdammter Vater!« Das Deckenlicht lässt ihr Gesicht grünlich und fahl wirken, ich kann nichts Bekanntes darin finden. Erst jetzt merke ich, dass sie ein Kleid trägt. Und Stöckelschuhe.

»Was hast du da an? Wolltest du weg?«

Sie lächelt böse: »Na, vielleicht suche ich mir auch wen.«

Ich drehe mich um und verlasse das Zimmer, es ist sinnlos, mit ihr zu reden, sie ist nicht sie selbst, sondern eine
fremde Person. Es ist wie in einem dieser Filme, in denen
außerirdische Wesen von Leuten Besitz ergriffen haben, und
die sehen dann bloß noch so aus, als wären sie die alten. Ich
kann nur hoffen, dass sie in diesem Zustand nicht hinaus auf
die Straße geht. Kaum bin ich drei Schritte den Flur entlang
gegangen, steht sie plötzlich wie eine Spukgestalt hinter mir.
Mein einziger Gedanke ist, dass Nicole sie so nicht sehen
soll. Ich muss sie wieder in ihr Zimmer bringen, aber wie?

»Marten!« Zum allerungünstigsten Zeitpunkt tapst meine
Schwester aus dem Wohnzimmer. Wie sie so dasteht in ihrem
großen T-Shirt, sieht sie winzig aus. Sie knabbert an ihren
Fingernägeln, dann sieht sie zu uns hin, erschrickt und rennt
auf mich zu, um den Kopf in meinen Bauch zu graben.

»Ist schon gut«, flüstere ich.

Die Außerirdische knickt in den hohen Schuhen um und
kreischt: »Nichts ist gut! Ich will was zu trinken! Hol –
mir – was!«

»Das tue ich. Ich bringe dir etwas. Geh wieder in dein
Zimmer, ich verspreche es dir. Ich laufe schnell mit Nicole
zum Kiosk, und dann schläfst du, ja? Du trinkst was und
dann schläfst du.« Ich spreche langsam und überdeutlich,
damit es in ihr Bewusstsein dringt.

Endlich sagt sie ja. Dreht sich um und tastet sich an der
Wand entlang zurück in ihr Zimmer. Stille, dann leises
Schluchzen.

Nicole starrt mich fassungslos an: »Aber sie kann jetzt
nicht weinen. Ich habe Hunger!«

Ich schicke sie in ihr Zimmer und sage, sie soll sich schon
mal ihren Schlafanzug anziehen, dann gehe ich in die Küche.
Außer zum Trinken scheint Mutter nicht hier gewesen zu
sein, alles ist erfreulich aufgeräumt. Ich suche an den üb-

lichen Plätzen nach Alkohol. In diesem Zustand übersieht Mutter immer irgendetwas, hat vergessen, wo sie die Fläschchen versteckt hat. Ich finde zwei Flachmänner in der aufgebrauchten Cornflakesschachtel, die schon beim Altpapier steht, und bringe sie Mutter, die mit geschlossenen Augen und immer noch in Abendrobe wie eine erschöpfte Filmdiva auf dem Bett liegt und schläft. Ich stelle die Fläschchen so auf ihren Nachttisch, dass sie sie gleich sieht, wenn sie wach wird.

Im Gefrierfach sind noch Pommes und Ćevapčići. Ich mache den Ofen an und lege die Pommes auf ein Blech. Während sie im Backrohr vor sich hin brutzeln, brate ich die Ćevapčići an, für Nicole wärme ich Dosenerbsen mit etwas Butter in einem kleinen Topf, falls sie das Fleisch nicht mag. Dann schneide ich Tomaten, verteile alles auf zwei Teller und rufe meine Schwester, die sofort in die Küche stürmt und einen Juchzer ausstößt, als sie den gedeckten Tisch sieht. Ich lege den Finger auf den Mund.

Wir sind fast mit dem Essen fertig, da kommen aus Mutters Zimmer plötzlich Geräusche. Wir lauschen, Nicole legt ängstlich die Hände vor die Augen und rührt sich nicht.

»Sei kein Kaninchen«, flüstere ich ihr zu.

Aus dem Flur kommt eine Stimme: »Marten, bist du das?« Sie klingt wieder wie unsere Mutter.

»Ja«, rufe ich zurück, »willst du auch etwas essen?«

»Moment, ich muss mal kurz ins Badezimmer …«

Nicole nimmt die Hände vom Gesicht.

Nach ein paar Minuten kommt Mutter heraus, barfuß und im Bademantel. Ihr Haar ist im Nacken zu einem Pferdeschwanz zusammengebunden, und im bleichen, verquollenen Gesicht glänzen Hautcremereste.

»Ach, da seid ihr ja!«, sagt sie matt.

Nicole sieht sie mit halb offenem Mund an. Ich kann

sie verstehen. Sie staunt, dass der Geist weg ist, ganz ohne Spuren hinterlassen zu haben. »Marten hat Essen gemacht. Willst du auch was?«, fragt sie schüchtern.

»Nein, danke. Aber ich setze mich zu euch.« Mutter füllt ein Glas mit Leitungswasser und nimmt an der Kopfseite des Tisches Platz. »Das riecht wunderbar«, sagt sie, obwohl sie aussieht, als würde sich ihr allein beim Hinsehen der Magen umdrehen.

»Ja«, sage ich, »schade, dass du nichts willst.«

Sie lächelt verlegen. »Später, Schatz, ich esse später etwas.«

20

Es ist der letzte Tag vor den Weihnachtsferien. Ich bin müde, als ich von der Schule nach Hause radele, allein, denn Michas Klasse hat noch Sportunterricht. Je näher ich komme, desto langsamer werde ich, es ist, als gäbe es plötzlich enormen Gegenwind. Und auf einmal ist die Idee da. Ich stoppe und drehe um.

Ich werde jetzt zur Tierhandlung fahren und mir ein Kaninchen kaufen. In der Seitentasche meines Ranzens stecken fast sechzig Mark. Der Gedanke reicht, und ich fliege geradezu die Straße entlang. Auf einmal bin ich in einer anderen Welt, meiner ganz eigenen, einer Welt, in der ich Geld habe, in ein Geschäft spaziere, mir ein Tier kaufe, ein Tier für mich ganz allein, niemand weiß davon. Ich kann es töten, wann ich will, das Tier. Niemand hat gewusst, dass es existiert, also wird niemand bemerken, wenn es tot ist; es ist eigentlich nie da gewesen. Vielleicht töte ich es gleich, mein Tier, vielleicht gebe ich ihm noch ein paar Tage. Das

Töten hinauszuzögern, das Tier zu füttern und mit ihm zu spielen: das könnte großen Spaß machen.

Es ist nur Frau Kutter im Laden, die sofort fragt: »Kann ich dir helfen?«

Ich schüttele den Kopf. Lasse mir Zeit. Gucke erst die Echsen an und sogar die Fische. Dabei tue ich so, als würde es mich nicht stören, dass sie mir wie ein Schatten folgt. Den Trick kenne ich längst. Ich bin in meiner Welt, und zu der hat die *Normalbevölkerung* keinen Zutritt. Es ist so ähnlich wie mit den Aquarien: ein Zentimeter Glas, und dahinter beginnt ein andere Welt. Frau Kutter bleibt mir dicht auf den Fersen.

Mir fällt ein, dass ich vergessen habe, einen Schuhkarton oder einen Korb mitzunehmen, etwas, in das ich den Hasen zum Transport hineintun kann.

»Interessierst du dich für etwas Bestimmtes?« Sie klingt ungeduldig, die blöde Kuh.

Meine Antwort nimmt ihr den Wind aus den Segeln: »Ja. Ich möchte ein Kaninchen für meine Schwester kaufen. Zum Geburtstag.« Jeder Satz eine Lüge.

»Ein Kaninchen?« Sie wird prompt freundlicher. »Eins von den ganz jungen hier, vielleicht dieses? Es wird deiner Schwester sicher gefallen, wenn sie sieht, wie es größer wird!«

Ich nicke eifrig, aber insgeheim denke ich: Du hast keine Ahnung. Es wird nicht größer werden. Nie.

»Deine Schwester, ist das die kleine Mirjam?«

»Genau!« Ich freue mich über die falsche Fährte, die ich da lege.

»Ach … Hat sie nicht eine Allergie bekommen, gegen Tierhaare?«

»Nein. Ich nehme das da«, unterbreche ich sie und deute nun doch auf einen dicken Widder.

»Na, wenn du meinst. Wie willst du ihn denn transportieren?«, fragt sie hinterhältig, und ich merke, dass sie mir einen Käfig verkaufen will. »Brauchst du nicht auch einen von denen?«

Diesmal sage ich die Wahrheit: »Nicht nötig, wir haben ein großes Gehege«, und siehe da, auf einmal ist ein Schuhkarton gefunden.

Ich setze das Tier selbst in die Schachtel, die Pappe ist ein wenig zu dünn und nachgiebig, ich muss vorsichtig sein beim Tragen. Das Kaninchen guckt mich aus dunkelbraunen, glänzenden Augen an. Zurück nehme ich den Bus. Mein Rad kann ich später noch abholen.

Am Fluss lasse ich mir Zeit. Erst spiele ich noch ein bisschen mit ihm.

Ich ersticke es wieder, es soll ihm nicht wehtun. Ich bin ja nicht pervers.

Das Töten gibt mir einen Kick, der noch besser ist als das Schnüffeln. Ein Gefühl von unglaublicher, überwältigender Macht durchströmt mich. Schade, dass ich nicht mehr Geld mitgenommen habe, ich hätte sonst gleich zwei kaufen können.

Ich stecke den toten Hasen in eine Plastiktüte und packe das Bündel zu Hause in meinen Sportbeutel. Morgen, wenn ich Micha zum Fußball abhole, werde ich ihn unterwegs in den Müll werfen.

Ich schlafe sehr gut, ohne Träume.

21

Mir wird sofort aufgemacht, als ich unten klingele.

Hinter Rainer im Wohnungsflur stehen Furhan auf der linken und Yussuf auf der rechten Seite. Sie erwarten anscheinend jemanden anderen.

»Nee, oder?«, fragt Yussuf, als Rainer mich umstandslos reinlässt. »Findest du echt, das passt jetzt?«

Furhan haut in dieselbe Kerbe: »Mann, hat der vormittags keine Schule?«

»Weihnachtsferien«, sage ich patzig.

»Jetzt regt euch mal ab«, sagt Rainer. »Komm rein. Was ist in dem Beutel? Fußballsachen? Aha!«

Diesmal sind alle in der Küche versammelt, um den Tisch herum, auf dem außer einem großen Paket noch ein Teller mit einer Scheckkarte, ein Röhrchen und Pulver liegen. Es herrscht eine seltsame, angespannte Stimmung. »Ihr könnte gerne probieren – der neue Großhändler liefert eins a Stoff!«, schlägt Rainer vor, und alle sind sofort dafür. Rainer teilt mit der Scheckkarte etwas Pulver von dem Häufchen ab und bringt es in fünf Linien, dann beugt er sich als Erster mit einem gerollten Geldschein darüber. Die anderen sehen gierig zu, und er gibt das Röhrchen weiter. Einer nach dem anderen beugt sich über den Teller, nur Yussuf will etwas Besonderes sein und benutzt sein eigenes Röhrchen aus Silber.

Ich bleibe im Hintergrund. Da ich nur meinen Sportbeutel mit den Fußballschuhen und dem Handtuch dabei habe, kann ich schlecht so tun, als beschäftige ich mich mit etwas anderem als einfach damit, zuzugucken.

Mehmet geht ins Wohnzimmer und dreht die Stereoanlage auf. Rainer und seine Leute folgen; sie unterhalten sich drüben gedämpft. Dann wird die Musik abgedreht und jemand telefoniert. Ich stehe immer noch in der Küche und komme mir überflüssig vor.

»Schick den Jungen weg, es ist gleich elf«, höre ich wieder Yussuf, aber da klingelt es an der Tür. Und noch einmal.

»Wer ist das?«, fragt Rainer alarmiert. »Wir sind alle da. Der Kerl wollte doch vorher anrufen, oder?«

Keiner bewegt sich, alle sitzen erstarrt da. Dann wieder die Klingel, mehrfach, drängend, deutlich.

»Razzia – alle raus«, sagt Rainer scharf. »Über den Balkon. Und nehmt das Zeug mit!« Tumult bricht aus; alle laufen durcheinander, räumen auf, verstecken Sachen. Rainer öffnet eine Schublade, und seine Jungs greifen gleichzeitig hinein, um sich so viele kleine weiße Päckchen wie möglich in die Taschen zu stopfen. Mehmet steigt auf den Balkon hinaus.

»Ihr auch«, herrscht Rainer einen seiner Boxkumpels an. »Raus! Und steckt euch was ein!«

Dann liegt nur das große Paket noch da. Rainer schnappt es sich, rennt damit kopflos durch die Wohnung. »Scheiße! Scheiße! Scheiße! Wenn die hier filzen, finden sie das!«

Schließlich stopft er die Tüte unter einen Packen Handtücher im Kleiderschrank und rennt ebenfalls in Richtung Balkon. Aber er flieht nicht, sondern rückt eine Liege gemütlich in die Sonne, als hätte er die Klingel nicht gehört. Mich hat er anscheinend vergessen.

»Rainer?«, frage ich.

»Ach, Scheiße, Marten, weg hier, schnell! Das sind die Bullen. Oder warte, Quatsch: Geh ganz normal durchs Treppenhaus, dir tun sie nichts.«

Ich stehe immer noch da. Das ist kein gutes Versteck für das Koks, da im Kleiderschrank. Wenn Vater Mutters Zimmer nach Alkohol durchsucht, dann beginnt er immer dort.

Von Weitem, hören wir eine Stimme: »Stehen bleiben, Polizei!« Mindestens einen haben sie offenbar erwischt.

Rainer ist kalkweiß geworden.

Ich hetze in die Küche und reiße meinen Sportbeutel von der Anrichte. Renne ins Schlafzimmer, öffne den Kleiderschrank und stopfe Rainers wertvolles Paket hinein. Keine Beweise. Schon oft habe ich Mutters leere Flaschen in meinem Ranzen hinaustransportiert, der Sportbeutel tut es auch. Nur für das Handtuch ist nun kein Platz mehr, aber das macht nichts.

Ich öffne vorsichtig die Wohnungstür, schiebe mich raus. Für einen Augenblick ist es verdächtig still. Dann höre ich den Türsummer, einer der Nachbarn hat sich erbarmt, zum Glück sind die Leute in den Blocks hier allesamt nicht gut auf die Polizei zu sprechen. Wohin jetzt? Die Polizisten stürmen die Treppe hoch. Also nehme ich die Treppe nach oben. Schaffe es gerade rechtzeitig. Mein Herz klopft. Ich lasse mich mit dem Rücken zur Wand auf den Boden gleiten. Halte den Sportbeutel und mein Handtuch fest umklammert und höre, wie die Polizisten in Rainers Wohnung drängen, ich höre seine Stimme, die mühsam um Selbstbeherrschung ringt: »Nein, alles in Ordnung hier, ich war eingeschlafen. Kommen Sie herein, natürlich ...« Die Tür fällt zu.

Meine Chance. Ich schleiche nach unten zur Haustür. Öffne sie. Davor sehe ich wieder eine Uniform. Ich bleibe wie vom Donner gerührt stehen. Es ist eine Polizistin. Sie hat eine Waffe in der Hand. Als sie mich sieht, lächelt sie und nimmt den Arm herunter.

»Oh, hallo, nicht erschrecken. Du wohnst hier?«

Ich nicke verkrampft, und weil sie auf etwas zu warten scheint, schicke ich ein: »ganz oben«, hinterher.

»Dann geh mal schön raus spielen«, sagt sie. »Wir sind hoffentlich weg, wenn du wiederkommst!«

Ich stakse wie ein Spielzeugroboter an ihr vorbei. Als ich außer Sichtweite bin, fange ich an zu rennen.

Erst als ich schon fast zu Hause bin, fällt mir ein, dass ich mein Fahrrad vergessen habe. Was ist, wenn sie es finden? Bin ich dann verdächtig? Und was ist, wenn sie herausbekommen, dass ich gar nicht da wohne? Am komischsten finde ich, dass man keine Polizeisirenen und Lautsprecher gehört hat. Aber die Pistolen haben genau wie im Film ausgesehen.

Verdammt schade, dass ich das Micha nicht erzählen kann.

22

Ich wache auf und denke zuerst, ich habe etwas Verrücktes geträumt, von Rainer und der Polizei. Dann wird mir schlagartig klar, dass am vergangenen Tag wirklich etwas Ungeheuerliches passiert ist. Die Razzia. Die Verhaftungen. Dann sehe ich meinen leeren Sportbeutel auf dem Boden liegen und springe aus dem Bett.

Während der Ferien habe ich meinen Schulranzen ganz hinten im Schrank verstaut, um ihn nicht sehen zu müssen. Ich krieche halb in den Schrank und öffne die Schnappverschlüsse. Das unterste Drittel des Ranzens, vielleicht etwas mehr, nimmt das weiße Paket ein, das ich am Abend noch dort verstaut habe. Ich überlege, dann packe ich rasch ein paar Bücher darüber. Das ist ein optimales Versteck.

Ich muss kichern, als ich daran denke, wie ich mit der riesigen Kokaintüte im Sportbeutel einfach aus dem umstellten Haus spaziert bin.

Wenn ein Gramm von dem Zeug schon achtzig bis hundert Mark kostet, muss das hier mehr wert sein als ein Auto.

Vielleicht auch zwei. Ich kann es bei Gelegenheit ausrechnen – wie eine Mathe-Textaufgabe: *Rainer und seine Clique verkaufen Kokain, das sie für fünfzig Mark gekauft haben, zu achtzig Mark das Gramm.*

A) Wie viel verdienen sie durch ein Kilo, wenn sie dem Käufer zehn Prozent Mengenrabatt einräumen?

B) Wie viel verdienen sie, wenn sie das Kokain um 15 Prozent strecken und ihm erst dann den Mengenrabatt einräumen?

23

Nach der Razzia bleibt Rainer verschwunden. Fast jeden Tag laufe ich an seinem Haus vorbei. Inzwischen klingele ich nicht mehr. Die Post quillt aus seinem Briefkasten. Allmählich glaube ich, er ist für immer weg. Das Paket liegt immer noch in meinem Schulranzen, ab und zu sehe ich nach, ob es noch da ist, einfach so, um mich zu vergewissern, dass das alles wirklich passiert ist. Bis zum Ende der Weihnachtsferien muss ich mir ein neues Versteck überlegen. Ob Rainer lange im Knast bleibt? Jahre vielleicht?

Sieht man von der Beute einmal ab, ist in diesen Weihnachtsferien wieder alles wie vor meinem Kurierjob, das heißt, ich verbringe wieder so viel Zeit wie möglich mit Micha.

Es ist ein eisig kalter Dezember. An trüben Winternachmittagen basteln wir in der Werkstatt herum oder schauen Filme; bei Schneegeriesel und Sonne sind wir draußen, an unserem neuen Lieblingsplatz, dem verwilderten Grundstück am Rand der Schrebergartensiedlung, das anscheinend niemandem gehört. Auf der anderen Seite liegen die alten Bahngleise.

Einen ziemlich verfallenen Schuppen gibt es dort und wuchernde Pflanzen, außerdem haben irgendwelche Arbeiter Bretter und Farbeimer liegen lassen. Wir haben das Schuppendach mit Plastikplanen abgedeckt und die Steckdose eines im Winter nicht besuchten Nachbargartens angezapft, damit wir einen alten Elektroheizer anmachen können. Außerdem lagern wir Tüten mit Orangensaft, einen Dosenöffner, Taschenmesser und einen Kompass. Ein paar von Michas Comics, Kerzen und Streichhölzer haben wir in Plastiktüten verpackt, damit bei Regen nichts nass wird. Sechs gelbe Päckchen M&M's – die bunten Schokokugeln mit unseren Initialen sind unsere Lieblingssüßigkeit – stecken in einer alten Keksdose.

Wir wollen uns am Silvesterabend von zu Hause wegschleichen und die Nacht gemeinsam hier verbringen. Nur weil die Sonnenfinsternis so unspektakulär war, heißt es ja nicht, dass zur Jahrtausendwende nicht doch noch etwas passiert. Wir sind auf alle Fälle vorbereitet.

An diesem Nachmittag bin ich als Erster da und werfe die Heizung an, ich bin neugierig, weil Micha angerufen und mich herbestellt hat. Kurz darauf höre ich draußen sein Rad umfallen.

»Also, pass auf. Stellas Tante hat meinen Vater angerufen, weil sie noch einen Extratisch für Stella nur zum Aquarellmalen will. Einen eigenen Tisch zum *Aquarellmalen*, stell dir vor, so was Idiotisches. Überhaupt hat sie Rudis Möbel alle in das *Obergeschoss* gestellt, ebenerdig, hat sie gesagt, *ebenerdig* sollen nur *echte Designersachen* hin, stell dir vor. Aber Rudi ist nicht sauer, er hat gesagt, sie zahlt und basta, von ihm aus kann sie den Kram auf den Mond schießen. Jedenfalls hat sie gesagt, ihre Stella wäre doch ziemlich isoliert hier in den Ferien ... *Isoliert*, hat sie gesagt, und wir sollen sie doch mal besuchen kommen! Das heißt, eigentlich hat sie nur von dir gesprochen, sagt Rudi. Aber ich komme natürlich mit ...«

Ich höre ihm skeptisch zu. Besonders gern denke ich nicht an unseren Besuch im Glashaus, an meine großen Erwartungen und die Enttäuschung, als Stella sich kein bisschen für mich interessierte.

»Das ist doch komisch, es hat ihr doch gar keinen Spaß gemacht, dass wir da waren«, wende ich ein. »Sie hat uns *gehasst*.«

»Du hast nicht zugehört!«, beschwert sich Micha. »Die Tante hat uns noch mal eingeladen, nicht Stella.«

»Und du überlegst dir, da hinzugehen?«

»Klar! Wir beide gehen da hin!« Micha schaut mich mit diesem Riesengrinsen im Gesicht an, und endlich kapiere ich, woher der Wind weht.

Ich springe auf: »Du willst noch was klauen, stimmt's?

Er gibt keine Antwort, aber sein Gesicht sagt alles.

»Gib's zu!«, fordere ich wütend.

»Jedenfalls will ich da nicht hin, weil deine Stella so nett ist!«

Ich haue mit meiner Faust gegen die Schuppenwand, die unter der Plastikplane verdächtig knackt.

Micha verzieht das Gesicht: »Jetzt sag nicht, du bist immer noch verknallt in sie, oder? Mensch, Marten, kapier's doch: Die bildet sich ein, sie wäre was Besseres! Die gibt sich nicht mit uns ab ... Wenn du mich fragst: Sie ist eine arrogante Pute.«

24

Mit dem Rad ist die Auffahrt zum Gebäude noch länger, als ich sie in Erinnerung habe: breit, von Büschen gesäumt und gewunden, so dass man das Haus dahinter erst nach einigen Biegungen sehen kann. Mehrmals überlege ich umzukehren, aber dann denke ich an die Kameras hier am Weg, auf die Rudi uns bei unserem ersten Besuch aufmerksam gemacht hat. Das ist mir nun doch zu peinlich.

Nach langem Hin und Her habe ich Micha ausgeredet, noch einmal etwas zu klauen, und daraufhin hat er sich geweigert mitzukommen. Auch gut. Einen Versuch gebe ich mir noch.

Als ich das Rad vor die Supergarage stelle, will ich es automatisch abschließen, was ich dann aber bleiben lasse, sicherer als hier habe ich es noch nie geparkt.

Wieder macht die Haushälterin auf. Die Dame des Hauses mache Erledigungen in der Stadt, sagt sie. Stella aber sei da – und schon sehe ich sie aus dem Kusbus kommen.

Sie trägt einen zitronengelben Rock, eine weiße Bluse und ebenso weiße Lackschuhe – als ginge sie gleich ein Familienfest oder etwas Ähnliches besuchen. Ihrem Gesichtsausdruck nach wäre ihr das wohl auch lieber gewesen.

Ich folge ihr in ihr Zimmer, in dem inzwischen Rudis Möbel stehen. Außerdem liegen ein paar Sachen herum: ein Buch, ein Stift, ein Malblock, noch ein Buch. Es sieht fast aus, als habe sie sie extra hindrapiert, der Abstand der Sachen zueinander ist immer gleich.

»Und, was sollen wir jetzt machen?«, fragt sie schnippisch.

»Alles, nur kein Computerspiel! Damit habe ich nichts am Hut«, antworte ich. Die Antwort passt zwar nicht, aber das wollte ich loswerden. Falls die von Sternbergs vielleicht ein Computerspiel vermissen und mich damit in Verbindung gebracht haben, bin ich aus dem Schneider.

»Okay, kein Computerspiel. Was sonst? Und bitte sag nicht mehr, was du *nicht* machen willst.« Da ist er wieder, ihr genervter Ton. »Was machst du gern?«

Ich überlege. Eigentlich gibt es da eine Menge Dinge: Fußballspielen, Boxen, Leute beobachten ... Das geht aber alles nicht mit ihr.

Stella nimmt ein dickes Buch aus dem Regal und beginnt gelangweilt darin zu blättern. Das, in dem sie vorhin angeblich gelesen hat, liegt immer noch auf ihrem Bett.

»Lass uns einen Film anschauen«, schlage ich vor.

Dabei muss man immerhin nicht reden.

Sie zieht die Stirn in Falten. Anscheinend denkt sie über meinen Vorschlag nach; das freut mich. Wie hübsch sie aussieht, wenn sie in sich gekehrt ist, genau so habe ich sie mir vorgestellt, als ich sie joggen sah. Sie hat mit Sicherheit unglaublich viele Videos, und irgendwo im Haus steht ein großer weißer Fernseher ...

»Also, das geht nicht. Ich darf nämlich nicht fernsehen.«

Rums. Die Antwort holt mich rasch aus meinen schönen Fantasien. Sie darf nicht fernsehen? Überhaupt nicht?

»Wieso denn nicht?«, frage ich mitleidig.

»Weil fernsehen ordinär ist.«

»Oh.« Noch eine Überraschung. *Ordinär.* Was immer das sein soll, es ist nichts Gutes.

Stella mustert mich: »Aber ich habe viele Hörbücher.«

»Aha.« Bei uns hat nur Nicole ein paar Kinderkassetten.

»Also, ich höre mir irgendetwas an – meistens etwas Unheimliches oder etwas Lustiges, traurige Geschichten kann ich nicht leiden –, und dabei male ich, was ich mir dazu vorstelle. Das ist kreativ, sagt meine Tante.«

»Gut.« Mir ist jetzt alles recht. Ich renne auch mit ihr durch die Glaswand, wenn ihr das gefällt.

Sie geht zu ihrer Hi-Fi-Anlage und hält mir eine Scheibe hin: »Kennst du *The Black Cat*?«

»*The Black Cat*? Du hörst CDs auf Englisch?«

»Ja, natürlich, im Internat haben wir das ab der dritten Klasse. Also kennst du die Geschichte nun oder nicht?«

»Nein. Apropos. Wo ist eigentlich dein Kater?«

Ich denke mir nichts bei der Frage, doch dann sehe ich, wie Stella die Augen zusammenkneift: »Das geht dich überhaupt nichts an«, zischt sie.

»Entschuldige, ich …«

»Er ist weggelaufen, wenn du es genau wissen willst.« Sie beginnt, laut polternd, in ihrer Schreibtischschublade zu wühlen.

»Einfach so? Da muss doch etwas passiert sein? Und er kommt auch nicht mehr zum Fressen her?«

»Nein.« Stella knallt nacheinander Lineal, Geodreieck und Spitzer auf den Maltisch. Der Radiergummi macht nur ein leises Plopp-Geräusch.

»Die Tante sagt, es geht ihm im Wald wahrscheinlich besser. Ich hätte ihn nicht mitbringen sollen. Er hat sich nie wohlgefühlt in diesem Haus.« Ihre Stimme ist dunkel vor Wut und Trauer, daher behalte ich für mich, dass es mir eher so vorgekommen ist, als wäre es umgekehrt gewesen und die Tante hätte sich mit dem Tier im Haus nicht wohlgefühlt. Stella räumt jetzt einen wunderschönen, riesigen Kasten mit Buntstiften aus der Schublade, insgesamt bestimmt sechzig Farbtöne. Sie hat sie schon oft benutzt, vor allem das Gelb und das Rot sind ein gutes Stück kleiner geworden vom vielen Anspitzen.

Ich bekomme eine Gänsehaut, wenn ich zusehe, wie sie mit ihren schmalen braunen Händen die Farben auf dem

Tisch ausbreitet, eine Ecke für die Gelbtöne, eine für Grün und so weiter. Mit den Stiften geht sie sehr behutsam um. Das düstere Violett schiebt sie zu den blauen, das helle Lila in die Ecke mit den Rotschattierungen.

Meine Hände kribbeln, meine Knie werden weich. Ich kann kaum atmen. Wie hübsch und weich ihre Gesichtszüge werden, wenn sie eine Beschäftigung gefangen nimmt.

»Wir fangen jetzt an!«, verkündet sie. »Die Geschichte ist toll, da ermordet ein Mann seine Katze.«

»Was? Warum?«

»Na ja, eigentlich nur, weil er betrunken ist.«

»Ach so, klar.«

»Ja?« Stella wirkt für einen Moment überrascht, spricht dann aber weiter: »Jedenfalls mauert er sie dann in der Wand seines Hauses ein. Aber sie springt wieder heraus. Mehr verrate ich jetzt nicht. Es klingt komisch, aber man glaubt es echt, wenn man es hört. Wenn man etwas Schlechtes tut, rächt es sich. Er denkt, die Katze ist tot und begraben. Aber sie springt wieder heraus. Habe ich ja schon gesagt …«

»Aus der *Wand*?«

»Ja. Wenn du die ganze Geschichte hörst, glaubst du es. Wir können dazu Katzen zeichnen.« Sie macht eine Pause und schenkt mir einen abschätzigen Blick: »Oder die Wand, wenn du keine Tiere kannst – also, die Wand, bevor sie drin ist oder nachher, logisch.«

»Schon klar«, sage ich mit so viel Würde in der Stimme, wie jemand aufbringen kann, dessen Intelligenz deutlich unterschätzt wird. Im Übrigen *kann* ich glücklicherweise ein bisschen zeichnen. Nicole bittet mich oft, ihr etwas zu malen, ein Pferd zum Beispiel oder eine Figur aus einem Märchen.

Die Haushälterin kommt mit einem Tablett und zwei Gläsern herein, es ist wieder das grüne Zeug.

»Ich soll am Tag zwei davon trinken. Es schmeckt furchtbar«, sagt Stella und gießt, kaum hat die Haushälterin uns den Rücken zugedreht, die Zimmerpflanze mit dem grünen Getränk.

Ich beeile mich, es ihr nachzutun. »Vielleicht sollte man so etwas Grünes nur auf anderen Planeten trinken«, schlage ich vor.

Stella lächelt. Wirklich, sie lächelt. Das spornt mich an. Ich beschließe, dass ich nicht nur die Katze darstelle, sondern auch den betrunkenen Mann, der nach vorne gekippt am Tisch sitzt, vor sich eine halb leere Flasche und ein Glas. Stella zeichnet sehr schnell und gut, während sie mir ab und zu etwas übersetzt; ihr gelingen drei Katzenbilder in derselben Zeit, aber etwas an ihrem Blick – sie schaut manchmal zu mir herüber – sagt mir, dass sie es gar nicht schlecht findet, was ich male.

»Ihr hört Poe! Gut!« Wir schrecken beide auf. Die Tante ist auf einmal aufgetaucht, geräuschlos, wie eine böse Schattengestalt. Sie steht so dicht an der Scheibe, dass ihre Nase fast das Glas berührt. Ich kann mich nicht bewegen vor Schreck.

Dann tritt sie ein Stück zurück und beginnt zu deklamieren: »Was sage ich – Poe ist nicht gut, er ist brillant! Ihr müsst es nur richtig verstehen! Die Gier! Das Morden!« Ich sehe dem Schauspiel fasziniert zu. Frau von Sternberg streckt die Arme nach oben wie eine verrückte Predigerin: »Lust!«, schreit sie, »Lust ist kein Gut! Eine Person sollte sich nicht von der Lust übermannen lassen! Niemals! Akrasia! Ex malum bono!«

»Was sagt sie? Verstehst du das etwa auch?«, frage ich Stella leise.

Die zuckt die Achseln: »Manchmal spinnt sie und spricht lateinisch. Das bekommen wir erst nächstes Jahr.« Als wäre nichts passiert, legt Stella unsere vier Werke nebeneinander auf den Boden und prüft sie lange: »Meine sind poetischer, deines ist eher naturwissenschaftlich«, fasst sie zusammen. Auf meinen verständnislosen Blick hin erklärt sie: »Das ist Kunstkritik. Hat mir meine Tante beigebracht!«

Ich zucke die Achseln: Eher naturwissenschaftlich, damit kann ich leben. Vorsichtig linse ich über die Schulter: Die Tante ist weg.

»Ich schenke dir das Bild«, sage ich, und Stella akzeptiert es mit einem hoheitsvollen Nicken. Ich freue mich, das sind alles Fortschritte, wer weiß, vielleicht werden wir doch noch Freunde.

Stella sieht mich nachdenklich an: »Willst du mal an meinen Handgelenken riechen?«

Ich blinzele überrascht. »Klar, wenn du willst … Warum nicht.«

Sie hält mir den linken Arm hin, die Handfläche nach oben, das Gelenk leicht abgeknickt.

Ich schnuppere, es riecht nach Garten, frisch gemähtem Gras und starken Blüten. Gleichzeitig ist da etwas Schweres und Süßliches, das mich an Weihnachten denken lässt, ähnlich wie Vanille könnte es sein, aber gemischt mit anderen Gewürzen, solchen, deren Namen ich nicht kenne.

»Das riecht sehr gut.«

Mein Körper fühlt sich auf einmal heiß und kribbelig an, sogar an der Kopfhaut, da sogar besonders.

»Das ist Chanel. Dieses Parfum benutze ich, weil es zu meinem Charakter passt.« Sie hält sich die Rechte vor die Nase und schnüffelt selbst: »Es riecht rätselhaft.«

Die feinen Härchen an meinen Armen haben sich aufgestellt. Ich möchte, dass sie ewig so dicht bei mir steht und ich Gänsehaut habe, obwohl ich nicht friere.

»Und was machen wir jetzt? Und sag nicht, kein Computerspiel!«

»Ich muss nach Hause, ich muss noch das Essen machen.«
Das viele Englisch hat mich erschöpft.

»Ach. Bei uns macht das Sophie.«

»Bei uns nicht. Da bin ich die Sophie.«

Sie lächelt erneut. »Ich bringe dich zur Tür.«

Ich bin schon halb draußen, als Frau von Sternberg mir nachruft: »Komm doch nächste Woche wieder, Marten.«

Ich sehe Stella an. Sie nickt.

»Gerne!«, rufe ich zurück.

Auf dem Rückweg verfahre ich mich zweimal und rutsche überhaupt ziemlich ungeschickt auf den vereisten Wegstücken herum, so sehr hat mich das Erlebte aufgewühlt. Das Haus mit seinen Bewohnern kommt mir immer mehr vor wie ein seltsamer Ort in der Zukunft. Obwohl alles so offen daliegt, versteht man nicht richtig, was das soll.

Ich habe immer gedacht, die Dinge im Verborgenen sind geheimnisvoll, vielleicht sogar böse, aber jetzt merke ich, dass das nicht stimmt. Glas ist ein wirklich unheimliches Material.

Mein ganzes Leben lang, denke ich, mein ganzes Leben lang werde ich mich an diesen Tag erinnern.

Kaum bin ich zu Hause, klingelt das Telefon, und Micha verlangt einen detaillierten Bericht, den ich gerne liefere. Leider ist er nicht ganz so beeindruckt, wie ich erwartet habe.

»Und die Katze kam aus der Wand? Blöde Geschichte. Total unwahrscheinlich«, erklärt er fachmännisch, und ich höre durch das Telefon, wie er gegen eine Wand klopft. »Na ja, bei den Sternbergs in der Wand würde man sie sehen, nicht wahr? Im Glas würde sie aussehen wie in Bernstein gegossen, oder?«

Ich muss lachen, mehr aus Erleichterung, dass alles gut gegangen ist, nicht weil der Witz so toll ist.

»Ich bin jedenfalls froh, dass ich nicht mit dabei war«, sagt er zufrieden.

Ich erzähle ihm nicht, dass es der interessanteste Nachmittag meines Lebens gewesen ist.

25

»Die behaupten ernsthaft, sie hätten in meiner Wohnung nichts gefunden! Diese Bullen sind unglaublich!«, empört sich Rainer. »Korrupte Arschlöcher. Stell dir vor, einer von denen muss das Zeug eingesackt haben, *da* ist es jedenfalls nicht mehr!« Er haut mit der Faust auf den Tisch, beruhigt sich aber schnell wieder: »Na ja, hat natürlich auch Vorteile. Zum Beispiel, dass ich nicht im Knast sitze.«

»Genau«, sage ich und will ihm die Sache erklären, doch er lässt mich nicht.

»Die Frage ist nur: Ist das wirklich ein Vorteil? Was in Dreiteufelsnamen soll ich meinem Lieferanten erzählen, der immer noch auf seine Kohle wartet? So viel Geld – ich müsste eine verdammte Bank überfallen. Selbst wenn ich meinen Wagen verscherbele und meinen Anteil vom Studio! Ich bin am Arsch! Sag mir mal, was ich jetzt machen soll? Außer verduften kommt nichts, aber auch gar nichts infrage!«

Ich brenne darauf, ihm zu sagen, warum die Polizisten nichts bei ihm gefunden haben, komme aber nicht zu Wort; er redet und redet.

»Der ganze Deal war ein Beschiss, ich hätte es wissen

müssen. Eine solche Riesenbestellung von so einem jungen Typen, von wegen, der wollte es nur mal krachen lassen. Yussuf kann froh sein, dass er sitzt, er wird dafür noch büßen. Das ist der Sohn von einem Bullen gewesen! Es war eine Falle, kapierst du, Kleiner?«

Ich nicke und hole Luft.

Rainer springt auf und hantiert an der Kaffeemaschine herum: »Der hat es wahrscheinlich für eine Belohnung getan. Der Yussuf kann sich noch auf was gefasst machen, sag ich dir. Willst du auch einen Kaffee? Nein? Okay.« Er füllt sich eine Tasse, trinkt im Stehen. »Ich werde mich rächen, darauf kannst du wetten. Als Allererstes – und wenn ich dann untertauchen muss. Das Bullensöhnchen wird dieses Jahr nicht überleben, das verspreche ich dir.« Er haut mit der Faust gegen den Kühlschrank. »Und dann …« Er unterbricht sich. Weiß er nicht, was er dann tun soll? Es scheint mir fast so. Nicht nur seine Wut ist urplötzlich verraucht, der ganze Rainer wirkt wie ausgeknipst.

Er setzt sich an den Tisch, sackt in sich zusammen und starrt auf die schwarze Flüssigkeit in seiner Tasse. Sein Gesicht ist grau, wie bei den Zeitdieben in *Momo*. Er sieht alt aus, verbraucht. Als habe er alles ihm Mögliche bereits versucht. Ich vergesse vor Schreck beinahe, welche Nachricht ich für ihn habe.

»Also, Rainer …«

»Ich bin fertig, Kleiner«, sagt er leise. »Das war's mit Jackie, die wohnt jetzt im hohen Norden. Hat gehört, ich sitze wieder, und … Mann, ich war so weit entfernt vom Reichtum!« Er zeigt Daumen und Zeigefinger der linken Hand in einem knappen Zentimeter Abstand zueinander. »Und jetzt? Wieder von vorne anfangen? Das wievielte Mal eigentlich? Und ich werde auch nicht jünger, keiner wird das, glaub mir, Kleiner.« Er reibt sich die Augen: »Schöne Bescherung, was?

Ich hatte schon viele beschissene Weihnachten, aber das toppt alles.«

»Hör zu«, sage ich, wild entschlossen, mich nicht mehr unterbrechen zu lassen: »Es ist so: Die Bullen haben dein Paket nicht gefunden. Und sonst auch keiner. Weil ich es hab!« Ich strahle ihn an.

Rainer glotzt unverändert dumpf vor sich hin. Dann dreht er sich in Zeitlupe zu mir. Sieht mich an, als hätte ich vor seinen Augen einen fünffachen Salto gemacht. »Was hast du da eben gesagt?«

»Ich habe es rausgebracht. Dein Paket, du weißt schon.«

»Du hast … das ist jetzt ein Witz, oder? Ich sag dir was: Ich kann da gerade nicht darüber lachen.«

»Im Sportbeutel. Unten war noch eine Polizistin mit einer Waffe. Aber als sie mich gesehen hat, war es okay. Wir haben uns kurz unterhalten, dann bin ich einfach an ihr vorbeigelaufen. Ich habe nur mein Fahrrad vergessen, das war später aber noch da.«

»Du hast dein – was? Fahrrad vergessen? Also, du willst mir gerade sagen, dass du mit einem Kilo Kokain an einer Polizistin vorbeispaziert bist? Du hast nur dein Fahrrad vergessen und es später wieder geholt?« Er lacht jetzt, aber es ist ein Lachen, das fast irre klingt. »Marten, wenn du mich hier anlügst, dann …«

Zum Glück weiß ich, was ich jetzt sagen muss: »Das ist die Wahrheit, Mann.«

Er kann es nicht fassen. Will die Geschichte fünfmal hören. Springt auf und hopst vor Freude herum.

Ich tue sehr cool, doch innerlich zittere ich vor Aufregung. Obwohl ich mir natürlich gedacht habe, dass er sich freut, mich lobt – dass er derart ausflippt, hätte ich nicht gedacht. Er tut fast so, als hätte ich sein Leben gerettet.

»Mann, Kleiner, du bist ein absoluter Held, weißt du

das?«, sagt er immer wieder. Und schließlich: »Du hast etwas gut bei mir. Du hast verdammt noch mal was gut. Weißt du, wie viele Jahre Knast du mir erspart hast? *Lebensjahre!* Dafür kann man gar keinen Wert ausrechnen. Und das Zeug – weißt du, wie viel Kohle du da für uns versteckt hast?«

Er hat »uns« gesagt, denke ich und spüre, dass ich knallrot werde, wie ein Mädchen.

»Dir gehört die Hälfte vom Verkauf«, sagt er plötzlich. »Das bin ich dir schuldig. Nur: das wird dauern, das musst du verstehen. Abwarten ist jetzt das einzig Kluge. Sie haben mich auf dem Kieker, und überhaupt ist es hier in der Stadt zurzeit zu heiß.«

Er sieht mich an, dann haut er mir noch einmal auf die Schulter: »Wahnsinn, Marten, echt Wahnsinn. Du hast es drauf, ehrlich. Das ist ein Weihnachtsgeschenk, das ich nie vergessen werde. Was ist, sehen wir uns den Kampf zusammen an?«

»Würd ich gerne – bin aber mit Micha verabredet.« Schade, ich hätte gerne mitbekommen, wie Rainer Klitschko im Ring kommentiert, so als Profi.

»Dann viel Spaß, Kleiner. Du bist der Beste!«

26

Für meinen nächsten Besuch bei Stella kaufe ich mir im Adidas-Laden ein T-Shirt und das neueste Turnschuhmodell, das sie in Weiß und meiner Größe haben. Die Sneakers federn unglaublich gut, und als ich darin durch die mit Lichterketten, Bäumen und Weihnachtsmännern geschmückte Innenstadt gehe, bin ich zufrieden mit mir. Bevor ich diesmal in die S-Bahn steige, gehe ich noch in der Schreinerei vorbei. Aus Rudis Kühlschrank nehme ich mir mit Michas Einverständnis zwei Dosen Fanta und packe sie in meinen Rucksack für den Fall, dass es wieder das grüne Zeug gibt.

Am Anfang ist wieder alles wie beim letzten Besuch. Die Haushälterin macht auf, freut sich, mich zu sehen, und bringt mich direkt in Stellas Zimmer.

Die liegt auf dem Bett, aber als wir kommen, legt sie das Buch weg und sieht mich erwartungsvoll an. Nicht wirklich freundlich, aber fast.

Bevor sie fragen kann, sage ich: »Ich weiß, was wir machen, okay? Du malst wieder, und ich erzähle dir dazu eine Geschichte.«

Sie sieht mich überrascht an: »Ja, super. So habe ich das noch nie gemacht! Soll ich zeichnen, was ich höre?«

»Ja.« Ich habe mir genau überlegt, was ich ihr Spannendes erzählen könnte, und mich für die Geschichte mit der Drogenrettung entschieden. Natürlich erzähle ich es nicht so, dass sie merkt, dass es mir selbst passiert ist, sondern ich erfinde einen Freund, den ich Tom nenne. Rainers Namen lasse ich, wie er ist.

Sie hört so interessiert zu, dass sie zwischendurch sogar den Stift weglegt und mich einfach anschaut. Am Schluss hat sie nur ein paar Striche zu Papier gebracht, was sie nicht zu stören scheint: »Und dieser Rainer – woher weiß dein Freund, dass er nicht einfach mit dem Paket abhaut und er ihn nie wieder sieht?«

»Er weiß es einfach. Ein Versprechen ist ein Versprechen. Er wird mit ihm teilen.« Ich lasse keinen Zweifel an dem guten Ausgang meiner Geschichte zu, wieso auch?

»Gut«, sagt Stella nachdenklich. »Das ist nämlich das

Schlimmste, wenn Leute aus deinem Leben einfach verschwinden, ganz plötzlich, und dann siehst du sie nie wieder.«

Es tut mir leid, sie durch meine Geschichte an ihre Eltern erinnert zu haben, und das sage ich ihr auch.

»Das macht nichts« erwidert sie, »ich denke sowieso jeden Tag an sie.«

Wir schweigen eine Weile, dann fragt sie: »Kennst du noch eine Geschichte, Marten? Eine, zu der man besser zeichnen kann?«

Ich überlege. Um etwas Zeit zu gewinnen, hole ich die Fanta-Dosen aus dem Rucksack, und wir trinken sie hinter einer Schranktür, die Stella als Sichtschutz sperrangelweit aufmacht: Die Tante ist da.

Es ist eine Fabel, für die ich mich entscheide, die vom Skorpion und dem Frosch.

»Woher kennst du die Geschichte?«, fragt Stella, während sie die Buntstifte herausholt und nach ihrem speziellen Konzept um den Block verteilt.

»Von meinem Vater«, sage ich. »Er hat sie mir einmal als Einschlafgeschichte erzählt.«

»Okay. Kannst anfangen«, sagt sie knapp.

Weil die Fabel ziemlich kurz ist, male ich erst eine Weile aus, wie der Teich aussieht, an dem sie spielt, und welche Tiere dort leben. Stella zeichnet wie verrückt.

Während ich erzähle, kann ich alles wieder vor mir sehen: Vaters wuchtige Gestalt auf meinem Schreibtischstuhl, den er so nahe wie möglich an mein Bett geschoben hat. Er will nicht die kleinste Reaktion übersehen, die darauf hindeutet, was für ein Schwächling ich, sein Sohn, in Wirklichkeit bin. Ich schlage mich gar nicht schlecht. Und sage nie wieder ein Wort, wenn ich nicht einschlafen kann.

Gerade beschreibe ich Stella, welche Tiere das Gespräch zwischen Skorpion und Frosch mithören – auch das kein Teil der Originalfabel, aber was soll's –, da sehe ich, wie die Tante auf uns zusteuert und an der Glaswand hinter Stellas Bett stehen bleibt. Ich erzähle einfach weiter, als ob da eine richtige Wand wäre, und es klappt: Sie verschwindet wieder, ohne irgendetwas Lateinisches zu sagen.

»An dem Teichufer traf ein Skorpion auf einen Frosch, und er fragte ihn: Lieber Frosch, nimmst du mich auf deinem Rücken mit zur anderen Uferseite? Ich kann nicht schwimmen. Der Frosch erwidert: Nein, bloß nicht. Sobald wir in der Mitte des Flusses angekommen sind, wirst du mich mit deinem Giftstachel stechen, und dann werden wir beide sterben. Daraufhin der Skorpion: Warum sollte ich das tun? Wenn ich dich steche, so werde auch ich ertrinken, und ich hätte nichts dabei gewonnen. Hörst du mir zu, Stella, ja? Also. Der Frosch überlegt kurz und entscheidet sich letztlich, den Skorpion doch mit zur anderen Seite zu nehmen. In der Mitte des Teichs angekommen, sticht der Skorpion den Frosch in den Rücken. Mit seinen letzten Atemzügen fragt der Frosch: Warum hast du das getan? Jetzt sterben wir beide. Und weißt du, was der Skorpion antwortet? Na? Der Skorpion sagt: Aber Frosch, was hast du erwartet? Ich bin ein Skorpion, es liegt in meiner Natur.«

»Oh, das ist eine böse Geschichte«, sagt Stella entzückt. »Wie alt bist du gewesen, als dein Vater dir sie erzählt hat?«

»Ziemlich klein«, antworte ich, »ich fand sie furchtbar unheimlich. Ich habe so eine Decke mit Superman-Motiven darauf gehabt, die habe ich mir bis ans Kinn gezogen ...«

Stella lacht.

»Ich weiß auch noch, dass darüber ein Mobile baumelte, drei Holztiere, die sich bei jedem Luftzug im Kreis gedreht haben. Am Schluss der Geschichte bewegten sie sich auf einmal nicht mehr, als hätte der Schluss sie genauso erschreckt wie mich …«

»Oh, du Armer«, sagt Stella. »Da hat dein Vater sich wohl vertan, er wollte dich bestimmt nicht erschrecken.«

Doch, denke ich, genau das hat er gewollt. Nur das.

Ich erinnere mich genau an sein Gesicht: Die hellen Augen unter seinen dichten schwarzen Augenbrauen glitzerten wach und gemein, als er genüsslich den Schluss wiederholte: »Hast du verstanden: Es liegt in meiner Natur! Haha! In meiner Natur, dummer Frosch!«

»Aber *warum* hat der Skorpion das getan? Er hatte doch versprochen, dass nichts passiert«, fragte ich damals verzweifelt.

»Genau darum geht es«, erwiderte mein Vater zufrieden. »Denk ruhig darüber nach, während du einschläfst. Die Antwort hast du ja: Weil es in seiner Natur liegt. Und wie sagt man, wenn man eine Gutenachtgeschichte erzählt bekommen hat?«

»Danke.« Dabei wünschte ich mir inständig, ich hätte die Geschichte nie gehört.

Als Vater ging, ließ er die Zimmertür einen Spalt offen; Musik und fremde Stimmen drangen aus dem Wohnzimmer; meine Eltern sahen fern. Ich schloss die Augen, versuchte einzuschlafen. Jetzt ging es erst recht nicht. Tiere sind doch nicht mit Absicht böse, fragte ich mich. Wieso dann der Skorpion?

Aus dem Fernseher kamen Schüsse.

Ich bin so in Gedanken versunken, dass ich gar nicht merke, dass Stella längst aufgestanden ist und die Malsachen in eine Schublade ihres Tisches packt. Ich will ihr gerade helfen, den Rest zusammenzusuchen, da steht sie plötzlich vor mir, bückt sich und gibt mir einen Kuss. Auf den Mund. Ich spüre, wie sie versucht, mir die Zunge zwischen die Lippen zu schieben, aber ich lasse sie nicht.

Sie hört auf. »Was ist los?«, will sie wissen.

»Nichts«, erwidere ich, »aber warum … Ich meine, bist du in mich verliebt?«

Sie rümpft die Nase: »So ein Quatsch, nein!«

»Aha, und wieso willst du dann knutschen?«

»Ich übe. Alle Mädchen in unserem Internat tun das, wenn sich schon mal die Gelegenheit bietet. Es gibt da nämlich keine Jungs.«

»Ach so«, sage ich und denke kurz darüber nach. Es klingt logisch, aber irgendetwas stimmt daran nicht. »So was übt man nicht«, erkläre ich rigoros.

»Und wieso nicht, bitte? Alles, was man tut, sollte man gut machen, sonst kann man es gleich bleiben lassen, nicht wahr? Ich werde einmal einen tollen Mann haben, also möchte ich auch gut küssen können, ist doch logisch, oder?«

»Eine Scheißlogik ist das«, erkläre ich wütend, »du hättest mich wenigstens fragen können!«

»Ach je«, sagt sie, »vergiss es einfach. Schau mal, mein Bild!«

Es ist ein gutes Bild geworden, sogar den Skorpion hat sie hingekriegt, und ich sage es Stella auch, aber ich fühle mich überrumpelt und verletzt, und mir macht der Rest des Nachmittags keinen Spaß mehr, obwohl ich merke, dass Stella sich richtig Mühe gibt, nett zu sein.

Auf dem Weg zur S-Bahn überlege ich, ob ich das nächste Mal auch einfach losküssen soll und sagen, ich übe.

Dass ich Stella erst viele Jahre später wiedersehen werde, weiß ich da noch nicht.

Auf der Ameisenstraße

I

In der Maschinenhalle herrscht ein Höllenlärm, den die Ohrschützer für mich zu betäubender Stille filtern. Nur mich selbst kann ich hören, wenn ich die Nase hochziehe oder huste, aber das dann überdeutlich. Die Schutzbrille schränkt meine Sicht ein; trotzdem bin ich mir sicher, dass Hartmann mich die ganze Zeit über beobachtet.

Hartmann ist der Vorarbeiter, der den Neuen und den Auszubildenden die Handgriffe an den Maschinen zeigt. Ich bin erst seit drei Wochen hier, bin gleich nach der Lehre auf Probezeit eingestellt worden, aber er lässt mich trotzdem die Arbeit eines Maschinenführers erledigen.

Ich spüre seinen Blick, auch wenn ich weiter konzentriert auf die Schalter vor mir und meine Hände schaue. Ich programmiere die »Ute« – die großen Maschinen haben alle Frauennamen – exakt so, wie er es mir gezeigt hat. *Exakt.* Darauf würde ich mein linkes Ei verwetten. Trotzdem spuckt Ute kurz darauf eine Fehlermeldung aus.

Ich prüfe meine Einstellungen. Fange an zu schwitzen, als der Chef auf mich aufmerksam wird. Er trabt herbei, prüft alles noch mal. Ich bin erleichtert, dass auch er nichts findet. Er zuckt die Achseln: »Dann hat die Ute mal wieder ihre Tage.«

Als ich wieder über die Schulter schaue, meine ich Hartmann unter seinem Helm grinsen zu sehen. Dieser Scheißkerl. Es dauert eine Weile, bis ich ihn vergessen kann und mir die Arbeit wieder Spaß macht. An gar nichts mehr denken, einfach tun, was getan werden muss. Wie von einer fremden Macht gesteuert, bewege ich mich, mittendrin, Teil des Prozesses. Hunderte Maschinen und Arbeiter, einzeln und in Gruppen, greifen wie in einem absonderlichen Tanz ineinander. Es ist gigantisch. Das Adrenalin pusht mich. Was wir tun, ist gefährlich, deshalb stecken wir in Schutzanzügen, Hand- und Arbeitsschuhen, haben Brillen und Ohrstöpsel. Wir sehen aus wie Astronauten. Der Lärm, den wir von uns abhalten in der Halle, wird auf diese Weise weggeschoben; gewaltig und greifbar bleibt nur diese unechte Stille, die jeder Einzelne für sich hört. Ich schlucke, und mein Kopf dröhnt.

Zuzusehen, wie Zehntausende Tonnen Gewicht geräuschlos aufeinanderprallen und getrennt werden, um dünne Pressteile aus Stahl herzustellen, das ist seltsam, und manchmal, in dem künstlichen Licht, ist es, als arbeite man in einer fiebrig-betriebsamen Raumkapsel, die sich mit fantastischer Geschwindigkeit durch die Sonnensysteme und die Zeit bewegt. Ich weiß, dass Zoran und die anderen ab und zu einen Upper nehmen, es muss geil sein, dann hier zu stehen, aber ich muss aufpassen, weil ich zwar kein Lehrling mehr, aber noch in der Probezeit für die Festanstellung bin. Hartmann wäre glücklich, wenn er mich verpfeifen könnte.

Dabei ist Pep im Industriepark an der Tagesordnung. Wer Nacht- oder Doppelschichten arbeitet, dem geht es dann einfach besser. Die Chefs haben da auch etwas davon und lassen durchsickern, wenn eine Kontrolle ansteht. Amphetamine sind so ein Arbeiterding, sie kosten nur ein Zehntel so viel wie Jay, machen aber ebenso schnell wach, die Laune wird besser, man ist augenblicklich voller Energie. Kann sich auch am Wochenende zum Feiern fit machen, den Körper überlisten, der am Freitagabend eigentlich nur noch ins Bett will.

Ich arbeite die Mittagspause durch und bin völlig erledigt,

als ich mit Zoran und den anderen um halb fünf Schluss mache.

»Willst du eins, Kollege?«, fragt Zoran. Er hat sich am Kiosk zwei Flaschen Bier geholt und öffnet die erste.

Ich lehne ab, obwohl ich sein Angebot nett finde. Zoran ist Kroate und schwer in Ordnung.

»Na, du wirst deine Gründe haben.« Er wirft den Kopf in den Nacken, trinkt in großen Schlucken: »Ahh!«

Der Shuttle kommt. Er fährt seine Tour nur durch das Gelände des Industrieparks, so groß ist es. Es gibt einen Lageplan, wie für eine eigene Stadt. Eine abgesperrte Stadt, nicht jeder darf hier herein; man braucht den eingeschweißten Industriepark-Ausweis, gut sichtbar an der Jacke befestigt oder an der Hüfte. Alle hier im Bus sind so markiert, wie die Rinder einer bestimmten Herde. Wir zuckeln durch die einzelnen in Sektoren geteilten Bereiche, die mit den Buchstaben des Alphabets gekennzeichnet sind. Steigen mit allen anderen am Werkstor aus und gehen die paar Schritte zur S-Bahn-Haltestelle.

Aus einiger Entfernung hebt der kleine, dicke Kerl, der hier im C-Bereich arbeitet, die Hand zum Gruß, ich lächele zurück. Er hat mich vor ein paar Tagen in der S-Bahn als neuen Kollegen erkannt, weil ich noch die Arbeitshose samt Ausweis an der Hüfte trug, und angesprochen. Erzählte, dies sei seine letzte Woche, dann gehe er in Rente und freue sich schon. Er habe sein Leben lang im Werk gearbeitet, es reiche auch mal. Aber es sei ein guter Job dort, mit sicherem Gehalt und Lohn für Überstunden, mit Fortbildungsmöglichkeiten, einer regen Gewerkschaft und netten Kollegen. Wie beim Fußball sei es jetzt, er werde aus- und ich eingewechselt. Und dann nickte er mir auf diese väterliche Weise zu, wie es die alten Kerle tun, für die die Firma noch eine Familie gewesen ist.

Das, denke ich, ist jetzt auch mein Leben, bis zur Rente: diesen, den immer gleichen Weg mit dem Shuttle zu pendeln. Zur S-Bahn hin und zurück. Hin und zurück. *Mein Leben lang.*

Ich muss schlucken. Die S-Bahn fährt ein.

»Pass mal auf. Du bist in Ordnung, deshalb sag ich dir was«, sagt Zoran plötzlich.

»Ja?«

»Deine Maschine schafft nur so niedrige Stückzahlen, da stimmt doch was nicht.«

»Ich mach es genau so, wie Hartmann es mir erklärt hat.«

»Hartmann, hm?«

Zoran und ich verabreden, dass er mir am nächsten Tag die Programmierung noch einmal zeigt.

2

Gegen halb sieben bin ich zu Hause. Schließe die Tür auf und knalle Jacke und Tasche in die Ecke. In der Küche sitzt Mutters Selbsthilfegruppe. Große, kleine, dicke und dünne Exalkoholikerinnen, die unanständige Mengen Torte essen und sie mit kannenweise Kaffee herunterspülen. Und dabei schaffen sie es auch noch, pausenlos alle auf einmal zu reden. Ich trete in einen von Zigarettenrauch, Haarspray und Deodorant getränkten Raum.

»Huhu, Marten!«, kiekst die winzige Frau mit schmutzigblonden Haaren und schlechten Zähnen, die immer dabei ist. Sie ist die zweite Gruppenleiterin, Mutters Stellvertretung. Neben ihr steht eine riesige braune Handtasche mit rotem Futter, klaffend offen wie das Maul eines urzeitlichen

Tiers. Ich stolpere fast darüber, als ich mich zwischen Herd und Tisch vorbeischiebe und das Fenster kippe.

»He, es *zieht*!« Ihre Hand schlängelt sich hoch und kappt die Frischluftzufuhr wieder.

Ich öffne den Kühlschrank und hole die Colaflasche heraus. Auf dem Eisfach klebt einer von Mutters Froschstickern. Die sollen sie immer und überall an die Fabel erinnern, in der ein Frosch in den Sahnetopf fällt und so lange strampeln muss, bis die Flüssigkeit zu Butter geronnen ist, sodass er auf der festen Masse aus dem Behälter herausklettern kann. Mutter glaubt, das gilt auch für sie. Alle, die hier sitzen, glauben, dass sie sich nur eine Weile brav abstrampeln müssen, dann ist irgendwann alles in Butter.

Ich nicht. Ich glaube, dass sie heftig daran arbeiten, die Sahne um sich herum aufzufressen, um das Gefühl der Leere nicht spüren zu müssen, die sie vorher mit Alkohol betäubt haben. Und irgendwann merken sie dann, dass alle Sahne weg ist und sie nur noch tiefer in ihrem Gefängnis auf dem Boden sitzen.

»Was machst du denn jetzt Schönes, Marten, hm? Hast deine Lehre abgeschlossen, hab ich gehört?«

»Du hast aber großen Durst! Nimm dir auch noch Kuchen!«

Die Stimme der Frau, die als Letzte gesprochen hat, ist dunkel, verraucht. Hätte sie eine Telefonsexhotline, sie wäre eine erfolgreiche Geschäftsfrau.

Ich trinke Cola direkt aus der Flasche, aber ich spüre immer noch den Geschmack von Metall und Staub auf der Zunge. Es schmeckt wie Blut.

»Guck mal, was er für Muskeln hat!«

»Mein Gott, ist er nicht bildschön!«

»Wie ein junger Gott!«

Mutter schaltet sich ein: »Der junge Gott hat eine hübsche junge Freundin, der legt keinen Wert auf so alte Kühe wie euch!« Sie lacht: Sie ist stolz auf mich, stolz auf sich.

Grabschende Hände, ein Klaps auf den Hintern, und endlich bin ich draußen. Noch bis in mein Zimmer höre ich das Geschnatter der Frauen.

Ohne es zu wollen, fühle ich mich geschmeichelt. Ich dusche und ziehe frische Sachen an. Lasse zwischendurch vor dem Spiegel meine Bizeps spielen. Wie ein junger Gott!

»Ich geh noch mal weg«, rufe ich beim Hinausgehen. Mutter hört mich gar nicht.

Als ich beim Chinesen ankomme, sitzt Micha schon hinter einem Weizen und isst, was mich ärgert, ob er es nun von zu Hause gewohnt ist oder nicht; schließlich haben wir uns zum Essen verabredet. Ein ranziger Geruch hängt im Raum.

»Warum treffen wir uns eigentlich hier?«, will ich wissen. »Ist ja schön und gut, dass du asiatisches Essen vermisst, weil Bai Lin ihre Familie besucht, aber hier, das schmeckt doch scheiße.«

Er geht nicht darauf ein, sondern beginnt sofort, abwechselnd von der Schreinerei und seiner Freundin zu erzählen. Ich bin froh, dass er, mit einem Jahr Verspätung wegen Sitzenbleibens, endlich die Schule hinter sich hat. Vorher war es bei ihm nur um Lehrer und Mitschüler gegangen, die ich allesamt möglichst schnell vergessen wollte.

Ich bestelle bei einem unterernährt aussehenden Pakistani etwas mit Rind und eine Cola und frage mich, wo die schönen Schwestern sind, die hier einmal bedient haben.

Wir sind beide nicht gerade in guter Stimmung und kennen einander lange genug, um das auf Anhieb zu spüren.

Mein Teller wird gebracht, es hat keine fünf Minuten gedauert. Kein gutes Zeichen, aber was habe ich erwartet.

Micha beschallt mich weiter mit einem exakten Mitschnitt

seines Lebens, er findet es toll bei Rudi, aber es sei doch so schade, dass wir nicht gemeinsam ... und so weiter, die ganze alte Leier. Ich weiß, dass es immer noch an ihm nagt, dass ich mich nicht für eine Schreinerlehre interessiert habe, sondern Schlosser werden wollte und dann auch noch eine Lehrstelle in Frankfurt angenommen habe, sodass wir nicht einmal dieselbe Berufsschule besuchten. Er hat sich das so schön vorgestellt: wir beide, bei Rudi, ein richtiger Familienbetrieb. In seinen Augen habe ich eine Abmachung verletzt; in meinen hat nie eine bestanden.

Irgendwann reißt mir die Geduld: »Jetzt hör halt endlich auf! Ich wollte einfach mal raus hier, kapier es doch, klar wäre es bequem gewesen, ein bisschen bei Rudi rumzusägen. Möbel an reiche Leute wie die Sternbergs auszuliefern, nein, falsch, die *von Sternbergs* ...«

»Ach – das ist es also, du denkst immer noch an diese ...«

»Nein, tue ich nicht!«

Endlich lege ich das Besteck ab, das ich ohnehin nur zum Rumstochern verwendet habe: »Das ist widerlich.«

Micha zieht meinen Teller zu sich und schaufelt das Übriggebliebene auch noch in sich herein. Er ist sauer, oder eher verletzt, was in gewisser Weise berechtigt ist: Meine Entscheidung, nicht bei Rudi in die Lehre zu gehen, war nicht eine *für* irgendetwas, sondern eine dagegen. Ich wollte nicht bleiben, nicht warten, ich wollte einfach weg von hier, zumindest tagsüber, und dann weitersehen. Aber für Micha ist es eine Entscheidung gegen ihn gewesen. Er fühlt sich jedes Mal, wenn ich von meinem anderen Leben erzähle, als hätte ich ihm einen Tritt verpasst. Trotzdem. Wenn wir weiter Freunde sein sollen, muss er auch Dinge akzeptieren, die er lieber anders gehabt hätte. Die Zeit, als ich, sooft es mir möglich gewesen ist, in der Werkstatt herumgelungert habe, ist vorbei. Das heißt noch lange nicht, dass ich vergessen habe, was sie einmal für mich bedeutet hat: eine Zuflucht. Einen Ort, an dem ich immer willkommen war, selbst wenn ich mich nur verkriechen wollte, ohne dass jemand dumme Fragen stellt oder gleich wieder einen Auftrag für mich hat.

Ich zünde mir eine Marlboro an, ziehe daran und schließe dabei die Augen: »Mann, es tut mir leid!«

»Mir auch«, sagt er.

»Immerhin wohne ich nur wegen dir noch hier bei meinen Eltern, sonst hätte ich längst eine Wohnung in Frankfurt!«

»Das stimmt nicht. Du hast selber gesagt, du wohnst noch bei ihnen, weil du Geld für ein Auto sparst.« Er zieht die Nase hoch und guckt beleidigt aus dem Fenster.

Ich drücke die Zigarette aus. »Na ja, das auch.«

Michas Handy klingelt im Katja-Ton. Ich ziehe die Augenbrauen hoch, als er drangeht und ungefähr siebzehnmal »ja« und einmal »in einer halben Stunde« sagt.

»Katja geht's nicht so gut«, murmelt Micha, »ich muss noch zu ihr, sorry.«

»Kein Thema«, sage ich. Wir finden heute sowieso keinen gemeinsamen Nenner mehr.

»Übernachtest du bei Katrina?«

»Vermutlich, sonst macht die mir auch noch die Hölle heiß.« Ich grinse schief: »Los, hau schon ab. Ich lad dich ein. Wir sehen uns morgen Abend.«

Er gähnt: »Ich werd mich bei Katja gleich hinhauen.«

»Klar, mach das.«

Ich sehe ihm hinterher. Er wiegt sich beim Gehen in den Hüften. Seine Arme baumeln im Takt dazu.

»Hallo, kann ich vielleicht endlich mal zahlen«, schnauze ich den Paki an.

3

Sonntagmorgen. Die Kirchturmuhr schlägt sechs. Seit Stunden liege ich komplett angezogen in meinem Zimmer auf dem Bett, trinke Kaffee und rauche. Der Fernseher läuft, die Bilder vor mir beachte ich kaum, ich habe meine eigenen im Kopf: flackernde Einzelaufnahmen, die Micha, Katja, Katrina und mich beim Tanzen im Stroboskoplicht zeigen, gelöst, lachend im stampfenden Technobeat, der den Rhythmus unseres Herzschlags verstärkt und unsere Körper in der Masse auflöst. Später hat Micha wie immer Heldengeschichten aus unserer Kindheit erzählt, bis nach dem dritten oder vierten Bier seine aufgedrehte Stimmung in Sentimentalität umkippte. Katja sah mich wie immer ein wenig von der Seite an, weil meine Geschichte mit Micha länger ist als ihre, Katrina hing wie immer an mir herum, Händchenhalten, Umarmen, ihre Hand auf meinem Oberschenkel, und fand alles super. Alles ist wie immer gewesen, wenn wir im MTW sind, bis auf das Anstoßen auf Katjas Geburtstag um Mitternacht; wir sind nicht einmal länger geblieben als sonst. Die Mädchen sind gegen eins müde geworden, und wir haben sie heimgebracht, das heißt, eigentlich habe ich, bisher der Einzige mit Führerschein, die drei nacheinander bei sich zu Hause abgesetzt.

Katrina hat mich natürlich nur gehen lassen, nachdem ich ihr versprochen habe, dass ich sie am Morgen aufwecken komme.

Sie kennt das schon von mir, diese wachen Nächte. Weiß nur nicht, dass ich nachhelfe, obwohl sie es sich eigentlich denken könnte. Aber so etwas wie Drogen gibt es in ihrer heilen Welt einfach nicht. Wenn sie den Teller mit dem weißen Pulver hier sähe, sie würde es für Puderzucker halten.

Aber das Wochenende ist kurz, zu schade, um es zu verschlafen. Seit ich die Stelle in Höchst und den immergleichen Tages- und Wochenrhythmus habe, verfliegen die Stunden nur so, scheinbar ohne mein Zutun. Es ist eine Art rasender Langeweile, in der ich feststecke. Tage ohne Anfang und Ende, ich gehe im Dunkeln zur Arbeit und komme im Dunkeln heim. Immerzu bemühe ich mich, innezuhalten, die Zeit wenigstens für ein paar Momente zu stoppen oder zumindest zu verlangsamen; etwas zu *erleben*. Etwas, worauf ich von Montag bis Freitag dann zurückgreifen kann. Es gelingt mir höchstens mal beim Tanzen, oder beim Sex, wenn ich drauf bin und die Orgasmen stärker sind als sonst. Da spüre ich etwas. Ansonsten ähneln auch die Wochenenden einander, vor allem seit wir mit den Mädchen zusammen sind. Es kommt mir nicht so vor, als wäre ich es, der sein Leben lebt. Sondern genau andersherum: als lebe das Leben *mich*.

Micha stört das nicht; ich habe ihn mal gefragt, er hat mich verständnislos angesehen und gefragt, wie ich das meine, dass jedes unserer Leben ins Handschuhfach von Rudis Lieferwagen passen würde? Es sei doch okay, es gehe uns gut, und ich könne jetzt übrigens mal Gas geben.

Ruh dich halt mal aus, schlaf eine Runde, dann geht es dir besser, das ist sein Tipp für alles und jedes. Aber ich könnte nie so viel schlafen wie er, der oft halbe Tage im Bett liegt und das gemütlich findet. Klar kann ich ihn verstehen, schließlich bringt Schlaf Vergessen. Man muss nicht mehr daran denken, dass noch ein Werktag kommt und dann noch einer, dass die Arbeit schwer ist und eintönig, und dann ist wieder eine Woche vergangen, und so reiht sich Tag für Tag, immer neue Hügel und du marschierst auf den ersten zu, weil du denkst, dahinter könnte das Meer sein, oder eine Landschaft, ein Garten, irgendetwas Neues, Schönes, und du erklimmst ihn. Und dann hast du es geschafft, kommst an der anderen Seite herunter – nur um festzustellen, dass da nichts auf dich wartet. Nichts als die nächste Anhöhe. Und so geht es weiter und weiter. Mal ist die Steigung niedriger, und es fällt nicht so schwer, sie zu überwinden, dann wieder steht ein Berg vor dir, und du nimmst die Anstrengung auf dich, weil so ein Berg schließlich ein größeres Versprechen bereithält als ein Hügel: dahinter kann sich viel mehr Neues verbergen. Aber es kommt nur die nächste Enttäuschung, auf die die nächste Hoffnung folgt. Du weißt, es muss *irgendwo* Meere und Gärten und Inseln geben, wenn nicht hinter Hügel Nummer drei, dann vielleicht hinter dem dreiundzwanzigsten oder dem vierundvierzigsten. Deshalb versuchst du es wieder und wieder, nimmst die Mühe auf dich, noch einen Anlauf zu machen und noch einen, rennst schnell und entschlossen los, immer wieder, weil du endlich dahin willst, das Versprechen einlösen, das neue Leben beginnen, das da auf dich wartet.

Bis es irgendwann nicht mehr geht. Früher oder später ist es vorbei. Du bist einfach zu oft enttäuscht worden. Mag ja sein, dass diese Meere, die Inseln, die Sonne und die Gärten existieren, aber ganz bestimmt nicht auf deiner Strecke. Du gehst nicht mehr davon aus. Freust dich nur, wenn die nächste Anhöhe möglichst klein ist. Das ist dann ein guter Tag für dich.

Davor habe ich am meisten Angst: dass ich mich daran gewöhne. Tausend Hügel und jeder derselbe, und ich zähle nicht mehr mit, weil auf einen Montag wieder einer folgen wird, auf einen Monatsersten der nächste, auf den Frühling der Sommer. Und vor mir geht ein Mann, so ähnlich wie ich, und hinter mir kommt der nächste. So ist es eben, sage ich mir, mache ich das Beste draus.

Und was ist das Beste? Die kleinen, schäbigen Wochenenden, die wie schmierige Raststätten am Weg stehen: da hinein muss man sich stürzen. Spaß, Tanzen, Mädchen, eine Nummer schieben, ein Stück Kuchen vertilgen, einen Fernsehfilm sehen, der nicht ganz so übel ist – mit einer ordentlichen Ladung Pep im System ist es auszuhalten. Zumindest für eine Weile kann ich dann vergessen, dass sich ja doch nur Wiederholungen in engen Grenzen abspielen, muss nicht an die Leere dahinter denken, an die Unmöglichkeit eines erfüllten Lebens für einen wie mich. Ich bleibe in Bewegung, um den Stillstand nicht zu spüren.

Ich schalte den Ton des Fernsehers wieder an. Kein Wunder, dass mir bei dieser Grabesstille solche sinnlosen Gedanken kommen, das ist Müll im Gehirn, der mich runterzieht. Ich nehme den Teller. Kratze feierlich mit meiner EC-Karte die Reste zu zwei dünnen Lines zusammen, stecke das Röhrchen ins linke Nasenloch und atme tief ein. Das Stechen in den Nebenhöhlen, ein Schmerz bis hoch in den Kopf. Noch mal. Besser. Auf dem Bildschirm schreien sich die Teilnehmer einer Talkshow an, im nächsten Programm läuft eines der zahllosen Spiele um Geld, ein Kandidat hat falsch geantwortet, die Kamera hält unerbittlich auf sein Gesicht. Auf dem nächsten Kanal die Folge einer amerikanischen Krimiserie, also weiter: ein alter Schmachtfetzen in grellen Technicolorfarben. Auf den restlichen privaten Sendern jede Menge nackte Mädchen, die an sich rumspielen. Sie freuen sich über einen Anruf, na klar. Ich warte auf einen Clip, bei dem sich bei mir etwas regt, während die kuhäugige Tussi auf dem Bett sitzt, die Beine gespreizt. Mit der rechten Hand stützt sie sich hinter ihrem Rücken ab, mit der linken rammt sie sich in gleichmäßigen Abständen den Vibrator in ihr Geschlecht. Alle vier oder fünf Stöße stoppt sie, um ganz langsam mit dem Dildo um ihren Kitzler zu kreisen; sie stöhnt.

Micha hat einmal gesagt, das sei nur Show, aber ich glaube das nicht. Sie wäre ja blöd. Es ist ihr Job, und wieso sollten die Frauen dabei keinen Spaß haben?

Bevor mich Micha und Katja mit Katrina verkuppelt haben, habe ich viele Mädchen gehabt. Die Erste hat mich verführt; danach bin ich aktiv geworden. Ich stellte fest, wie unerhört leicht es ist, bei einer Frau zu landen. Der reine Irrsinn. Gerade noch kennt man sich nicht, und dann stecke ich in ihr. Was für ein Wahnsinnsding, Sex, eine neue Welt öffnet sich da. Ich weiß ja noch gar nicht, worauf ich stehe, große Brüste oder kleine, von hinten oder vorn, ich muss das erst herausfinden. Die Mädchen, zumal wenn sie etwas älter sind, warten geradezu darauf. Ein Zeichen reicht, auch wenn es plump ist. Eine Berührung im Gedränge vor der Bar, mit der Hand ihre Schenkel oder den Hintern streifen, die Finger etwas zu lange dort lassen, als wäre es anfangs Zufall gewesen, aber es fühlte sich dann doch einfach zu gut an; eigentlich ist sie selber schuld. Von Anfang an zeigen, dass es nur um das Eine geht, dass ich Sex will und kein Riesengelaber, kein mühsames Kennenlernen.

Dann sind sie dran, manche tun cool, manche flirten zurück, so richtig ärgerlich ist noch nie eine gewesen, ich tue ihnen ja nicht weh, im Gegenteil, mal schauen, wie sie reagieren; wenn es gut läuft, ziehe ich sie draußen in eine dunkle Ecke, hinten auf dem Parkplatz, irgendwo hinter den Büschen, notfalls auf die Toilette. Ich streichele ihre Brüste, die harten Nippel, und lege ihre Hand in meinen Schritt, wenn sie es nicht von sich aus tut.

Bei einem sehr hübschen Mädchen nutzte ich das Gedrängel in der Schlange vor der Disko aus, mein Hintermann schob mich nach vorne, und ich tat so, als sei es ein Versehen, dass wir plötzlich Körper an Körper dastanden, ein Auffahrunfall sozusagen. Sie drehte sich nicht einmal um, sondern griff nach hinten und zog mich zu sich heran, mein Schwanz wurde augenblicklich so steif, dass er wehtat, meine Wahnsinnserektion rieb sich an ihrem Arsch – wir schafften es gerade mal so in den Park. Sie behielt ihren Rock an, zog aber ihr Höschen aus und öffnete die Bluse, ich ließ die Jeans herunter so schnell es geht, und weil sie umstandslos dabei war, traute ich mich diesmal zu sagen, wie gerne ich sie von hinten nehmen würde, ich flüsterte es ihr ins Ohr. Ganz zärtlich, versprach ich, und sie sagte ja, also fing ich sofort an, denn das erlauben die wenigsten, bei den meisten komme ich in die Hand. Sie ließ sich nicht nur in den Arsch ficken, sondern sie mochte es auch noch, es tat ihr nicht weh, sie war elastisch, weit vor Geilheit.

Ich ging nicht mehr tanzen an diesem Abend, sondern nach Hause, wo ich weiter an sie dachte, und wichste wie wild. In meiner Fantasie hatte sie sehr viele Schwestern und sagte, sie wolle mir die vorstellen. Die Schwestern standen alle in einer Reihe an der Wand und masturbierten, sie warten alle auf dich, flüsterte die Hübsche in mein Ohr, ich habe von dir erzählt, besorg's ihnen, sie brauchen das, schau sie nur an, wie nass sie sind, und ich gehe langsam die Reihe entlang und besorge es jeder einzelnen.

Micha hat mich einmal gefragt, ob ich schon einmal ein Mädchen geleckt hätte, und an der Art, wie er fragte, habe ich gemerkt, er hat es noch nicht getan. Ja, sagte ich nur, und er wollte wissen, ob das eklig wäre. Nein, sagte ich, probier es einfach aus.

Auf 3sat kommt eine Tierdokumentation, das mag ich, keine Gesichter, kein dummes Gerede, nur die Stimme aus dem Off, die Fakten wiedergibt. Der Beitrag über eine Ameisenkolonie ist leider fast zu Ende, ich höre gerade noch, wie ein Experte sagt, dass Ameisen ihre feindlichen

Artgenossen am Geruch erkennen würden, während Tiere, die in einer Kolonie zusammenleben, für einander nach nichts riechen, da sie durch die Nähe und die gleiche Nahrung denselben Duft ausströmen, und das war es auch schon. Schade, denke ich, denn Gerüche sind etwas Interessantes, ich muss an Rudi denken, der Holzsorten am Duft unterscheiden konnte. Wie viele Frauen könnte ich wohl auseinanderhalten? Schwer zu sagen. Gerade will ich aufstehen und rüber in die Küche, da sehe ich, der nächste Film handelt von Wölfen.

Wölfe, Wolf, Marten Wolf, na also, hier bin ich richtig. Auch wenn ein Teil von mir weiß, dass es die Droge ist, die hinter allem Zusammenhänge aufspürt, so heißt das doch nicht, dass mir durch den Film nicht etwas Entscheidendes mitgeteilt wird. Vielleicht kommt jetzt der Hinweis, der mein Leben verändert, denke ich und konzentriere mich. Es geht um den Unterschied zwischen Hunden und Wölfen – aha.

Eine Gruppe Forscher hat Hunde, die über längere Zeit bei Menschen lebten, im Wald ausgesetzt. Die Frage war: Würden sich die Hunde in Freiheit wieder wie ihre wilden Vorfahren, die Wölfe, verhalten?

Natürlich, denke ich, sie werden sich freuen, aber ich liege falsch; sie tun es nicht. Einmal von Menschen erzogen, haben die Tiere sich für immer verändert. Solche Hunde bilden keine Rudel mehr wie Wölfe, sondern leben allein. Der Sprecher vergleicht sie mit Großstadtsingles, die manchmal Freunde treffen. Bei diesen Zusammenkünften gilt nur eine lose Rangordnung, die auf dem Alter der Tiere beruht. Wölfe dagegen ordnen sich einer strengeren Hierarchie unter, sie müssen sich ihren Platz in der Rangordnung erkämpfen.

Eine Großaufnahme: gelbe Augen. Sie scheinen mich direkt anzustarren. Was für eine Stärke in diesem Blick. Einmal für einen Tag oder eine Nacht solch ein Tier zu sein – nicht bloß mit fünf Millionen Riechzellen ausgestattet, nein, mit 220 Millionen, *alles* wittern zu können –, ich würde sonst was dafür geben.

Der Sprecher sagt, dass sich seit der Jahrtausendwende in Deutschland Wölfe wieder verstärkt vermehren. Sie breiten sich an den Rändern der Großstädte aus, an den Stadtgrenzen Berlins, Hamburgs. In Roms Peripherie gibt es sie schon länger.

Im Bild: junge Wölfe beim Kampf. Es scheint, sagt der Sprecher, dass sich bei diesen sich in der Nähe der Zivilisation aufhaltenden Tieren zwar noch Kämpfe auf Leben und Tod mit fremden Rudeln abspielen, Grenzkriege, die oft blutig endeten – im Bild: blutendes Tier –, aber innerhalb des Rudels lasse sich beobachten, dass die feste Rangordnung sich auflöst. Alphatiere dominierten zwar, aber sie würden verstärkt durch Kommunikation, Zuwendung, Freundlichkeit herrschen. Wölfe in Stadtnähe verhielten sich innerhalb ihres Rudels auf einmal wie ausgewilderte Hunde – obwohl sie nie domestiziert wurden.

Interessant, denke ich: die Wölfe vermenschlichen. Wow.

Der Beitrag lässt mich nicht los, auch nicht, als ich dusche und mir eine andere Jeans anziehe. Wölfe mit menschlichen Zügen! Wenn es stimmt, was alle unken, und die Menschen ihrerseits verwildern, dann bedeutet dies: Wir nähern uns einander an.

4

Katrina wohnt mit ihren Eltern in einem Neubaugebiet in Bürgel. Ich brauche fast eine halbe Stunde, um hinzulaufen, aber das tue ich gerne. Es wird gerade Tag und rasch heller, der Regen hat für eine Weile aufgehört, aber seine Spuren hinterlassen, schwarze Schlieren, alles durchnässt, jeder Rasenfleck aufgequollen, Matsch im Rinnstein, tropfende Dachrinnen. Das Licht, das sich durch die Wolken kämpft, legt nur graue Helligkeit über alles. Dieser Winter ist viel zu warm gewesen, kein Schnee, nur dieses Dauertröpfeln, das einen auch noch jetzt, Anfang März, ganz kirre macht. Hier und da sehe ich Menschen in ihre Autos steigen, es sind nicht viele am Sonntag in dieser Gegend der tadellos gepflegten Vorgärten. Ausländer wohnen hier keine, als Kleinbürger ist man deutsch. Und beständig. Wer hier wohnt, bleibt sein ganzes Leben, bezahlt das Häuschen ab, vererbt es den Kindern. Noch nie habe ich hier einen Umzugswagen gesehen. Es ist wie auf dem Dorf, man kennt sich mit Namen und weiß, wer sich zuletzt das Bein gebrochen hat.

Ganz anders in den Hochhäusern, die nur wenige Straßen weiter stehen: Dort zieht fast täglich jemand ein oder aus. Unterschiedliche Leute kommen und gehen, man findet sämtliche Hautfarben, Altersgruppen und Sprachgemeinschaften, es gibt Familien mit sieben Kindern und solche ohne. Wie ein einziger großer Hotelkomplex sind mir diese langen Straßen immer vorgekommen, die für so unterschiedliche Träume herhalten müssen, ohne dafür auch nur das kleinste bisschen geeignet zu sein. Obwohl sich dort öfter Tragödien abspielen als anderswo und man oft den Eindruck hat, niemand gehöre da richtig hin, sind mir diese Straßen lieber als die Neubausiedlungen. Die brachiale Fremde in den Wohnungen, deren Türen man nur aufmachen muss, um sich auf einmal in Thailand, Indien oder Italien wiederzufinden, ja selbst die heruntergewohnten Apartments der vielen gescheiterten Existenzen dort sind mir lieber als die Reihenhausidylle in Gegenden wie diesen, wo die Menschen die Mittel dazu haben, sich in Haus und Garten zu *verwirklichen,* und doch alles so eng und so gleich aussieht.

Wenn es das ist, was Menschen glücklich und *zufrieden* macht, was ihren Ehrgeiz *befriedigt,* ihren *Sinn für Schönheit* zeigt – und wie all diese gerne verwendeten Floskeln noch so heißen –, dann schnüren mir die Ergebnisse den Atem ab. Weil sie so deutlich zeigen, wie klein die dazugehörenden Träume gewesen sein müssen.

Das Einfamilienhaus 20 b sieht exakt so aus wie das Haus links und das rechts davon, sie sind alle bräunlich gelb, es ist, als marschierte man an einem überdimensionalen gefüllten Eierkarton vorbei. Irgendwo bellt ein Hund. Das Echo erstirbt, und es ist wieder still. Als lebte niemand. Als wäre dies hier eine einzige große Gerichtspathologie, kommt es mir vor, überall, in den Betten, auf die Stockwerke verteilt, liegen die Leichen der Familienmitglieder und warten auf die Obduktion. Die gestutzten immergrünen Hecken könnten aus Plastik sein.

Katrinas Zimmerfenster geht nach hinten hinaus und ist dunkel. Ich werfe ein paar Steinchen. Höre sie in der Stille deutlich an die Scheibe prasseln, nichts. Aber gut, das haben wir eingeplant, ich bin ja nicht den ersten Sonntagmorgen hier. An der Eisenvorrichtung, an der eigentlich nur der Efeu hochklettern soll, steige ich in den ersten Stock, wo ihr Fenster wie verabredet einen Spaltbreit offen steht.

Katrina schläft, eingemummelt in ihre zartgelbe Bettwäsche. Ich kippe das Fenster, es ist ziemlich warm hier drin.

Daneben die Pinnwand, in deren Mitte ein großes Foto von uns beiden prangt.

»Ssst, nicht erschrecken, ich bin's.«

Ihr Kopf taucht auf. Haare, Hand, Gesicht. Sie sagt verschlafen hallo.

»Hallo, mein Wirbelstürmchen!«

Diesen Kosenamen, den ich ihr im vergangenen Jahr verpasst habe, kann sie überhaupt nicht leiden. »Das ist nicht lustig, der Hurrikan hat so viel Unglück gebracht«, sagt sie immer.

Heute Morgen höre ich nur ein Grummeln. Ich streife die Turnschuhe ab und schlüpfe zu ihr unter die Decke. Sie ist ganz warm und riecht süßlich, wie ein Duftradiergummi.

Neulich haben Katrina und ich im Fernsehen diesen Hundetrainer gesehen, der vor einer Hündin und ihrem Wurf Welpen kniete; man konnte anrufen, wenn man einen haben wollte. Katrina war nah am Heulen vor Rührung. Der Trainer ließ einen potenziellen Besitzer nach dem anderen antanzen und redete ihnen ins Gewissen: »Der Welpe öffnet seine Augen und sieht Sie. Sie sind seine Bezugsperson. Alles, was Ihnen wichtig erscheint, ist ab sofort auch für den Hund wichtig. Sie erschaffen Ihren Hund!«

Es hat geklungen wie: »Hallo, spielen Sie doch mal Gott!«, und ich musste die ganze Zeit daran denken, dass das der – womöglich einzige – Grund sein könnte, weshalb ich mit Katrina zusammen bin: Im Bett ist sie fügsam wie ein Welpe. Ich bin ihre Bezugsperson. Ich bin der Erste, mit dem sie überhaupt geschlafen hat. Alles, was sie kennt, hat sie von mir gelernt. Ich bin es gewesen, der ihr ihren Körper gezeigt hat.

»Soll ich Musik anmachen?«, fragt Katrina.

Ich schüttele den Kopf, weil ich kenne, was sie unter »Musik« versteht, und fange an, sie zu streicheln. Sie macht sofort mit, das macht sie immer, das mag ich an ihr. Als ich komme, stoße ich mich mit beiden Armen vom Bett ab und sehe ihr von oben ins Gesicht; sie lächelt und hält die Augen geschlossen. Kurz darauf zieht sie ihren Bademantel an und geht in die Küche, um Frühstück zu machen. Ich sehe ihr nach. Sie hat noch ein bisschen Babyspeck an den Hüften und Oberschenkeln. Als sie mit einem vollgepackten Tablett wieder erscheint, riecht sie nach Rosendeodorant wie eine ganze Parfümabteilung und trägt ihren »guten« Bademantel, den für Gäste und die Wochenenden. Interessanterweise gibt es in diesem Haus fast alle Gebrauchsgegenstände in zwei Ausführungen: eine gewöhnliche, für den Alltag, und die »gute« für besondere Anlässe. Die guten Stiefel, die gute Jacke, das gute Geschirr, ja, sogar die gute Bettwäsche. Es gibt den guten Aufschnitt und die gute Milch. Ihre Mutter nimmt fürs Theater die gute Handtasche, der Vater raucht sonntags eine der »guten« Zigarren, nicht das übliche Kraut. Ich habe das von Anfang an zum Schießen gefunden, bis ich, das heißt ein Geschenk von mir, ebenfalls eingeteilt wurde: die kleine Chanel-Flasche, nicht das Parfum, sondern ein preiswerteres Eau de Toilette, ist den »guten« Anlässen zugeteilt worden, was leider bedeutet, dass sie ansonsten immer noch dieses billige Rosenzeugs benutzt und nicht ihr neues Chanel. Das ärgert mich, schließlich sollte nach meinem Plan ich den Duft an ihr schnuppern – nicht ihr Opa an seinem Siebzigsten.

Während ich mich durch Brötchen, Ei, Käse und Marmelade mampfte, schwärmt sie vom gestrigen Abend. »Es war so wahnsinnig lustig, wenn ich nur dran denke! Weißt du noch, wie Micha versucht hat, sich bei Burger King die Pommes, die er nicht mehr geschafft hat, in die Hosentasche zu stecken? Hahaha! Und seinen halben Royal TS! Er war total besoffen! Und du hast ihm immer wieder gesagt, er sei wirklich clever, die Sachen nicht in eine Papiertüte, sondern, hahaha, und dann, als er wieder so Andeutungen gemacht, wie toll es mit Katja im Bett – du weißt schon –, hahaha, da hast du Micha gefragt, warum sie beide immer so verdammt ausgeschlafen aussehen nach so viel Superman-Sex, das fändest du doch ganz schön komisch. Da hat Micha auf einmal kapiert, dass du ihn aufziehst, und ist total sauer geworden.«

Ich zeige auf den restlichen Schinken und sehe sie fragend an, sie nickt: »Und Micha hat gesagt, wenn Katja nicht gerade auf dem Klo gewesen wäre, hätte er dir den Spruch nicht durchgehen lassen, dann hätte er dir eine gelangt, hahaha …« Sie verschluckt sich und muss einen Schluck Kaffee trinken.

»Stimmt, das war witzig«, lüge ich. Dabei wird mir auf einmal komisch zumute, denn ich bin mir plötzlich sicher, dass die Sache mit dem weggesteckten Burger sich am Wochenende davor abgespielt hat. Ist es möglich, dass Katrina sich täuscht? Oder kann es sein, dass zweimal das Gleiche geschehen ist? Dass ich mich in einer Zeitschleife verheddert habe? Blödsinn, sage ich mir, ein kleines Schwächegefühl im Kopf, mehr nicht, das liegt daran, dass die Wirkung des Speeds nachlässt; ich muss langsam nachlegen. Ich bedanke mich für das Frühstück, und wir verabreden uns für nachher.

»Du kannst vorne raus«, sagt sie, als sie mich umarmt.

Aber ich nehme das Fenster, ich habe mich irgendwie daran gewöhnt.

»Wir sehen uns nachher!«

Micha und ich sind gut zwei Stunden vor der mit den Mädchen verabredeten Uhrzeit auf dem Schrebergartengrundstück. Es ist dasselbe, auf dem wir früher gespielt haben, nur gehört es jetzt den Kramers – Rudi hat es im vergangenen Jahr gekauft zu einem Spottpreis, wie er sagt. Da kam mir gleich die Idee, wir könnten uns in der Hanfzucht versuchen. Micha war sofort Feuer und Flamme, und da ich wegen der Berufsschule und dem Werk viel weniger Zeit hatte als er, der von Anfang an bei Rudi eine ruhige Kugel schob, ist er es gewesen, der sich um alles kümmerte. Er setzte Himmel und Hölle in Bewegung, um an die Samen aus Holland zu kommen; er war es, der sie im kühlen Werkstattkeller zum Keimen brachte, wo er die Pflänzchen dann, als sie die richtige Größe hatten, in Blumentöpfe umsiedelte. Ich war erst im Frühjahr wieder dabei, als es daran ging, das Beet im Schrebergarten anzulegen.

»Na, was sagst du?«, fragt Micha. »Bist ja eine Weile nicht mehr hier gewesen.«

»Es ist der Wahnsinn!«, gebe ich zu, während ich meinen Blick über die hohen Stauden wandern lasse. »Wer hätte gedacht, dass du so einen grünen Daumen hast!«

»Mich wundert es auch, wie gut ich bin«, sagt Micha.

Dabei kifft er selber überhaupt nicht; er sagt, ihm würde schlecht davon. Er ist dabei, weil er erstens ein gemeinsames Projekt mit mir machen wollte und zweitens sein Lehrgeld mit ein bisschen Kleindealen bei Bekannten aufbessern kann. Ich habe da nichts dagegen – wenn er sich cool dabei vorkommt, schön und gut, ist ja auch praktisch in Rudis Werkstatt –, aber ich hüte mich, so was im Industriepark anzufangen.

»Was ist das da?« Ich deute auf ein schmales Beet, in dem einige verkümmerte Gräser oder Ähnliches vor sich hin darben.

»Ja, das ist komisch, unser Cannabis wächst wie der Teufel, aber Bai Lin hat mit ihren Kräutern überhaupt kein Glück, weder mit diesem Thai-Zeugs noch mit ganz einfachen Sachen, du weißt schon Schnittlauch oder Petersilie.«

Sein bekümmertes Gesicht reizt mich zum Lachen: »Vielleicht solltest du ihr unter die Arme greifen?«

»Ja«, er nickt eifrig, »hab ich mir für ihren Geburtstag überlegt, ist ja bald. Ich werde ihr ein kleines Fensterbrett mit Kräutern machen, zu Hause, direkt in der Küche oder im Wohnzimmer. So dem Gefühl nach würde ich denken, die wachsen besser, wenn sie nicht in der prallen Sonne stehen.«

»Und sie hüpft hier nicht mehr herum und gärtnert«, ergänze ich.

»Exakt, mein Freund.«

Gut gelaunt holen wir die neuen Pflänzchen aus dem Wagen; es dauert nicht lange, bis wir das Beet noch einmal um fast die Hälfte erweitert haben.

Es ist warm. Kleine Mücken sirren an unserer nackten Haut, als wir mit Spaten und Schaufel den Boden lockern. Ich ziehe mein T-Shirt aus, um mich zu bräunen.

Nach und nach kommen die Nachbarn, Autos werden geparkt, Fahrräder abgeschlossen, Grills angeworfen, Schlager aus dem Kofferradio mischen sich mit Operngetöse, Kindergeschrei und mit dem Geschimpfe Erwachsener, ein Geräuschpegel wie in den Sommerferien im Freibad. Im benachbarten Schrebergarten wird der vierte Deutschlandwimpel gehisst. Kopfschüttelnd sehe ich zu, wie der stolze Besitzer ihn erst an einem hohen Stab befestigt und diesen dann mühsam in die Erde rammt.

»Die freuen sich halt auf die WM«, sagt Micha, der mich beobachtet hat.

Ich finde zwar, dass eine Fahne reichen würde, um Vorfreude auszudrücken, zumal in diesem winzigen Gärtchen, aber was soll's. Die ganze Siedlung hat sich verändert; sie ist lange nicht mehr so verwunschen wie früher, als noch die Hälfte der Grundstücke brach lag und sich keiner darum scherte, welches Unkraut wo wucherte. Jetzt werden nicht nur alle Parzellen genutzt, sondern es sind auch neue hinzugekommen. Die Siedlung zieht sich von den alten Bahngleisen bis fast zur Stadtgrenze.

Wer hier ein Stück Land besitzt, der gibt sich Mühe. Morsche Bänke und Tische, darauf ausgemusterte Wachsdecken, warten auf den Wochenendbesuch der stolzen Eigentümer. Aller möglicher Nippes ist bepflanzt worden, zersprungenes Geschirr genauso wie die alte Kinderwiege oder der kaputte Briefkasten; ein letztes Mal vor der Endstation Mülltonne dürfen die Dinge hier noch ihren Zweck erfüllen.

Nachdem Micha mir das Versprechen abgenommen hat, dass wir die wichtigen Spiele zusammen ansehen, erzähle ich ihm von Hartmann, der sich diese Woche schier totgelacht hat, weil ich mich für eine Fortbildung eingetragen habe. Dabei habe ich vor, in der nächsten Zeit gleich mehrere Zusatzqualifikationen zu erwerben. Mit der Schweißerlaubnis für höhere Sicherheitsstufen kann ich zum Beispiel in engen Räumen, Silos und Tanks arbeiten oder in toxischen Atmosphären hantieren. Viele Arbeiter versuchen es nicht einmal, andere bekommen Panikattacken. Nicht ohne Grund, denn solche Einsätze sind in der Tat gefährlich. Die Betriebe zahlen nicht umsonst den doppelten, teilweise bis zu fünffachen Stundenlohn.

»Jetzt mal abgesehen davon, dass ich das an deiner Stelle auch nicht machen würde – hört sich ja an wie ein Himmelfahrtskommando –, wieso kann der dich nicht leiden? Hast du ihn mal verärgert oder was?«

»Ich habe die Stelle bekommen, die vorher ein Kumpel von ihm gemacht hat, den haben sie in Frührente geschickt.«

»Scheint wohl ein Superkumpel gewesen zu sein.«

»Sieht so aus.«

»Mensch, Marten, aber das kann er doch nicht an dir auslassen! Red doch mal mit ihm. Sag ihm, dass du den Eindruck hast, dass du es ihm nicht recht machen kannst.«

»Das ist mein Chef – wie stellst du dir das vor? Hallo, ich wollte mal fragen, wieso Sie eigentlich so auf mir rumhacken?«

Schon ärgere ich mich, dass ich ihm die ganze Geschichte überhaupt erzählt habe. Er kann weder verstehen, dass ich Extrakurse mache, noch wie es ist, die ganze Zeit gemobbt zu werden.

»Und wenn schon, dann lass ihn halt schwätzen. Willst du meinen Rat hören? Es ist normal, dass sie es dir am Anfang nicht so leicht machen. Tu dein Bestes und steigere dich nicht so rein. Vergiss das jetzt mal: Es ist Wochenende. Du, ich glaub, wir sind fertig! Ist das nicht schön?«

Wir lehnen uns an die Spaten und bewundern das neue kleine Beet: Zweireihig stehen die Pflänzchen da, hübsch symmetrisch, mit genug Platz dazwischen, damit sie sich entfalten und der Sonne entgegen recken können. So schön groß werden wie ihre Nachbarn, bei denen jetzt Micha steht und sich Blättchen abzupft, um ein paar Joints zu bauen, die er an Mädchen verkauft, die das nicht vernünftig auf die Reihe kriegen.

Ich ernte auch ein bisschen, für den Eigengebrauch, und kurz darauf fläzen wir uns auf Liegestühlen in der Sonne; ich kiffe und trinke Cola, Micha leert ein Bier nach dem anderen.

»Geht es uns gut oder nicht? Stell dir vor, dann heiraten

wir Katja und Katrina, und irgendwann spielen hier unsere Kids.« Er seufzt.

Gleich, denke ich, wird er mit unseren Kindheitserinnerungen anfangen. Aber ich täusche mich. Aus der Nachbarliege kommt nur noch leises Schnarchen.

Ich hänge meinen Gedanken nach. Marten, Micha, Katja, Katrina – ein blöder Zufall, sicher, aber jetzt parkt dieser Zufall plötzlich in der weich gerauchten Landschaft meines Kopfes, unübersehbar wie ein Mercedes im Maisfeld. Da stimmt doch etwas nicht, oder? Sind wir möglicherweise Roboter, Maschinen des Typs M, daraufhin konstruiert, sich mit Maschinen des K-Typs zu paaren? Passiert vielleicht immer das Gleiche, in immerzu neu produzierten Schablonen wie in der Fabrikhalle, in der ich nun acht Stunden pro Tag stehe? Ist das vielleicht schon die Hölle, eine Hölle, die aus ähnlich klingenden Namen, Wiederholungen, Schrebergärten und ganz vielen dünn gepressten Stahlteilen gefertigt wird?

Ich lege den Rest des Joints auf den Aschenbecherrand. Vielleicht gibt es einen Gott, der sich einen Spaß daraus macht, dass wir uns hier alle so abrackern und es doch nur zu minimalen Abweichungen vom Entwurf, den er für uns vorgesehen hat, bringen. Der es lustig findet, wenn ich nicht Schreiner, sondern Schlosser werde und das Fenster nehme statt der Tür. Denn letztlich macht es keinen Unterschied.

Ich muss kurz weggedöst sein, denn ich fahre zusammen, als eine schrille Stimme loskreischt: »Chaaaarlie! Chaaarlie!« Eine Frau steht direkt an unserem Grundstück, hinter dem Sichtschutz zu den alten Bahngleisen hin.

Micha ist ebenfalls aufgewacht. Er reibt sich die Augen: »Scheiße, was ist denn hier los?«

»Da ruft eine ihren Hund«, sage ich so laut, dass die Fremde es in jedem Fall mitbekommt, »eine Dame, die anscheinend nicht weiß, dass diese Tiere ein verdammt gutes Gehör haben und man nicht so rumkeifen muss.«

In diesem Moment pflügt ein gefleckter Bernhardiner durch die Hecke direkt auf unser Beet zu, wo er stoppt und so begeistert anfängt zu buddeln, dass die Erde bis zu unseren Liegen spritzt.

Die Frau, eine knallrote Leine lose um die Schultern geschlungen, steht auf einmal an unserem Tor: »Da ist er ja«, kreischt sie erfreut auf. »Charlie! Wie kommst du denn da hinein, du böser, böser Hund?«

Micha und ich können es auch nicht fassen. Wir sehen uns an: Passiert das da gerade wirklich? Buddelt da ein Hund die Cannabispflanzen aus? Es dauert eine Weile, bis jeder für sich die Watte im Kopf weggedrängt hat, dann springen wir gleichzeitig auf.

»Rufen Sie den Köter weg«, schreit Micha und packt einen Spaten.

Ich sehe mich nach dem anderen um, aber er liegt ein ganzes Stück hinter Charlie, der sich im Übrigen keinen Deut um Frauchens Gekeife stört. Er hat beim Spielen viel zu viel Spaß, da mag er jetzt nicht unterbrechen. Unser Beet verwandelt sich in rasanter Schnelle zurück zu einem umgegrabenen Stück Erde. Überall liegen entwurzelte Pflanzen herum.

Micha nähert sich vorsichtig Charlie, der sofort die Zähne fletscht.

»Was tun Sie da? Nein! Neeein!« Die Frau rüttelt hysterisch am Gartentor und versucht dann, daran hochzuklettern, reißt aber nur ein Stück Sichtschutz ein.

Micha hebt den Spaten. Er schlägt natürlich nur in die Luft, der Abstand zum Hund beträgt mindestens zwei Meter, doch Frauchen hat anscheinend ihre Brille nicht auf. Sie hängt inzwischen halb über dem Geländer und fängt allen Ernstes an, um Hilfe zu schreien.

»Jetzt geben Sie schon Ruhe«, sage ich nervös. Andere Schrebergartenbesitzer sind auf uns aufmerksam geworden, die ersten rücken schon näher, um sich die Sache mal anzusehen. »Alles in Ordnung, nur ein Missverständnis«, sage ich beschwichtigend.

»Wie riecht es hier eigentlich? Was machen Sie da überhaupt?«, schreit die Frau im Weggehen. »Sie Irre! Einfach so auf eine armes Tier loszugehen!«

Der Bernhardiner sieht Frauchen, Micha und mich an und entschließt sich endlich, zu ihr hinzutrotten.

Die Frau kreischt noch eine Zeit lang weiter, dann leint sie ihre Töle an. Wir sehen ihre Gestalt kleiner werden, bis sie hinter den Bäumen verschwindet.

»Sag mir, dass das eben wirklich passiert ist!«, sagt Micha.

»Tja.« Mehr kriege ich nicht raus, bevor wir uns halb totlachen.

6

»Ich finde es blöd, dass du so wenig Zeit für mich hast«, sagt Katrina vom Wohnzimmersofa aus. Es ist wieder Wochenende, wir sind bei ihr zu Hause. Ihre Eltern sind ausgegangen und bleiben über Nacht bei Freunden.

»Ach, komm, das haben wir doch schon hundertmal durchgekaut. Freu dich doch einfach, dass ich jetzt da bin und für uns koche«, rufe ich ihr durch die Durchreiche zu. Ich habe es langsam satt, mich dafür zu rechtfertigen, dass ich arbeiten gehe.

»Ja, und morgen haust du um halb sechs in der Frühe ab! Und wer weiß, ob du dann abends …«

Ich hieve die Tüte mit den Einkäufen auf die Anrichte und packe geduldig aus. Dabei würde ich am liebsten alles auf den Boden pfeffern: »Morgen Abend gehe ich zu einem Kurs, genau. Damit ich besser bezahlte, gefährlichere Arbeiten ausführen kann und immer genug Geld habe, um dich auszuführen.«

Katrina kennt diesen Tonfall und hält es für besser, erst einmal den Mund zu halten.

Ich schaue zum Küchenfenster hinaus. Hinter dieser Häuserreihe endet die Neubausiedlung. Vor meinen Augen erstreckt sich das platteste Feld, das ich je gesehen habe. Wenn ich mich jemals umbringen wollte, würde ich es an einem Fenster mit so einem Ausblick tun.

Gibt es überhaupt Berufe, für die man nicht sein Leben aufgeben muss? Andererseits – welches Leben eigentlich.

»Marten? Marten? Marten!«

Ich seufze. Schon wenn sie gesund ist, braucht sie viel Aufmerksamkeit, aber jetzt ist sie erkältet und nur schwer erträglich.

»Was gibt's denn?« Ich drehe mich um.

Katrina richtet sich vorsichtig vom Sofa auf. Benutzt zuerst noch die Lehne als Stütze und kommt dann mit Leidensmiene Schrittchen für Schrittchen quer durch den Raum auf mich zu. Sie hat gerade mal erhöhte Temperatur, aber so, wie sie sich in die Küche tastet, könnte man meinen, es stehe schlimm um sie.

Ich drehe mich um und halte ihr die Salami hin: »Geht's wieder besser? Komm, hilf mir doch ein bisschen. Schneid uns ein paar dünne Scheiben ab, als Vorspeise, ja?«

»Ach, ich glaube, ich esse lieber nur Käse«, sagt sie und fängt ungeschickt an, mit dem Gemüsemesser am Greyezer herumzusäbeln.

Ich setze die Flasche Olivenöl ab, die ich gerade öffnen

wollte: »Ist das jetzt wieder so eine blöde vegetarische Phase, oder was? Warum hast du das nicht im Supermarkt gesagt, als ich gefragt habe, ob du Lust auf Geschnetzeltes hast?«

»Na ja, du warst so schnell. Wenn Männer einkaufen, wissen sie immer irgendwie genau, was sie wollen.« Sie kichert.

»Hör auf, von *Männern* zu reden, wenn du nur deinen Papa und mich kennst! Ich habe gefragt und du hast geantwortet!« Ich wickele das Fleisch aus dem Papier und sage mit zusammengebissenen Zähnen: »Gut, dann isst du eben nur Gemüse mit Kartoffeln.«

Eine Weile schälen und schnippeln wir zusammen.

»Weißt du«, sagt Katrina leise, »eigentlich dürfen Vegetarier auch kein Gemüse essen, das mit Fleisch zusammen geschmort worden ist ...«

Ich sehe sie warnend an.

»Ist ja gut, ich sage nur: Ich mache schon Kompromisse.«

»Wie edel von dir.«

»Jetzt sei doch nicht böse auf mich. Es geht ja nicht gegen dich, es ist nur wegen der armen Tiere.«

Gleich kommt sie wieder mit der Geschichte von ihrem vor zehn Jahren verstorbenen Familiendackel, mit dem sie immer noch in spiritueller Verbindung steht. Dass Hühner, egal ob in einer Legebatterie oder auf dem Bauernhof, spürten, dass sie nur dazu da sind, um getötet zu werden, und daher ein Leben in Traurigkeit und Elend verbringen. Ganz zu schweigen von den Vögeln im Garten, die bei offenem Fenster unsere Gespräche belauschen und dann selbstverständlich auch alles verstehen, worüber wir sprechen. Nicht Wort für Wort, aber dem Sinn nach. Die Katze der Nachbarn klettert manchmal, ungefähr wie ich, die Hauswand hoch und springt in ihr Zimmer, weil sie gemerkt hat, dass

Katrina gerade an sie gedacht hat. Sie kommt natürlich nicht deswegen, weil da immer eine Schale Milch und ein Näpfchen mit Futter auf sie wartet, das glaubt nur ein Holzklotz wie ich.

»Dann isst du heute einfach zum letzten Mal überhaupt Fleisch«, versuche ich es mit dem Trick, der schon ein paarmal funktioniert hat. Da es das letzte Mal ihres Lebens sein wird, haut Katrina dann ganz besonders rein. Einmal hat sie vier Bratwürste verputzt, vor ein paar Wochen waren es zwei Wiener Schnitzel – nun, die sind auch meine Spezialität. Danach ist sie leider für den Rest des Tages zu nichts mehr zu gebrauchen gewesen, so marterten sie die Schuldgefühle.

»Ach nee, du …« Sie sieht verlegen nach unten auf ihre Füße in den weißen Söckchen.

»Ich sage dir jetzt mal was zum Thema Tierquälerei«, brülle ich sie an. »Es gehört zur Evolution, dass Tiere andere Tiere fressen. Dass Menschen Tiere fressen. Und Tiere sind keine Personen, egal wie lange du ihnen in die Augen guckst und was sie dir da alles mitteilen! Menschen sind Menschen, und Tiere sind Tiere. Fressen und gefressen werden. Aus, basta. Wir stehen am obersten Ende der Nahrungskette.«

In Katrinas Augen sammeln sich Tränen.

Warum rede ich überhaupt auf sie ein? Sie versteht es ja doch nicht. Dass »Tier« nicht automatisch Gekuschel bedeutet, sondern erst einmal etwas Wildes ist. Dass es so etwas wie Kampf gibt da draußen und nichts als Leere in der Zeit zwischen den Runden.

Sie zieht geräuschvoll die Nase hoch: »Du spürst da wirklich keine Verbindung, oder?«

Toll – jetzt dreht sie den Spieß um; jetzt ist sie es, die von mir enttäuscht ist. Mir fällt langsam nichts mehr dazu ein.

»Katrinchen, pass auf, ich verspreche dir, dass du, sobald

ich mein erstes Haustier habe, mir zeigen darfst, wie du das mit der Verbindung machst, okay? Du weißt schon, ihm zwei Minuten in die Augen sehen, Augen, Schnauze, Zähne studieren, und wie das alles geht.«

»Ja? Und du konzentrierst dich auch auf das Schicken und Empfangen von Gedankenbildern, wirklich? Du musst dich so sehr einfühlen, dass du verstehst, was es dir übermitteln will. Dann wird es auch auf deine Wünsche reagieren …«

Soll ich ihr sagen, wie verdammt schwierig das bei einer Kragenechse werden könnte, denn die ist spirituell bestimmt sehr, sehr alt, schon wegen der Dinosaurierabstammung. Ich stelle mir kurz vor, wie Katrina und die Echse einander gegenübersitzen und sich anstarren – und muss plötzlich schrecklich husten, wenn ich nicht vor Lachen platzen will. Ich ziehe sie an mich, flüstere ihr, als ich mich wieder beisammen habe, ins Ohr: »Ach, Katrinchen, ist ja gut, ist ja gut, mein Mädchen will zu allen lieb sein, ist gut, wirklich …«

»Ja?« Sie spricht in mein T-Shirt hinein, ihre Stimme klingt dumpf.

»Ja. Nächstes Mal mache ich was tolles Vegetarisches – ein Curry, thailändisch, okay? Mit Zitronengras, Koriander und Tofu, du wirst sehen, das schmeckt fantastisch. Habt ihr nicht sogar einen Wok?«

»Der liegt noch in der Verpackung ganz hinten im Schrank da, wir haben den noch gar nicht benutzt.«

Beim Essen schalte ich den Fernseher ein. Suche und finde eine Tierdokumentation, was sie freut, weil sie denkt, das sei extra für sie.

»Manche Probleme, das muss man einfach wissen, sind allen Tieren und allen Menschen gemein«, sagt der Sprecher. »Wir alle können auf unsere Art lernen, wie man mit der

Welt umgeht, wie man darin lebt. Das ist das eingebaute Entwicklungsprogramm in unserem Kopf. Es funktioniert bei Tieren anders als bei Menschen und doch eigentlich gleich. Wir gehen in ein teures Restaurant – Bienen fliegen zu einem Blumenbeet, das besonders gut riecht. Wir erzählen unseren Freunden, wie gut das Essen dort ist, und die wollen sofort auch in das Restaurant – Bienen kehren in den Stock zurück, um den Daheimgebliebenen Richtung und Entfernung der Futterquelle vorzuschwänzeln.«

»Ich finde trotzdem, es gibt einen Unterschied zwischen Bienen und Menschen und Restaurants und Blumen«, kommentiere ich und sehe Katrina an. Sie strahlt zurück. Hat offenbar gar nicht gemerkt, dass dieser Fernsehfritze gerade lauter Argumente für sie liefert.

Auf dem Bildschirm wird jetzt in Großaufnahme gezeigt, wie die Bienen rötliche Blüten umschwirren. Was mich auf den Gedanken bringt, dass Katrina und ich unsere Versöhnung feiern sollten: Zum Nachtisch werde ich sie gleich noch mal flachlegen.

In der Nacht träume ich von uns vieren, wie wir zusammensitzen und Micha und Katja sich über ihre gemeinsame Zukunft unterhalten – wieder einmal. Dass sie zusammenziehen, sobald Katja ihren Abschluss hat, ist klar, das haben sie ungefähr bei ihrer zweiten Begegnung beschlossen. Immer wieder betont Micha, wie toll es ist, irgendwo »anzukommen«. Als hätte er vorher den halben Globus bereist, dabei ist er bloß mit dreizehn ein einziges Mal auf Phuket gewesen, sonst nichts. Nur bei der Einrichtung der künftigen Wohnung gibt es unterschiedliche Ansichten; jeder neue Möbelkatalog wirft wieder Fragen auf.

»Willst du nicht auch irgendwo ankommen?«, flüstert mir Katrina zu.

»Ich bin doch eigentlich schon da«, antworte ich, »schon viel zu lange, wenn du mich fragst.«

In dem Moment wache ich auf. Stelle fest, dass ich in Katrinas Bett liege und aufgewacht bin, weil meine Uhr piepst.

Werktag, halb sechs. Wieder eine neue öde Woche. Zeit zum Grübeln über mein Schicksal bleibt allerdings keine: Von Bürgel aus ist es noch ein Stück weiter zum Industriepark als von mir aus; das heißt, ich muss mich beeilen.

Katrina regt sich und grummelt etwas.

»Ich muss los«, flüstere ich in ihr verschlafenes Gesicht.

Sie schlägt die Augen auf: »Gehen wir heute Abend ins Kino?«

»Mal sehen, ja? Heute oder in den nächsten Tagen.«

In der S-Bahn muss ich noch einmal an meinen Traum denken. Er zeigte mir an sich nichts Neues – solche Unterhaltungen führen Micha und Katja auch in der Wirklichkeit –, nur eines habe ich nicht gewusst: dass man sich auch im Schlaf langweilen kann.

7

Zoran und ich machen vor unserer Schicht einen Abstecher zu einem Betrieb ein paar Querstraßen weiter, Zoran hat einen Kumpel da. Zoran begrüßt einen Vorarbeiter mit Handschlag; dann warte ich in der Halle, während er den Kollegen in einem der Lager suchen geht.

Auf dem Gerüst an der hinteren Hallenwand klettern Männer herum; aus der Entfernung sieht es nicht so aus, als wären sie gesichert. Zoran hat auf dem Heimweg behauptet, es sei allgemein bekannt, dass hier viel zu viel mit Aushilfen und Ungelernten gearbeitet werde und häufig Unfälle passierten. Die Arbeiter würden ständig zu Doppelschichten gedrängt, seien müde und nähmen was zum Aufputschen. »Wenn im Radio mal wieder von einem Giftgasunglück die Rede ist, dann ist das mit neunzigprozentiger Wahrscheinlichkeit hier passiert.« Ich könne von Glück reden, dass ich nicht da gelandet sei.

Ich spaziere ein wenig herum, sehe mir die Fräsmaschinen an und bin schon fast an der hinteren Hallenwand, als ich bemerke, dass die beiden Kerle nicht nur ungesichert sind – sie hampeln da oben direkt über einem Säurebad herum. Entweder sie hängen nicht besonders am Leben, oder sie brauchen das Geld so dringend, dass sie jeden Scheißjob ausführen.

Da höre ich den Schrei, gellend, kurz, und sehe, wie einer der Arbeiter ausrutscht und fällt. Der Körper in blauen Arbeitsklamotten klatscht direkt in die unter dem Gerüst stehende Wanne. Ins *Säurebad*.

Ich blinzele, das muss ein Tagtraum sein, es ist doch unmöglich, dass gerade …

Tumult bricht los, während ich mich nicht vom Fleck rühre. Der zweite Arbeiter oben bewegt sich ebenso wenig, sondern kauert auf der Planke und hält sich krampfhaft an einem der Balken fest. Es ist laut, und doch höre ich alles wie durch Watte, als hätte ich immer noch meine Ohrstöpsel an.

Dann ist auf einmal Zoran neben mir: »Isuse Kriste, Marten! Los, weg hier, bevor die Polizei auftaucht, sonst müssen wir Zeugenaussagen machen, und dann verpassen wir den Schichtbeginn. Es bringt jetzt sowieso nichts mehr.«

Der Rettungswagen kommt, mit schriller Sirene, deren Ton noch in mir nachhallt, während die Sanitäter längst in die Halle gerannt sind.

Wir verlassen das Firmengelände, bleiben aber an der nächsten Ecke schon wieder stehen.

»O moj Bože, o moj Bože!« Zoran hat völlig die Fassung verloren, er geht im Kreis herum und schlägt sich mit den Fäusten auf den Schädel, als versuche er einen Gedanken in den Kopf zu hämmern, der da nicht hinein will.

Nach einer Weile beruhigt er sich, greift nach dem Kreuzanhänger an seiner Halskette, als wolle er sich daran festhalten.

Ich weiß nichts zu sagen oder zu tun, stehe nur da.

»Ist dir klar«, fragt er atemlos, »ist dir klar, dass da eben Konrad bei *lebendigem Leib* von Säure zerfressen worden ist?«

Ich schweige. Das ist Konrad gewesen? Der mittags immer als einer der Ersten in der Schlange vor der Essensausgabe stand? Der immer Menü 1 genommen hat, das billigste, der die Buletten oder den Fleischkäse in sich hineinschaufelte, um dann über dem leeren Teller kurz einzuschlafen? Ein paar der älteren Kollegen können das: die halbe Stunde Mittagspause nutzen, um ihr Essen zu holen und zu verschlingen und danach ein Viertelstundenschläfchen einzulegen. Die Bilder purzeln mir durch den Kopf, gewöhnliche, friedliche Alltagsszenen.

»Konrad«, sage ich.

Zoran bricht in hysterisches Lachen aus.

Den ganzen Tag ist die Stimmung gedrückt, als hätte Konrad uns bei seinem Fall die ersten Meter mitgenommen und wir hingen jetzt, in unüberbrückbarer Entfernung zu unserer alten Normalwelt, in der Luft. Alle unsere Bewegungen, routiniert wie immer, kommen mir sinnlos vor, lächerlich geradezu. Die Gespräche, wenn es denn welche gibt, verpuffen in diesem Zwischenraum ohne Bedeutungen. Äußerlich mag man keinen Unterschied zu sonst erkennen, aber ich wette, alle, die Konrad kannten, denken gerade dasselbe: Kann man sich den Schmerz überhaupt vorstellen? Wird man da sofort ohnmächtig?

Zoran sagt: »So etwas kann uns allen passieren. Dir noch eher als mir; du legst es ja richtig drauf an, mit den ganzen Zusatzscheinen, die du machst.«

Ich brumme nur etwas. Muss daran denken, wie ich an einen gebrauchten Altölbehälter Ösen schweißen sollte. Die brauchte man, um ihn anzuheben und in eine Grube setzen zu können. Der Behälter war vorher gereinigt worden, weil beim Schweißen natürlich hohe Temperaturen entstehen und sich nichts entzünden soll, aber man hatte anscheinend einige Ölreste an der Innenseite des Deckels übersehen. Jedenfalls stand ich am Container und arbeitete, als mir plötzlich etwas seltsam vorkam und ich ein Stück zurücktrat. Gerade genug, um der Explosion zu entkommen, die ich, ohne es zu wollen, durch die hohen Temperaturen beim Schweißen ausgelöst hatte.

Zum Mittagessen gehen wir in die Kantine; der Weg dorthin führt aus den Hallen und durch Hitze und gleißendes Sonnenlicht, das mir irrealer erscheint als die kühle Dunkelheit der Hallen, in der wir arbeiten. Der Geruch des Essens widert mich an, dennoch lächele ich und sage danke zur Küchenhilfe. Sie hat ein weißes Häubchen an; verschwitzte Haarsträhnen sind herausgerutscht und kleben nun im roten, überarbeiteten Gesicht.

»Das sieht ja gut aus«, höre ich mich sagen und sehe auf die fetttriefenden Kohlrouladen auf meinem Tablett. Habe ich allen Ernstes Menü 1 bestellt?

In meinem Kittel piepst es, Katrina, die meine Pausenzeiten auswendig weiß, hat mir eine Nachricht hinterlassen. Sie schlägt mir vor, dass wir am Abend einen Film ansehen. Der

Titel sagt mir nichts, außer dass er dumm klingt. Etwas mit Liebe. Ich tippe eine sms, dass wir den Besuch verschieben müssen. Ohne Begründung. Was gerade geschehen ist, kann ich ihr nicht erklären; ich sehe keine Möglichkeit, dieses höllische Schauspiel eben für ihre Welt zuzurichten, weiß nicht einmal, an welchem Punkt ich mit einem Bericht anknüpfen sollte: »Du, weißt du noch, als du dir neulich in den Finger geschnitten hast und es dir so wehtat? Stell dir vor, bei uns ist heute ...«

Ha. Ha. Ha.

Ich erinnere mich an Katrinas Gesicht, als ich ihr vor ein paar Wochen erzählte, dass man mich für den Bau von Druckrohrleitungen eingeteilt habe. Dass das extrem gefährlich sei und mit hohen Sicherheitsanforderungen verbunden, man müsse Strahlenschutzanzüge tragen und so weiter. Sie hat mich dabei angesehen, als berichte ich von einem Spaziergang auf dem Jupiter, und gefragt, ob man da nicht besser schleunigst weggehen solle, wenn irgendwo in der Nähe Radioaktivität gemessen werde.

»Alles klar?«, fragt Zoran.

»Hab für heute Abend meiner Freundin abgesagt. Ich habe heute echt keinen Bock auf Kino.«

»Klar. Können ganz schöne Kletten sein manchmal, die Mädels. Übrigens – und versteh das jetzt nicht falsch –, hast du Lust, am Wochenende mitzukommen? Wir gehen ins Robert Johnson tanzen. Zu seinem Andenken.«

»Ihr wollt feiern gehen?«

»Ja. Konrad hat einmal gesagt, das ist es, was seine Kumpels machen sollen, wenn er die letzte Reise antritt. Wir sind bestimmt zehn Leute, kommst du mit?«

Ich zögere, aber nur kurz.

Dass ich Katrina abgesagt habe, heißt nicht, dass sie aufhört anzurufen, aber das soll sie ruhig tun. Ich habe keine

Lust, den heutigen Abend mit ihr zu verbringen. Möchte mit niemandem zusammen sein, der nicht weiß, was heute passiert ist. Dann bleibe ich lieber allein. Und dass ich am Samstag etwas ohne sie unternehme, das muss sie eben mal verkraften.

»Gerne«, sage ich dann, »wo und wann treffen wir uns?«

8

Schon als ich die Haustür aufschließe, höre ich meinen Vater herumbrüllen. »Eine Suppe!«, empört er sich. »Nennst du jetzt schon eine Suppe eine *richtige Mahlzeit*?«

Dann Mutters Stimme, leiser: »Aber es ist doch selbst gemachte Maultaschensuppe …«

»Wenn du nicht jeden Abend drei Stunden bei deinen *Gruppentreffen* wärst, hättest du genügend Zeit, mal etwas Richtiges zu kochen! Kaum zu glauben, dass du auf diese Plörre da anscheinend auch noch stolz bist! Ich sag dir mal, woran man ein vernünftiges Essen erkennt: Da liegen a) Fleisch, b) Sättigungsbeilage und c) Gemüse auf dem Teller! Wird das in deinem komischen Kochbuch nicht erwähnt? Soll ich es dir vielleicht aufschreiben?«

Ich stehe reglos im Flur. Ist er jetzt fertig, oder holt er nur mal tief Luft? Am liebsten würde ich sofort umkehren, aber wohin? Ich muss mich endlich um eine eigene Wohnung kümmern. Bloß nicht jetzt, jetzt bin ich müde, will nur noch schlafen.

Ich schaue nur kurz ins Wohnzimmer, sage hallo, sehe den Abendbrottisch, der mit einer Platte Aufschnitt, Brot, Salat und einer Extraschale Radieschen gedeckt ist. Zusammen mit der Suppe geht das für mich durchaus als vollständige Mahlzeit durch, außerdem macht Mutter hervorragende Maultaschen, sie stellt sogar den Nudelteig selbst her, nicht nur die Füllung. Aber ihr trauriges Gesicht will ich jetzt nicht sehen und auch nicht, wie Vater es sich nach der Tirade so richtig schmecken lässt, der Heuchler. Ich drehe noch im Türrahmen um.

»Wo ist Nicole?«, brüllt mein Vater mir hinterher.

Eine Antwort schenke ich mir. Nicole kommt mir gerade im Flur entgegen, schlurft grußlos an mir vorbei. Aus meiner süßen kleinen Schwester ist eine miesepetrige Zwölfjährige geworden. Ich kann verstehen, dass sie sich in ihrem Übergangskörper, mit den Pickeln und der Zahnspange, dem Busen und dem dicken Hintern, nicht wohlfühlt, aber tun kann ich nichts dagegen. Ich versuche, sie nicht anzusehen, diese Parodie des kleinen Mädchens, mit dem meine wenigen schönen Erinnerungen an dieses Haus verbunden sind. Schließe meine Zimmertür ab, die mir Micha und Rudi als Geschenk zu meinem vierzehnten Geburtstag wieder eingesetzt haben.

Nicht viel später treibt mich der Hunger doch in die Küche. Mutter wäscht das Geschirr ab, den Rücken zu mir.

»Soll ich dir helfen?«

Sie schüttelt den Kopf.

Ich sehe von der Seite, wie sie die Gummihandschuhe auszieht und die gewaschenen Teller in das Abtropfsieb stellt. Eine rote Locke hängt ihr ins Gesicht, sie will sie wegpusten, aber sie bleibt an der nassen Wange kleben.

Ich muss schlucken, weil mir noch nie zuvor aufgefallen ist, dass ich keine Frau außer ihr kenne, die den Anstand hat, das Gesicht wegzudrehen, wenn sie weint, bei jedem, auch denen, die ihr nahestehen. Oder vielmehr gerade bei denen: weil sie gerade diese Menschen nicht mit ihrem Schmerz behelligen möchte.

»Wie war es bei der Arbeit?«, fragt sie mit einer Stimme, die fast unbeschwert wirkt, so viel Mühe gibt sie sich.

»Alles bestens«, sage ich, so fröhlich ich kann.

Öffne den Kühlschrank, suche mir was zum Essen zusammen.

9

»Sag mir die Wahrheit, Katrina, hast du was mit Fips?«, flöte ich mit verstellter Stimme. Wir sind soeben aus dem Kino gekommen, und die Beziehungskomödie war so mies, dass ich mich augenblicklich darüber lustig machen muss. Nur nicht an das Geld denken, das ich für die Karten bezahlt habe, nicht daran, dass ich dafür knapp zwei Stunden schuften muss. Halb elf Uhr abends, ich kann wieder einen *gemütlichen Pärchenabend* abhaken, ist doch was.

Doch es kommt anders.

»Fips?« Katrina lässt erschrocken meine Hand los. Die Neonreklame über uns gibt ihrem Gesicht ein rötliche Tönung, die es interessanter macht, als es ist.

Ich habe das gesagt, um sie ein bisschen aufzuziehen. Damit es klingt wie einer der albernen Filmsätze eben. Vorhin, als sie im Kinosaal ihr Handy ausschalten wollte, ist es ihr heruntergefallen. Als ich mich bückte, um es aufzuheben, habe ich einen Blick darauf geworfen; Philipps Name tauchte mehrmals auf der Telefonliste auf. Nur deshalb bin ich überhaupt auf den Kerl gekommen. Fips wird er genannt, weil er im Stimmbruch wie eine Maus fiepte. Nicht ernst zu nehmen, der Knabe. Kein Eifersuchtsmaterial.

Mit Katrinas Reaktion habe ich nicht gerechnet. Sie hält

in der Bewegung inne und beißt sich auf die Lippen. Wenn es jetzt nicht um Fips ginge, dann könnte man denken …

Es dauert einen Moment, bis ich begreife. Ich packe sie am Ellbogen: »Schau mich an und sag mir ins Gesicht, dass es nicht stimmt, was ich gerade denke.«

Sie dreht den Kopf weg: »Es stimmt nicht.«

Fips – etwas Peinlicheres hätte sie mir nicht antun können. Aber das ist nur die eine Seite. Die andere ist, dass ich jetzt im Nachhinein jede einzelne Minute, die ich je mit ihr verbracht habe, zur puren Zeitverschwendung erklären muss.

»Warum? Seit wann?«, schreie ich und schüttele sie.

»Aua! Lass mich los!«

Ein paar ältere Leute gehen vorbei, schauen demonstrativ in die andere Richtung. Zwei Kerle bleiben stehen, um die Lage zu peilen, vielleicht können sie den Retter spielen? Aber entweder Katrina gefällt ihnen nicht genug, oder sie bemerken, dass ich in Topform bin und wütender als ein Stier, jedenfalls entscheiden sie dann doch, sich nicht einzumischen. Auch gut, obwohl ich nichts gegen eine Schlägerei gehabt hätte.

»*Warum*, Katrina? Warum hast du das gemacht?«

»Er hat mir leidgetan …«

»Wie bitte?«

»Er hat mir leidgetan. Und du hast ja nie Zeit!«

»Wie *oft* hat er dir leidgetan?«

Ich schüttele sie wieder. Sie kreischt. Ich ziehe sie ein Stück die Straße entlang und dann in eine Passage. Dort bewacht ein Türsteher einen Clubeingang, also lasse ich ihren Arm los, bis wir an ihm vorbei und um eine Ecke gebogen sind.

»Zwei-, nein, dreimal. Ich habe ihn nur ein paarmal getroffen.«

Ich ramme meinen Kopf gegen die Wand. Höre sie schreien, ich solle aufhören.

»Ah, aufhören soll ich? Tue jetzt *ich* dir leid? Ich schlage keine Frauen, aber du hättest genau dies hier verdient.« Ich haue mir den Schädel noch mal fest an.

»Hör auf! Hör auf!«

»Sie bluten!«, ruft jemand. Ein paar Gaffer haben sich angesammelt. Ich greife mir an die Stirn und fühle klebrige Nässe zwischen meinen kurz geschorenen Haaren.

»Hallo? Sie da!« Der Türsteher zieht mich von der Wand weg. Nicht der Schnellste, der Typ, außerdem tue ich mir schließlich nur selber weh, das ist ja nicht verboten. Mir wird schwindelig, ich stütze mich ab. Wehre seine Hilfsversuche ab. Er fragt Katrina, ob alles okay sei, und ich höre sie sagen, ja, sie habe nur mit ihrem Freund gestritten. Ich warte noch eine Minute, bis sich alles verlaufen hat, dann lasse ich sie stehen.

In meinem Zimmer höre ich Musik auf Kopfhörern, in voller Lautstärke. Reiße das Fenster auf und suche in der Schreibtischschublade nach einem Joint. In meinem Hirn laufen die Gedanken Amok; ich stelle mir jede Menge Fragen, die ich mir früher hätte stellen sollen. Zum Beispiel, was ich denn von Katrina gewollt habe, Katrina, die wirklich kein Wirbelsturm ist, nicht einmal ein Stürmchen. Gar nichts ist sie, nur eine dumme Pute. Katrina mit ihrem albernen Dauerlächeln, Katrina mit ihrem blöden Gekicher und ihrer Heulerei, Katrina mit ihren beschissenen Lügen. Verdammt, ich hab doch gemerkt, dass da was nicht stimmt.

Hab ich nicht. Hab ich eben nicht. Wann hat das angefangen mit dem Unterbelichteten, seit wann bumst du den? Verdammt, ich bring dir alles bei im Bett, und was tust du? Hüpfst mit einem anderen in die Kiste! So hat mich bisher nur einer betrogen – Rainer war das, der ist einfach abgehauen mit der Beute Koka damals, ich hab nie wieder was von ihm gehört. Und, apropos Frauen, ja, da war noch eine, dieses hochnäsige Mädchen, wann ist das gewesen? Vor wie vielen Jahren? Egal. Das ist das Schlimmste: wenn Leute plötzlich aus deinem Leben verschwinden, ohne dass es einen Grund dafür gibt. Man sucht dann automatisch bei sich, ob man etwas falsch gemacht hat. Es macht einen fertig, es ist tödlich. Dabei sind es diese Menschen gar nicht wert. Sie werden erst dadurch interessant, dass sie weg sind.

Wie oft habe ich an Stella gedacht. In meinem Zimmer gesessen, in dem ich mich damals, als die Tür noch fehlte, genauso wenig verstecken konnte wie sie in ihrem, und an sie gedacht; es kommt mir im Nachhinein vor, als hätte ich eigentlich nichts anderes getan, sobald ich allein war. Ich sah vor mir, wie sie die Malsachen für uns auf dem Tisch auslegte. Ihre dunklen Hände rollten Farben über den weißen Tisch. Ich fühlte mich heiß und hibbelig, während ich mir vorstellte, sie würde mich so zärtlich berühren. Ihre Haare würden genauso riechen wie ihre Handgelenke, stellte ich mir damals vor. Damals, als ich noch nicht wusste, dass es Moschus war, den ich an ihr gerochen hatte.

Oft hatte ich Angst, dass ihr etwas passiert sein könnte. Dann sah ich sie in ihrem Bett liegen und schlafen, in ihrem gläsernen Zimmer. Ich stand direkt davor, draußen an der Scheibe, an der gleichen Stelle wie die Tante, als sie uns beim Malen überraschte. Aber ich konnte nicht hinein, das Zimmer hatte keine Tür mehr, ich tastete die Glasscheibe ab, links, rechts, rauf und runter, und während ich mich verzweifelt bemühte, hineinzugelangen und sie aufzuwecken, begann das Zimmer zu schrumpfen, immer weiter, immer schneller, bis es zuletzt gerade mal Stella umschloss und kein Zimmer mehr war, sondern ein gläserner Sarg, in dem Stella auf dem Rücken lag, die Hände über dem Bauch gefaltet, wie Schneewittchen. Nur ihre Haut war nicht weiß. Oder vielleicht doch? Daran kann ich mich nicht mehr erinnern, aber es könnte sein. In Märchen geht es schließlich dauernd um Verwandlung.

10

Ich erkenne Navid erst, als er direkt vor mir steht. Wie alle, die sich nachts auf der Straße herumtreiben, trägt er schwarze Jeans zu einem ebenso dunklen Kapuzenpullover. Die Kopfbedeckung so tief wie möglich ins Gesicht gezogen, die Lichtkegel meidend, die die Straßenbeleuchtung auf den Asphalt wirft: wer so unterwegs ist, bleibt praktisch unsichtbar. Das ist sinnvoll in einer Gegend, in der die Polizei die ganze Nacht über regelmäßig Streife fährt. Wer hier auffällt, läuft Gefahr, nach den Papieren gefragt, nach Stoff abgesucht zu werden. Herumstehen ist auch nicht ratsam, das wissen auch Navid und ich. Kaum haben wir uns begrüßt, geht es auch schon weiter, ohne bestimmtes Ziel. Das Viertel erscheint leer gefegt, aber das täuscht. Wer genau hinschaut, sieht die einzelnen Schatten, die in Hauseingänge verschwinden oder um die Ecke biegen, und hier und da auch ein Dreier- oder Vierergrüppchen. Wenn man nur oft und lange genug zu später Stunde draußen ist, weiß man, wie viele in Wirklichkeit noch wach sind. Eine unsichtbare Armee.

»Hier rein«, sagt Navid und schiebt mich zur Seite. Es ist sein Revier, er kennt sich aus mit den Hinterhöfen und Parks, den Parkplätzen und dem Friedhof. Es gibt viele hässliche Orte, die hübsche Verstecke abgeben. Unsere Schritte hallen, um uns herum nichts als Betonwände: der Eingang der Tiefgarage.

Navid zieht das Tütchen mit weißem Pulver aus der Tasche: »Hier, ist super. Noch ganz feucht, brauchst nur ein bisschen, das schießt dich weg, Alter. Riech mal!«, und noch bevor ich etwas sagen kann, hat er es aufgeknibbelt und hält es mir unter die Nase.

»Ist schon gut, Mann.« Ich drücke seine Hand weg. Mich nervt es, dass er seine Ware immer anpreist wie ein Teppich-händler auf dem Basar.

Navid ist Afghane, ein kleiner, muskulöser Kerl, der mit seinem runden Gesicht und den Schmalzlocken allerdings überhaupt nicht wie ein Moslem aussieht, eher wie ein italie-nischer Schnulzensänger.

»Ist ja gut, Alter, Mann, reg dich ab. Ich sag nur, das ist beste Qualität.«

Ich schnappe mir das Päckchen, er sackt das Geld ein, und unser Geschäft ist beendet. Jetzt können sich unsere Wege wieder trennen.

»He, musst du gleich weg? Wollen wir nicht eine zusam-men ziehen? Komm, Alter. Bin ich nicht sofort zur Stelle gewesen, als du mich angerufen hast? Obwohl ich vorher Monate nichts gehört hab von dir!«

Das ist zwar übertrieben, es sind vielleicht drei Wochen gewesen, aber gut, er will ein bisschen was ab, kann vorkom-men, und dann ist er auch das nächste Mal sofort zur Stelle, wenn ich mich melde. Links, rechts, links, weiter geradeaus, dann sind wir im Spielsalon an der Berliner Straße, der rund um die Uhr aufhat. Vierundzwanzig Stunden am Tag die-selbe Dämmerung, dieselbe Popmusik. Hinten ein paar Kerle an den Automaten; von den Billardtischen wird nur einer benutzt, drei spielende Männer, drei Mädchen ohne

Queues, die um sie herumtanzen, Glücksfeen in engen Tops, bauchfrei, winzig wie BHs. Die Billardspieler beachten sie gar nicht.

Navid setzt sich an einen der Computer mit Einschubritze für Euromünzen. Schiebt die Tastatur zur Seite und holt aus der Jackentasche Röllchen und Karte, ich steuere mein Pep bei. Der Besitzer sieht zu uns herüber. Navid sagt: »Kein Problem, der weiß Bescheid. Kriegt jeden Monat dreißig Euro von mir. Habe meinen Arbeitsplatz gemietet.« Er klopft auf die Tischplatte, grinst: »Du zuerst.«

Ich nehme das Röhrchen, beuge mich über die Tischplatte.

»Gut?«

»Klar, ist ja von dir«, antworte ich.

»Und wie läuft's so?« So langsam möchte ich doch erfahren, ob er nur eine Nase wollte oder sonst noch was auf dem Herzen hat. Er hat die Lederjacke ausgezogen, ich sehe, wie sich seine Armmuskeln bewegen. Er ist höchstens eins siebzig, aber übertrainiert, dadurch wirkt er quadratisch wie ein kleiner Kampfroboter.

»Geht so. Hab grad erfahren, dass sie einen Jungen hochgenommen haben, dem ich zehn Gramm gegeben habe. Jetzt sitzt er in U-Haft.«

»Shit. Zehn Gramm sind viel.« Jetzt weiß ich immerhin, worauf er hinauswill: »Ich kann dir leider nix leihen, Bruder, sorry.«

»Ach komm, darum geht es doch nicht.« Er spielt den Beleidigten. »Ich hab einfach Angst, dass er meinen Namen verrät.«

»Hast du schon mal gesessen?«

»Nur U-Haft. Das Gefängnis ist hier ein Paradies, Alter. Das Problem ist, ich hab keinen deutschen Pass.«

»Ein Paradies, genau, haha.« Dann kapiere ich, dass er es

gar nicht ironisch meint, denn es vergleicht unsere JVA mit den Gefängnissen in Afghanistan.

»Alter, ich bin illegal hier. Über die Grenze. Solche Hunde haben mich gejagt.« Er baut sich vor mir auf. Hält die flache Hand auf Taillenhöhe. »Ich will da nie wieder hin.«

Das Speed macht ihn redselig. Ich merke, dass mir das Gespräch auf merkwürdige Art guttut: Meine eigenen Probleme schrumpfen zu Kleinkram.

Als Navid wissen will, was ich am Wochenende vorhabe, sage ich die Wahrheit: erst den Kerl verprügeln, mit dem mich meine Exfreundin betrogen hat, und dann feiern gehen.

»Klingt nach einem Plan.«

»Hast du ein Mädchen?«

»Nicht mehr.« Seine Miene verfinstert sich. »Ihr hat nicht gepasst, was ich mache. Ich hab gesagt, ich bin DJ und arbeite deshalb nachts, aber sie hat mir nicht geglaubt. Ich hab alles bezahlt, die Miete, alles, weiß nicht, wie sie das jetzt macht. Sie hat bestimmt einen Neuen. Hier, nimm mal ...« Er hat die ganze Zeit herumgebastelt und reicht mir jetzt den Joint zum Anrauchen.

»Hier drin?«

»Geht klar, ja.«

Ich nehme nur einen Zug: »Eine Deutsche?«

»Ja. Ich hab die geliebt, Alter. Wir haben zusammengelebt, drei Jahre. Und dann, auf einmal, hat sie gesagt, ist mir zu unsicher mit dir, du kannst ja jederzeit in den Knast wandern, für Jahre. Einfach so, als hätte sie das nicht schon seit Langem geschnallt, was ich mache. Was weiß die schon. Das ist ein harter Job, Marten. Tagsüber schlafen, so gut es geht, die ganze Nacht wach, und überall sind die Bullen. Ich hab das Gefühl, es werden immer mehr. Aber für fünf fünfzig die Stunde zu McDonald's? Auch nicht, oder?«

»Ja, scheiße, Mann. Scheißweiber.«

Wir verlassen den Spielsalon, verabschieden uns. Ein paar Straßen weiter liegt die Bahnunterführung im Dunkeln vor mir. Ich höre hallende Schritte, dann sehe ich die gigantischen Hunde. Erst halte ich es für eine Halluzination, vom Kiffen und weil Navid mir eben von Grenzhunden erzählt hat. Aber dann sehe ich, es sind Doggen, groß wie Kälber, dicke Halsbänder, nicht angeleint. Ein großer, hagerer Mann schlendert hinter ihnen her, offenbar der Besitzer. Die Tiere hören auf sein Kommando und flankieren ihn wie Bodyguards, als sie durch den Tunnel auf mich zukommen. Ich sehe die drei und gleichzeitig die riesigen, verzerrten Schatten, die sie auf die Wände um sich herum werfen: ein Bild von aberwitziger Schönheit.

11

»Sie wollte doch auch«, heult er. Fips' Pupillen sind riesig. Es stimmt nur teilweise, dass Drogen einen blöd machen; viele gehen einfach schon so an den Start, da bleibt dem Dope nicht mehr groß was zu tun. Fips ist so einer. Aber aus gutem Hause: Fleischerei, Familienbetrieb. Metzgerjunge Fips. Am meisten ärgert mich, dass sich diese Lachnummer Koks leisten kann. Wenn ich noch was bei ihm finde, nehme ich es ihm weg.

»Sie kann dich dann ja im Krankenhaus besuchen!«

Ich gehe einen Schritt zurück, um mich in die richtige Position zum Zutreten zu bringen. Fips hat keine Ausweichmöglichkeit, hinter ihm ist nur die Wand. Ich sehe, wie er mit den Augen rollt, nach links, nach rechts, was erwartet er? Dass vom Himmel her eine Strickleiter heruntergelassen wird? Dass Fallschirmspringer im Anflug sind, um ihm zur Seite zu stehen?

Oder soll sein ultradummer Gesichtsausdruck mich nur ablenken, damit ich nicht bemerke, wie er mit einer Hand in der Jackentasche herumfummelt und fieberhaft versucht, mit einem dicken Finger die Wahltasten seines Handys zu drücken, um den Notruf oder wenigstens die zuletzt gewählte Nummer zu erreichen?

»Nimm die Pfote aus der Tasche«, sage ich. »Dann kannst du dich besser wehren, du Arsch.«

Als er die fette Hand herauszielt, hält er tatsächlich sein Handy, aber er hat es sich anders überlegt und will es jetzt als Waffe nutzen. Hätte er besser gelassen. Ich trete ihm in die Armbeuge. Das Gerät zerspringt in seine billigen Plastikteile. Er zieht ein Gesicht, als hätte ich ihm in die Eier getreten, was mich auf eine gute Idee bringt.

Während er sich krümmt und schreit und nicht mehr vom Boden hochkommt, suche ich in seinen Taschen nach Stoff und finde ihn, natürlich, im Geheimfach eines jeden Vollpfostens, im Portemonnaie. Zweihundert Euro und mindestens zwei Gramm, das hat sich gelohnt. Als Dankeschön gebe ich ihm eine Ohrfeige links und eine rechts, gar nicht stark, nur damit er nicht mehr ganz so beknackt glotzt. Dann könnte ich eigentlich gehen, aber er rappelt sich auf einmal hoch, steht mit wackeligen Knien da und blökt irgendetwas; ich verstehe zwar nicht, was, aber für mich klingt es wie: Ich hab noch nicht genug, guck mal, ich steh gleich wieder, bitte hau mich doch mal richtig, so wie ich es verdient habe. Ich schlage noch mal zu, und obwohl ich quasi mit ihm spiele, mich leicht und tänzelnd um ihn herumbewege, ist er rasch wieder da, wo er hingehört, am Boden, und da trete ich, nur noch ein bisschen, noch etwas härter, ich bin in einer Art Flow, eins mit der Kraft in mir, die mich weiter und immer weiter machen lässt, einen Denkzettel wollte ich ihm verpassen, ein paar Prellungen, ein hübsches Veilchen, ein paar Blutergüsse, vielleicht ein, zwei geprellte Rippen, mehr nicht. Dann habe ich aufhören wollen. Jetzt ist die Grenze, die ich mir gesetzt habe, längst übersprungen, ich bin wie im Rausch, längst geht es nicht mehr um Fips und mich. Nein, ich diene einer übergeordneten Instanz, die mir den Auftrag gegeben hat, Unrecht zu bestrafen, und mich gleichzeitig mit einem wahnsinnigen Glücksgefühl belohnt. Ja, Marten, richtig, mach weiter, so soll es sein: überschäumende Freude in dir, nacktes Entsetzen im Gesicht dieses Idioten, ist das nicht magisch? Fühlt sich das nicht besser an als alles, was du in letzter Zeit getan hast? Na also. Dann mach einfach weiter.

Und das tue ich, wie ferngesteuert, so lange, bis ein Geräusch mich wieder zu Bewusstsein kommen lässt, erst dann, erst als ich seinen Kieferknochen brechen höre, halte ich inne.

Die Euphorie hält an, den ganzen Heimweg und länger.

Krankenhausreif habe ich ihn geschlagen.

Zu Hause ist es still, Nicole schläft, Vater ist im Arbeitszimmer, Mutter bei einem Gruppentreffen. Wunderbar. Ich ziehe zwei Lines auf Fips' Kosten, dann rufe ich Zoran an, sage ihm, dass ich am Abend im Robert Johnson dabei bin. Er freut sich.

Zum Ausgehen ist es noch zu früh; außerdem sollte ich dringend etwas essen, auch wenn ich keinen richtigen Appetit habe. Im Küchenschrank sind noch Spaghetti mit Fertigsoße, das muss reichen. Eine ordentliche Portion Kohlehydrate. Ich stehe am Herd, während das Wasser sich erhitzt, sehe zu, wie kleine Blasen sich vom Topfboden lösen und zur Oberfläche steigen, wo sie platzen. Der Vorgang beschleunigt sich, die Bläschen werden schneller, und kurz darauf ist alles ein einziges kochendes Gesprudel: ein Topf voll Zorn, das Abbild meiner Wut auf Fips. Ich gebe die harten gelben Nudeln hinein, das Blubbern wird sofort schwächer.

Sie passen nicht ganz hinein, noch nicht. Gleich, wenn die Stücke im Wasser weich genug geworden sind, biegen sich die Nudeln, und auch der Rest versinkt. Ich muss nur noch einmal umrühren. Der heiße Dampf hat die Scheibe des Küchenfensters beschlagen.

Ich kippe das Fenster und gehe ins Wohnzimmer, um schon einmal den Fernseher einzuschalten. Wo ist der Kopfhörer? Auf MTV kommt ein Lied, zu dem ich tanzen muss. Und noch eines. Und dann Marilyn Manson *live in concert*. Ein Programm, wie für mich gemacht, klasse. Ich setze mich kurz, dieser Sänger gefällt mir, die Musik vor allem, klar, die Texte; diese Wahnsinnsstimme. Aber auch die Art, wie er sich zu einer Ikone stilisiert. Er trägt nur schwarzes Leder: eine knallenge Hose und eine Weste über dem nackten, ziemlich schmalen Oberkörper. Seine ganze Statur ist eher sehnig als muskulös. Dazu der viele Schmuck und das Make-up, totenweißes Gesicht, die Augen mit dicken schwarzen Kajalstrichen umrahmt. Kriegsbemalung, aber keine Verkleidung, sondern die Verstärkung dessen, was ihn ausmacht. Der weibliche Zug an ihm irritiert mich nicht mehr, seit ich für mich entschieden habe, dass Manson damit seine Entscheidung, ein Mann zu sein, nur betont. Ich suche mir alles selbst aus, das ist die Aussage. Nicht nur die Art, wie ich Musik mache, sondern auch mein Geschlecht. Wen ich liebe, wen ich wegstoße sowieso. Vielleicht ist es diese Freiheit, die mich am meisten beeindruckt. Als ob er sich selbst erschaffen hätte.

Ich würde gerne die Kopfhörer abnehmen und den Fernseher lauter drehen. Jetzt, wo ich Katrina los bin, sollte ich hier bald ausziehen. Dann kann ich so laut Musik hören, wie ich möchte – nun, zumindest bis die Nachbarn sich beschweren kommen.

Manson lässt sich in die ausgestreckten Hände seiner Fans fallen. Natürlich ist er *drauf*. Er singt schließlich von nichts anderem. Nach dem Konzert raucht er mit Sicherheit einen Joint nach dem andern und lässt sich dabei einen blasen. Vielleicht legt er die Kippe aus der Hand, wenn er in ihrem Mund kommt, aber wahrscheinlicher ist, dass er ihr ins Haar ascht. Wie heißt dieser Clip, in dem die Frauen alle in diesem Whirlpool nach ihm greifen, nackte Haut überall? Er ist so berühmt, dass er alles bekommt, was er will. Das Feuerwerk, in dem er lebt, muss unbeschreiblich sein. Mann, bin ich high. Verdammt noch mal. Mir geht es gut, Alter, sage ich zu dem Sänger, wenn dich jetzt jemand in unser Wohnzimmer beamt, darfst du dich willkommen fühlen.

Wenn ich hier raus bin, weg aus dem Haus meiner Eltern, dann bin ich völlig frei. Ein Heißluftballon, dem jemand die Schnur zerschnitten hat, und jetzt fahre ich unaufhaltsam höher und höher in den Himmel, bis mich keiner mehr sieht.

Ich habe die Spaghetti vergessen. Im Laufschritt in die Küche. Der bräunliche Wasserschaum ist längst übergekocht und über die Platte gelaufen, die sich daraufhin von selbst abgeschaltet hat. Auch wenn wir uns ablenken lassen, unsere Technik, die hat es drauf, die sorgt für uns. Ich gieße den Rest Flüssigkeit ab und betrachte die verklumpten, am Boden festgeklebten Spaghetti. Ich könnte die Tomatensoße draufschütten, direkt in den Topf, und dann so lange umrühren, bis alles nicht mehr ganz so klebrig ist. Die verbrannten Stellen müsste ich mit dem Löffel abknipsen. Das könnte ich tun, ja. Aber nun, nachdem ich mir die Sache angesehen und im Kopf durchgespielt habe, entscheide ich mich doch lieber dafür, alles in den Mülleimer zu kippen.

12

Ich sehe dem Mädchen beim Tanzen zu, das kann sie, ich bin nicht der Einzige, dem das auffällt. Sie ist dunkelhaarig und groß – fast so groß wie ich –, und man merkt ihr an, wie viel Spaß sie an der Musik und der Bewegung hat. Ich glaube, sie ist alleine da, ohne Freundinnen oder einen Kerl. Gut möglich, dass sie, genau wie ich, gerade eine fiese Geschichte hinter sich hat und sich einfach mal frei fühlen will, einen draufmachen und an gar nichts mehr denken. Sie hat kaum Brüste, aber die stellt sie aus: in einer Art Ledermieder, das sich straff um den Oberkörper spannt und an ihrem knochigen Schlüsselbein endet, sehr hübsch. Braune Augen zu den schwarzen Haaren, eigentlich genau mein Typ.

»Los, quatsch sie an«, schreit Zoran mir ins Ohr. »Sie schaut die ganze Zeit rüber! Sonst gibt's hier ja nur unmögliche Frauen. Ich kapiere nicht, wieso die nicht einfach daheim bleiben!«

»Pass auf, das kann ich dir erklären«, brülle ich zurück, »die stehen vor dem Spiegel und sagen sich, okay, ich bin zwar nicht gerade schön, und ich bin auch echt nicht schlau und sehe nur von hinten gut aus, wobei, von hinten, da sieht man blöderweise meinen fetten Arsch. Aber was soll's, dafür habe ich tolle Dauerwellen und meine Hotpants an. Da fällt bestimmt keinem auf, dass ich gar nicht tanzen kann.«

Die ganze Zeit über, während ich rede und Zoran sich vor Lachen biegt, sehe ich dem Mädchen in die Augen, und sie hält meinen Blick, bis ich zu ihr rübergehe.

»Hey«, sage ich, als ich bei ihr bin. »Wie findest du es hier?«

»Ganz okay. Vorhin war die Musik besser, aber ...« Sie zuckt mit den Achseln, wirft die Haare zurück und sieht mich herausfordernd an. »Und wie gefällt es dir?« Sie hat ein Lippenpiercing, zu dem mir alles Mögliche einfällt.

»Gut, aber erst, seit ich dich gesehen habe. Vorher war es langweilig.«

»Na, vielen Dank! Aber dein Kumpel hat sich mächtig amüsiert. Was hast du dem denn erzählt?«

Ich wiederhole in etwa, was ich gesagt habe, und sie kichert: »Das ist sehr, sehr sexistisch.«

»Aber es stimmt. Wie heißt du?«

Sie rückt näher und wispert mir ins Ohr: »Jenna.«

»Ich bin Marten. Willst du eine Zigarette, Jenna?«

Sie schüttelt den Kopf, ihre Haare umwehen das ovale Gesicht. »Ich rauche nicht!«

»Nicht mal auf Partys? Wenn du dich gerade super unterhältst?«

»Na gut. Gib schon her.«

»Bist du allein da?«

Sie nickt.

Als ich ihr Feuer gebe, lächelt sie, wie ich noch nie eine Frau habe lächeln sehen, nämlich gleich intensiv mit Augen und Mund, sodass man einfach abwechselnd hinschauen muss: Auge, Mund, Auge. Als ob sie einen verhext auf diese Weise.

Wir reden ein bisschen über Beziehungen – sie hat nichts Festes im Moment, sagt sie – und darüber, was wir im richtigen Leben so tun, um unsere Brötchen zu verdienen. Ich gebe ein bisschen damit an, wie gefährlich mein Job manchmal ist, das scheint ihr zu gefallen. Sie hat ein paar Semester studiert, es als Schauspielerin versucht, und jetzt arbeitet sie als Maskenbildnerin am Theater. Ihr Lebenslauf lässt darauf schließen, dass sie älter ist als ich. Das stört mich nicht.

Alles läuft sowieso bestens, da rückt sie näher und flüstert mir ins Ohr: »Und, Marten, *nimmst* du manchmal was?«

»Wie meinst du das?«

»Ach komm. Du weißt genau, wie ich das meine.« Sie tippt sich an die Nase.

»Klar. Kann schon vorkommen.«

»Und hast du das schon mal zusammen mit jemandem gemacht?«

»Nicht mit einem Mädchen.«

»Na, das sollten wir unbedingt ändern!«

Ich stehe auf: »Los, gehen wir.«

»Nicht so schnell. Ich will erst noch mal tanzen.« Sie legt eine feine, langgliedrige Hand auf meine. Die Fingernägel sind weinrot. Oder violett, ich weiß nicht, ein Rot jedenfalls, in dem ein düsteres Blau lauert. Sie spielen Indie-Rock, Nirvana und Sonic Youth, und sie sieht mir in die Augen, während sie die Hüften bewegt. Ich kriege einen Steifen und bleibe stehen. Sie tanzt an mich heran und wispert: »Dein gefährlicher Job – das hat mich angetörnt.«

Ich sehe über ihre Schultern hinweg, wie Zoran ein Daumen-hoch-Zeichen macht. Nehme sie an der Hand und ziehe sie von der Tanzfläche. Sie hat nichts dagegen. Als ich mich noch einmal nach Zoran umsehe, steht er nicht mehr an seinem Platz. Vielleicht macht er mit einer der Hässlichen rum, aber wahrscheinlicher ist, er ist heim zu seiner Frau.

»Hast du noch was zu Hause?«, frage ich.

»Pep? Kann gut sein. Wir können ja mal nachsehen ...«

Jenna wohnt in der Frankfurter Innenstadt, in einem winzigen Apartment mit orangefarbenem Teppich. Klein halt, aber es sei so praktisch, keine drei Minuten zum Theater, sagt sie. Ich sehe mich um: keine Möbel, abgesehen von zwei Garderobenständern mit Klamotten und einer großen Matratze, vor der der Fernseher aufgebaut ist. An der Wand lehnt ein ziemlich schickes Fahrrad. Auf dem Boden eine Hi-Fi-Anlage, der Fernseher und einige zerlesene Taschenbücher. Ein paar Kerzenstummel, in leere Weinflaschen gesteckt. Alles ganz gemütlich, ein bisschen hippiemäßig. Die Poster an den Wänden zeigen Vulkanlandschaften und Meeresansichten. Auf dem größten ist ein dicker goldener Buddha abgebildet. So träumt sie sich also weg von hier.

Sie öffnet eine Tür: »Hier ist das Bad.«

Überraschend groß ist es, mit Wanne und Dusche. Unter dem Waschbecken steht ein aufgeklappter Schminkkasten, in dem sich Unmengen an Make-up befinden: Lippenstifte, Puder, Tuschen, Kämme. Ein Schnellhefter lehnt am Rand des Kastens. »Liest du in der Badewanne?« Ich bücke mich und sehe mir an, was sie abgeheftet hat. »Ist das ein Theaterstück? Lernst du eine Rolle?«

»Leg das weg«, sagt sie, wirft ihre Lederjacke über einen der Kleiderständer und holt aus einer Schublade einen Teller mit weißem Pulver darauf hervor. »Jetzt kommt was, das ist besser als jedes Stück und jeder Film. Hier, nimm.«

»Was ist das?« Ich halte einen der kleinen Kristalle hoch, die neben den Lines liegen.

»Lutsch es einfach. Das kann man nicht erklären. Du wirst schon sehen.«

Wir sehen fern und haben Sex in der Missionarsstellung, erzählen uns irgendwelches Zeug und haben Sex von hinten, lachen uns kaputt und stecken uns irgendwelche Gegenstände rein, trinken gemeinsam eine Riesenflasche Cola leer und machen eine Pause, in der wir es uns mit den Händen besorgen, gehen unter die Dusche und ficken im Stehen, gehen ans Fenster zum Rauchen, essen Schokolade, damit wir zu Kräften kommen, können uns nicht einig werden, was von allem das Beste gewesen ist, legen uns wieder ins Bett und fangen noch einmal von vorne an, um es herauszufinden.

Der Samstag kommt uns dabei irgendwie abhanden, am späten Sonntagabend fallen wir in einen komatösen Schlaf. Montag früh fahre ich von ihr aus direkt zur Arbeit.

Zoran lacht, als er mich bei den Umkleidekabinen sieht. »Die Kleine mit dem Piercing hat dich ja ganz schön rangenommen! Mann, du kannst ja kaum die Augen aufhalten. Hat sich gelohnt, wie?«

Ich ziehe mir die Handschuhe über: »Kann man so sagen.«

»Und – seht ihr euch wieder?«

»Ich denke schon. Wir sind noch nicht fertig miteinander.«

»Soso.«

Als ich nach der Schicht endlich in der S-Bahn sitze, döse ich weg und verpasse beinahe die Haltestelle. Daheim haue ich mich in Klamotten aufs Bett und will nur noch meine Ruhe haben, da klopft es an der Tür, und Mutter kommt herein. Sie sieht fix und fertig aus.

»Was ist los?« Wohl oder übel richte ich mich noch mal auf.

»Philipps Eltern sind hier gewesen, ihr Junge liegt im Krankenhaus«, sagt sie. »Du kannst von Glück reden, dass Georg nicht da ist.«

Er hat seine *Eltern* antanzen lassen? Der Typ ist sogar noch feiger, als ich gedacht habe.

»Hör auf, so zu grinsen, Marten. Philipp wird für immer einen schiefen Kiefer haben, sein ganzes Leben lang!«

»Wow, das freut mich zu hören!«

»Marten, verdammt. Was du getan hast, war falsch. Begreif das doch!«

»Ja, ich weiß.«

»Weshalb hast du es dann getan?«

»Weil es richtig war.«

Sie sieht mir in die Augen: »Jedenfalls hast du dir selber damit geschadet. Sie haben dich angezeigt. Das wird auf eine ordentliche Geldbuße hinauslaufen. Wenn du Glück hast und sie dir nicht gleich eine Haftstrafe verpassen. War es dir das wert?«

»Scheiße.«

13

Die Tage bis zum nächsten Wochenende vergehen so rasch wie immer, aber diesmal ist es gut so: Ich renne mit Schwung durch sie hindurch, Berg, Hügel, egal; ich mache, was man mir sagt, und wenn es Hartmann gefällt, mich zu möglichst gefährlichen Einsätzen zu schicken, bitte schön. Angst spüre ich keine, und das hilft, denn sie ist es, die die Gedanken, die Nerven blockiert, Angst lässt einen Abläufe unterbrechen und Fehler machen. Sobald ich mich nicht mehr konzentrieren muss, denke ich an – Sex. Es kann gar nicht schnell genug wieder Freitag sein.

Ständig geht mir durch den Kopf, was Jenna irgendwann am Samstag gesagt hat, als ich keuchend neben ihr gelegen habe, absolut begeistert, völlig erschlagen von dem, was da gerade zwischen uns passiert ist. »Ja, aber dir ist doch klar, dass das erst der Anfang ist? Nein, sei still, nicht unterbrechen. Unsere Körper, sie passen so gut zusammen – wir können alles tun, verstehst du, alles? Du musst mir nur sagen, was du willst.«

»Ich soll dir *was* sagen?« Ich bin mir nicht sicher, ob ich sie richtig verstanden habe. Sie will jetzt doch nicht meine Sexfantasien hören?

»Exakt, darum geht es«, zwitschert sie.

»Also, ich weiß nicht …«

»Eben. Was Menschen mögen, weiß man nur, wenn sie es einem erzählen«, sagt sie, »also erzähl. Woran denkst du beim Sex? Was stellst du dir vor, wenn du es dir selber machst? Was brauchst du, um zu kommen? Was willst du ausprobieren? Es gibt so viele Möglichkeiten, wir müssen jetzt herausfinden, was zu uns passt. Was dir gefällt und was mir, und wie wir das zusammenkriegen.«

»Und das fängt damit an, dass wir über diese Vorstellungen reden?« Was für eine unterirdische Idee. Es war der Hammer, und jetzt kommt so was?

»Ja. Und sie mit dir ausführen und weiterentwickeln.«

»Puh. Du klingst wie ein Techniker. Oder Ingenieur. Was soll das?« Ich versuche ihr zu erklären, dass Sex nichts mit Sprache und Gerede zu tun habe, gar nichts. Genau deshalb mache es Spaß, das sei ja der Reiz.

Und dann begann sie, mir von ihren Fantasien zu erzählen. Ohne Scham, als wäre es das Normalste überhaupt. Ich höre immer noch ihre Stimme, Wort für Wort wiederhole ich für mich, was sie dann sagt.

Dass sie schon als kleines Mädchen masturbiert und Spaß daran habe, an sich herumzuprobieren. Noch bevor sie überhaupt genau weiß, was sie da tut. Sie macht es heimlich, eher instinktiv, nicht weil sie mit Bestrafung rechnet. Als sie einmal erwischt wird, bekommt sie eine Ohrfeige von ihrer Mutter und die Anweisung, das sein zu lassen. Sie findet es interessant, dass die Mutter anscheinend sofort im Bilde ist, was da vor sich geht, und es rundheraus verbietet – wie alles, das Spaß macht. Sie darf nicht bis spät in die Nacht aufbleiben, nicht mehr als zwei Stunden fernsehen, keine zwei Desserts essen, und jetzt darf sie auch das nicht, das Reiben ist verboten, dabei entsteht dadurch doch dieses herrliche Gefühl zwischen den Beinen, sie wird ganz heiß und lebendig dabei und muss stöhnen. Jetzt tut sie es erst recht. In immer neuen Verstecken.

Da Jenna nun schon einmal am Reden ist, will ich es genauer wissen: Was für Verstecke? Im Wandschrank, wenn die Mutter ein paar Meter weiter mit der Nachbarin oder dem Briefträger spricht, aha. Wo noch? Auf dem Sofa, unter einer Decke, wenn die Eltern nicht weit entfernt von ihr sitzen und lesen. Wo noch? In der Schule, wenn sie in der Pause an der Ecke ihres Pults steht, eine spitze Ecke, genau auf der Höhe ihrer Scham. Wow, denke ich.

»Na, du hörst doch ganz interessiert zu«, sagt sie beiläufig.

»Ja, okay, es macht mich an«, gebe ich zu, »aber nur, wenn ich an dich heute denke – auf Kinder stehe ich nicht.«

»Zum Glück geht es ja noch weiter. Soll ich?«

»Wenn es sein muss …«

Als Teenager baut sie ihre Wunschträume weiter aus, variiert sie, denkt sich Fortsetzungen, Steigerungen aus. Sie hat zum ersten Mal richtigen Sex, den sie so na ja findet. Sie will keinen festen Freund, sie sucht noch. Sie zieht abends alleine herum, weil sie so Männer kennenlernen kann. Mit sechzehn, siebzehn geht sie jeden Freitag allein ins Kino, spätnachmittags, wenn nur ein paar Reihen besetzt sind. Kurz darauf liegt sie über mehren Sitzen; ein paar Kerle rücken näher und werden für ihren Mut belohnt. Andere schauen zu – ihr, nicht mehr dem Film. Wenn am Schluss das Licht im Vorführsaal wieder angeht, kann niemand im Publikum sagen, worum es darin ging. »Aber sie sind in mir gewesen«, sagt Jenna.

»Schon zu Ende?«, fragte ich heiser, mein Schwanz war so steif, dass es wehtat.

»Nur für heute!«

Verdammte Scheherezade.

Sie drehte die Musik lauter. Ein langsames Lied von Marilyn Manson. Das ging in Ordnung für mich.

»Wolf! Sind Sie eigentlich anwesend?« brüllt Hartmann. »Sie können hier nicht rumstehen, ist das klar? Entweder Sie packen mit an, oder Sie ...«

Ich lächele: »Ja, klar, bin schon weg.«

Jenna als Studentin. Sie kommt abends an einer Baustelle vorbei, einige Arbeiter sind noch da, einer pfeift ihr hinterher, man kommt ins Gespräch, ein schneller, obszöner Wortwechsel, und sie nehmen sie mit in ihre Baracken.

Jenna jobbt das erste Mal am Theater. Abendessen mit ihren Theaterfreunden, alle sitzen um einen Tisch herum, einer hat gekocht, man isst, trinkt Wein, und auf einmal wird die Stimmung merkwürdig, die Gespräche drehen sich nur noch um das Eine, es muss etwas im Essen gewesen sein, niemand fühlt sich schuldig für das, was dann passiert. Jenna ist die Erste, die von den anderen auf den Tisch gelegt und genommen wird, einer nach dem anderen bedient sie, während die Frauen und Freundinnen der Männer ihre Brüste streicheln oder an ihr herumprobieren, eine Salami, eine Banane, eine Gurke, so tief es geht ...

Was davon tatsächlich in der Wirklichkeit passiert ist und

was in ihrem Kopf, kann ich nicht mehr trennen, es ist mir auch egal. Bald habe ich die Bilder im Kopf, als sei ich selbst dabei gewesen.

Für eine Weile mache ich keine Überstunden, arbeite nicht am Wochenende, verzichte auf Fortbildungen. Jeden Freitag nach der Schicht haue ich so schnell wie möglich ab, um Jenna zu besuchen. Wir teilen uns die Kosten für das Pep. Wollen nicht schlafen.

Die Raststätten zwischen den Hügeln haben sich verändert; sie sind zu Vergnügungsparks geworden, ach was: zu einem neuen Kontinent. Klar, ich habe auch Wünsche, jede Menge. Sie wird staunen.

14

»Schön jedenfalls, dass ich das auch mal von dir erfahre«, sagt Micha, der von der Sache mit Katrina und Fips natürlich längst weiß, die Geschichte aber unbedingt mit mir persönlich durchhecheln will. Es ist ein milder Spätsommerabend, gegen acht Uhr, wir liegen im Schrebergarten. Micha dreht Joints, ich rauche einen und erzähle ihm dabei endlich von Jenna, schwärme vom Sex. Dass wir regelmäßig Speed und alles mögliche andere konsumieren, lasse ich weg. Schließlich ist für Micha Kiffen der ultimative Drogenmissbrauch.

»Sie arbeitet am Theater? Eine Schauspielerin, geil!«

Ich gähne: »Nee, sie schminkt die Leute. Ihre Mutter war anscheinend Schauspielerin, in der DDR früher. Hübsch genug wär sie, aber sie sagt, sie hat noch nie ein Vorsprechen geschafft. Prüfungsangst.«

»Wann lerne ich sie kennen?«

»Gar nicht.«

»Was soll das denn? Du triffst sie doch schon seit Wochen!«

»Ja, und? Ist 'ne reine Fickbeziehung, wenn du es schon genau wissen willst. Mal ziehen?« Ich halte ihm den Joint hin.

Er schüttelt den Kopf: »Ich hol mir noch ein Bier.«

»Selber schuld.«

Unser Gras ist wirklich erste Klasse – wenn er es nur verticken will, auch gut. Rauche ich eben alleine, soll er doch seine Bierchen kippen. Ich denke an Jenna: Rollenspiele will sie mit mir machen, hat sie vorgeschlagen … Meine Überlegungen sind zwar unscharf, aber angenehm. Auch Micha driftet zunehmend ab, und so kommt es, dass wir das Auto erst hören, als es vor unserem Tor steht. Da darf man nicht parken, denke ich, und dann, dass es schon in Ordnung ist, es ist ja nur ein Streifenwagen, und die Polizei …

Ich springe von meiner Liege auf.

Ein Polizist steigt aus, etwa zwei Meter groß und schlaksig, ein zweiter, älterer bleibt im Wagen.

»Guten Tag! Was machen Sie denn da?« Er sieht nicht viel älter aus als wir, aber er trägt diese Uniform.

»Wir pflücken nur ein paar Kräuter«, höre ich mich sagen.

Micha nickt eifrig: »Thailändische, genau. Meine Stiefmutter kommt aus der Nähe von Bangkok, und …«

»Sie braucht die zum Kochen«, ergänze ich.

»Thailand, hm.« Micha und ich sehen uns unauffällig an. Könnte klappen, dass wir hier noch einmal Glück haben, der Hellste ist der Bulle jedenfalls nicht.

Das mag stimmen. Aber er gehört zu den gründlichsten.

Erst einmal will er unsere Personalausweise sehen, dann

inspiziert er Rudis Lieferwagen. Als er damit fertig ist, sieht er sich auf dem Grundstück um, hebt Michas leere Bierdosen auf und schnüffelt am Aschenbecher mit den Jointkippen, von denen ich sofort behaupte, sie gehörten uns nicht, wir seien Nichtraucher, hätten vorhin aber Besuch gehabt. Er nimmt das zur Kenntnis, macht sich dazu eine Notiz. Dreht die Liegestühle um. In mir wächst die Hoffnung, dass er sich nur ein bisschen wichtig machen will, bevor er abzieht.

Fehlanzeige. Das Beste hat er sich bis zuletzt aufgespart: »Aha, und was wächst da Schönes?« Jetzt steht er vor unserem Cannabisbeet, beäugt die Stauden, reißt sich ein einzelnes, gezacktes Blatt ab, das er kritisch mustert. Es macht den Eindruck, als vergleiche er die Merkmale dieser Pflanze im Kopf mit Bildern aus seinem Polizeilehrbuch, was eine Weile dauert, dann aber zu gewissen Übereinstimmungen führt; jedenfalls geht er zurück zum Auto und lässt sich von seinem Partner eine Kamera reichen. Er knipst aus allen möglichen Perspektiven unser Beet und wendet sich dann Bai Lins verkümmertem Grünzeug zu, um auch das abzulichten, sicher ist sicher. Die Sache hat einen gewissen Witz, keine Frage, nur dass ich langsam nicht mehr zum Scherzen aufgelegt bin – mir schwant Böses.

Der Polizist bespricht sich kurz mit seinem Kollegen und meldet dann der Zentrale per Funkgerät, dass die Anzeige wegen der Hundemisshandlung auf eine ganz andere Spur geführt habe; ich höre die Worte »Betäubungsmittel« und »thäiländische Gewächse« und »Gruppe junger Männer, von denen einige laut Aussage des Verdächtigen Marten Wolf schon gegangen sind«. Dabei zieht er ein Gesicht, als habe er soeben ein größeres Drogenkartell hochgenommen. Der zweite Polizist hat inzwischen die Autotür geöffnet und sieht sich alles an, ganz gemütlich, wie im Kino.

»So. Wir fahren jetzt zum Revier.« Mr. Gründlich legt uns Handschellen an und führt uns zum Wagen.

Der ältere Polizist sagt: »Na siehste, aus dir wird mal ein Kommissar!«

Ich schlage mir die Nägel in die Handrücken, bis es blutet. Verdammt, verdammt, verdammt. *Wäre ich bloß nicht hierhergekommen. Wäre ich bloß in Frankfurt geblieben. Von hier kommt einfach nichts Gutes.*

Im Gegensatz zu Micha bin ich volljährig, das heißt, für mich gilt das normale Strafrecht. Zusammen mit Fips' Anzeige sieht das nicht gut aus für mich.

15

Es ist Nacht. Jenna und ich spazieren durch die Straßen, zu Tode erschöpft, aber immer noch mit zu viel Speed im Blut. Mein Magen knurrt. Sobald der Supermarkt öffnet, werde ich uns etwas zu essen kaufen. Ich würde uns auch etwas kochen, aber Jennas Herd ist anscheinend kaputt, und sie hat noch keine Lust gehabt, den Vermieter anzurufen. Kann ich ja verstehen, so wie die Wohnung aussieht. Andererseits könnten wir wirklich was Warmes gebrauchen, sie noch dringender als ich. Sie hält sich an mir fest, sie kann kaum noch gehen, so ausgelaugt ist sie.

Es ist Stunden her, seit wir hier unser Spiel begonnen haben: Jenna und ich kennen uns nicht, sie ist einfach ein Mädchen in einer Bar, wir tun so, als hätten wir uns gerade getroffen, und dann … Wir sind schon ziemlich weit gegangen, als jemand aus unserem aufmerksamen Publikum den Barmann bittet, uns vor die Tür zu setzen. Nach einer Pause, in der wir auf Jennas Dealer warten, die zweite Stufe: Jenna steht an der Straße, sie ist eine Prostituierte, ich bin ihr Kunde. Dass Jenna sich wirklich zu den Nutten stellt, das ist nicht ausgemacht gewesen. Als ich sie endlich gefunden habe, ist sie schon im Gespräch mit einem Freier, einem *echten*. Ich renne zu ihr hin, ziehe sie ziemlich brutal hinter mir her und brülle den Mann an, das sei keine Prostituierte! »Das ist mein Bruder, tut mir leid«, sagt Jenna, die einfach fortfährt mit dem Spiel, leicht abgeändert: Sie ist jetzt meine Schwester, ich bin ihr Beschützerbruder, der scharf auf sie war, das aber niemals zugeben würde.

Seit ich mitmache und wir unsere Fantasien nach und nach umsetzen, ein wenig verändern, noch einmal ausprobieren, werden sie langsam zu etwas ganz Realem, einem Teil der Wirklichkeit, der, was mich betrifft, immer größeren Raum in meinem Leben beansprucht. Bei Jenna ist es, soweit ich das sehe, genauso. Ich treffe weder Micha und noch die Kollegen mehr, so beschäftigt bin ich mit Jenna.

Niemals hätte ich gedacht, dass es möglich wäre, solche Fantasien in die Wirklichkeit zu holen, ohne dass sie dabei an Reiz einbüßen, aber so ist es.

Es fahren nur vereinzelte Autos, die Ampeln sind abgeschaltet.

Ein bulliger Mann kommt mit seinem Pitbull vorbei. Er reißt immer wieder an der Leine, wenn der nicht genau im Gleichschritt mit ihm marschiert. Jennas Hand zuckt in meiner. Plötzlich beginnt der Mann, den Hund zu treten. Der Hund lässt es zu, wehrt sich nicht, winselt nur leise. Der Pitbull weiß nicht, wie stark er ist. Geduckt steht er da und lässt sich von seinem Herrchen quälen. Dreht nur den

Kopf weg und guckt flehentlich. Jault. Ich lasse Jenna los und baue mich vor ihm auf: »Was wird das hier?«

»Geht's dich was an?« Es ist ein fetter Kerl, um die fünfzig, Schnauzbart, Bierfahne. Er hat keine Chance gegen mich – wenn sein Hund ihn nicht verteidigt.

Ich erkläre ihm, dass man ein Tier nicht einfach tritt. Packe ihn am Kragen.

Das Tier gibt keinen Ton von sich. Der Typ lässt die Leine fallen.

»Merkst du was? Wenn du deinen Hund so behandelst, beschützt er dich nicht.« Ich klatsche ihm links und rechts eine Ohrfeige hin. Sein rotes Gesicht wird noch röter. »Siehst du?« Ich ohrfeige ihn weiter. Spreche dabei beruhigend in Richtung des Pitbulls, der interessiert zusieht. »Versprichst du mir, dass du das nie wieder tust? Dass du deinen Hund ab jetzt immer gut behandelst?«

Er verspricht es.

»Lauter!«

Er wiederholt seine Worte. Kriecher.

»Ich wohne hier in der Gegend«, sage ich, »ich kenne die Straßen. Ich behalte dich im Auge.«

Der Typ zittert richtig, macht sich fast in die Hose. Und der Hund scheint mich anzulächeln. Ich könnte ihn mitnehmen, einfach so. Ich könnte sein Herrchen totschlagen und den Hund behalten.

Jenna fällt mir ein. Ich drehe mich um und gehe zu ihr. Fast wünsche ich mir, er hätte sich gewehrt oder mir widersprochen. So war es fast zu leicht, ich habe noch immer nicht richtig Dampf abgelassen. Jenna sieht mich bewundernd an.

Etwas später sitzen wir auf einer Bank in der Nähe der Oper. Jenna rutscht an meiner Seite immer weiter hinunter, bis sie den Kopf auf meinem Schoß liegen hat und sich ausstrecken kann. Ich rauche.

»Das daneben«, sie deutet auf einen weißen Bau, »ist das Theater, ich geh da immer zum Hintereingang rein …«

»Wann musst du eigentlich wieder arbeiten?« Vage erinnere ich mich, dass sie irgendwann einmal etwas von Theaterferien gesagt hat.

»Erst mal gar nicht. Ich hab mir die nächste Spielzeit freigenommen.«

»Oh. Wieso? Was willst du dann tun?« Ich verkneife mir die Bemerkung, dass ihr das Geld jetzt schon nicht reicht, öfter als zwei, drei Abende hatte sie sowieso nie am Theater zu tun.

»Ich weiß es noch nicht … Ich wollte immer schon ein Buch schreiben.«

»Sieh an. Hattest du nicht gesagt, du willst es doch noch einmal als Schauspielerin versuchen, nach einem Kurs gegen Lampenfieber? Und das mit der Arbeit in einer Gärtnerei? Weil du die Natur so magst? Da hattest du doch sogar schon angerufen, oder?«

Sie zuckt die Achseln: »Ach, das waren so Koksideen, kennst du doch.«

Da hat sie recht. Ich stehe auf: Während wir geredet haben, ist es langsam hell geworden. »Komm. Irgendein Supermarkt wird jetzt wohl offen haben.«

»Ja. Sonst kriegen wir auf jeden Fall am Bahnhof was …«

Das gleißend helle Licht der Kühlvitrinen brennt in den Augen. Wir laufen orientierungslos zwischen den Regalen hin und her, sammeln dies und das ein. An der Kasse eine tagesfrische Mitarbeiterin. »Brauchen Sie die Quittung?«

»Nein«, sagt Jenna und kichert los. »Die Quittung kriegen wir auch so!«

Ich bezahle und trage die Tüte.

Jennas Wohnung sieht im Tageslicht aus, als hätte jemand darin gewütet. Jenna lässt die Rollläden wieder herunter und legt sich aufs Bett.

»Erst essen wir«, sage ich, »dann schläfst du.« Ich mixe aus Öl, Salz, Pfeffer, Senf, ein wenig Zucker und Himbeeressig eine Salatsauce. Gebe noch etwas Sahne dazu.

»Was ist das für ein Rezept?«, fragt sie.

»Ein improvisiertes.« Ich tänzele um die Anrichte. Es gibt Salat mit Thunfisch, Mais und gekochten Eiern, ein richtiges Essen, nur eben kalt.

»Ich verwende immer Fertigdressing.«

»Tja.«

»Weißt du, wie du aussiehst in der Küche? Wie ein Profi. Wie mein Bruder. Hab ich dir von dem erzählt?«

Ich schüttele den Kopf. Ich gieße den Thunfisch über einem Sieb ab und zerkleinere ihn.

»Also, mein älterer Bruder, der ist Koch. Hat einen tollen Job bei einem Cateringservice. Für reiche Privatleute, die Partys oder Essen geben wollen, aber ohne Arbeit damit zu haben.«

»Ist dein Bruder schwul?« Jetzt nur noch Salz und Pfeffer, dann können wir essen.

»Nein, wieso?«

»Na, weil er Koch ist!«

»Schwachsinn! Alle Spitzenköche sind Männer. Heteromänner. Das ist eigentlich gar nix für Mädchen. Viel zu schwere Arbeit, Memmen halten das nicht durch. Und kochen kann man nicht nur lernen, dazu braucht man Talent.«

»Dann bin ich ein Supertalent. So, hier, nimmst du die Schüssel?«

Nach dem Essen sitzen wir auf dem Fensterbrett und rauchen. Ich habe Jennas vertrocknete Topfpflanzen heruntergestellt, damit wir beide Platz haben.

Ein junges Mädchen und eine Frau laufen die Straße entlang, Mutter und Tochter offensichtlich. Sie sind im Supermarkt gewesen wie wir vorhin, aber mit deutlich mehr Tüten bepackt. Die Mutter trägt außerdem einen Eimer und einen Mopp.

»Eine Studentin«, fantasiert Jenna ihnen eine Geschichte hin. »Die Mutter hilft der Tochter, die erste eigene Wohnung einzurichten. Die sie ihr natürlich auch finanziert.« Sie macht eine Pause, raucht. »Verwöhnte Göre. Mir hat nie irgendwer was geschenkt.«

»Mir auch nicht.« Ich gähne. Das Essen hat mich müde gemacht; ich würde mich gerne hinlegen. Ich fürchte nur, dass Jenna gleich im Badezimmer verschwindet und dann sehr fit wieder zurückkommt. Schon seit einiger Zeit habe ich den Verdacht, sie hat noch irgendwo eigene Vorräte versteckt, Dope, von dem ich nichts weiß, möglicherweise Koks, denn das ist mir zu teuer, auch wenn sie darauf steht.

»All die Leute. Sie werden nie erleben, was wir haben«, sagt Jenna träge.

»Nie«, sage ich. »Du und ich, wir sind auf einem anderen Level.« Ein Teil von mir steht ein wenig abseits, während ich so dahinrede und genau weiß, dass es bloß das Zeug in meinem Blut ist, das mir den Kopf vernebelt und mich so sprechen lässt.

Jenna wird auf einmal kreideweiß und rennt ins Bad. Ich halte ihre Haare zurück, während sie sich über der Kloschüssel erbricht. »Das schöne Essen. Es tut mir leid, Marten.«

»Keine Sache. Aber du legst dich jetzt hin und ruhst dich eine Stunde aus. Das ist ein Befehl.«

Sie schafft es kaum zum Bett, so miserabel geht es ihr.

Ich verbringe die nächste Stunde damit, identisch große Rauchkringel zu produzieren und ihr beim Atmen zuzusehen. Ein kleiner Schweißfilm hat sich auf ihrer Stirn gebildet, und sie schläft wie eine Tote.

16

Der Brief mit dem Termin für meine *tageweise Disziplinarsanktion für gut integrierte Ersttäter* ist gekommen; Mutter hat ihn für mich aus der Post sortiert, damit Vater nichts davon erfährt. Auch den Gerichtstermin haben wir ihm verschwiegen, die Geldstrafe sowieso, ein eigenes Auto kann ich mir erst einmal abschminken.

Am nächsten Tag gehe ich mit Zoran nach der Frühschicht in Höchst einen Döner essen. Gerüchteweise habe ich gehört, dass er schon einmal im Knast gewesen ist, und wenn nicht, kennt er mit Sicherheit Leute, die es waren. Ich will wissen, was auf mich zukommt. Wie das da läuft und was ich beachten muss, damit ich nicht gefickt werde, und zwar nicht nur bildlich gesprochen.

Doch zuerst muss ich ihm erklären, was bei mir Sache ist. Ich rede auf ihn ein, während wir zum Imbiss laufen, während er bestellt und auch noch, während er an seinem Fladenbrot kaut.

Im grellen Licht des Vormittags sieht sein Gesicht zerdrückt aus, müde. Er schiebt seine Sonnenbrille von der Stirn auf die Nase.

»Der Idiot hat den möglichen Ertrag unserer Plantage ausgerechnet und das Strafmaß daran bemessen. Den *mög-*

lichen Ertrag! Das waren dann zwei Kilo Gras! Das ist völlig absurd, uns ist ja immer die Hälfte eingegangen! Außerdem ist kürzlich noch was passiert …« Ich beichte, dass ich durch die Geschichte mit Fips kürzlich meine erste Haftstrafe kassiert habe.

Der Imbissbesitzer bringt uns kleine Gläser schwarzen Tee und steht dann am Tisch herum.

Zoran winkt ihn genervt weg. »Und was ist mit deinem Kumpel?«, will er wissen.

»Hat nur Sozialdienst gekriegt. Ist erst siebzehn, und sie haben bei ihm kein THC im Blut gefunden, bei mir dagegen alles Mögliche. Also Vorstrafe, Geld zahlen plus diese vier Tage Bau.«

»Moj Bože, da hast du die Arschkarte gezogen.« Er wiegt den Kopf. »Aber du wirst es überleben. Vier Tage – ein Schnupperkurs. Ich sag das aus Erfahrung.«

»Du hast schon …«

Er nickt: »Zehn Monate, aber ist schon eine Weile her. In meiner wilden Jugend, sozusagen. Alles zu seiner Zeit, sag ich immer. Jetzt ist Familie angesagt.« Er greift mit der Hand nach dem Kreuzanhänger an seiner Kette. »Mal tanzen und Frauen gucken ist drin, mehr nicht. Meine Frau und die Kleine stehen an erster Stelle, jetzt hab ich Verantwortung.« Er lässt den Anhänger wieder unter dem T-Shirt verschwinden und pult nun mit dem Finger an seinen Schneidezähnen herum. Ich schiebe ihm den Behälter mit den Zahnstochern hin. Er zieht einen heraus, reißt das Papier ab und sieht das Holzstäbchen dann nachdenklich an. »Na ja, ich hab's auch überlebt. Knast ist eine eigene Welt, verstehst du, da steigst du schnell durch. Ein guter Zellenkumpel ist die halbe Miete. Da hatte ich leider Pech. Ein debiles Stinktier war das, aber hallo. Trotzdem … vier Tage, die vergehen schnell.«

Der Zahnstocher ist in Ordnung. Zoran fuhrwerkt sich damit genüsslich im Gebiss herum. »Manche Bräute stehen unglaublich auf Knackis, hast du das gewusst?«

»Nein, echt?«

»Die macht das total an, wenn ihr Typ sitzt. Sie kommen zu Besuch und sind scharf wie Rettich. Es gibt Weiber, die verlassen dich, wenn du in den Knast gehst, aber die, die bleiben, das sind die richtigen.«

»Also lasse ich mir am besten ein T-Shirt drucken, auf dem *vorbestraft* steht?«, witzele ich.

»Kein Witz, Bruder. Nirgends kannst du mehr Frauen kennenlernen. Da staunste, was?«

Ich nicke mit Verspätung. Frauen sind so ziemlich das Letzte, woran ich in diesem Zusammenhang gedacht habe.

»Erst kriegst du Briefe. So richtig auf Papier! Sie fragen, wie es dir geht und ob du was brauchst oder vielleicht gern Besuch hättest. Tja, so sind die Frauen, das verstehe, wer will. Wenn du Glück hast, legen sie gleich ein Foto von sich dazu. Da musst du nicht mal extra drum bitten. Je fieser dein Verbrechen, desto mehr Weiber schreiben dir. Und wenn auch noch was in der Zeitung steht oder sogar im Fernsehen ist, ach herrje, dann kannst du dich nicht mehr retten vor Post!«

»Na ja, wenn ich nur vier Tage dort bin …«

»Du musst nur richtig clever antworten. Oder einen finden, der's kann. Der den Ton trifft und so. Bei uns hat einer für alle die Post erledigt, der konnte das. Das war ein Betrüger, wie sagt ihr, wenn man an das Geld will von einem, der stirbt? Genau: ein Erbschleicher. Und ein Heiratsschwindler. Aber der reinste Literat. Und 'ne schöne Schrift. Der hatte ordentlich zu tun bei uns.« Zoran schaut an mir vorbei, schwelgt in Erinnerungen: »Was der für ein Gesülze draufhatte! Von einsamen, grüblerischen Stunden hat der geschrieben und von der Sehnsucht nach dem Leben. Und die

Frauen, die tanzten an den Samstagen in Scharen an. Ja, und dann suchst du dir eine aus, und mit etwas Glück wartet sie auf dich, bis du entlassen wirst.«

Er spuckt ein Holzstückchen aus. Ob er seine Frau auch auf diese Weise kennengelernt hat?

»Einer hat sich noch im Knast trauen lassen, sicher ist sicher, hat er gesagt. In der Kapelle da. Mit Torte vom Gefängnisbäcker. Und er hat eine gute Frau gekriegt, die geht in die Kirche und alles. Ich frag mich immer, was sich bei denen im Kopf abspielt: Wollen sie einen bekehren, ist das so ein katholisches Ding, oder suchen sie den Kitzel, machen gefährliche Typen sie an?«

Ich schiebe das leere Teeglas weg: »Keine Ahnung, was glaubst du?«

Er grinst und steht auf, die Unterredung ist beendet: »Also bekehren wollte mich keine.«

17

In die Wände der Zelle ist oben ein kleines, vergittertes Fenster eingelassen. Nur wenig Licht fällt hindurch. Immer wieder muss ich hochschauen; es zieht den Blick magisch an. Freiheit: Wer nicht mal ein paar Tage eingesperrt in so einem Loch verbracht hat, hat keine Ahnung, was das Wort bedeutet.

Ich lege mich auf die Pritsche, dann auf den Boden, dann wieder aufs Bett. Was musste ich mich auch als Erstes mit den Wärtern anlegen. Aber wie die mich angesehen haben, wie Dreck. Und dann sagten: ausziehen und nackt nach vorne beugen. Ihr könnt mich mal, hab ich denen mitgeteilt, das mach ich nicht; ich bin nicht hier, um euch Schwuchteln Spaß zu machen.

Ungeschickt, klar. Da haben sie mich dann erst recht untersucht, brauchten zwei, um mich festzuhalten. Natürlich wehrt man sich, aber gebissen habe ich keinen, vielleicht ein bisschen um mich getreten, okay, und ich hab wohl auch was Dummes gesagt – wenn sie das unter völlig ausrasten verstehen, ihr Problem. Oder was soll *mangelnde Impulskontrolle* sonst heißen? Der Psychoheini ist gleich angelaufen gekommen, und das steht jetzt in meiner Akte drin. Und dann guckte der Wärter, der mich zur Zelle bringen sollte, den anderen komisch an. Und der nickte. Inzwischen weiß ich, was das bedeuten sollte: Isozelle.

Nur ich und ich und ich mit mir allein.

Ins Mauerwerk sind Initialen und Zahlen geritzt. Ein paar ungelenke obszöne Zeichnungen. Ich frage mich, woher meine Vorgänger die Kugelschreiber hatten. Ich habe nichts mitnehmen dürfen, bis auf das Buch, das ich aus dem Regal in Mutters Zimmer gegriffen habe, weil Zoran zuletzt noch gesagt hat: »Lesen ist gut, da kann man so tun, als ob, wenn der Zimmernachbar scheiße ist.« Statt meiner eigenen Klamotten trage ich einen schlammfarbenen Zweiteiler, in dem ich aussehe wie ein Lebenslänglicher. Nicht einmal die Uhr haben sie mir gelassen. Nur das Buch. Charles Dickens. Erwartungen, nein: Große Erwartungen. Irgendwie ironisch.

Ich liege da und denke, dass ich alles darf, nur nicht wieder wirklich wütend werden, schon gar nicht gegen mich selber. Schließlich verbringe ich sonst gern mal ein Wochenende allein, hat mir nie etwas ausgemacht.

Ist ja auch mal schön: ich ganz bei mir, keine Dinge, die einen ablenken. Ausruhen. Nachdenken.

Ichbinichbinichbin – ja, wer eigentlich?

Ich horche in mich hinein. Stelle fest, dass mich das nervös macht, weil da nichts ist zum Horchen, nicht der kleinste Laut.

Nicht in dieser Umgebung.

Ich starre entweder zum Fenster oder zur Wand, diesem halbhohen Stück Mauer, das mir, abgesehen von der Pritsche, noch Gesellschaft leistet. Dahinter: ein Klo. *Mein Klo.*

Möglicherweise fängt ja der Nikotinentzug schon an, obwohl ich heute früh ungefähr ein Päckchen weggequalmt habe auf dem Weg hierher, in der Regionalbahn. Hab mich ins Raucherabteil gesetzt und mir eine nach der anderen angezündet. Wie lange bin ich schon hier? Zwanzig Minuten oder eher vierzig?

Länger auf keinen Fall. Kann ja wohl nicht sein, dass es mir jetzt schon langweilig wird.

Ist aber so.

Ich denke daran, wie ich Fips zusammengefaltet habe. Stelle mir Katrinas Gesicht vor, wenn sie ihren tollen Stecher so sieht, mit seiner geflickten, an einer Seite leicht herabhängenden Kinnlade. Er wird sich sein Leben lang an mich erinnern, wenn er seine Visage im Spiegel betrachtet.

Na also. Wenn man an etwas Schönes denkt, fühlt man sich gleich besser.

Aber nur für zwei Minuten.

Jenna.

Unsere Drehbücher.

Ja, das ist gut. Ich nutze die Zeit und überlege, was wir alles noch machen werden. Zum Beispiel …

Nein. Das geht hier nicht. Die Zelle ist nicht sexy. Die Wand mit *meinem* Klo dahinter schiebt sich vor jedes mögliche Bild in meinem Kopf.

Scheiße sozusagen.

Ich kann die Wand natürlich überlisten, indem ich mich auf der Pritsche umdrehe. Jetzt habe ich nur noch die gepanzerte Kerkertür im Blick. Das Fenster leider auch nicht mehr. Wie heißt noch mal das Gegenteil einer Win-win-Situation? Lose-lose?

Aber das kann doch nicht sein: Finde ich wirklich nichts, woran ich gern denken, worüber ich nachdenken möchte, nichts, was den Aufwand lohnt?

Nein. Schlechte Laune macht *alles* uninteressant.

Dabei bin ich nicht wirklich gleichgültig – leider. Ich finde es zum Beispiel zum Kotzen, dass ich alles so fade finde, inklusive mich selbst.

Mein eigener Atem fällt mir auf die Nerven.

Ich bin höchstens eineinhalb Stunden hier, vielleicht zwei.

Oder?

Wenn ich sonst allein bin, *freiwillig*, dann kann ich mit der Zeit umgehen. Wieso ist das hier anders?

Tja, keine Ahnung. Wie gehe ich eigentlich zu Hause mit der Zeit um?

Du wirst hier noch zum Scheißphilosophen,
sagt die Stimme links in meinem Hirn.
Wieso, ist doch eine gute Frage, tönt es von rechts,
überleg dir mal 'ne Antwort.

Das liegt daran, dass ich zu Hause mehr Möglichkeiten habe, mit der Zeit kreativ umzugehen. Ich tue mit ihr, was ich gerade will: Verlangsame sie, indem ich kiffe, beschleunige sie, wenn ich einen ziehe, und auch wenn ich nichts dergleichen tue, habe ich immerhin *später* die Möglichkeit zu all dem und kann mich so lange mit etwas anderem beschäftigen.

Das ist der Unterschied. Gut. Aber was habe ich jetzt von der Erkenntnis?
Es ist nicht nur so, dass ich die Zelle nicht verlassen kann.
Eher so, als habe die Zelle mich zu einem Teil von sich gemacht, und ich bin gar nicht mehr da.
Wenn ich noch lange so weiter nachdenke, komme ich hier als Intelligenzbestie raus.

Oder als Fall für die Klapse.
Wie hieß diese Fähigkeit oder Fertigkeit, oder was auch immer, die Mutter ihren Frauen beibringt, wenn sie sich quälen?
Gedankenstopp. Genau. Also, stoppt bitte mal, Leute,
mir reicht's.

Diese verdammte Unruhe plötzlich. Das kann nur der Nikotinentzug sein. Nach drei, vier, vielleicht sogar fünf Stunden hier ist das auch kein Wunder.

Hat aber auch was Gutes, tröste ich mich. Meine Haut wird porentief rein sein, wenn ich hier rausspaziere.

Das ist sie so auch, meldet sich die Stimme von rechts. Dann halt noch porentiefer, verdammt.

Wo sind wir hier, bei der Waschmittelreklame? Daher kommt das Wort Gehirnwäsche! Wow, das fällt mir jetzt erst auf!

Nein, und wenn schon, bringt dich das weiter?

Ich könnte ein bisschen Leitungswasser trinken.

Dann muss ich öfter pinkeln und habe etwas zu tun.

Gesagt, getan. Aus dem Waschbecken neben meinem Klo, also aus *meinem* Waschbecken, tröpfelt es eher spärlich.

Ich beginne mir leidzutun. Ich sitze hier, unschuldig.

Klar habe ich mich schon gelangweilt, oft genug sogar. Mit Katrina praktisch immer, bei schlechten Filmen, in der Schule, bei der Arbeit. Genau genommen langweile ich mich ständig, aber der Unterschied ist, dass ich normalerweise etwas dabei tue.

Hier tue ich gar nichts, im Gegenteil, es ist fast so, als ob ich die Zähigkeit selbst mitproduzierte.

Als ob ich in einem Zeitloch säße.

Moment mal. Das hatte ich mir doch eben schon überlegt, oder nicht? Zumindest *beinahe genauso*.

Panik.

Vielleicht werde ich wirklich verrückt.

Vielleicht bekomme ich die ganzen vier Tage lang nichts zu essen. Zur Strafe, dass ich den Wärtern mein Arschloch nicht ganz so begeistert gezeigt habe, wie sie sich das erhofften.

Aber: Wenn ich noch mal dazu aufgefordert würde – nichts liefe anders.

Ich habe halt Charakter.

Trotzdem: Was ist, wenn die mich hier drinnen vergessen?

Ich werde das Zeitgefühl *komplett* verlieren. Und damit jeden Kontakt nach draußen. Ich kann mir ja jetzt schon nicht mehr vorstellen, was jemand gerade wo tut. Bilde mir ein, zu spüren, wie das tote CO_2 von Hunderten von Inhaftierten vor mir meine Lungen verkrustet.

Seit wann ist das eigentlich so? Dass mein Leben keinen Inhalt mehr hat? Bilde ich mir das nur ein?
Möglich. Sehr gut möglich.

Es könnte die Strahlung sein hier im Raum: Vielleicht macht die einen verrückt. Hetzt einen gegen sich selber auf.

Moment. Das Buch! Wie clever von mir, das Buch mitzunehmen! Das Buch wird mich retten. Ich habe es neben das Klo gelegt, damit ich die Schwarte nicht ständig vor der Nase habe, jetzt hole ich sie zu mir auf die Pritsche.
Siebenhundertdreiundzwanzig Seiten. Scheiße.

An keinem anderen Ort als an diesem hätte ich dieses Buch jemals aufgeschlagen, denn zu Ende würde ich es ohnehin nicht bringen.

Aber, wie sagt noch mein Vater: Jedem Anfang wohnt ein Zauber inne.

Gebe ich diesem Dickens also eine Chance. Quäle ich mich durch die erste Seite. Es geht um einen Jungen, der sich auf einem Friedhof herumtreibt.
Okay.

Auf dem Friedhof liegen nicht nur seine Eltern, sondern auch, unter kleineren Steinen begraben, seine fünf Brüder.

Fünf!

Na toll, das macht richtig Laune, so einem Anfang, dem wohnt echt was inne …

Ich pfeffere den Schinken in die Ecke.

Unter allen Büchern der Erde – warum ausgerechnet das?

Wie im Lotto: Sechs Richtige.

Beziehungsweise: Sechs Falsche.

Weil es hier nicht um das maximale Glück geht, sondern ums Pech.

Wie auch immer, ich weiß ja, was ich meine.

Ich schließe die Augen.

Ein Rattern weckt mich. Durch die Luke wird ein Tablett hereingeschoben. Mittagessen! Toll.

Ist doch schon mal was – auch wenn der Wärter kein Wort sagt, nicht einmal Guten Appetit. Na ja – er hat ja schließlich gesehen, was er da anliefert.

Moment.

Mittagessen? Das ist erst das Mittagessen?

Nein. Ich habe vermutlich den Tag verschlafen, unmöglich, dass ich erst seit heute früh hier bin.

Ist aber so. Sonst hätte ich Hunger, oder?

Oder zumindest Appetit auf die stinkende grüne Masse im Suppenteller. Auf die beiden in Öl ertränkten Salatblätter. Die hätten auch grün sein sollen.

Kein Vorwurf, Leute: Anfang der Woche wart ihr das sicher auch. Nicht traurig sein. Ihr seid immer noch frischer als die braune Glibbergeschichte von Nachtisch, wohnhaft in der kleinen Schale rechts von euch.

Wohn-haft! Meine linke Gehirnhälfte meldet noch ein Aha-Erlebnis.

                               Ja, und? fragt die rechte.
Die linke: Ich diskutiere nicht mit dir.

Stille. Das Essen stinkt vor sich hin. Auch, wenn ich den Deckel wieder drauftue.

Was ich brauche, sind Pläne. Pläne und Disziplin.

Disziplin wird helfen. Mir das Gefühl geben, nicht völlig aus der Welt gefallen zu sein.

Ich bin eigentlich immer ein disziplinierter Mensch gewesen, oder?

Und selbst wenn nicht, hier werde ich zu einem.

Jawohl.

Folgendes ist zu tun: körperliche Ertüchtigung, unterbrochen von geistiger, die wiederum unterbrochen wird von einer körperlichen Trainingsphase, und so weiter. Fünf tote Brüder, na und? Und wozu große Erwartungen?

Das Mittagessen wird abgeräumt. Niemand macht sich Sorgen, ich könnte krank sein, weil ich nicht esse. Gut, dass ich jetzt meinen Plan habe. Hier greift er.

Keine Stimmen mehr.

                               … weder von rechts
… noch von links.

Nach den Bein- die Armmuskeln. Der Rücken. Stretching.

Eine Seite lesen. Zwei. Das Buch wieder zuschlagen, wieder trainieren, wieder erschöpft dasitzen.

Wieso ist mir niemals vorher aufgefallen, wie frei und glücklich ich gewesen bin? In Zukunft werde ich dankbar dafür sein.

Liegestütze, bis mir schwindlig wird und schlecht.

Ich angle wieder nach dem Buch. Noch eine zähe Seite. Ich schlage mit der Faust gegen die Scheißwand, Schmerz ist immer noch besser als – ja, was?

Als das Nichts?

Abendessen.

Innerlicher Jubel: der erste Tag ist fast vorbei / nur noch drei / nur noch drei.

Der zweite Tag. Genauso, bis auf eine Premiere: das erste Knastfrühstück. Die braune Flüssigkeit könnte ebenso gut Tee wie Kaffee sein. Oder etwas ganz anderes.

Danach greift das Programm: Sit-ups, drei mal drei Sätze Beinschere, eine Seite Buch durchlesen.

Einfach ohne Nachdenken immer weiter. Es ist anstrengend, und das soll es sein.

Hauptsache, es funktioniert. Auch heute werde ich irgendwann einschlafen.

Der dritte Tag. Siehe Tag zwei, nur mit einer anderen Premiere: Ich zerfetze die Schwarte und baue mit den Schnipseln Papierschiffe.

Tuut-tuuut.

Vierter Tag: siehe oben. Als das Abendessen kommt, ist das Schlimmste vorbei.

»Na, wie war's? Halb so wild, oder?«, fragt Zoran, als ich am Montag überpünktlich zur Arbeit erscheine. Ich kann es kaum erwarten, etwas zu *tun*.

»Tja. War in Isolationshaft«, prahle ich.

»Echt? Wie hast du denn das hingekriegt?«

Ich zucke nur die Achseln und schließe meinen Spind auf.

»Na, dann hast du herausgefunden, wer dein wirklicher Gegner ist.«

»Ich glaub schon«, sage ich und ziehe meinen Schutzanzug an.

»Na also.«

Micha ruft in der Mittagspause an und will wissen, wie ich über die Runden gekommen bin.

Ich versuche es ihm zu erklären: »In Gefangenschaft lernst du deinen wirklichen Gegner kennen: dich selbst. Du musst deinen Gegner in dir sehen, wirklich *sehen*, was das für einer ist, und einen Pakt mit ihm schließen. Keinen Frieden, aber einen Pakt. Du musst ihm Zugeständnisse machen, weil er das fordert. Dann erst seid ihr zu zweit, ein Team, ein Ich.«

Okay«, sagt Micha, »ich würde sagen, du hast echt das nächste Level erreicht!«

Das sehe ich auch so.

18

Zoran, Sven und ich gehen wieder ins Robert Johnson tanzen.

Ohne besonderen Grund habe ich blendende Laune.

»Wow, wie bist du denn drauf«, sagt Zoran. »Sind das immer noch die Nachwirkungen der Iso-Zelle?«

»Freiheit!«, trompete ich und schiebe mich auf die Tanzfläche. Die anderen als farbige Fetzen um mich herum. Musik- und Lichtsplitter überlagern Gedanken und Geschehenes in meinem Kopf, ich tanze. Tanze wie ein Glücklicher, ein Kind, ein Idiot. Freiheit! Wissen die anderen eigentlich, was das ist?

Plötzlich steht Jenna vor mir. Schwarze Klamotten, knallroter Mund. Noch hübscher, als ich sie in Erinnerung habe, wenn das überhaupt geht. Sie zieht mich zur Seite.

»Sag mal, wo warst du letztes Wochenende?«

»Nicht da«, sage ich.

»Schon klar!« Sie sieht gekränkt aus. Eifersüchtig, als hätte ich sie sitzen lassen. Dabei haben wir keine Abmachung, es ist alles so, wie es sich ergibt.

»Ich habe keine Telefonnummer von dir«, sage ich. Das ist nicht einmal eine Lüge. Ich weiß, wie sie schreit, wenn sie kommt, und wie ihre Muschi riecht, aber angerufen habe ich sie noch nie.

Sie verzieht das Gesicht: »Du hast nie gefragt!«

»Hast du mich vermisst? Ich fühle mich geschmeichelt.«

»Arschloch! Wenn ich auf etwas keinen Bock habe, dann ist das so was!«

Fehlt nicht viel, und sie macht mir hier eine Szene, denke ich, aber ich höre auch die Erleichterung, die in ihrer Wut steckt.

»Nenn mich nie wieder so, ja?«

Wir sehen uns in die Augen. Jenna senkt als Erste den Blick.

»Er hat was anderes zu tun gehabt«, mischt sich Zoran ein, der plötzlich neben uns steht. »Und da durfte kein Handy mit.«

»Ach was«, sagt sie.

»Ich erzähle es dir später«, sage ich.

»Nein, jetzt! Sonst gibt es kein Später!« Sie dreht sich weg und geht Richtung DJ.

Direkt vor seinem Pult ist die Musik ohrenbetäubend laut. Zoran und ich folgen ihr wie Automaten. »Sie hat echt was«, brüllt Zoran, »die Kleine.« Er sieht aus, als wäre er sofort bereit zur Übernahme.

Keine Chance. Ich fasse Jenna am Arm und schreie ihr ins Ohr: »Okay, ich war im Knast. Nicht wild. Ist ja schon wieder vorbei.«

Sie sieht erst überrascht, dann aber sofort äußerst beeindruckt aus.

Zoran sticht mir seinen Ellenbogen in die Rippen: Das ist eine von den Frauen, die darauf abfahren. Erzähl mir was Neues, Kumpel.

Wir gehen einige Schritte von den Lautsprechern weg, nicht nur Jenna und ich, sondern auch Zoran. Seit ich im Werk so müde bin und ständig neben mir zu stehen scheine, gibt es Tratsch über meine geheimnisvolle Sexaffäre.

»Willst du mit zu mir kommen, Marten? Ich hab dich vermisst.«

»Oh, Mann, heiliger Jesus, du hast vielleicht ein Glück!«, stöhnt Zoran.

Jenna zwinkert mir zu und wendet sich dann scheinbar nur an mich, spricht aber doch laut genug, als sie fragt: »Und er? Willst du, dass er uns zuschaut?«

Zorans Unterkiefer hängt auf einmal lose herunter; man kann seine Goldkronen sehen.

»Nicht heute, Schätzchen«, sage ich sanft, »erst einmal nur wir zwei.«

Als wir einige Schritte zum Ausgang getan haben, drehe ich mich noch einmal nach dem Kollegen um. Er steht immer noch da und glotzt uns hinterher.

Immerhin hat er den Mund inzwischen wieder zugekriegt.

Wir liegen nebeneinander, Gesichter zur Decke, auf dem frisch bezogenen Bett. Jenna steht auf, geht zum Klo.

»Schon wieder?«, frage ich und gähne.

Stille, dann die Spülung. Sie kommt zurück und dreht sich

mit dem Rücken zu mir an die Wand. Ihre Schultern beben; ich bilde mir ein, ihren rasenden Herzschlag zu hören.

»Jenna! Schau mich mal an, ja?« Ich nehme ihr Gesicht und drehe es zu mir.

»Aua!«

»Meine Güte – deine Augen. Du bist ja völlig weggetreten, und deine Pupillen wachsen immer weiter, Jenna! Das kommt doch nicht mehr von den Steinen vorhin! Was hast du noch genommen? Was hast du im Badezimmer versteckt? Sag schon, ich weiß es längst.«

»Nichts! Ich schwör's, und jetzt lass mich, mir ist schlecht!«

Sie kann keine Minute Ruhe geben, dann fummelt sie wieder an mir herum, um mir einen Ständer zu machen.

Als ich danach pissen gehe, durchsuche ich systematisch das Badezimmer, jede Schublade, jedes Regalfach. Nichts. Die Laken im Wäschekorb sehen aus, als habe jemand einen Mord begangen.

Auf dem Toilettenkasten sind Klopapierrollen gestapelt. In einer der Rollen ist ein Aluminiumpäckchen versteckt, in der anderen die Mitgliedskarte eines Tanzstudios mit weißen Spuren daran, dazu ein Stück Strohhalm.

Ich probiere: pures Kokain. Ich bediene mich und gehe dann wieder zu ihr ins Bett. Sie wird mich sowieso nicht schlafen lassen. Mache ich halt auch durch. Kann nur hoffen, ich packe die nächste Schicht.

19

»Herzlichen Glückwunsch«, sagt mein Vater, als ich morgens in die Küche trete. »Schön, dich mal wieder hier zu sehen.«

»Na, wer's glaubt«, entgegne ich einigermaßen freundlich. Ich werde neunzehn. Wir streiten schon eine Weile nicht mehr, wir wahren den Schein. Doch dahinter tobt unser privater Kalter Krieg. Ich stelle den Wasserkocher an und nehme mir eine Tasse, in die ich Pulverkaffee gebe. Das geht schneller als die Maschine, auf ein Gespräch mit Vater kann ich verzichten. Der öffnet jetzt die Küchenschublade und zieht ein Päckchen heraus: »Das ist für dich.«

Ich öffne es: *In zehn Tagen zum Nichtraucher.*

»Danke.« Ich lege das Buch samt dem Einwickelpapier auf die Anrichte, wo ich es auch liegen zu lassen gedenke, und gieße das kochende Wasser über das Kaffeepulver.

»Du hast nicht richtig hingeschaut.«

Tatsächlich, da steckt ein Briefumschlag zwischen den Seiten. Mit zweihundert Euro darin. Ich sehe das Geld und dann ihn an, warte, was noch kommt. Dass ich damit Platten für den Balkon kaufen und legen soll, etwas in der Art. Etwas, das mir zeigt, dass ich nur durch seine Gnade noch hier wohnen und Miete sparen kann.

»Das ist eine Unterstützung für deinen Umzug.«

»Umzug?« Ich lache auf.

»Du bist doch sowieso nie da, nur bei deinem Mädchen, lass uns also Nägel mit Köpfen machen. Du verdienst jetzt ja, kannst dir locker eine Ein- oder Zweizimmerwohnung in Höchst leisten oder wo immer.«

Das hatte ich sowieso vor. Sobald ich das Geld für ein Auto zusammengehabt hätte, wäre ich weg gewesen, in drei oder vier Monaten spätestens, und das weiß er auch. Nur macht es ihm einfach zu viel Spaß, mich rauszuwerfen. Das ist ihm sogar 200 Euro wert. Ich beiße die Zähne zusammen.

Die Kaffeemaschine, die er in Gang gesetzt hat, dampft und stöhnt obszön vor sich hin. »Schläft Mutter noch?«

»Was weiß denn ich.«

Ich trete mit meiner Tasse in der Hand in ihr Zimmer. Sie sitzt auf dem Bett und zieht sich Socken an; sie sieht blass und müde aus, mager. Verhärmter als in ihren ärgsten Alkoholtagen.

Sie umarmt mich und wünscht mir erst einmal alles Gute, wobei sie mir tief in die Augen sieht.

»Papas Geschenk war der Rausschmiss«, sage ich. »Andererseits will ich hier eh weg. Von dir nicht, Mutter. Aber du brauchst mich ja jetzt auch nicht mehr.«

»Ach komm, Marten.«

»Hat er das überhaupt mit dir abgesprochen?«

Sie lacht hektisch und hat rote Flecken im Gesicht. »Natürlich, mein Schatz. Es war sogar meine Idee. Ich denke, es tut dir gut, von hier wegzukommen.« Sie stützt die Arme auf die mageren Oberschenkel und sitzt wie ein Häufchen Elend auf dem Bett: »Habe ich dir je etwas Schlechtes gewollt?«

»Nein. Aber irgendetwas stimmt hier nicht. Würdest du mir bitte erklären, was los ist?«

Das tut sie. Zögernd, als glaube sie es selbst nicht. Ich stehe vor ihrem Bett und höre die Worte an mir vorbeirauschen. Die Lunge. Bösartig. Gestreut. »Ich möchte einfach sicher sein, dass du auf eigenen Füßen stehst, bevor …«

»Psst«, sage ich, und wir unterhalten uns noch kurz darüber, was ich an diesem Tag vorhabe.

Es ist nicht viel. Ich will nur noch kurz bei Micha vorbeischauen. Ich erwähne nicht, dass wir uns nicht mehr so gut verstehen wie früher, was natürlich meine Schuld ist. Dass ich hoffe, er fängt nicht wieder damit an, ich würde mich seit Monaten praktisch nicht mehr bei ihm melden und überhaupt aussehen wie ein Gespenst. Ich habe keine Lust mehr, mich zu entschuldigen oder Erklärungen abzugeben, schließlich weiß ich selbst nicht, wo ich gerade stehe und was ich eigentlich will. Dabei hat sie nicht einmal geraucht.

Und jetzt auch noch das.

»Bis dann, Mutter.«

»Feiert schön!«

Das ist also mein neunzehnter Geburtstag.

Ich sitze in meinem Zimmer und starre die Wand an. Gehe mir etwas aus dem Kühlschrank holen.

Mein Blick fällt auf den Froschsticker, und ich könnte heulen, als ich an die Geschichte dazu denke. Meine Mutter hat immer auf bessere Zeiten gehofft, und jetzt wird sie es weiterhin tun: Auf ein Leben nach dem Tod wird sie hoffen, das besser ist. Ja, hoffen, das konnte sie, sie brauchte kein Plakat mit der Aufforderung: »Lerne an die Hoffnung zu glauben«, wie es im Beerdigungsinstitut hing, damals, als ich ein Junge war.

Dabei ist es eine Lüge. Es wäre gut, wenn sie es täte, aber das ist nicht der Fall.

Sie stirbt nicht, sie krepiert elendig langsam, und es tut so weh, dass man es nicht mehr auszuhalten meint, und sobald man denkt, es ist geschafft, da ist sie auch schon wieder nachgewachsen.

Ich versuche, den Froschsticker abzureißen, aber er geht nicht ab, zumindest nicht ganz. Ein grüner Streifen, der zu allem Möglichen gehören könnte, bleibt kleben.

20

An diesem Abend liege ich wach. Ich denke an früher, an die schöne Zeit, an die Sommerwochen, in denen es Mutter gut gegangen war, es ist eine gute Zeit gewesen. Wir haben selten längere Gespräche miteinander geführt, aber es hat welche gegeben. Zum Beispiel in jener Nacht, in der Vater auf Dienstreise war und ich von einem Geräusch in der Wohnung aufwachte. Ich erinnere mich, dass ich rasch die Nachttischlampe anknipste und es einen Moment dauerte, bis mir einfiel, dass ich mir keine Sorgen zu machen brauchte, Mutter ging es gut, Vater war nicht da.

Aber was hatte ich dann gehört? Der Flur war dunkel. Der Lichtkegel an meinem Bett schaffte es gerade mal, dass ich bis zu meinem Schreibtischstuhl sehen konnte, auf den ich wie immer die am Tag getragenen Sachen gelegt hatte.

Ich stand leise auf und schlich in den Flur. Mama hatte anscheinend nichts gehört, die Tür zu ihrem Zimmer war geschlossen, die Wohnungstür ebenfalls, der Schlüssel steckte innen. Für Einbrecher gab es aber noch die Möglichkeit, durch den Balkon einzudringen, und das Geräusch war von weiter weg gekommen, aus dem Wohnzimmer oder der Küche. Oder war es doch Einbildung gewesen?

Ich schaute nach meiner Schwester, auch sie schlief friedlich, wie immer bei offener Tür – und noch in ihrem Kinderbett, das ihr eigentlich längst zu klein geworden war, von dem sie sich aber nicht trennen wollte.

Ihre nackten Füße schauten zwischen den Gittern hervor, ein Teil von ihnen war vom Nachtlicht in der Steckdose orange gefärbt. Sie hatte immer noch Angst im Dunkeln.

Ich ging einen Schritt in ihr Zimmer und betrachtete ihren winzigen Körper; im Vergleich zu ihm schienen die Füße enorm groß, und durch die orangerote Färbung, in die das Nachtlicht sie tauchte, sahen sie geradezu absurd aus, wie die Füße von Daisy Duck. Ich griff nach einem und hob ihn leicht an; er war schwer und breiter und länger, als ich ihn in Erinnerung hatte, ich schätze, dass mindestens zwei Schuhgrößen über der vom letzten Sommer lagen. Er war nicht besonders sauber, aber sie lief schließlich auch den ganzen Tag barfuß herum.

Meine Schwester zuckte im Traum. Wo sie wohl gerade war? In dieser Zeit träumte ich selbst manchmal, zum ersten Mal überhaupt. Es musste an der neuen Arbeit für Rainer liegen, denn ich war meistens Peter Parker, der Mann mit dem geheimen Doppelleben, der die Welt rettete.

Die Einbrecher fielen mir wieder ein, ich schlich bis ans Ende des Flurs. Täuschte ich mich, oder roch es hier nach Kuchen? Ich drückte vorsichtig die Klinke der Küchentür. Mama, über die Arbeitsplatte gebeugt, zuckte erschrocken zusammen. Es brannte nur das schwache Licht der Dunstabzugshaube. Geschälte, halbierte Birnen lagen vor ihr in einer Schale.

»Ach, Marten, du bist es«, flüsterte sie entschuldigend. »Habe ich dich geweckt? Ich musste diese Haselnüsse mahlen …«

Sie konnte in guten Phasen oft nicht schlafen, ihr fehlte der Alkohol, und Schlaftabletten zeigten kaum Wirkung.

Dass sie mitten in der Nacht buk, begeisterte mich, und ich sah ihr zu, wie sie die Masse aus Eiern, Zucker und Schmand, die sie zubereitet hatte, auf den Mürbeteig in der Form gab.

Dabei erzählte sie von den köstlichen Rezepten ihrer Mutter. Sie bedauerte, dass ich Oma nie kennengelernt hatte, was sie für eine Sekunde traurig machte. Schon während sie die Birnenspalten leicht in den Kuchen hineindrückte und das Ganze mit flüssiger Butter bepinselte, war sie wieder fröhlich. »Weißt du, was Herrgottsbescheißerle sind?«, fragte sie, und ich hörte zum ersten Mal von der Geschichte um die Maultaschen, in denen Nudelteig das Fleisch verbarg, falls Gott freitags während des Essens auf seine Schäfchen guckte.

Zuletzt durfte ich den Kuchen persönlich mit den gehobelten Haselnüssen, Zimt und Zucker bestreuen. Und in diesem Augenblick, das weiß ich noch, dachte ich ganz plötzlich, wie glücklich ich doch war, jetzt und hier mit ihr in der Küche, ja, ich hätte laut loslachen können vor Glück, so schön war es, ohne Papa, nur mit Nicole, die friedlich im Kinderbett schlief, und uns, mitten in der Nacht in der Küche sitzend, in der sich langsam ein wunderbarer Duft ausbreitete.

Ich stehe auf. Es ist zwei Uhr morgens, ich muss hier raus. Jenna wird es mir nicht übel nehmen, wenn ich bei ihr vorbeikomme. Im Gegenteil. Ich könnte auch einen Tag krank machen im Betrieb. Mir eine Wohnung suchen, so schnell es geht. Als ich das Haus verlasse, fällt mir auf, wie wenig Licht auch dieser warme November wieder bereithält. Es ist gestern gegen fünf Uhr dunkel geworden, nun schlägt die Kirchturmuhr drei, und trotzdem liegen noch eine Handvoll Nachtstunden vor uns allen, wuchtig und dunkel und pechschwarz.

21

Mittagspause. Zoran und die anderen unterhalten sich nach dem Essen, während ich im Halbschlaf über der dritten Tasse Kaffee sitze und von ihr auch nicht mehr erwarte als von den letzten beiden.

Am Nachbartisch Stühlerücken. Zwei Kerle, ein blonder, muskulöser in Arbeitssachen, der zuhört, und ein zweiter im Anzug, kleiner, nicht so breitschultrig, setzen sich.

»Überleg dir das gut, Andy, ob du das wirklich unterschreiben willst. Ich kann nur von mir selber reden, und ich bin froh, dass ich den Absprung geschafft habe. All die Jahre im Schichtdienst, all die Zeit, die ich da an einem Motor rumgeschraubt habe, Zehntausende. Und ich bin immer am Grübeln gewesen.«

Ich linse rüber: Ein merkwürdiges Paar, zumal mir jetzt auffällt, wie sehr die beiden einander ähneln, in allem außer den Klamotten. Der im Anzug ist deutlich älter, wenn auch nicht alt genug, um der Vater zu sein. Brüder? Vermutlich. Ein Arbeiter und einer, der es in die Geschäftsleitung eines Unternehmens hier geschafft hat.

Nach einer Pause spricht er weiter: »Ich bitte dich nur, nachzudenken. Ich kann nur von mir ausgehen. Aber ich bin damals fast wahnsinnig geworden bei dem Gedanken, nicht frei zu sein und nicht wichtig zu sein. Dass jeder, wirklich jeder, mich ersetzen könnte und auch würde, jetzt vielleicht noch Menschen, bald programmierte Maschinen. Was ich in diesen acht oder zehn Stunden fühlte oder dachte, spielt für niemanden eine Rolle, nicht einmal für mich selbst, es war unnütz. Ich machte auch nicht wirklich etwas, stellte bloß ein Teil von vielen her, die zuletzt jemand anders in der Kette zusammenschraubte, eine endlose Abfolge an Zeitverschleiß,

Menschenverschleiß, damit dann irgendwann etwas fertig ist, in diesem Fall eben ein Motor. Als wäre man gar nicht da, aber müsste als funktionierender Körper trotzdem anwesend sein.« Er räuspert sich: »Andy, bitte, versteh mich nicht falsch. Ich will nicht, dass du ebenfalls ein Abendstudium machst oder etwas Ähnliches. Ich will nur nicht, dass du etwas machst, in dem du komplett verschwindest …«

Ich sitze da und warte gespannt auf Andys Antwort, als Zoran und die anderen lärmend aufstehen.

»Was ist, Marten, eingeschlafen?«, fragt einer, und ich muss wohl oder übel meinen Platz verlassen und mit ihnen kommen.

22

Jenna besucht mich in meiner neuen Wohnung. Darin gibt es nicht viel zu sehen; es ist einfach das erstbeste billige, möblierte Einzimmerapartment, das ich in der Nähe des Werks gefunden habe.

Wir ziehen ein paar Lines und weihen das Bett ein, und damit ist eigentlich schon alles getan, was man in dieser entsetzlichen Bude unternehmen kann.

»Wir könnten was essen gehen«, schlägt Jenna auf einmal vor. »Wir gehen nie aus.«

»Ich könnte uns was kochen«, sage ich träge.

»Stimmt, du kannst ja kochen… Trotzdem, ich finde, wir sollten mal unter Leute. Was Normales zusammen machen.«

»Hm. Von mir aus.« Ich will keinen Ärger, nicht jetzt, wo es Mutter von Woche zu Woche schlechter geht.

Wir nehmen die Straßenbahn und steigen bei Pizza Hut aus. Dort stellen wir uns in die Schlange. Jenna sieht glücklich aus, weiß der Teufel, warum.

Ich befreie meine Hand aus ihrem Klammergriff, bezahle und nehme unsere Pizza entgegen. Wir setzen uns auf Kunstlederbänke in eine Ecke neben einer Familie mit vier Kindern, die alle auf einmal reden.

»Findest du es nicht auch schön?«

»Keine Ahnung.« Ich sehe mich um. Zwei Jungs stehen gerade vom Tisch auf und hinterlassen ein widerliches Schlachtfeld an Resten. »Ich weiß nicht, was du mit *was Normales* sagen willst.«

»Na ja, was anderes als immer nur Sex, Drogen und Tanzen … Du hättest auch mal von dir aus auf die Idee kommen können, dass du mir deine Wohnung zeigst und wir was essen gehen.«

»Die Wohnung hast du ja gesehen, da gibt es nicht viel zu zeigen. Und was hast du auf einmal gegen Sex? Ist doch das Normalste überhaupt, oder? Sex, Drogen und Tanzen, das ist doch genau dein Ding.« Ich versuche, nicht genervt zu klingen.

Jenna trinkt aus ihrer XXL-Cola. »Macht dir deine Arbeit eigentlich Spaß, Marten?«

»Du willst doch jetzt nicht wirklich über die Arbeit reden, oder? Komm, wir gehen heim und rauchen noch was. Oder ich massier dich. Den Scheiß hier kann eh keiner essen.« In Wahrheit ist mir von dem Geruch allein schon übel. Jenna hat nur den Belag der Pizza gegessen, und davon auch nicht alles. Den Rest hat sie an den Tellerrand geschoben und hackt jetzt wütend auf ihn ein: »Nein! Ich will einfach mal mit dir reden!«

»Okay, okay. Schieß los. Aber ist das hier der richtige Ort?«

»Ja, verdammt, ich meine jetzt nicht das, was du wieder denkst. Ich meine ausnahmsweise mal nicht Sex! Wir können doch auch mal über was Normales reden!«

»Ist das jetzt dein neues Lieblingswort: normal?«

»Sei doch nicht gleich so aggressiv!«

»Bin ich auch nicht! Also, du hast mich nach meiner Arbeit gefragt. Manchmal macht sie mir Spaß.«

»Okay.«

»Gut, dann hätten wir das geklärt. Bis du jetzt zufrieden?«

Ist sie nicht. Sonst würde sie sich nicht mit dem Teller beschäftigen. Sie hat jetzt das Messer in der Hand und schiebt damit den Aufstrich Tomatensoße auf dem ansonsten kahlen Pizzaboden zusammen. Teilt die Masse in gleiche Portionen. Schöne dicke rote *Lines*. Merkt sie eigentlich, was sie da tut? Das Geld, das ich an der Kasse gelassen habe, hätte ich auch aus dem Fenster werfen können.

Sie schaut hoch und sieht mir ins Gesicht: »Na ja, du könntest mich ja auch einmal etwas fragen! Oder interessiere ich dich nicht?

»Doch. Aber ich weiß doch ganz viel über dich. Du hast über Brandenburg erzählt, und deine Geschwister, alles! Ich kenne jeden Schauspieler, mit dem du geschlafen hast. Ich bin müde, meine Güte, wir hatten jetzt – wie viel Uhr ist es –, wir hatten fast fünf Stunden Sex miteinander.« Ich lache. Bis ich plötzlich begreife, was sie meint. Ich Idiot. Aber sie kann doch nicht ernsthaft glauben, dass irgendjemand, schon gar nicht ich, mit ihr und ihrer Abhängigkeit eine Beziehung aufbauen will?

Doch, genau das meint sie.

»Wir können doch auch mal über die Zukunft sprechen, ein bisschen planen. Du und ich, wenn wir aufhören mit allem« – sie macht eine große Kreisbewegung mit der Hand, und obwohl sie natürlich die Drogen meint, sieht es für mich

eher aus, als wolle sie die reale Welt um uns herum weg-
wischen –, »dann wird alles ganz toll! Weißt du …«

Ich sitze da, betrachte das fettige Dreieck in meiner Hand,
die Käseschlieren, die an den Rändern hinunterlaufen, und
lege es wieder zurück auf den Teller. Ich kann das nicht
essen. Nicht einmal sprechen kann ich. Bekomme den Mund
nicht auf.

Also tue ich so, als würde ich zuhören, nicke immer mal
wieder und murmele etwas Zustimmendes. Klar, Jenna wird
irgendwann aufhören, so zu leben, wie sie es jetzt tut. Natürlich, wenn die Zeit gekommen ist, wird sie den Kurs wechseln
und dann sind die Wochen, Monate, Jahre, in denen sie nur
vor dem Fernseher oder im Robert Johnson oder im Bett mit
Typen gewesen ist, Geschichte.

Ich glaube ihr das, warum auch nicht? Ich habe diese
Geschichten schon tausend Mal gehört. Schon als ich für Rainer arbeitete, saßen die Kunden in der Ecke und erzählen von
ihrem künftigen Leben, während sie mit gierigen Augen zusa-
hen, wie Rainer ihnen ein paar Gramm abwog. Es ist so leicht,
so angenehm, über das Aufhören zu reden. Mit dem Gerede
hält man den endgültigen Zeitpunkt immer auf Abstand. Es
gibt schließlich tausend Gründe, warum es gerade heute
schlecht passt, tja, und morgen leider auch. Eventuell am
Montag – nein, der nächste Montag ist kein guter Tag, vielleicht die Woche drauf, oder besser am nächsten Ersten – der
Monatsanfang hat immer so etwas Frisches, Reines. Wenn
ich es einmal ernst meine, werde ich nicht davon sprechen.
Sondern es einfach tun.

Ich nehme die Gabel und punktiere die Käseschicht der
Pizza vor mir. Ziehe sie auseinander. Darunter stoße ich auf
Gemüse. Das grüne Fleisch der Zucchini, das dunkle der
Aubergine. Salamischeiben, unnatürlich rot. Ekel steigt in
mir hoch.

Ich werfe ich das Besteck hin und stehe auf: »So, jetzt haben wir unser Gespräch gehabt, können wir endlich gehen?«

Ich nehme sie mit zu mir, sage ihr aber, dass ich schlafen will, und haue mich tatsächlich nach dem Zähneputzen sofort hin. Jenna zieht sich umständlich die Stiefel aus und beginnt, in ihrer Handtasche zu kramen. Ich drehe mich an die Wand, schließe die Augen, soll sie doch wach bleiben, so lange sie will. Es raschelt. Dann das Klicken eines Feuerzeugs. Noch mal. Und noch mal. Und wieder. Kriegt sie den verdammten Joint nicht an, oder was?

Ich drehe mich um, öffne die Augen halb und fahre wie von der Tarantel gestochen hoch. Kann nicht glauben, was ich sehe: Sie hat Kerzen mitgebracht, sie überall verteilt und ist gerade dabei, sie anzuzünden.

»Jenna, hast du sie noch alle! Willst du das Haus abfackeln?«

Sie fängt an zu weinen: »Warum lässt du dich nicht auf mich ein? Ich meine, richtig? Warum, Marten?«

Ich stehe auf, feuchte meinen Zeigefinger mit der Zunge an. Lösche die Kerzen, indem ich eine nach der anderen antippe. Jede Flamme stirbt mit dem gleichen traurigen, kleinen Geräusch.

Jenna sieht mir fassungslos zu. Was für eine billige Symbolik: Sie will brennen, ich nicht. Das Ganze ist so deutlich, dass es wehtut. In jedem verdammten Drehbuch würde das rausfliegen.

»Warum machst du alles kaputt?«, fragt sie leise.

Sie begreift es doch. Wieso geht sie nicht einfach? Ende. Aus.

»Warum, Marten?«

»Du bist nicht die Richtige.«

»Warum nicht?« Sie klingt verletzt.

Ich bin todmüde und werde jetzt nicht mit ihr herumdiskutieren.

Ich gähne: »Warum, warum, warum – ist die Banane krumm! Es ist einfach so. Du bist mir zu abgebrüht«, sage ich. Ich weiß selbst, dass ich mich wie ein Arschloch benehme, aber anders werde ich sie nicht los, und ich will jetzt nur noch eines: dass sie abhaut. Sofort.

Sie lässt sich neben mich ins Bett fallen, flach auf den Bauch. Spricht zum Kissen, nicht zu mir: »Ja und? Ich bin wie du! Was willst du denn, so ein Naivchen wie deine Katrina?«

»Ich hätte dir das nicht erzählen sollen.«

»Wir haben uns *alles* erzählt. Du hast gesagt, du liebst mich.«

»Stimmt, wenn ich gekommen bin.«

»Nicht nur dann!«

»Okay, ich hätte das nicht tun sollen. Tut mir leid. Ist halt passiert, Jenna. Ich will jetzt pennen, verdammt noch mal!«

Sie rappelt sich hoch, nimmt ihre Handtasche und rennt ins Badezimmer.

Ich stehe auf und suche ihre Sachen zusammen. Warte vor der Tür, bis sie herauskommt. Drücke ihr Stiefel und Jeansjacke in die Hand, öffne die Wohnungstür und schiebe sie in den Flur hinaus.

»Was machst du da, Marten? Marten! Was soll das?«

»Ich bin nicht verliebt in dich, Jenna. Es tut mir leid. Es ist besser, du gehst jetzt. Ich sage jetzt nichts über ein heimliches Koksen, aber du bist wieder hellwach, und ich möchte schlafen. Geh raus. Wenn du willst, rufe ich dir ein Taxi. Ich gebe dir auch Geld dafür.«

Sie sieht mich entsetzt an: »Du bist so gemein!«

»Soll ich dich anlügen? So wie du mich immer anlügst?

Ich sage nur, wie es ist. Mach's gut.« Wehre ihre Hände ab, die mich am T-Shirt festhalten wollen, sie ist schon wieder halb im Zimmer, ich stoße sie weg und knalle die Tür zu.

Sie schreit: »Du bist doch viel abgebrühter als ich! Wir passen super zusammen!«

Als sie weg ist, kiffe ich, bis dicke weiße Wolken im Zimmer stehen: Matchbox. Ich schaffe es kaum noch, den Wecker zu stellen. Schlafe in den Kleidern ein. Aber egal. Ein paar Stunden reichen, und fürs Aufwachen hat Jenna ja genug weiße Krümel im Bad verstreut.

23

Sie ruft ständig an. Als der Terror nach zwei Wochen noch nicht aufgehört hat, gehe ich ran: »Was willst du, Jenna?« Wieso tut sie das? So zerstört sie selbst die schönen Erinnerungen. Sie ist es, die alles kaputt gemacht hat.

Wir haben fantastischen Sex gehabt, ja – aber doch genau deshalb, weil wir kein »Paar« sind. Nicht im herkömmlichen Sinn. Wir hatten keine »normale« Beziehung, das ist ja das Gute gewesen. Eine Beziehung – das passt überhaupt nicht zu ihr.

»Ich will dir nur noch etwas sagen, ja? Bitte, bitte hör mir noch einmal zu.«

»Was gibt es denn noch zu sagen?«

»Ich will dir sagen, was du für mich warst – nein bist, für immer. Wenn wir zusammen gewesen sind, ist es nicht nur um Sex gegangen, das sah nur so aus, verstehst du?«

»Muss ich darauf antworten?«

»Nein. Hör mir nur zu, bitte, ich flehe dich an, ich muss

dir das sagen: Also. Wir sind komplett dagewesen, kein Teil von dir oder mir war abwesend oder musste unterdrückt werden, wie es eigentlich immer ist, wenn man mit jemandem im Bett ist. Als wären wir Kinder, weißt du, ohne Geschichte, Vergangenheit oder überhaupt einen Charakter, all dieses störende Zeugs ist weg gewesen, es waren nur wir beide, und wenn ich – wenn ich dir in die Augen gesehen habe, und wir sind gekommen, dann waren wir eins. Nie zuvor habe ich so etwas erlebt, nicht einmal ansatzweise. Alles an deinem Körper ist so wunderschön.« Sie unterbricht sich, sie muss weinen.

»Ich bin beeindruckt. Hast du das aus einem Theaterstück abgelesen gerade?« Ich hasse sie dafür, dass sie mich zwingt, so etwas zu sagen.

Ich höre einen Laut, ein Schluchzer oder wie sie nach Luft schnappt, und dann das Besetztzeichen, sie hat aufgelegt. Ich nehme das Telefon und knalle es gegen die Wand. Ich hasse sie dafür, dass sie mich zwingt, solche Dinge zu sagen.

Denn natürlich weiß ich, was sie meint. Und es lässt mich nicht so kalt, wie ich tue.

Ich hatte sie *ganz*, das ist richtig. Wir hatten uns ganz. Was dann auf einmal passiert ist – ich weiß es selbst nicht.

24

Nach der Spätschicht gehe ich nach Hause. Mein Heimweg ist so kurz, dass es mir manchmal vorkommt, als ginge ich nur kurz raus, um vor dem Werk Luft zu schnappen, und gleich darauf begänne die neue Schicht, dabei schlafe ich acht Stunden. Der portugiesische Lebensmittelladen hat noch geöffnet. Diesmal gehe ich hinein und kaufe, was mir gerade gefällt, und je mehr ich in meinen Korb packe, desto ausgehungerter komme ich mir vor. Die dunkelhäutige Frau an der Kasse beobachtet mich und ermuntert mich mit kleinen Schnalzlauten.

Zu Hause packe ich die beiden schweren, massiven Brote aus Maismehl aus, schneide eines davon in Scheiben, die ich auf einem Blech verteile und mit gesalzener Butter bestreiche. Auf einige streiche ich eine dünne Schicht Quittengelee und lege Ziegenkäse darauf. Auf die anderen verteile ich, was ich noch eingekauft habe, getrocknete Tomaten, eingelegte Artischocken, Serrano-Schinken, Gouda.

Als ich das Blech in den Backofen geschoben habe, will ich auf einmal keine Sekunde mehr warten und mache mir schnell noch eine kalte Vorspeise aus dem übrig gebliebenen Maisbrot, dazu nehme ich den Rucola und den Fisch, fettige Sardinen aus der Dose, und das Schälchen mit in Zitronensauce eingelegten Garnelen. Weil ich diesem unangenehmen nagenden Hunger misstraue und nicht möchte, dass mir übel wird, bin ich vorsichtig, probiere erst die Brotkante, schiebe dann den Fischbelag mit dem Finger weg, um vom Teil in der Mitte zu kosten. Das schwere, süßliche Maismehl hat durch das hineingesickerte Öl ein wunderbares Aroma. Dann die kalten Garnelen, zitronig und fruchtig, und der bittere Salat darunter. Noch besser schmecken mir die fettigen Sardinen, jeder Bissen lässt mich an Fischkutter, Ölzeug und Meer denken, als hätte ich direkt vor mir ein Poster von Portugal, auf das ich schaue. Zwischendurch kontrolliere ich den Ofen, und probiere eines der anderen Brote. Die fruchtigen, runzligen und intensiven Tomatenstücke, der salzigfeine Schinken, der weiße, zerlaufene Käse vermischen sich in meinem Mund zu einer wunderbaren Kombination. Ich trinke etwas Leitungswasser, dann packe ich die Minipizzen auf die Werbebroschüre eines Supermarktes, die ich aus dem Briefkasten gefischt habe. Weil auf dem winzigen Tisch in der Küchenzeile noch die Büchsen und Plastikverpackungen aus dem Laden liegen, glätte ich den Bettenüberzug, pflücke ein paar lange dunkle Haare vom Kissen und setze mich mit gekreuzten Beinen darauf, um sehr langsam die immer noch warmen restlichen Brote zu verspeisen.

Die Käse-Gelee-Brote esse ich zuletzt, sie schmecken süßlich wie ein Dessert. Hier habe ich mit dem Käse nicht gegeizt, ich versenke die Zähne in die zentimeterdicken Stücke, mild und klebrig, zur Mitte hin weich wie Butter. Das ganze kleine, hässliche Zimmer riecht nach meiner Mahlzeit, und wenn ich kurz die Augen schließe, duftet es so fabelhaft, dass ich auch in einem Edelrestaurant sein könnte. Es ist die beste Mahlzeit seit Langem.

Wolf ohne Rudel

I

Dauerregen, der sich nur manchmal abschwächt zum Nieseln, wie jetzt. Wo der Weihnachtsmarkt war, schwimmen abgebrochene Lebkuchenstücke, Goldpapierschnipsel, Lamettareste in den Rinnsteinen. Ich wünsche mir einen Kälteeinbruch herbei, will durch die Straßen laufen, frische, eisige Luft schlucken, mich durchfrieren lassen, bis ich meine Hände und die Haut im Gesicht nicht mehr spüre. Ich will barfuß über weiße Gehwege rennen, bis mein ganzer Körper taub und leblos ist. Stattdessen stehe ich an der Bushaltestelle, und die feuchte Luft scheint mir durch meinen dicken Pullover bis an die Haut zu kriechen. Ich zünde mir eine Marlboro an und schließe beim ersten Zug die Augen. Nach dem dritten werfe ich sie weg.

Der Bus tourt durch die Straßen. Mit leeren Augen sehe ich die Innenstadt an mir vorbeiziehen. Vor Kurzem erst war alles mit Bäumen und Lichterketten geschmückt. Nun, in der zweiten Januarwoche, sieht man nur noch hier und da eine zerfledderte Tanne oder Fichte am Straßenrand liegen und darauf warten, dass die Stadtreinigung sie abholt. Ich lebe wie in einer Blase. Erst habe ich Mutter, sooft es ging, zur Chemotherapie gefahren, dann, als sie sie im Krankenhaus behalten haben, weil ihre Blutwerte so schlecht waren, habe ich sie täglich besucht.

Ich steige am Klinikum aus. Kenne den Weg zur Palliativstation auswendig. Palliativ, das bedeutet ungefähr so viel wie: Danach kommt nichts mehr, kein Patient kommt hier lebend wieder raus. Von den Bäumen tropft es. Jeder Besuch kann mein letzter sein.

In den Gängen hängen Kunstdrucke in Wechselrahmen, Sonnenblumen, in blauem Himmel herumfliegende Liebespaare und ein Geiger auf einem Dach. Vielleicht stellen sich die Krankenschwestern so den Himmel vor, in den sie die Sterbenden entlassen. Es riecht nach Äther und Eintopf.

Auf anderen Stationen sieht man Patienten in den Gängen. Hier nicht. Hier sind die Menschen zu schwach dazu. Einmal habe ich eine Alte getroffen; weißhaarig und vollkommen ausgezehrt, ist sie hinter ihrem Infusionsständer her gewackelt. Sie war im Park gewesen und fand ihre Station nicht mehr.

Das vordere Bett ist leer, Mutter liegt im hinteren, am Fenster. Sie schläft. Ich fasse nach ihrer Hand. Die Frau im Nachbarbett ist vorgestern gestorben. Zuletzt war sie am Bett angeschnallt gewesen, damit sie sich nicht kratzen und dabei versehentlich das Beatmungsgerät herausziehen konnte. Ihre Augen sind aber offen gewesen, weit weg und hellblau. Dann ist sie vom zweiten künstlichen Koma nicht mehr zurückgeholt worden. Lungenkrebs, der schon auf die Knochen gestreut hatte, genau wie bei Mutter.

»Hallo«, sage ich leise. Überlege, was ich ihr erzählen kann, aber es fällt mir nicht viel ein.

Unsere letzten richtigen Gespräche sind schon eine Weile her, sie ist rasend schnell immer schwächer geworden. Hat mich gebeten, mit dem Rauchen aufzuhören, und ich habe geantwortet, dass ich es versuchen kann, aber nicht versprechen. Sie wisse ja, wie das sei. Und sie hat genickt und gelächelt.

»Ich habe Angst, in die Hölle zu kommen«, hat sie einmal geflüstert, »ich war die schlechteste Mutter der Welt. Diese Gier nach Alkohol, das ist doch eine Todsünde, ich habe euch vernachlässigt.«

Ich bin wütend geworden. »Nein«, sagte ich, »ich möchte dich gegen keine Mutter der Welt eintauschen!«

Ich habe zu Hause »Todsünde« gegoogelt: »Die Todsünde ist eine Sünde, die bei vollem Bewusstsein und aus eigenem freiem Willen begangen wird, Mutter«, habe ich ihr bei meinem Besuch am nächsten Tag gesagt. »Das gilt also nicht, wenn du besoffen warst. Du kommst definitiv nicht in die Hölle. Hörst du mich, Mutter?«

Ihre Augen haben gelächelt, aber gesprochen hat sie seitdem nicht mehr.

Ich sitze eine Weile neben ihr am Bett.

Die ganz junge Krankenschwester schaut ins Zimmer. Als sie mich sieht, grüßt sie freundlich. Ich drehe mich rasch weg. Will mich nicht in ein Gespräch verwickeln lassen.

Weil ich weiß, dass Vater und Nicole an diesem Nachmittag unterwegs sind, beschließe ich, in meinem Elternhaus vorbeizuschauen. Ich bin lange nicht mehr da gewesen, habe Mutter immer gebeten, dass sie vor dem Haus auf mich warten solle, wenn ich sie mit dem Wagen abholte, den Zoran nur ausgeliehen hat.

Nicole hat sich inzwischen auch in meinem ehemaligen Zimmer ausgebreitet; meine restlichen Sachen stehen im Keller. Ich öffne die Tür zu Mutters Zimmer, wo niemand etwas verändert hat. Das Tischchen mit der Nähmaschine darauf, das zusammengeklappte Bügelbrett an der Wand, ein Regal mit Büchern. Ein quadratischer Bildband ragt hervor, ich ziehe ihn raus: Großmutters Seligenstädter Klosterkochbuch. Einige Seiten sind mit Lesezeichen gekennzeichnet, ich blättere und erkenne viele Gerichte wieder: das Kasseler im Brotteig, die Rotaugen im Speckmantel, die sie immer mit Spitzkohlgemüse servierte. Und dann mein Lieblingsdessert: die Pfirsichhälften mit Rosmarineis. Auch wenn sie es Vater nie recht machen konnte: In ihren guten Zeiten war Mutter eine fantastische Köchin.

In ihrer Nachttischschublade liegt die dicke schwarze Bibel mit Goldschnitt, in der sie in letzter Zeit oft gelesen hat. Als ich es herausnehme, öffnet sich das Buch von selbst an einer Stelle. Was waren noch mal die Römerbriefe? Ich lese die unterstrichenen Sätze: »Ich tue nicht, was ich will; sondern, was ich hasse, das tue ich. Wenn ich aber das tue, was ich nicht will, so gebe ich zu, dass das Gesetz gut ist. So tue nun nicht ich es, sondern die Sünde, die in mir wohnt.«

Ich klappe Kochbuch und Bibel zu und nehme die Bücher mit, als ich hinausgehe.

2

In kleinen Gruppen stehen die Trauergäste vor der Kirche. Es ist ein geradezu lachhaft schöner Wintertag. Ich schüttele Hände. Umarme Katja und Micha: »Gratuliere übrigens zur Verlobung!«

»Reden wir ein andermal darüber … Es tut mir so leid«, sagt Micha.

Katja neben ihm nickt nur. Was soll man auch sagen? Beide sind schwarz gekleidet; sie sehen fremd aus, älter.

Im Hintergrund sehe ich, wie die neu Ankommenden zuerst Vater und Nicole kondolieren. Meine Schwester, gerade mal dreizehn geworden, bemüht sich seit Kurzem, eine Art Gothic-Braut darzustellen. Sonst ist es mir egal, aber heute finde ich es makaber und wundere mich, weshalb Vater es zulässt. Vor allem ihr übertriebenes schwarzes Augen-Make-up wirkt fehl am Platz; es lässt sie um fünf Jahre älter aussehen und so sympathisch wie eine Friedhofseule. Die anderen Gäste halten Nicoles Aufmachung vermutlich für einen Ausdruck ihrer Trauer. Auch Frau Wohlleben drängelt sich zu Nicole hin und befingert das Schmuckstück in ihrem Ausschnitt: Mutters dicke Goldkette ist ihr natürlich sofort aufgefallen.

»Ich fand es toll von dir, dass du Vera immer zur Chemotherapie gefahren hast, obwohl du doch jetzt in Frankfurt wohnst«, sagt Mutters Freundin Judith.

»Dein armer Vater. Er muss fix und fertig sein«, sagt Herr Krauss. Judith sieht mich von der Seite an.

»Es geht ihm ausgezeichnet«, widerspreche ich. »Wenn er mal traurig aussieht, grübelt er nur darüber nach, woher er jetzt auf die Schnelle eine preiswerte Putzfrau bekommt.«

»Aber nicht doch!«, mischt sich Frau Krauss ein, und ich beschließe, ab jetzt gar nichts mehr zu sagen.

Dabei hätte ich selbst fast geglaubt, Vater trauere. Die vergangenen beiden Tage hat er ungewöhnlich teilnahmslos auf dem Wohnzimmersessel vor dem Fernseher gesessen, in der beigefarbenen Jacke, die Mutter ihm gestrickt hat.

Aber als ich ihm zeigte, was Mutter in der Bibel angestrichen hatte, und sagte, die Stelle würde ich gerne dem Pfarrer für die Trauerrede vorschlagen, sah Vater nur kurz darauf und schüttelte dann den Kopf: »*Die Sünde, die in ihr wohnt?* Kaum zu glauben! Verstehst du wirklich nicht, dass sie jede nur erdenkliche Entschuldigung für ihre Sauferei benutzt hat? Sogar die Bibel, da muss man sich ja schämen. Nein, auf keinen Fall gehst du mir damit zum Pfarrer.«

»Vielleicht steht er unter Schock!« Frau Wohlleben steht nun auch in der Runde und blickt beifallheischend um sich.

Ihr Mann stimmt ihr zu: »Ja, das wird sicher so sein. Das ist normal.« Klar ist es normal, dass man den Tod nicht begreifen kann. Aber manche versuchen es erst gar nicht.

Die Arrestzelle fällt mir wieder ein. Ichbinichbinichbin.

Ich räuspere mich: »Gehen wir rein, ich glaube, es geht los.« Dabei geht gar nichts los, sondern es ist etwas zu Ende. Sogar ich lüge mit jedem Satz.

Die Kirche ist winzig und überfüllt. Mutter hat viele Freunde gehabt, vor allem die Mitglieder ihrer AA-Gruppen sind gekommen. Es ist eine lange Trauerfeier, ich bekomme kein einziges Wort mit.

Dann wird der Sarg herausgetragen, wir erheben uns von den Bänken und folgen ihm. Der Friedhof liegt im Sonnenlicht, eine leichte Brise zieht auf. An einem Grab betet eine alte Frau mit Kopftuch, sie lässt sich von uns nicht stören. Wir folgen den Sargträgern in einem langen Zug. Das gelbe Band auf Mutters Sarg flattert im Wind. In diesem Teil des Friedhofs befinden sich die neueren Gräber. Die flachen, schwarzen Steine erinnern mich an riesige Augen, die Spiegelsonnenbrillen tragen. Auf einer Platte ist das Foto eines vielleicht acht Jahre alten Mädchens befestigt. Der Zug wird langsamer und bleibt schließlich stehen. Am Ende der Reihe, das offene Grab – das ist es. Mutters letzte Ruhestätte.

Der Pfarrer sagt: »Ich bin die Auferstehung und das Leben. Wer an mich glaubt, wird leben, auch wenn er gestorben ist, und wer lebt und an mich glaubt, wird niemals sterben …«

Tot sein.

Vater und Nicole gehen zuerst ans offene Grab. Streuen eine Schaufel Erde darauf. Vaters Jacke ist zerknittert, an Nicoles Stiefeln klebt Dreck.

Durch den Schlafmangel sehe ich alles überscharf. Die flatternden Krähen an der Friedhofsmauer, den glänzenden Käfer, der auf der Schaufel sitzt und seine winzigen Flügel gerade noch rechtzeitig öffnet, um wegzuschwirren, bevor ich ihn mit der Erde ins Grab werfe.

Eine von Mutters AA-Freundinnen schluchzt laut auf und wird sofort von den neben ihr Stehenden umarmt. Die Trauergemeinde zerstreut sich, alle gehen zu den Autos und fahren ins Vereinsheim, wo es Kaffee und Kuchen gibt. Ich fahre den Wagen mit Nicole und Vater darin. Nicole sitzt neben mir. Klappt den Spiegel herunter, um ihr Make-up zu richten.

Vater steigt aus dem Wagen. Dirigiert die Gäste und die heraneilende Bedienung gleichzeitig herum, platziert die Leute nach der Wichtigkeit, die er ihnen zugesteht.

Ich setze mich so weit wie möglich von ihm und meiner Schwester weg. Will keine Torte. Keinen Kaffee. Ich warte darauf, dass die Trauer beginnt, aber ich sehe um mich herum nur fröhliches Gerede und eine Riesenfresserei. Vater verspeist langsam, aber beständig, ein Stück Kuchen nach dem anderen. Ströme von Kaffee fließen. Seine Stimme dröhnt durch den Raum: »Aber was soll's! Im Zweifel für die Angeklagte.« Keine Ahnung, was er mit diesem blöden Sprichwort gerade kommentiert, aber ich bin mir sicher, dass die Bemerkung irgendwie auf Mutter gemünzt ist. Ihr ganzes Leben lang ist sie für ihn die »Angeklagte« gewesen, da konnte sie tun und lassen, was sie wollte. Das behält er einfach bei, schließlich ist es ja auch eine Frechheit, ihm einfach so wegzusterben, anstatt sich weiterhin um den Haushalt und die Gören zu kümmern.

Mir fällt die unbekannte Frau mit der braunen Bobfrisur auf, die deprimiert auf ihren leeren Teller starrt. Ich stehe auf. Setze mich neben sie und beginne ein Gespräch mit ihr, das sie sofort an sich reißt.

»Deine Mutter war eine so tolle Frau. Sie hat mich gerettet. Sie hat mich im wahrsten Sinne des Wortes gerettet. Immer war sie erreichbar für alle aus der Frauengruppe ...« Sie nimmt mit zitternder Hand ihr Glas und trinkt schnell.

Ich schnuppere: »Was trinkst du da?«

»Das ist Cola!« Sie ist sichtlich erschrocken.

»Tatsächlich, nur Cola?« Es riecht deutlich nach Wodka, ihre abstinenten Freunde werden es jeden Moment merken. »Komm lass uns gehen«, sage ich, »wo ist deine Jacke?«

Überraschung blitzt in ihrem Gesicht auf, dann Unsicherheit.

»Komm, ich meine es ernst. Das ist ein guter Grund für einen Rückfall, du hast meine Mutter wirklich gemocht, das sehe ich …«

Unbeachtet von allen verlassen wir die Feier.

Draußen zieht sie einen kleinen Flachmann aus der Handtasche und schüttelt ihn: »Mist, leer.«

Ich muss lachen. Wie sagt Vater immer? Ist der Ruf erst ruiniert, lebt es sich ganz ungeniert.

Der Winterhimmel draußen prahlt mit wolkenlosem Hellblau, Kinder spielen auf dem Parkplatz Fußball. Meine neue Bekanntschaft versucht, sich eine Zigarette anzuzünden. Ich helfe ihr.

Auf dem Weg zum Taxistand mache ich am Kiosk Halt, um eine Flasche Schnaps zu kaufen. Sie sieht mich verwundert an: »Du willst mich nicht davon abhalten?«

»Würde das was nützen?«

Sie lacht. Sie ist nicht besonders hübsch, eher farblos, was durch die dunkle Kleidung nicht besser wird, aber wenn sie versucht zu lächeln, hat sie ein nettes Gesicht.

Ich öffne die Flasche und trinke zuerst, während sie mir mit gierigem Blick zusieht. Ich weiß genau, was ich da tue und warum. Ich will Verantwortung abgeben. Ich will vergessen. Ich lasse sie trinken und küsse sie dann auf den Mund. Schnuppere mit geschlossenen Augen. Wir riechen beide, wie meine Mutter zumeist gerochen hat.

Sie sagt: »Gehen wir zu dir, ja?«

Bis das Taxi kommt, erzählt sie mir lauter unzusammenhängendes Zeug: Wie sie heißt und wie lange sie trocken ist, oder vielmehr war. Und dann kommt das Taxi, und sie steigt schluchzend ein. Der Fahrer hat erst da bemerkt, dass wir schwarz tragen, und zieht die Fahrt über ein angemessen ernstes Gesicht. Ich bezahle, schiebe die Frau raus und schaffe sie in mein Apartment, wo sie sich umstandslos auszuziehen beginnt, sich aber in den schwarzen Sachen verheddert. Ich helfe ihr mit dem T-Shirt. Ein hautfarbener BH kommt zum Vorschein.

Ich ficke sie mit minimalem Gefühl und noch weniger Technik. Sie schreit und japst und gluckst. Tränen laufen ihr über die Wangen, schneiden Linien aus echter Haut in die Schicht aus Make-up. Ich mache mit geschlossenen Augen weiter.

Wir trinken Schnaps und Mineralwasser gegen das Brennen in der Kehle. Sie legt sich in die Ecke, zieht die Decke über sich und murmelt, sie müsse schlafen.

Dann will ich noch einmal, bevor sie einschläft, aber ich kann nicht mehr, und das macht mich plötzlich aggressiv. »Na«, fahre ich sie an, »macht dich das an, auf Beerdigungen rumzusaufen und die Hinterbliebenen anzumachen?«

Sie reagiert nicht, bleibt mit geschlossenen Augen liegen.

»Mann, du hast sie doch überhaupt nicht gekannt«, brülle ich, »und da stellst du dich zur Trauergemeinde, zum engsten Familienkreis, und ziehst da so eine Nummer ab.«

Sie öffnet die Augen. Ich schreie sie weiter an, immer weiter, einfach weil es so guttut.

Sie beginnt zu kapieren, regt sich und sucht auf allen vieren nach ihren Klamotten.

»Ich hau ab«, lallt sie, »ich muss jetzt gehen.«

»Du bist doch total krank. Sauf dich zu Tode, dir kann doch eh keiner helfen«, schreie ich ihr hinterher. Ich gehe zum Fenster und sehe ihr nach. Sie taumelt bei Rot über die Straße; ein Auto bremst und hupt. Dann ist sie weg.

Der Tag nach der Beerdigung ist völlig windstill. Der Betrieb hat mich für zwei Tage beurlaubt wegen des Trauerfalls. Als ich wieder arbeiten gehe, bin ich froh um die Ablenkung. Die Temperaturen steigen bis auf fünfzehn Grad. Drückend schwüle Tage, die Leute sind gereizt, jammern über hohe Ozonwerte, klagen über Kopfschmerzen. Die Stimmung im Betrieb ist miserabel. Hartmann drangsaliert mich, wo er nur kann. Ich habe langsam keine Lust mehr, mir das bieten zu lassen.

3

Ständig ruft Jenna an oder schickt SMS. Ich sperre ihre Nummer. Sie benutzt eine andere. Ich sperre auch die und höre schließlich ganz auf, ans Telefon zu gehen. Reagiere überhaupt nicht mehr auf irgendetwas, auch nicht, wenn Micha und Zoran sich melden.

Ich schwitze, obwohl es nachts stark abkühlt und ich mich nur noch mit einem Laken zudecke. Wenn ich morgens aufwache, klebt mein T-Shirt an mir. Trotzdem mache ich so viele Überstunden wie möglich. Kaufe mir einen Fernseher, vor dem ich bis spätnachts sitze. Dennoch kann ich nicht schlafen. Nicht, bevor ich ein paar Bier getrunken habe. Morgens Amphetamine, abends Bier, so hangele ich mich von Tag zu Tag, es muss das Gift sein, das ich nachts ausschwitze, an Albträume kann ich mich nicht erinnern. In meiner winzigen Wohnung kommt es mir vor als müsse ich ersticken. Werde immer unruhiger und aggressiver. Im Werk bin ich nervös, leicht reizbar. An einem Morgen kanzelt mich Hartmann ab, weil ich einmal zu oft pissen gegangen bin. Diesmal verliere ich die Kontrolle. Wir stehen ein wenig abseits der Halle, keiner sieht uns. Hartmann spuckt mir seine Kippe vor die Füße. Bevor er sich wegdrehen kann, erwische ich ihn direkt am Kinn. Hartmann, der Zweimetermann, hat damit nicht gerechnet, liegt schon am Boden, als er anfängt sich zu wehren. Ich prügele weiter auf ihn ein, er kann nichts dagegen tun. Alles, was sich in mir angestaut hat, der ganze Hass auf ihn und andere, verwandelt sich in Kraft. Dabei bin ich nicht wirklich anwesend, höre nur entfernt die Kollegen meinen Namen rufen. Komme erst zu Bewusstsein, als mich vier von ihnen im Klammergriff halten.

Vor mir liegt, zusammengekrümmt und reglos, Hartmann. Das Gesicht hat er seitlich weggedreht, nirgends ist Blut zu sehen. Jemand kniet vor ihm und sagt: »Wir brauchen einen Krankenwagen.« Die Kollegen lassen mich immer noch nicht los. Ich blinzele, schaue mich um. Um Hartmann und mich herum hat sich ein Kreis von Leuten gebildet. Ich fange den Blick des Chefs auf und weiß, dass ich keine Chance mehr habe.

»Er hat angefangen«, sage ich trotzdem, »er hat mich immer schikaniert.«

Der Chef ist dunkelrot vor Wut und sieht nun seinerseits so aus, als wolle er auf mich losgehen. Ich höre die herannahende Sirene, der Notarzt kommt. Das geht schnell, weil wir im Industriepark einen eigenen haben. Kurz darauf ein Tatütata von weiter her, die Polizei.

Zwei Bullen marschieren auf mich zu. Sie haben da mal ein paar Fragen. Ich zucke nur mit den Achseln. Alles geschieht wie hinter Glas.

Ich werde vorläufig beurlaubt. Abends sitze ich vor dem Fernseher und stelle fest, dass ich die rechte Hand immer noch zur Faust geballt habe. Ich mache mir keine Vorwürfe. Es geht mir wie bei Fips: Etwas, das sich so richtig anfühlt, kann nicht falsch sein.

4

Ich weiß nicht, wie lange ich schon hier sitze und fernsehe, aber seit einer Weile kann ich meine Füße und meinen Schwanz riechen. Vor mir liegt der Brief vom Betrieb. Sie bieten mir »Therapie statt Strafe« an, weil mein Blut positiv auf Amphetamine, Alkohol und wasweißichnoch getestet worden ist. Ich trinke Bier. Ich müsste mal raus und was zu essen kaufen, aber so wie ich das Pech gerade anziehe, würde ich mir beim Überqueren der Straße beide Beine brechen und beim Wegkriechen noch den einen oder anderen Porsche schwer beschädigen.

Im Fernseher jagt ein merkwürdiges Nagetier, halb Eichhörnchen, halb Ratte, durch eine störrische Eiszeitwelt seiner Nuss hinterher. Gerade als das Kerlchen Erfolg zu haben scheint, klingelt es an der Wohnungstür. Ich stemme mich vom Sessel hoch und öffne. Jenna sieht mich forschend an. Ich drehe mich um, lasse die Tür einfach offen stehen. Setze mich wieder hin und schaue weiter. Ein Mammut taucht auf. Es scheint ein Freund des Nagetiers zu sein. Ich fühle Jennas Blick in meinem Rücken.

»Ich … Also, ich habe mich gefragt, was du so machst.« Sie kommt mit vorsichtigen Schritten herein und stellt sich neben den Fernseher, damit ich sie nur ja anschaue. Sie trägt

Hotpants über schwarzen Strumpfhosen und ein Oberteil mit langen Ärmeln, aber freiem Blick auf die Oberseite ihrer Brüste. Ihr Haar glänzt, sie hat sich einen Zopf geflochten. Sich richtig Mühe gegeben und würde jetzt gerne von mir hören, wie hüsch und sexy sie aussieht, doch ich sage nichts. Hefte meinen Blick wieder auf den Fernseher.

»Du hast dein Handy ausgeschaltet.« Ihre Stimme ist leise.

»Stimmt.«

Die Mammut-Rattenhörnchen-Gang erweitert sich um – was ist das, ein Stinktier? Ich lache auf. Trinke einen Schluck Bier.

»Deshalb dachte ich, ich guck mal nach dir …« Sie geht einen Schritt auf mich zu.

»Jenna?«, beginne ich, ohne den Bildschirm aus den Augen zu lassen.

»Ja?« Sie klingt hoffnungsvoll. Erwartet sie, dass ich sie auf einen Fernsehnachmittag einlade? Oder gleich darum, dass sie mir einen bläst?

»Hau ab.« Meine Stimme ist heiser. Es ist schon ein paar Tage her, dass ich zuletzt gesprochen habe. Habe nur Bier und Kippen gekauft und das Geld, ohne etwas zu sagen, dem Kioskmann gegeben.

»Willst du wissen, warum ich mein Handy ausgeschaltet habe? Weil ich meine Ruhe will.«

Sie kommt auf mich zu: »Marten, bitte.«

»Nix da. Du kannst hier nicht einfach reinschneien, wann es dir passt! Ich will jetzt niemandem sehen. Verschwinde!«

»Ich habe mich gefragt, ob ich dir vielleicht irgendwie …« Das klingt, als habe sie Mitleid. Als hätte sie gehört, was geschehen ist. Von wem auch immer. Ich will es nicht wissen.

»Du gehst jetzt raus. Raus hier! Hast du kapiert?«

»Marten, ich will dir doch nur ...«

»Wenn du nicht sofort hier verschwindest, dann brauchst du gleich selber Hilfe.« Jetzt sehe ich sie an.

Als sie weiterhin wie festgetackert dasteht, werfe ich eine leere Bierdose auf sie. Die Dose verfehlt sie nur knapp und prallt an der Wand ab. Das wirkt endlich.

»Ich gehe schon«, sagt sie.

Na also.

»Ach ja, Jenna?«, rufe ich ihr hinterher.

»Ja?« Wieder dieser hoffnungsvolle Ton, der mich rasend macht.

»Die neue Frisur sieht scheiße aus.«

Sie lässt die Wohnungstür offen, rennt nur einfach ins Treppenhaus und klackert dann die Stufen hinunter.

Ich schließe hinter ihr ab. Nehme mir noch ein Bier aus dem Kühlschrank. Sehe mir weiter den Film an. Das Nagetier hat schon wieder seine Nuss verloren.

Später klingelt das Telefon. Zoran. Ich gehe ran. Er hat es schon ein paarmal versucht: »Scheiße, Mann, wo steckst du? Was sollte denn das, du hast dich doch sonst auch immer zusammengerissen!«

»Ich bereue es nicht«, sage ich stur.

»Er wird dich verklagen. Das kostet einen Haufen Geld. Deine einzige Möglichkeit ist, dass du freiwillig eine Therapie machst, dann kriegst du vielleicht sogar deinen Arbeitsplatz wieder.«

»Ich weiß. Hab schon die Einladung bekommen. In drei Wochen geht es los. Zwei Monate, und danach bin ich wieder fit für den Betrieb. Allerdings weiß ich gar nicht, ob ich den Arbeitsplatz noch unbedingt will. Ich würde sagen, eher nicht.« Ich trinke einen Schluck Bier und rülpse.

»Mach es«, sagt er. »Geh in die Reha. Tu so, als machtest

du es gerne und freiwillig – umso schneller kommst du wieder raus.«

»Also, ich glaube nicht ...«, fange ich an.

»Mann, das ist echt gemütlich, ich war auch mal bei so was. Da kriegste Essen gekocht, Massagen, Krankengeld. Ziemlich coole Leute, du machst Kontakte fürs Leben. Kennst hinterher tausend gute Dealer. Oder jemanden, der dir einen neuen Job verschafft. Und die Bräute sind echt scharf.«

»Hm.« Ich nehme noch einen Schluck Bier. Das wirft ein neues Licht auf alles.

5

Wir sind nackt, die Wände auch, das fällt mir erst jetzt auf. Der Verputz ist an den Stellen, an denen die Poster hingen, deutlich heller.

Ich rücke an den Rand der Matratze und taste zwischen Wäsche, leeren Coladosen, Wasserflaschen, Chipskrümeln und sonstigem Müll herum, bis ich den Aschenbecher und das Feuerzeug finde.

»Du hast den dicken Buddha abgenommen.«

Das ist keine Frage, sondern eine Feststellung. Überhaupt scheint mir Einiges zu fehlen: das Fahrrad, die Hi-Fi-Anlage, der Fernseher. Hinzugekommen sind nur die großen, bräunlichen Flecken auf dem orangefarbenen Teppich. Jennas Wohnung ist zur Behausung verkommen. Alles ist, wie ich es befürchtet hatte, eher schlimmer. Endlich habe ich den Aschenbecher gefunden; der Joint ist längst ausgegangen. Ich zünde ihn neu an.

Ich habe meine Wohnung verlassen, wie ich das Gefängnis verlassen habe, mit dem einzigen Gedanken: Nur weg von hier. Doch dieser Ort ist keiner, an den man sich flüchten kann.

Jenna kichert und schmiegt sich an mich. »Dass du gekommen bist. Dass du wirklich da bist.«

»Ja, schon gut. Heul nicht. Nimm, hier.« Ich gebe ihr den Joint weiter.

Als ich in der Tür stand, war sie schon so stoned, dass sie mich erst für eine Erscheinung hielt und die Tür schon wieder schließen wollte. Später erklärte sie mir, sie hätte sich überlegt, dass es doch auch nett wäre, eine Vision von mir bei sich zu haben, zumal eine so deutliche. Nach drei Joints war ich einigermaßen auf ihrem Level und konnte ihren Gedankengängen folgen, mir ihre Liebeserklärungen anhören. Es hatte sich einiges angestaut in ihr: Auch ihre vielen Fragen habe ich beantwortet; inzwischen habe ich vergessen, worum es ging und was ich dazu meinte.

»Wer, Buddha? Ja. Ich hab mich zu oft mit ihm unterhalten. Hat mich ganz kirre gemacht.«

Sie rappelt sich auf. Sperma läuft ihr die Beine herunter, Lippenstiftfarbe rötet ihr Kinn. Man kann ihre Rippen sehen, und ich bin froh, dass von ihren Brüsten überhaupt noch etwas übrig ist. Ihre Finger- und Fußnägel sind blutrot lackiert. Ich frage mich, seit wie vielen Tagen sie nicht mehr aus der Wohnung gekommen ist. Sie dreht den CD-Player leiser, ein kleines, altes Gerät, das ich nicht kenne.

»Wo ist deine Anlage?«

Sie winkt ab. »Ach, die war eh nur geliehen. Hab sie zurückgegeben.« Sie lügt wie immer, ohne rot zu werden. Kann mich sogar ansehen dabei. Vermutlich glaubt sie es selber.

»Willst du einen Shootie?«

»Ja!« Sie öffnet den Mund, und ich blase ihr den Rauch hinein. Sie lässt sich nach hinten auf die Kissen fallen. »Ich will nichts mehr machen im Leben. Nur rauchen und ziehen und mit dir schlafen. Machst du mit?«

»Deswegen bin ich da.« Das ist nicht gelogen. Ich muss ihr ja nicht auf die Nase binden, dass es nur für zwei Wochen ist, bis ich in diese verdammte Reha gehe. Dass ich es einfach nicht mehr allein in meiner Bude aushalte. Schwachsinnige Fernsehprogramme, Tage ohne Anfang und Ende – all das erträgt sich besser zu zweit. Außerdem habe ich eine ganze Weile keine Frau mehr gehabt. Ich nehme den Teller mit dem Speed und bediene mich.

Immerhin hat sie so viel Dope da, dass wir tagelang nicht aus dem Haus müssen, falls wir nicht gerade etwas essen wollen. Was zum Schlafen, was zum Wachwerden. Die CD fängt schon wieder von vorne an. Wir sollten sie demnächst wechseln … Ich schließe die Augen. Ein Lied, noch eins.

Ich gehe zurück zum Bett, lasse meine Hände über Jennas Bauch gleiten, schiebe ihren BH weg, um ihre Brüste unter meinen Fingern zu spüren, und schon habe ich wieder einen Ständer. Fasse sie am Kinn, drücke ihre Lippen auseinander. Sie protestiert nicht, nein, sie freut sich. Lacht glücklich. Wischt sich mit der Hand kurz über das Gesicht und beugt sich über den Teller.

»He, mach mal langsam«, sage ich. »Nachher kippst du noch um.«

»Aahh. Gutes Zeug, was? Was ist, möchtest du über Drehbücher sprechen?«

In diesen Tagen vermeide ich es auf jede erdenkliche Weise, klar im Kopf zu werden.

Wenn ich bei Besinnung bin und Jennas strahlendes und erwartungsvolles Lächeln sehe, wird mir übel, und ich muss nachlegen. Dann kann ich mir einreden, dass all diese Intensität und Hoffnung, nur auf eine Person gerichtet, jeden überfordern würde, nicht nur mich.

Okay, sage ich mir, Jenna liebt mich. Das kann schon sein. Sie sagt, es mache sie glücklich, mir das zu zeigen. Sie wolle sich von mir erniedrigen lassen. Warum soll ich sie nicht glücklich machen?

Was spricht dagegen, ihr zu sagen, was da noch in meinem Kopf schwirrt, unterdrückt, unbeachtet – warum soll ich es nicht herauslassen?

Als ich aufwache und ins Bad taumele, um zu pissen, sitzt eine fremde Frau auf dem Rand der Badewanne. Sie trägt eine Hornbrille, hat die Haare zu einem Dutt geflochten, eine Art Hemdblusenkleid, sehr streng. Hohe Lackpumps. Sie dreht ihr Gesicht zu mir, es ist Jenna.

Wow, denke ich in meinem vernebelten Kopf, sie hat sich alles gemerkt.

»Ich bin die Lehrerin du bist ein kleiner Junge aus meiner Klasse. Du hast bei der Klassenarbeit abgeschrieben, und nun habe ich dich zu mir her zitiert. Habe ich das richtig im Kopf?«

Ich stehe wie angewachsen da, barfuß auf den Fliesen, und nicke.

Sie lächelt: »Und jetzt muss ich dich bestrafen?«

Ich nicke wieder.

Wir sehen fern. Ich trinke Cola, rauche, habe gerade geduscht, ich fühle mich wohl.

Es klingelt. Jenna läuft zur Tür und drückt den Summer.

Ich wundere mich: »Lässt du da gerade jemanden herein? Was soll das?«

»Warte ab.«

Kurz darauf steht ein Mädchen mit roten Haaren in der Tür.

»Wer ist das …?«

»Eine Freundin von mir.«

»Ach so.«

Ja, sicher, es wäre schön, mal zuzusehen, wie zwei Frauen an sich rummachen – wann habe ich das gesagt, gestern? Vorgestern.

»Wie heißt sie?«

»Nenn sie, wie du willst.«

Die nächsten Tage über verwirklicht Jenna meine Fantasien. Aber etwas hat sich verändert, ich kann nicht beschreiben, was es ist, aber immer öfter ertappe ich mich bei dem Gedanken, ich träumte nicht mehr allein. Etwas Brutales hat eingegriffen, ein Schalter wurde für immer umgelegt. Das Wissen darum, dass ich vollkommene Macht über Jenna habe, dass es umgekehrt nicht mehr der Fall ist, lässt mich Dinge wollen, die der schwarzen Seite meiner Fantasie entspringen. Ich spiele den Vergewaltiger. Lasse sie zusehen, wie ich mit ihrer Freundin schlafe und es genieße. Ihr Schmerz macht mich an. Ich nutze sie aus.

Für sie gibt es kein Ziel mehr und kein Entkommen, ich verschiebe ständig ihre physischen und emotionalen Grenzen. Rede mir ein, ich will ihr dadurch zeigen, dass ich nicht gut für sie bin, dass sie mich nicht lieben darf. Ich will ihr doch nur helfen. Wann begreift sie es? Wann sagt sie nein? Ich stoppe erst, als ihr Herzschlag so laut und schnell ist, dass ich selbst in meinem abgedrehten Zustand, völlig weggeschossen, kurz daran denke, den Notarzt zu rufen. Ich tue es nicht, weil ich keine Lust auf den damit verbundenen Ärger habe. Das ist der einzige Grund: Ich bin zu faul.

Wir schlafen. Ich weiß nicht, wie lange. Als ich aufwache, höre ich Jenna unter der Dusche. Sie hat Kaffee gemacht. Ich stehe mit einer Tasse am Fenster und sehe hinaus. Sie kommt zu mir, ein Handtuch als Turban um die nassen Haare geschlungen: »All diese Vollidioten da draußen«, sagt sie, »haben so etwas noch nie erlebt.« Sie öffnet das Fenster. Steht nackt da und schreit: »Frühling!«

»Moment mal«, sage ich: »Welcher Wochentag ist überhaupt? Es ist noch Februar, oder?«

»Ich glaube … Dienstag. Nein, Montag. Willst du jetzt wissen, welchen Monat wir haben oder welchen Wochentag?«

»Das Datum! Welches Datum wir haben!«

»Ach so. Na ja. Keine Ahnung.«

Ich schalte den Fernseher an und suche einen Nachrichtenkanal. Das Datum rechts unten behauptet – ja, genau: Heute muss ich in Erlenbach sein.

»He, was machst du da, wohin willst du?«

»Ich suche meine Sachen.«

Sie sieht mir zu. Wartet auf die Pointe, die nicht kommt. »Das ist … jetzt ein Witz, oder? Du kannst doch jetzt nicht …« Zu fassungslos, um einen Satz zu bilden, steht sie da.

»Ich reihe dich unter die zehn Dinge ein, die ich niemals vergessen werde«, sage ich würdevoll. Schlage die Tür hinter mir zu, als sie zu schreien beginnt.

Zu Hause werfe ich rasch ein paar Kleidungsstücke in einen Koffer für Erlenbach. Ich hätte bis elf Uhr da sein müssen, aber die werden mich schon nehmen. Ich könnte auch von unterwegs aus anrufen und etwas von Stau erzählen. Ich bestelle ein Taxi. Nur weg von hier.

Keine zehn Minuten später klingelt der Fahrer, ich gebe

ihm die Adresse der Klinik. Er sieht mich skeptisch an, aber ich wedele mit einem Hundert-Euro-Schein vor seiner Nase herum, und er beruhigt sich. Hilft mir sogar, das Gepäck in den Kofferraum zu hieven. Ich bitte ihn, das Radio anzumachen. Die ganze Fahrt über starre ich aus dem Fenster in die Dunkelheit.

Ich habe ständig dieses eine Bild von ihr, es stammt aus einer unserer letzten Nächte: ein nacktes, völlig abgemagertes Mädchen, dem Blut aus der Nase fließt und die am ganzen Körper blaue und grüne Flecken hat. Es sieht aus wie die kindliche Priesterin einer obszönen, allen außer ihr völlig unverständlichen Religion.

6

Nach dem Vortrag über die »Gefahren des Mischkonsums« sitze ich mit Uwe, dem Russen und dem Neuzugang, Meier zwei, im Raucherhäuschen vor der Klinik.

»Mann, war der Kerl blöd«, sagt Uwe. »Ich meine, das stimmt doch einfach nicht, was der da erzählt, oder? Dass Kiffen auf Koks nicht gut ist! Das ist doch einfach das Beste zum Runterkommen, oder?«

»Hm«, sagt der Russe und zündet sich eine Kippe an. »Er hat nicht gesagt *nicht gut*, sondern *nicht gesund*, glaub ich. He, habt ihr mal probiert, Koka so ganz dick auf eine Mentholzigarette zu streuen?«

Ich schalte ab. Seit kaum vier Wochen bin ich nun hier und es schon leid, immer nur die gleichen alten Dope-Anekdoten zu hören.

Peter kommt über den Rasen gelaufen. Sein Baseballkäppi

zeigt wie immer mit dem Schild nach hinten. Aus seinem ärmellosen Muskelshirt ragen die Oberarme wie Baumstämme. Wir verbringen hier alle viel Zeit im Fitnessstudio. Er haut mir auf die Schulter: »Gehen wir?«

Peter ist der Einzige, der im Leben draußen schon mal richtig Erfolg gehabt hat, mit einem Club in Frankfurt; ich kenne viele, die schon einmal versucht haben, reinzukommen. Peter bleibt eine Ewigkeit, insgesamt zehn Monate, von denen er gut die Hälfte hinter sich hat. Es macht ihm nicht viel aus, hat er mir erzählt, es hätte schlimmer kommen können. Ein geschickter Anwalt hat ihn auf Therapie statt Strafe rausgehauen, zehn Monate Reha sind besser als ein halbes Jahr Knast, sagt Peter.

Sein Club ist inzwischen geschlossen worden, und er zerbricht sich den Kopf über ein neues Projekt in der Gastronomie, allerdings will er nichts mehr mit dem Milieu zu tun haben: Ihm schwebt ein Restaurant vor. Das mit dem Waffenhandel im Hinterzimmer sei blöd von ihm gewesen, sagt er. Er sei zu gierig geworden. Man könne auch so einen Haufen Geld machen mit dem richtigen Laden. Ich weiß nicht genau, was er da plant, aber er telefoniert viel.

Hinter uns lachen die drei Kumpel wiehernd los. Ich bin mir sicher, dass der Russe Meier zwei gerade erzählt, wie er nach zwei Semestern Chemiestudium das beste Crack überhaupt gekocht hat. Den Teil, in dem ihm sein Labor um die Ohren flog, lässt er wie immer weg. Sobald der Russe fertig ist, kommt Uwe mit seiner Lieblingsgeschichte an die Reihe: wie er einmal, als er noch dauerbekiffter Streifenpolizist war, eine ganze Nacht lang einen gemeingefährlichen Schäferhund verhört hat. Auch bei ihm fehlt ein Teil der Story, nämlich der, dass er mit seiner Dienstwaffe auf den Hund geschossen hat, den Polizeidienst quittieren und es dann bei der ersten einer Reihe von Sicherheitsfirmen versuchen musste, die ihn alle rasch wieder feuerten.

Am Abend koche ich mir im Gemeinschaftsraum Kaffee. Uwe, der Russe, und Meier zwei haben sich zum Skat hingesetzt. Der Russe mischt die Karten, während Meier zwei mit einem Gesichtsausdruck, der mich stark an unsere Abstammung von den Primaten erinnert, auf Uwes Kaffeebecher starrt. Jeder kennzeichnet seinen Thermobecher mit einem Sticker oder dem Namen, auf Uwes pappt der Aufkleber mit dem Osterhasen, den ihm sein kleiner Sohn beim Wochenendbesuch geschenkt hat.

Meier zwei hat zu Ende meditiert: »Du, Uwe, man sagt doch immer: So läuft der Hase, wenn man den Durchblick hat, was jetzt passieren soll, oder?«

»Oder was?«, fragt Uwe.

»Wie: Oder was?«

»Ich hab die Frage nicht geschnallt. Was willst du wissen: Ob man das so sagt oder ob man was anderes sagt? Was ist das überhaupt für eine blöde Frage?«

»Ob man das so sagt, will ich wissen«, sagt Meier zwei.

»Ja, das sagt man so«, sagt Uwe. »Und nun?«

»Ich meine nur, das ist ein komisches Sprichwort. Es weiß doch kein Mensch, wie der Hase läuft. Gerade bei Hasen weiß man es nicht. Die rennen nämlich im Zickzack weg.«

»Sie schlagen halt Haken«, sagt Uwe.

»Also ist das Sprichwort falsch«, erklärt Meier zwei. »Genau darauf wollte ich hinaus.«

»Klar ist es falsch. Der Hase hat absolut keine Ahnung, wohin er läuft. Der rennt einfach, das ist kein besonders schlaues Tier. Kein Hund oder so.«

Beide scheinen sich einig. Schweigen.

Der Russe fragt, ob er jetzt dran sei mit Geben. Keiner beachtet ihn.

Uwe ist etwas eingefallen: »Andererseits … ist das Sprichwort schon richtig. *Die anderen*, die wissen nicht, wohin der Hase läuft. Der Hase selber schon. Der hat einen Plan. Der hat eine Strategie, Mann, der Hase. Deshalb heißt das: So läuft der Hase. Denk mal drüber nach.«

Meier zwei denkt nach. Der Russe teilt die Karten aus, ist dann aber der Einzige, der sich sein Blatt ansieht.

»Ich glaube nicht«, sagt Meier zwei, »ich glaube nicht, dass der Hase eine Strategie hat. Der flieht doch. Der hat sich vor was erschreckt, haut einfach ab und guckt, wo er hinkommt! Deshalb heißt es ja auch Hasenfuß!«

»Und was soll dann ein *alter Hase* sein?«, fragt Uwe. »Na? Der ist nämlich schlau und weiß genau, was er macht.«

»Ja, Mann«, sagt Meier zwei, »*alter Hase*, das ist gut, da hab ich jetzt nicht dran gedacht, echt! Und weißt du, was mir gerade einfällt: Man sagt auch: *Die vermehren sich wie die Karnickel.* Du weißt schon, die Türken und so.«

Jetzt braust Uwe auf, denn seine Freundin ist Türkin: »Das hat überhaupt nichts mit Türken zu tun! Genauso wenig wie Hasen mit Kaninchen. Und nur Assis vermehren sich wie die Karnickel. Das ist eindeutig abwertend gemeint! Bist du ein Rassist, oder was?!«

»Also, Hasen und Kaninchen haben sehr wohl etwas miteinander zu tun …«

Ich nehme meine Tasse und gehe. Das geschieht mir hier jeden Tag aufs Neue: dass ich denke, ich hätte gerade das mit Abstand dümmste Gespräch aller Zeiten mitangehört, und dann belehrt mich der nächste Nachmittag oder Abend eines Besseren.

7

Ich sitze mit Peter in einer der leeren hinteren Reihen des »Patienten-Kinos«, der Leinwand, die jeden Donnerstagabend in der Sporthalle aufgehängt wird, und schaue den Schluss von *Charlie und die Schokoladenfabrik*.

Peter ist schon einige Mal da gewesen und hat mir erzählt, die Frauen von der psychosomatischen Privatklinik in der Nähe kämen auch. Hübsch und wenig Selbstwertgefühl, also leicht zu haben. »Nur die Filme sind halt das Problem«, sagte er, »gehen wir eher gegen Ende hin.« Das mit den Filmen stimmt auf jeden Fall, wie es mit den Frauen aussieht, kann ich nicht beurteilen, da wir uns ja im Dunkeln gesetzt haben. Vor uns auf der Leinwand tanzt Johnny Depp durch seine Schokoladenfabrik.

»Hast du gewusst, dass Johnny Depp sich beim Schauspielern an Marilyn Manson orientiert hat? Manson war seine Inspiration für Wonka!«

»Macht es auch nicht besser«, erwidere ich und lege die Füße auf den freien Sitz vor mir.

»Jetzt gebt doch endlich mal Ruhe«, plärrt eine hysterische Stimme.

Der Abspann läuft, das Licht geht an. Beim Reinkommen habe ich mich gewundert, warum so viele Mädchen sich den Film im Stehen ansehen, ein paar an den Seiten des Raum, einige ganz hinten, obwohl es doch genügend freie Plätze gibt, und Peter hat mir erklärt, das seien die Essgestörten. Stehen verbrauche mehr Kalorien als Sitzen. Die kleine Schar verhungert aussehender Figuren, die sich nun auf den Ausgang zubewegt, gibt ihm recht. Wenn ich mir diese Silhouetten ohne einen Hauch von Frau darin ansehe, kann ich mir vorstellen, nie wieder Sex zu haben.

»Du guckst in die falsche Richtung!« Peter bewegt das Kinn in Richtung einer üppigen Frau mit hennarot gefärbtem Pagenkopf: »Die da!«

»Die fette Hippiefrau? Das ist dein Typ?«

»Quatsch. Ich habe keinen *Typ*, ich probiere immer neue. So eine hatte ich noch nicht – und wer weiß, was es da zu entdecken gibt!«

»Wollfussel vom Selbstgestrickten am BH«, schlage ich vor. »Und wenn du Glück hast, ist der BH selbst aus Eierkarton recycelt …«

»Psst!«

Die Rothaarige steuert auf eine der Hungerkünstlerinnen zu, die erschöpft an der Wand lehnt, legt ihr beschützend den Arm um die Schultern und führt sie hinaus. Von hinten sehen sie aus wie Mutter und Kind. In der Cafeteria suchen sie sich einen Tisch aus, dann sinkt die Kleine entkräftet auf den Sitz. Die Jacke lässt sie zum Aufwärmen an, die lange Mähne fällt ihr ins Gesicht; sie wirkt wie ein Küken, das sich ins Nest verzogen hat.

»Komm, wir hauen ab«, sage ich zu Peter. »Das ist mir zu …«

»Krank«, habe ich sagen wollen, aber Peter hat bereits schwungvoll die Tür aufgestoßen und steuert den Tisch der beiden an. Redet mit seiner Auserwählten, setzt sich und winkt mich heran.

Möglicherweise, denke ich, ist das eine glückliche Fügung, und der Rothaarigen fehlt ein tätowierter Barbesitzer mit guten Kontakten in die Unterwelt auch noch in der Sammlung.

»Darf ich vorstellen, Anne«, sagt Peter. Annes rundes Gesicht strahlt wie die Sonne und nimmt das zentrale Motiv ihrer bedruckten Batikhose auf. »Und das ist Stella.«

Die Dunkelhaarige hebt den Kopf, und ich erstarre.

Stella ... tatsächlich die Stella, die ich gekannt habe. Das Mädchen im Glashaus, die hochnäsige Malerin, die Überfallsküsserin ... Was soll ich jetzt bloß sagen?

Mir fällt ein: »So sieht man sich wieder?«

Stella streicht sich die Haare aus dem Gesicht. Sie ist blass, soweit das bei ihrem Teint überhaupt geht. Sieht jetzt nicht mehr aus wie Pocahontas, sondern eher wie ein Flüchtlingsmädchen aus der Dritten Welt. Ihre Augen sind aber immer noch der Wahnsinn: riesig, blau, mit einem Kranz schwarzer Wimpern.

»Hi, Stella«, ergänze ich.

»Ihr kennt euch?« Peter ist ein guter Beobachter.

»Nicht dass ich wüsste.« Stella klingt so kühl wie ehedem, und wenn ich mir bis eben noch nicht hundertprozentig sicher gewesen bin, jetzt schon.

»Kennen ist übertrieben«, sage ich. »Wir haben als Kinder mal zusammen gespielt.«

»Gemalt«, habe ich sagen wollen, aber das hätte merkwürdig geklungen. »Gespielt« bringt dafür Anne zum billigen Kichern. Stella hat ihre Scheinwerferaugen auf mich geheftet, denkt nach.

»Der Frosch und der Skorpion?«, versuche ich ihr auf die Sprünge zu helfen.

Sie nickt langsam: »Ja. Doch, warte, du bist Marten.«

»Ach. Hat einer den Skorpion gemacht?«, mischt sich Peter ein.

»Wie? Den was? Skorpion?«, fragt Anne.

»Den Skorpion machen, kennste nicht? Sich eine Überdosis setzen? Du bist nicht wegen Drogen hier?«

Während Peter Anne anbaggert, sitze ich Stella gegenüber und weiß nichts Vernünftiges zu sagen. »Wie hat dir der Film gefallen?«, bringe ich endlich heraus.

»Eklig. Mir ist schlecht geworden von all dem Essen. Und

Wonka entwickelt auch noch dieses *Kaugummimenü!* Tomatensuppe, Rinderfilet mit Ofenkartoffeln, Blaubeerkuchen, all die Kalorien in einem einzigen Streifen – stell dir vor, du kaust aus Versehen eines!«

Ich bin verwirrt. Erinnere mich an Rudis Prophezeiung, bei der Tante müsse man ja verrückt werden. Dann fällt mir ein, dass diese idiotische Interpretation des Films mit ihrer Magersucht zusammenhängen könnte, auch keine schöne Krankheit, aber immer noch besser als ein kaputter Kopf. Ich erwidere einfach, dass ich das so nicht gesehen hätte, aber wir seien ja auch spät gekommen.

Anne lacht laut über etwas, das Peter gesagt hat.

Klar, er erzählt von seinem Superclub, davon, dass seine Familie seit Generationen in der Gastronomie tätig ist. Sein Vater sei aus dem Elsass, konnte in Frankreich vor lauter Heimweh kaum arbeiten, und so sei es gekommen, dass Peter schon mit zwölf Jahren die eigentliche Schicht für ihn erledigen musste, halbe Nächte lang kochen. »Ich mache dir den besten Coq au Vin, den du je gegessen hast!«

»Geeerne.« Anne schmachtet ihn an.

Peter wirft mir einen triumphierenden Blick zu – und merkt bei der Gelegenheit, dass das Gespräch an der anderen Seite des Tisches längst versandet ist.

Er haut mir seine Pranke auf die Schulter und lässt sie da liegen: »Mein Kumpel hier, der ist Schlosser. Aber nicht irgendeiner. Der wird nur bei Spezialeinsätzen hinzugezogen, sonst ist er nämlich zu teuer. Wenn es richtig gefährlich wird. Wenn es heißt, jetzt müsste mal einer in diesen radioaktiv verseuchten Tank steigen und die Explosion verhindern, die uns sonst die halbe Stadt um die Ohren haut. So in der Art, stimmt's?«

»So ungefähr, ja.«

»Waaahnsinn.« Anne betrachtet mich plötzlich genauer.

Peter nimmt den Arm von meiner Schulter und wechselt das Thema: »Sagt euch der Name Tobias Rehberger etwas?« Anne und ich schütteln die Köpfe. Dann fällt mir wieder ein, dass das dieser berühmte Künstler ist, der in Peters Club die Möbel designt hat, die Geschichte kenne ich schon. Aber Anne noch nicht.

Von Stella kommt kein Piep, gar nichts. Wer weiß, ob sie überhaupt zugehört hat; sie wirkt mit den Gedanken ganz woanders. Rührt Süßstoff in den Tee und nimmt winzige Schlucke.

Ich trinke meine Cola in einem Zug aus, lege zwei Euro auf den Tisch und verabschiede mich. Draußen fährt mir ein überraschend kalter Windstoß in die Knochen, und ich beeile mich, zurück in die Klinik zu kommen.

8

Peter steht in der Küchenzeile im Gemeinschaftsraum und schneidet Zwiebeln. Uwe und der Russe sitzen an einem der Tische vor dem Fernseher und glotzen abwechselnd die Simpsons und ihn an. Meier zwei liegt auf der Krankenstation, weil er das Sprichwort »Die vermehren sich wie die Karnickel« am Vortag noch weiterdiskutieren wollte und sich als Gesprächspartner ausgerechnet Erol aussuchte – Erol ist Türke aus Anatolien, vier Schwestern, drei Brüder und absolut kein Humor.

»Hi, Marten. Guck mal, wie der Zwiebeln schneidet«, sagt der Russe. »Als hätte jemand die DVD auf Schnelldurchlauf gedrückt!«

»Was gibt es denn?«, frage ich.

»Ragù alla bolognese«, sagt Peter, ohne in der Bewegung innezuhalten.

»Vorhin hieß es noch Spaghetti mit Hackfleischsoße«, meldet sich Uwe.

»Marten, schäl du mal den Knoblauch.«

»Wieso ich?«, frage ich kindisch. Das ist offenbar ansteckend.

»Weil die zwei es nicht *können*.« Peter zwinkert mir zu. »Ernsthaft, die stellen sich vielleicht an – gerade noch, dass sie das Messer richtig rum in die Hand nehmen.«

»Ich blute.« Uwe hebt einen dicken Finger.

»Au weia – nicht mal das hat geklappt?« Peter lacht schallend.

Ich fange das Messer auf, das Peter mir zuwirft, und nehme mir die Knollen vor. Reibe die Möhre, die sich noch im Kühlschrank findet. Gebe Olivenöl in eine Pfanne und stelle die Platte an. Salze und pfeffere das Fleisch und brate es mit Zwiebeln, der geriebenen Möhre und dem Knoblauch kurz auf hoher Stufe an. Schalte dann runter und schütte die Dosentomaten dazu. »Gibt es hier so was wie ein Gewürzregal?«

»Da drüben«, sagt Peter. »Du machst das übrigens gut.«

Ich betrachte die verklebten Plastikdosen und knalle die Schranktür wieder zu. »Keine Muskatnuss, kein Basilikum. Das wird nach gar nichts schmecken!«

Kurz darauf essen wir beide, während der Russe und Uwe wie die Schmeißfliegen unseren Tisch umrunden.

»Ihr kriegt den Rest, wenn ihr hinterher abspült, okay?«

»Deal«, sagt Uwe.

Ich schöpfe mir nach: »Weiß nicht, ob viel übrig bleibt.«

Danach gehen Peter und ich eine Runde spazieren, zum Spiel- und Grillplatz, wo immer noch der Müll der letzten Festlichkeit herumliegt.

Peter hat sich auf eine Schaukel gesetzt, bläst Rauchkringel, malt abwesend mit der Turnschuhspitze Zeichen in die Asche: »Woher kennst du eigentlich diese Stella?«

Ich kicke einen abgenagten Maiskolben in die Luft.

»Hab ich doch gesagt. Wir haben uns als Kinder mal gesehn.«

»Aha.«

»Genau.«

»Kein Thema, über das du reden willst? Ich hab dich zum ersten Mal so nervös gesehen!«

»Ich war nicht nervös. Ich war genervt. Hat das mit Anne geklappt?«

»Und wie!«

»So auf Anhieb, cool.« Es interessiert mich eigentlich nicht.

»Ich hab sie ein bisschen ausgehorcht«, erzählt Peter. »Sie hat gesagt, diese Stella hat Kohle ohne Ende. Annes Kur zahlt ihr Macker, oder Exmacker, das weiß sie wohl selber noch nicht. Ist dazu verdonnert worden. Sie selber ist arm wie 'ne Kirchenmaus. Aber Stella ist so eine Art Millionenerbin.«

»Ja, und?«

»Und sie hat gesagt, die Stella steht total auf dich. Klingelt es da bei dir?«

»Hör auf, Peter. Das ist Schwachsinn.«

»Anne und sie sind echt dicke. Und ich sag dir noch was: Du bist definitiv verknallt in die Kleine. Ich seh das doch! Und ich versteh das. Du, wenn man die mal füttert, ist die richtig scharf!«

»Ich fass es nicht! Du willst sie anpumpen? Sie soll dir ein *Restaurant* finanzieren? Mann, die hat eine *Essstörung*!«

»Nein, eigentlich dachte ich, dass du sie mal ...«

Ich werfe die Kippe weg. Drehe mich zu Peter um und

packe ihn am Kinn, damit ich ihm in die Augen sehen kann: »Wenn ich sage, Stella von Sternberg ist kein Thema für mich, dann ist das so. Dann hast du das zu respektieren. Ist dir das klar?«

Er hebt beschwichtigend die Hände: »Mann, bleib locker, ich wollte doch nur …«

»Nix da. Interessiert mich nicht, was du wolltest. Du fängst nie wieder damit an, über diese Frau zu quatschen! Verstanden?!« Ich verstärke den Druck meiner Hand.

»Hhhhnnn … lassslosssshhm …«

»Wie bitte? Ich will es hö-ren!«

»Ich respektiere das jetzt. Nie wieder ein Wort.«

Ich lasse los.

»Scheiße, Marten, du hast mir fast den Kiefer gebrochen!«

9

»Ich geh später ein paar Kumpel in Frankfurt besuchen, hast du Lust mitzukommen?«, fragt Peter am nächsten Abend.

»Sicher«, spotte ich, »wenn du mir sagst, wie wir dahin kommen.«

»Wie wär's mit dem Wagen?« Peter zieht aus der Jeanstasche einen Schlüsselbund hervor, wirft ihn in die Luft und fängt ihn klirrend wieder auf: »Steht auf dem Parkplatz.«

»Die Autoschlüssel musste man doch abgeben!«

»Hab ich auch. Das sind die Zweitschlüssel. Also, kommst du mit?«

Auf dem Parkplatz deutet er auf einen alten silbermetallicfarbenen BMW. Der Fahrersitz ist frei, doch sonst ist das

Auto so vollgemüllt mit Wolldecken, CDs, leeren Chipstüten und alten Kaffeebechern, dass der Wagen aussieht wie bewohnt – von wem oder was auch immer.

»Und wo soll ich hin? Auf den Dachgepäckträger?«

Peter hängt den Kleiderbügel mit Hemden an der Heckscheibe ab: »Mach dir einfach Platz.«

Wir fahren mit quietschenden Reifen auf die schmale Straße durchs Dorf. An der Ortsausfahrt schleicht uns ein türkisfarbener Golf mit der neuen Therapeutin am Steuer entgegen; es ist die, die neulich in der Gruppe von allen verlangt hat, wir sollen Bäume umarmen – und unseren Namen tanzen – eine Therapieidee, die ich bisher für die Erfindung von Witzemachern gehalten habe.

»Scheiße«, sagt Peter und geht aufs Gas. »Hoffentlich petzt die nicht.«

»Schau auf die Straße, verdammt. Du fährst viel zu schnell.«

»Ja, und? Ich bin auf der linken Spur.« Er fummelt am Radio herum. »Wenn du hier raus bist, was willst du dann machen? Wieder ins Höchster Werk?« Jetzt gibt er Lichthupe. Bremst dann abrupt, weil der Mercedes vor uns partout nicht nach rechts ziehen will. Ich falle ruckartig nach vorne.

»Was weiß ich, sieht so aus.«

»Aha. Hab ich mir schon gedacht. Und wieso, wenn ich mal fragen darf? Macht das Spaß, bist du richtig gut in deinem Job? Kriegst da ordentliches Geld, hast Aufstiegsmöglichkeiten? Nein, siehst du. Mann, du bist zu schlau für so was. Du brauchst eine richtige Aufgabe.«

»Mann, Peter, fahr doch mal gescheit.«

»Ich hab dich beobachtet. Du bist einer von den Winnern. Du musst dir nur überlegen, was du als Nächstes angehst. Pass auf, ich kenne dich jetzt ganz gut. Du hast echt was auf dem Kasten. Ich will dir einen Vorschlag machen. Ich will wieder einen Laden aufmachen. Weniger Club, eher schickes

Restaurant mit Barbetrieb und Veranstaltungen. Und ich hätte dich gerne mit im Boot.«

»Lass mich raten, als Vortänzer? Nein, ich weiß es: als Türsteher!«

»Als Koch.«

»Koch? Ich? Wie kommst du denn darauf? Weil ich eine Bolognese zusammengerührt habe neulich? Außerdem ist das Weiberarbeit, letztendlich.«

»Blödsinn, die Spitzenköche sind alle Männer. Und Bolognese hin oder her: Ich erkenn so was auf den ersten Blick. Du hast es im Blut. Hab mich da noch nie getäuscht. Kannst ruhig zugeben, dass es dir Spaß macht. Außerdem: heutzutage bringt man es nur in einer Arbeit zu was, die einem richtig Spaß macht. Du kannst damit groß rauskommen. Ich beteilige dich am Geschäft. Wir sind Partner.«

Ich suche im Handschuhfach nach Kaugummi oder Zigaretten. Finde stattdessen eine Knarre und spiele damit herum.

»Leg die weg! Meine Güte, willst du wirklich dein Leben lang für 1500 brutto im Monat schuften? Jeden Morgen dieselben Gesichter sehen?«

Ich lege die Waffe zurück ins Handschuhfach und klatsche es wütend zu: »Du machst mir gerade ganz schlechte Laune, Peter. Ich hab keine Lust, noch eine Ausbildung zu machen, und weißt du, warum: Ich hab schon eine.«

»Du brauchst keine Ausbildung zum Koch, höchstens ein Stück Papier, auf dem das draufsteht. Was du brauchst, ist Talent, und bevor wir einen eigenen Laden aufmachen, natürlich Erfahrung in der Küche. Ich sag dir, das ist ein Aufsteigerjob. Die größten Köche der Welt sind übrigens Autodidakten – nicht durch irgendeine Ausbildung verdorben.«

»Und ich sag dir, was ich gehört hab: viel schuften für wenig Geld.«

Ich sehe aus dem Fenster. Am Baseler Platz warten Pendler, Frauen mit Kopftüchern und Studenten auf die Straßenbahn. Ein Stück weiter, am Hauptbahnhof, lehnen sich Taxifahrer an ihre Wagen, rauchen und unterhalten sich. Peter bremst scharf, weil sich die Fußgänger vom Bahnhof zur Stadt kaum um die roten Ampeln scheren, sondern einfach im Pulk weiter nach vorne drücken. Wir stehen. Nach der roten Ampelphase kommt die grüne. Der Pulk rückt weiter. Wir stehen. Peter nutzt die Zeit, um mich weiter zu bequatschen: »Also, du brauchst dich erst mal nur darum zu kümmern, dass du da was lernst. Es dauert eine Weile, bis wir das Startkapital haben und den richtigen Laden zum Pachten, und dann brauchen wir einen Businessplan. Aber wie gesagt, da kümmere ich mich drum. So, jetzt aber ...«

Er schießt los. Vorbei an den Straßen, in denen die Nutten vor den beleuchteten Puffs und Stripbars stehen und brave Familienväter, hinten im Volvo den Kindersitz, im Schritttempo an ihnen vorbeizuckeln. Jeder einzelne von ihnen ein kleiner Sultan, der durch seinen Harem spaziert; Glotzerei und Geilheit lassen sie vergessen, dass sie sich im dreckigen Bahnhofsviertel befinden und für die Mädchen eine Gebühr anfällt.

Peter fährt ins Westend. Was wollen wir hier, im Revier der Banker und Anwälte, Zahnärzte und Geschäftsleute?

Er parkt, und ich folge ihm an einem Bürohaus und einigen Villen vorbei, dann umrunden wir ein schickes Restaurant. Wir landen in einem Hof, in dem schwere, chromglänzende Motorräder neben großen silberfarbenen Abfallcontainern parken. Das Halbdunkel vereint die teuren Maschinen und die Mülltonnen zu einer seltsamen Landschaft aus Metall.

»Komm mit«, sagt Peter, der längst weiter gegangen ist. »Wir nehmen den Hintereingang.«

»Den Hintereingang von was?«

Es riecht plötzlich köstlich nach Fleisch und Gewürzen. Aus beleuchteten Fenstern kommt Geschrei, Geklopfe und Geschepper.

»So, das ist die Küche vom Da Luca. Das Restaurant geht vorne raus, wir sind eben dran vorbei. Und jetzt guckst du mal ganz genau, ob Kochen eine Weiberarbeit ist oder nicht!«

»He, warte mal ...«

Aber Peter drückt schon eine der Türen auf. Schweiß- und Essensgerüche schlagen uns entgegen. Im Nebel aus Hitze und Dampf erkenne ich riesige Gestalten, die mit Stahlklopfern auf große rosa Fleischlappen eindreschen, die sie auf jeder verfügbaren Oberfläche ausgebreitet haben. Es sieht furchterregend aus, auch wenn die Männer lachen und miteinander scherzen, während ihnen der Schweiß in Strömen über das Gesicht läuft. Die meisten tragen zwar nur Unterhemden, aber darüber hängen imposante Gold- oder Silberketten mit Anhängern, teilweise so lang, dass sie störend in Bauchnabelhöhe herumbaumeln, also immer wieder gepackt und in einem Halbkreis um den Körper herum auf den Rücken geworfen werden müssen. Ich muss aufpassen, beinahe hätte mich eine fliegende Madonna am Kinn erwischt.

»Das ist das Kalbfleisch, für Scaloppine«, brüllt Peter. »Komm weiter.«

Wir gehen weiter. Ich weiß nicht, wohin ich zuerst sehen soll: auf die gigantischen, brodelnden Nudeltöpfe, die Körbe mit Zentnern Gemüse darin, die rohe Pasta, die überall zum Trocknen ausgebreitet daliegt. Die Männer hieven schwere Brühtöpfe auf Herdplatten, schleudern ganze Lammhaxen wie Pingpongbälle herum, blanchieren Wagenladungen von Pasta, ohne aneinanderzustoßen. Von den Gerüchen und der Enge einmal abgesehen, erinnert mich das Zusammenspiel an den Industriepark, wenn alle Maschinen laufen: Keine Bewegung zu viel, jeder Griff sitzt. Die Stimmung ist bombig, anscheinend haben alle Spaß, sich mal richtig austoben zu können.

Wir gehen weiter, sehr darauf bedacht, keinem im Weg zu stehen, weniger, um die laufende Choreografie nicht zu stören, sondern eher aus Überlebenswillen. Wollen schließlich weder in ein Messer laufen noch uns die Füße verbrühen.

Hinter einem Grill in der Größe einer Badewanne steht ein vergleichsweise kleiner, gedrungener Typ. Als er Peter sieht, schwenkt er die Pfanne und schreit »Ciao«.

»He, Enrico, zeig meinem Kumpel hier mal deine Hände.«

Der Italiener hält mir seine riesigen Handflächen unter die Nase, und ich begutachte die Landschaft aus vernarbter Haut, frischen Schnitten und wässernden Verbrennungsmalen.

»Das muss doch irrsinnig wehtun«, sage ich.

»Nicht der Rede wert«, sagt Enrico. »Was ist, Peter, soll ich euch einen Imbiss machen?«

Peter nickt: »Zum Mitnehmen, bitte. Wir sind gleich wieder da, ich zeige meinem Kumpel nur noch rasch die letzte Sehenswürdigkeit hier.«

»Bene. Angelo hat gerade Schluss gemacht, seine Mama hat Geburtstag. Er ist hinten, zieht sich gute Sachen an.«

»Wie hat er das hingekriegt? Fischt er die Spaghetti mit den Händen aus dem kochenden Wasser?«, frage ich Peter, während ich neben ihm hertrabe, aber der lacht nur.

Angelo, im Unterhemd, glättet sich mit einer Rasierklinge das Kinn. Auf einem Stuhl neben dem Waschbecken liegt ein frisches weißes Hemd.

Peter grüßt, ansonsten muss er gar nichts mehr sagen, Angelo ist es anscheinend gewohnt, eine Sehenswürdigkeit zu sein. Er hebt von sich aus das Hemd und dreht sich um:

Auf seinem Rücken prangt das Bild einer Madonna, die mit nach oben gerichteten Händen in einer Menschenmenge steht. In bunt gestochen – von einem beeindruckenden präzisen Tätowierer. Am Hals sitzen kleine Engel, die sich bei genauem Hinsehen als geflügelte Teufelchen entpuppen. Die Details, Farben und Ornamente lassen keinen Fleck Haut frei.

»Nicht schlecht, was?«, fragt Peter.

»Nicht schlecht? Das ist die verdammte Sixtinische Kapelle der Hautkunst, Mann!«

Draußen schnappe ich nach Luft und komme mir zimperlich vor. Die da drinnen harren schließlich Stunden in der Hitze aus.

Wir setzen uns ins Auto. Peter erzählt, heute werde im Luca eine geschlossene Gesellschaft stattfinden. »Irgendein schwerreicher Banker feiert, dass er jetzt sechzig wird und immer noch alle abzockt wie ein Jungspund. Das Lokal hat einen erstklassigen Ruf. Berlusconi geht hin, wann immer er in Frankfurt ist.«

Berlusconi? Erstklassiger Ruf? Aber ich widerspreche nicht, denn Peter packt die Tüte aus.

Kurz darauf hat jeder einige in Alufolie gewickelte Päckchen auf dem Schoß, die einen fantastisch würzigen Duft im Auto verbreiten.

»T-Bone-Steaks«, sage ich andächtig. »Ich wusste nicht, dass es die auch in dieser Größe gibt!«

»Bistecca fiorentina«, korrigiert Peter, und dann herrscht für eine Weile Stille im Auto.

Ich spüre meinen Hunger so deutlich, als säße etwas Fremdes, Unheimliches in mir.

Klar, sage ich mir, kein Wunder, ich habe seit fast zehn Stunden nichts gegessen, und jetzt liegt da so ein Teil vor mir, aber dennoch ist es ein Hunger, wie ich ihn vorher nie verspürt habe. Hunger nach Fleisch, Salz und Leben, Hunger nach Stärke, Anerkennung. Hunger auf die ganze Welt.

Ich sehe zu, wie etwas Blut aus dem Steak sickert, sich in der Alufolie sammelt, und fange an zu essen. Reiße das Fleisch mit den Zähnen vom Knochen, schlucke die ersten, innen noch blutigen Stücke fast unzerkaut, werde dann langsamer. Als Beilage hat uns Enrico Süßkartoffelschnitze eingepackt, leicht gesalzen und kross gebraten, Päckchen Nummer drei enthält das Dessert: warme, klebrige Mandelküchlein.

»Ricciarelli«, nuschelt Peter mit vollem Mund. Und dann ist es wieder still im Wagen.

»Na«, sagt Peter, »ist das ein Kick? Mal ernsthaft: Das schießt dir ins Hirn und in die Muskeln wie reinstes Koka, oder? Kann irgendetwas besser sein?«

Ich sehe ihn an; der Vergleich, den er da zieht, stimmt mich nachdenklich, vor allem, weil ich nie auf die Idee gekommen wäre, so etwas wie einen Kick vom Essen zu verlangen, dass ich aber, genau wie er, tatsächlich gerade einen hatte.

»Alles klar?« Peter wirft die Alufolie aus dem Fenster und startet den Wagen. Ich werde davon träumen, denke ich, von gigantischen, brodelnden Nudeltöpfen, von Körben mit zentnerweise Gemüse darin, von selbst gemachter Pasta in allen Formen, die, kaum fertig, sofort in die Gefriertruhe wandert … Und von dieser Mahlzeit. Den Rückweg fahren wir schweigend. Peter sieht mich mehrfach von der Seite an, zufrieden mit dem Ausflug, stolz auf sich und seine Beweisführung.

Später erfahre ich, dass Enrico, Angelo und der Soßenkoch, an den ich mich nicht erinnere, tatsächlich in Verbindung mit der italienischen Mafia stehen. »Frag jetzt nicht, wie«, sagte Peter, »aber im Luca treten die Köche alle zuverlässig zum Dienst an, was sonst nicht immer üblich ist. Dass zweihundert Leute zum Essen da sind und das halbe Team fällt aus – so was kommt gar nicht selten vor«, sagt Peter, »da muss man schon schauen. Die Gastronomie zieht, wie soll ich sagen, Randelemente an.«

10

Stella sitzt mit gekreuzten Beinen auf dem Bett und liest. Als ich hereinkomme, klappt sie das Buch zu: »Ach, Marten, was für eine Überraschung!« Dabei zieht sie möglichst unauffällig ein Kissen über das Stofftier an ihrer Seite.

Ihr Zimmer sieht kein bisschen nach Klinik aus. Es ist etwa dreimal so groß wie die Kabine, in die sie mein Bett gestellt haben, die Bettwäsche ist bunt, und sie darf anscheinend auch die Wände schmücken, jedenfalls hat sie Fotos und Poster angepinnt. Auf einem kleinen Tisch steht ein Blumenstrauß, in den Regalen stapeln sich Unmengen von Büchern. Eine CD von Amy Winehouse liegt auf einer Zeitschrift, was mich wundert. Stella und diese wilde Rockerin mit der einfachen Herkunft, die ihr Privatleben so öffentlich gegen die Wand fährt, das passt für mich einfach nicht zusammen. Jedenfalls, registriere ich zufrieden, ist es ihr trotz Tante inzwischen gelungen, ganz normal zu wohnen, mit Dingen um sich herum.

»Ich habe zufällig Anne getroffen, und sie meinte, du hast Hausarrest und dir ist langweilig, ich soll dich doch mal besuchen.«

Stellas Lächeln verschwindet: »Ach so. Nein, mir ist nicht langweilig. Ich weiß mich schon zu beschäftigen.«

Ich stehe dumm da. Weiß nicht, was das nun bedeuten soll. Störe ich sie beim Lesen?

»Okay … Dann haue ich wieder ab.«

»Tu das.«

»Kein Problem, bis dann.« Ich habe schon wieder die Türklinke in der Hand, da drehe ich mich abrupt noch einmal um: »Ach ja, Stella?«

»Ja?«

»Bist du eigentlich zu jedem so unfreundlich oder nur zu Leuten, die du gar nicht leiden kannst?«

»Nur zu Leuten, die mich besuchen, weil sie jemand *anderes* darum gebeten hat. Meine Tante früher. Anne heute. Zu Leuten, die gar nicht wirklich hier sein wollen.«

Ich lache auf: »Ach so! Nein, da mach dir mal keine Gedanken. Ich komme niemals auf Befehl irgendwohin. Nur, weil ich es will.«

»Oh!« Sie klingt auf einmal verlegen. »Ja, also dann, dann bleib doch. Setz dich. Tu die Magazine einfach auf den Boden.« Sie deutet auf einen Sessel, auf dem Zeitschriften liegen.

Kaum sitze ich, fragt sie nervös: »Es ist ziemlich kühl hier drin, oder? Ich friere den ganzen Tag! Wollen wir uns nicht lieber auf den Balkon setzen? Bisschen Wärme …«

»Klar, warum nicht«, sage ich, obwohl es hier drinnen wirklich nicht kalt ist. Abgesehen davon trägt Stella auch noch einen dicken Pullover.

Sie ist schon draußen und beginnt ungeschickt, die Plastikstühle herumzurücken. Ich helfe ihr, überlasse ihr auch gerne den Platz in der prallen Sonne.

Es klopft. Eine Pflegerin kommt ins Zimmer. Sie trägt ein Tablett, auf dem eine Kaffeetasse, Kännchen aus Silberblech, ein Milchkännchen und ein Stück Streuselkuchen arrangiert sind. »Schwester Amalia«, steht auf ihrem Kittel. »Ach, Sie haben Besuch. Ich bringe noch ein Gedeck.« Sie kommt auf den Balkon, deckt den Tisch und verschwindet wieder.

Stella betrachtet ihr Stück Kuchen, als wäre es ein soeben gelandetes unbekanntes Flugobjekt, von dem sie einen feindlichen Angriff befürchtet. Dann schiebt sie es kurzentschlossen mir hin.

»Bist du sicher, dass du es nicht willst?«

»Ja, klar. Kommt auch gleich noch eines.« Sie seufzt.

Ich schütte sämtliche Sahne aus dem Kännchen in meine Tasse und probiere den Kuchen. Knochentrocken, Privatklinik hin oder her. »Und, wie läuft es so?«, frage ich kauend. »Mästen sie dich hier?«

»Wie du siehst, versuchen sie es.«

»Was den Kuchen angeht, verpasst du nicht viel … Ich möchte natürlich nicht unhöflich sein.«

Sie lacht: »Ist schon in Ordnung. Ja, kommen Sie herein.«

Schwester Amalia serviert erneut und huscht dann aufs Dezenteste weg. Stella nimmt die kleine Gabel und pickt am Streusel herum. »Na ja, ich bin schon etwas dünn … Aber ich hab etwa zwei Kilo zugenommen hier. Sie denken allerdings, es sind fünf.«

»Wie das?«

»Ich trinke zwei Liter Wasser vor dem Wiegen, und wenn ich mich nicht ausziehen muss, tue ich mir Kieselsteine in die Taschen.«

»Himmel«, sage ich. »Solche Tricks haben wir auch, aber in der Regel fliegt das irgendwann auf, oder?«

»Ich weiß nicht. Was für Tricks habt ihr denn?«

»Bei der UK …« Ich beiße mir auf die Lippen, zu spät.

»UK?«

»Urinkontrolle.«

»Aha.« Sie verzieht nicht einmal das Gesicht, ein Gespräch über Urin beim Kaffeetrinken findet sie offenbar nicht außergewöhnlich. Ich erzähle vom Drogenscreening und wie schwer es ist, die Urinproben auszutauschen, wenn man eine Schwester hinter sich stehen hat und die Klotür nicht zumachen darf.

Stella lacht laut auf: »O mein Gott, und ich dachte, wie sie mich behandeln, ist entwürdigend!« Sie sieht fast gesund aus, wenn sie fröhlich ist.

»Da mach dir mal keine Gedanken.«

Wir sehen uns an. Direkt in die Augen. Und etwas passiert zwischen uns – wie ein geheimer Handschlag, ein Code. Der Moment ist so schnell wieder vorbei, dass ich ihn mir auch eingebildet haben könnte.

Ich sage ihr, dass ich sie wieder besuchen komme.

»Oder ich dich?«

»Lieber nicht. Ist nicht so schön. Und man muss sich den Kaffee selber machen.«

Während ich zurückgehe, denke ich darüber nach, was in meinem Leben eigentlich schiefgelaufen ist, dass ich mich inzwischen so gerne unter Verrückten aufhalte. Doch selbst wenn der Weg länger gewesen wäre, auf ein Ergebnis wäre ich wohl nicht gekommen.

11

Samstagnachmittag, Sonnenschein, eine einzige Lichtorgie. Patienten, Besucher und auch die Pflegekräfte, die es einrichten können, sind draußen vor der Klinik, reden, lesen, rauchen oder lassen sich bräunen. Ich gewinne gerade beim Tischtennis, als ich die Durchsage höre, ich solle zur Rezeption kommen.

»Herr Wolf, Sie haben Besuch«, sagt die Frau am Empfang.

Ich sehe mich um: Niemand. Was in Ordnung ist, denn ich erwarte niemanden. Oder könnte Stella …

»Sie ist gerade raus, eine rauchen.«

»Oh.«

Also doch nicht Stella. Draußen hinter der Scheibe steht eine Gestalt in einem schwarzen Minikleid, das kaum den Po bedeckt, dafür aber lange Ärmel hat, und winkt mir zu. Sie trägt hohe Schuhe und hat dunkelroten Lippenstift aufgetragen, der ihr leichenblasses Gesicht hervorhebt. Sie stöckelt zu mir.

»Jenna! Was machst du denn hier?« Das klingt eher bestürzt als erfreut, merke ich selber. Die Rezeptionistin blickt von ihrer Zeitschrift auf und schaut zu, wie Jenna mir um den Hals fallen will und ich sie abwehre, so gut es geht: »Meine Güte, siehst du fertig aus.«

»Oh. Danke.«

»Ernsthaft, Jenna. Was nimmst du denn, um Gottes willen?«

»Mein Gott, hör dich mal an, Marten! Bist du das wirklich? Mann, ich hab dich vermisst und wollte dich besuchen, und du hackst bloß auf mir rum!«

Sie redet viel zu laut, ein paar Mitpatienten im Foyer drehen sich zu uns um. Der Russe und Uwe winken, der Russe hält einen Daumen hoch. »Lass uns ein bisschen spazieren gehen. Hier sind mir zu viele Leute.«

Sie müht sich eine Weile, auf dem Waldweg neben mir herzugehen, und wechselt dann auf die Böschung daneben. Ich mustere sie von der Seite. Auf ihre typische, zerstörte Jenna-Art ist sie immer noch sexy.

Sie bleibt stehen. »Hast du mich nicht auch ein bisschen vermisst?«

»Ach, du, ich hab hier viel Ablenkung.«

Sie schüttelt den Kopf »Warum bin ich nur gekommen?«
Sie nimmt meine Hand. Ihre Finger klammern sich so fest
um meine, dass es wehtut.

Ich winde mich raus: »Um mich zu besuchen. Schau, hier
ist eine Lichtung, da können wir uns hinsetzen und reden.«

»Worüber willst du denn …?«

Sie hat recht, reden ist so ungefähr das Letzte, was ich mit
ihr will.

So, wie sie sich aufgemotzt hat, erwartet sie das auch gar
nicht. Ich küsse sie auf den Mund. Schiebe die Hände unter
ihren Pullover, spüre ihre Hüftknochen, die Rippen, die
Kleinmädchenbrust. »Du bist zu dünn«, sage ich. »Wirklich,
du musst mehr essen.« Ich will den Pullover an den Armen
hochziehen, um zu sehen, ob sie Einstichwunden hat.

»Lass das! Küss mich!«

»Sag mal ehrlich, Jen, drückst du jetzt?«

»Ach, tu doch nicht so, als würde dich das interessieren.
Du rufst nie zurück. Ich bin dir doch scheißegal.« Ihre Hand
wandert in meinen Schritt: »Oh, der da unten, der mag mich
aber noch.« Sie öffnet mein Hemd, küsst meinen Bauch,
knöpft meine Hose auf und holt meinen Schwanz raus. In
ihrem Mund werde ich dann so richtig hart. Jenna nimmt
meine Hand, schiebt sie in ihren Slip, schließt die Augen. Ich
ziehe sie zurück, umfasse ihren Kopf mit den Händen und
drücke sie vor der Bank in die Knie. Bewege ihren Kopf
schneller. Komme.

»Oh«, macht sie.

»Tut mir leid, aber ich habe lange keinen Sex mehr
gehabt.«

Sie strahlt. Geht vermutlich davon aus, dass wir noch den
ganzen Tag vor uns haben.

Ich halte ihr meine Zigarettenpackung hin.

»Danke.« Ihr Lippenstift ist verschmiert, in einer Haarsträhne klebt Sperma oder Spucke. Wenn sie sich so in den Bus setzt und heimfährt, sieht jeder sofort, was sie gerade gemacht hat; sie könnte sich auch Nutte auf die Stirn tätowieren.

Wir rauchen.

»Bei wem kaufst du?«

Sie hustet. »Ein Neuer, so ein Italiener, kennst du nicht.«

»Sei vorsichtig, Jenna, mehr sag ich nicht.«

Sie will aus der Bemerkung heraushören, dass mir doch noch etwas an ihr liegt. Küsst mich am Ohr, wandert mit der Hand unter dem Hemd meinen Rücken entlang: »Du, wenn du drauf sein willst und noch mal – ich hab ein bisschen was dabei.«

»Nett von dir, aber nein, danke.«

Das gefällt ihr nicht, aber sie lässt es erst einmal auf sich beruhen. Ich kann meine Meinung schließlich ändern. Das kennt sie von sich gut genug.

»Ach, übrigens, ich hab wirklich angefangen.«

»Tatsächlich? Womit?« Ich hoffe, nicht allzu skeptisch zu klingen. All ihre Projekte und Zukunftsideen: Erst muss sie aufhören, von Kokain und Tabletten zu leben, dann erst kann sie mit etwas anfangen, egal womit. Andersherum wird es nichts.

»Mit dem Buch, das ich schreibe!«

»Sehr schön, Jenna.« Es macht mich traurig, wie sie mit allen Mitteln mein Interesse an ihr wecken will.

»Willst du nicht wissen, worüber?«

»Doch, natürlich«, erwidere ich lahm.

Sie lächelt triumphierend. Macht es spannend. Erst fummelt sie ihren kleinen Kosmetikbeutel aus der Tasche, entnimmt ihm Taschenspiegel, Röhrchen und Stoff. Sieht kurz auf, mir direkt in die Augen, lächelt, bevor sie sich darüber beugt. Was noch an der EC-Karte klebt, leckt sie weg. Eine lange, dicke bläulichweiße Line liegt noch auf dem Spiegel.

»Wahrscheinlich handelt das Buch von dir«, sage ich und verbiete mir, auf die Line zu starren, doch ich kann an nichts anderes denken: Nimm sie, Marten, dann hast du augenblicklich blendende Laune und noch ein paarmal Sex, zieh sie dir einfach rein, was erwartet dich heute schon noch groß. Kegelabend mit der Gruppe? Der macht dann auch mehr Spaß. Außerdem: Du tust Jenna einen Gefallen, dann pumpt sie es sich nicht selber rein ... »Jetzt sag schon! Worüber ist das Buch?«

Sie zögert, sieht auf den Spiegel, zuckt mit den Achseln. Dann halt nicht. Dann ist der Rest eben für sie selbst. Sie stöhnt leicht auf vor Schmerz, drückt sich die Nasenflügel zu. Blutet sie? Nein, das macht sie nur, damit kein Krümelchen rausfällt. Mit flatternden Händen packt sie die Utensilien wieder zurück in die Tasche, muss mehrfach ansetzen, weil der Reißverschluss des Kosmetikbeutels sich ständig verhakt. Dann hat sie es geschafft, lächelt selig. Sie hat vergessen, worüber wir uns eben unterhalten haben, da bin ich mir sicher. Sie ordnet ihre Beine neu, auch das dauert. Schneider- oder Fersensitz, sie kann sich nicht entscheiden. Dabei ist die Entscheidung doch so wichtig!

Ich kann es nicht mehr mitansehen: »Du wolltest mir gerade sagen, worüber du schreibst.«

»Genau! Stimmt! Schau, jetzt sitze ich wenigstens ganz bequem, und ich muss endlich meine Schuhe wieder anziehen, wo sind die denn? Ich schreibe natürlich über dich!«

»Oh!«

»Und mich auch, klar, aber im Mittelpunkt bist du!«

»Soll ich mich darüber jetzt freuen?« Ich muss an Mutters

AA-Frauen denken, die wollten auch immer ein Buch schreiben. Weil sie ihr eigenes Leben so blitzspannend finden. Dabei interessiert sich kein Schwein dafür.

»Na, da staunst du!«

»Allerdings.«

»Und, was sagst du? Ich könnte uns sogar ein glückliches Ende geben! Oder ein so trauriges, dass alle heulen müssen, die es lesen.«

Nichts. Ich sage dazu gar nichts. »Tja. Ich frage mich, wie das gehen soll? Du kennst mich doch gar nicht. Ich meine, wie ich mich sonst verhalte. Wenn ich mit anderen zusammen bin.« Ich seufze. Bin es leid, hier im Gras zu sitzen. Und bekomme langsam Hunger.

»Oh, ich denke schon, dass ich dich gut kenne. Wir haben ja nächtelang geredet. Ach, das war schön …« Sie rutscht auf den Rücken, sieht in die Wolken: »Beim Schreiben traut man sich, Gefühle zu haben und die Wahrheit zu sagen, über seine Ängste und Hoffnungen und überhaupt … Ach, und den Rest denke ich mir einfach aus. Ich habe mir so'n Ratgeber, wie man Romane schreibt, gekauft. Die Perspektive ist wichtig, steht da drin, und …«

Langsam reicht es mir: »Tu, was du willst. Aber nach dem Entzug. Sonst garantiere ich dir hundertprozentig: Da wird nie, nie, nie was draus!«

»Doch, doch, du wirst sehen!«

»Ach herrje.«

Sie rappelt sich auf. Wirkt erst überrascht, dann wie vernichtet.

»Ich hätte nicht herkommen sollen«, sagt sie und wartet darauf, dass ich ihr widerspreche.

Ich trete meine Kippe aus.

Sie ändert die Taktik: »Du, Marten. Ich will schon aufhören. Nur, weißt du, ich bräuchte einen *Sinn.* Wenn ich einen Sinn sehe, dann höre ich heute Abend auf, versprochen. Wenn du mir ein Kind machst, ja, das wäre ein Grund. Dann hätte ich auch etwas von dir! Stell dir vor, wie wunderbar das wäre, ein Kind! Etwas, worum ich mich kümmern kann. Einen *Grund* …«

»Nein«, sage ich, nur um das Geschwätz zu unterbrechen, das zur Endlosschleife zu werden droht.

Das Wort hängt klar und hart in der Luft.

Sie bewegt sich nicht mehr neben mir. Scheint sogar den Atem anzuhalten. Die Sonne strahlt durch die Baumwipfel auf uns herunter. Ich zupfe an einem Faden an meiner Jeans.

Nach ein paar Minuten steht Jenna auf. Sie hat Tränen in den Augen: »Du Arsch«, sagt sie leise. »Ich geh ja schon. Hab's kapiert. Du verdammter, verdammter …«

»Ich bringe dich zum Bus.« Ein Blick aufs Handy: »Wenn wir uns beeilen, kriegst du noch den Bus um sieben nach.«

»Oh, mach dir keine Mühe!« Jetzt strömen ihre Tränen nur so herunter. Sie dreht sich um. Setzt sich, o Wunder, wirklich in Bewegung.

»Jenna, wenn ich dir noch einen letzten Rat geben darf …«
Sie bleibt stehen, mit dem Rücken zu mir.

»Lauf nicht schneller, als dein Schutzengel fliegen kann.«
Darauf sagt sie nichts. Sie fängt an zu rennen. Alle paar Meter knickt sie in den hohen Schuhen um, aber sie rennt weiter.

Dieses Mädchen, sie ist doch nicht immer so labil gewesen, nicht, als wir uns kennenlernten, oder? Ich balle meine Hand zur Faust. Selbst wenn sie es war, drängt sich trotzdem der Gedanke auf, dass ich ihr den Rest gegeben habe.

Ich beeile mich, in die andere Richtung zu gehen. Will nicht sehen, wie sie fällt.

Ich laufe und laufe. Als ich nicht mehr kann, setze ich mich mit dem Rücken an einen Stamm. Scheiße.

Ich erinnere mich an meinen letzten Besuch bei ihr. Ich hab es ihr doch leicht gemacht, mich abzuschreiben.

All das Liebesgesäusel und das Gerede von der Ewigkeit. Natürlich habe ich das auch empfunden, klar, Ewigkeit in Form von Geilheit, der endlose goldene Fick. Ich kann verstehen, dass sie sich wünscht, wir hätten das alles nie erlebt. Aber dass sie immer noch glaubt, wir könnten ein Paar sein? Nach alldem, was ich zuletzt von ihr verlangt habe? Dass sie weiterhin behauptet, ihr würde ohne mich immer etwas fehlen, jeden einzelnen Tag im Leben? Sie lässt es auf diese Weise nicht zu, dass die Erinnerung verblasst; sie lebt darin. Und ich bin der Letzte, der sie da irgendwie rausholen kann.

Ich habe schon genug Schaden angerichtet.

»Wer war das denn?«, fragt Peter am Abend. Er hat Anne in sein Zimmer geschmuggelt und mich bei der Zigarette danach vom Fenster aus gesehen.

»Niemand«, sage ich. »Bekanntschaft von früher. Wir haben paarmal gefickt, aber jetzt ist Schluss.«

»Und deshalb reist sie hier an?« Er sieht mich an.

»Mhm.«

»Na, immerhin durfte sie dir noch einen blasen«, sagt Peter. »Ich seh's dir an.«

»Sie übertreibt es mit dem Stoff, sie war echt mal richtig hübsch.«

Peter raucht und sagt: »Eine Freundin von mir hat den Skorpion gemacht, ist schon eine Weile her. Aus Versehen, glaube ich zumindest. Tolle Frau, Model, ganz schlank – ich hab echt Schuldgefühle gehabt ... Ich meine, ich war es, der sie angefixt hat, aber wer hätte ahnen können, dass sie so drauf abfährt ... O Mann, sie hat es *geliebt*. Speed, MDMA und Alkohol – wir sind kaum noch aus dem Haus. Einmal hat sie auf dem Laufsteg Nasenbluten gekriegt, aber das stört da wohl keinen, da im Modebetrieb. Einmal bin ich abends ein paar Stunden weg, Geschäfte erledigen, und dann war sie da auf dem Sofa vor dem Fernseher, der lief noch. Plötzlicher Herztod. Sah aus, als würde sie nur schlafen, sie lag einfach nur da, und es lief immer noch *Sex and the City*.«

»Wie alt war sie denn?«

»Gerade sechsundzwanzig. Für ein Modell auch nicht mehr taufrisch.«

»Scheiße.«

»Ja, klar. Aber weißt du, Mann: Sie war erwachsen. Sie musste für sich selber entscheiden. Ich habe ihr immer gesagt, sie soll was essen. Und niemals Alkohol auf Amphetamine. Sie hätte einfach auf mich hören sollen.«

12

»Sie ist im Atelier«, sagt die Pflegerin, die den Flur entlangkommt und mich an Stellas Tür klopfen sieht. Es ist eine andere als neulich, »Schwester Frauke« laut Ansteckschildchen, aber sie ist ebenso freundlich wie ihre Kollegin letzte Woche. »Gehen Sie doch hinüber und besuchen sie!« Sie zeigt mir den Weg zu einem anderen Gebäudeteil.

Ich weiß nicht, was ich erwartet habe – Ergotherapie wie bei uns drüben, eine Gruppe, die zusammen irgendwelche Plakate bepinselt oder Collagen macht, so etwas in der Art. Aber es ist ein richtiges Atelier, mit großen Fenstern, und Stella ist allein. Steht vor einer Staffelei und zuckt zusammen, als ich hallo sage.

»Ich erschrecke dich *immer*!«

»Bin halt der schreckhafte Typ. Warte, ich mache das

Fenster auf. Nach einer Weile riecht man die Farbe nicht mehr ...« Sie lacht, wischt sich die Hände an dem beklecksten grünen Kittel ab und geht zum Fenster. Ihre Haare sind zu einem losen Knoten hochgesteckt, einige lange Strähnen haben sich gelockert und kleben vorne in den Farbresten auf ihrer Brust.

Ich betrachte das Bild auf der Staffelei. Die frische Farbe glänzt fettig. Ein Vogel – das heißt, ein Stück von ihm, er kommt von rechts oben ins Bild geflogen. Viel Grün und Blau, wenig helles Grau und etwas Rot.

»Ist das Ölfarbe? Schön ...«

»Sieh dich ruhig um.« Sie geht zum Waschbecken und säubert sich die Hände.

Auf den anderen Bildern ist es voller. Fröhlich. Straßenszenen. Kinder, Tiere. Nette Tiere, Hunde, Katzen, Papageien und einmal ein Pferd. In der Masse wirkt es etwas überladen, die Heiterkeit unecht, fast wie eine Parodie. Ich sehe mir das Pferd, das auf einer Straße in der Sonne steht, genauer an: In der Tat, es wirft keinen Schatten.

»Ja, das Malen, ich habe das immer gemacht, als Hobby eigentlich. Jetzt überlege ich, ob ich mal eine Mappe machen soll.«

»Eine Mappe?«

»Ja. Damit kann ich mich bei Kunstakademien bewerben. Man muss irgendwie etwas Besonderes machen, seinen Stil haben, keine Ahnung.«

»Du hast doch Stil. Diese vielen Farben und – die Tiere werfen keine Schatten ...«

»Keine – Schatten? Meinst du das metaphorisch?«

»Nein, einfach Schatten. Wenn ein Pferd in der Sonne steht, schau, der müsste hier sein ...«

Stella wirkt auf einmal nachdenklich: »Hm. Da hast du was gesagt. Puh, ich weiß auch nicht. Du hast sicher recht ...«

»Das da ist ganz toll.« Um sie abzulenken, deute ich auf ein Bild, das nur so groß ist wie ein Schulheft. Es zeigt ein Haus, so durchsichtig, dass man die Bäume und Felder dahinter sehen kann – auch die sind wieder sehr farbig, aber nur in Grün- und Gelbtönen gemalt. Das Ganze fängt auf zauberhafte Weise die Stimmung ein, die das Gebäude damals für mich hatte: Es wirkt auf mich wie eine Szene aus der Zukunft.

»Es sieht ein bisschen aus wie das Haus deiner Tante. Wohnt sie noch dort?«

Sie schüttelt den Kopf. »Sie ist in einem Pflegeheim. Aber ihr Haus war nicht *ganz* gläsern. Das kam dir als Kind nur so vor. Alle sagen das, komisch!«

»Es *war* gläsern«, widerspreche ich ihr, »und es hatte genau deswegen diese spezielle Kubus-Konstruktion in der Mitte. Es war unheimlich.«

»Ich hatte schon meine Verstecke.«

Stella wirkt plötzlich gereizt. Sie hat während des Gesprächs ihren Malkittel ausgezogen. In ihren weiten schwarzen Sachen ist sie wieder ein Strich in der Landschaft. Nervös zieht sie die überlangen Ärmel über die Hände. Will so wenig Haut wie möglich zeigen. Ich bin mir sicher, dass das Glashaus schuld ist, dass sie es dermaßen hasst, angesehen zu werden. Ein weiterer Körper zu sein, der dem Raum ausgeliefert ist. »Vielleicht willst du deshalb verschwinden. Weil du in diesem Glashaus aufgewachsen bist.«

»Verschwinden?«

»So dünn sein.«

Sie wendet sich ab: »Ich kann es nicht leiden, wenn jemand, der mich gar nicht kennt, sagt, wie ich bin.«

Ich beiße mir auf die Lippen: »Das tut mir leid. Das muss an diesen ganzen Therapiesitzungen liegen, da fängt man auch an so zu denken. Ich möchte dich nur verstehen.«

»Sag mir lieber, was mit den Bildern nicht stimmt – außer dem Schatten des Pferdes. Die Psychofritzen hier stehen drauf, weil es so lebenszugewandt ist. Lebenszugewandt! Das reicht nicht. Das reicht, verdammt noch mal, nicht. Eine Mohrrübe ist auch *lebenszugewandt*!«

Ich denke nach: »Dein wirklicher eigener Stil wäre vielleicht dunkler. Schau dich selbst an. Du könntest den Leuten auch einfach etwas mehr Platz lassen. Wie zum Beispiel dieser Typ, der immer leere Bars und Tankstellen malt ...«

»Hopper.« Sie runzelt die Stirn. »Du magst Hopper?«

Ich zucke die Schultern. Gebe zu, dass ich keine Ahnung von Kunst habe, das sei nur so eine Idee: »Mal dich doch mal selber. In schwarz. Oder deine Eltern ...«

Sie lacht irritiert und wechselt das Thema: »Du hättest mich übrigens schon früher besuchen können.«

»Ich war beschäftigt.«

»*Beschäftigt*?« Sie zieht eine Augenbraue hoch. »Womit denn?«

»Dies und das.«

»Na, sieh an. Lass uns ein Stück spazieren gehen. Vielleicht krieg ich irgendwie aus dir heraus, womit!«

»Kannst du. Aber später, ist alles noch nicht spruchreif.«

»Spruchreif, soso. Mister Geheimnisvoll!«

Sie zieht sich einen Mantel über. Langsam frage ich mich, was sie anzieht, wenn es mal wirklich kalt wird. Er umflattert sie wie ein Cape, ich denke: Minnie Mouse spielt Graf Dracula, und habe Lust, ihr den Arm um die Schultern zu legen.

Wir biegen in den Weg direkt hinter der Klinik ein. Ich frage mich, wie viele Kilometer ich in diesem Wald schon gelaufen bin. Es hat mich nie gelangweilt. Das Licht, das durch die Bäume fällt, ist fast durchsichtig, die Fragmente des Himmels zwischen den Wipfeln weiß und blau. Meine

Gedanken sind leicht, jeder Schritt, den ich mache, wird vom Waldboden weich abgefedert. Ich versuche, mein Tempo Stellas anzupassen, die sich wieder sehr langsam bewegt. Keine Ahnung, ob ihr das bewusst ist oder ob ihr Körper das automatisch macht, um Energie einzusparen. Der Wind rauscht um uns herum, die milde Luft verbindet uns mit den Bäumen, und ich muss auf einmal daran denken, wie es wäre, sie noch einmal zu küssen. So wie damals der Kinderkuss, ihr Mund frisch und angenehm warm? Auch ihr Geruch würde mich interessieren. Wie es wäre, wenn ich zu ihr unter die Decke schlüpfte, mich an ihren nackten warmen Körper schmiegte, würde ich dann hart oder …

»Marten, mir ist gerade was eingefallen. Kannst du mir mal was nach einem Entwurf zusammenschweißen?«

»Was willst du denn *zusammengeschweißt* haben?«

»Ich weiß noch nicht, was. Ein Objekt. Es wäre nur eine Möglichkeit, für die Kunstschule. Man kann sich auch für Bildhauerei bewerben, weißt du.«

»Klar aber – muss man das nicht selber machen?«

Sie schüttelt den Kopf: »Erst wenn man in der engeren Wahl ist. Dann kriegt man die Materialien gestellt und muss vor den Prüfern direkt was bauen. Meistens aus Holz oder Ton. Wenn ich aber vorher was aus Stahl einreiche, das richtig super ist … Es kommt auf die Originalität an. Marten, ich glaube, das ist eine tolle Idee! Ich hab ja noch zwei grässliche Monate hier …«

Ihre Begeisterung macht mich verlegen. Ich schaue auf mein Handy: »Lass uns umkehren, ich hab noch Gruppe.«

»Oh, natürlich. Du, ich freu mich so! Ich fange gleich mit ein paar Entwürfen an. Es dauert sicher eine Weile, aber …«

»Kein Problem. Lass dir Zeit.«

Mein Zimmer kommt mir nach dem Besuch bei Stella winzig und verwohnt vor. Das Bett nimmt fast die Hälfte des
Raumes ein, ein wackeliges Ding mit einer Holzablage am
Kopfende und einer ekelhaft weichen Matratze. Die plü-
schige gelbe Tagesdecke riecht nach toten Urgroßeltern, obwohl ich sie ein paarmal hintereinander gewaschen habe. Ich
kann mich nicht entscheiden, ob es mir gefällt, dass Stella
mich in ihre Kunst einbeziehen will, oder ob ich mich ausge-
nutzt fühlen soll.

Ich gehe die anderen suchen und finde sie im Fernseh-
raum, es läuft *Das Omen*. Sie sind an der Stelle, wo die Frau
des US-Botschafters eine Totgeburt erleidet und man ihr
einen falschen Sohn unterjubelt, als einer der Pfleger auftaucht: »Horrorfilme sind verboten. Entweder Sie sehen
sich etwas anderes an, oder ich lasse den Raum abschließen.
Wer hat die Fernbedienung?«

Sobald er sich verzogen hat, schalten wir natürlich zurück, doch er taucht nach einer Viertelstunde erneut zur
Kontrolle auf. Daraufhin setzt Uwe sich als Wachposten an
die Tür, aber nach zwei Fehlalarmen haben die meisten die
ständige Hin- und Herschalterei satt und verziehen sich
zum Rauchen nach draußen.

»Ein typischer Abend für dieses Irrenhaus«, sagt Peter.

Wir stehen ein wenig abseits von den anderen, fast am
Waldrand.

»Stella malt!«, sage ich.

»Mit irgendwas müssen die höheren Töchter sich ja beschäftigen.«

»Du hast das gewusst?«

»Anne hat es erzählt, ja. Sie findet es – na ja, nicht so toll.«

»Ich dachte, wenn du mal wieder ein Lokal hast und da
diesen Thorsten Reibach ausstellen kannst, oder wie der andere hieß, dann geht es vielleicht auch für …«

»Tobias Rehberger. Mann, du bist echt verknallt in die, oder? Pass auf, ich sag nicht nein, aber ich muss erst mal die Hardware ans Laufen bringen vor den Extras. Das ist ein Geschäft, kein subventionierter Kindergarten. Okay, da fällt mir ein: du machst ja gar nicht mit! Oder hast du es dir endlich anders überlegt?«

Ich sage nichts.

»Okay, immerhin denkst du anscheinend über das Projekt nach. Mehr will ich ja gar nicht.«

13

»Man könnte meinen, es ist Hochsommer, dabei haben wir gerade mal April«, begrüßt mich Stella, die am See auf mich gewartet hat. Sie trägt einen Pferdeschwanz, einen dunkelgrauen Pullover und einen weiten schwarzen Rock. Hinter ihr, im Wasser, gibt ein Schwanenpaar dem Nachwuchs Schwimmunterricht.

»Lass uns spazieren gehen. Irgendwo ins Dorf in ein Café. Ich will ein Stück guten Kuchen essen«, schlägt sie vor.

»Kuchen essen? Das nenne ich mal einen Fortschritt.«

»Genau. Mit fünf Kilo mehr kann ich mich hier verabschieden«, sagt sie, »da beeile ich mich besser mal.«

Tatsächlich bestellt sie sich Obstkuchen mit Sahne – und dazu eine heiße Schokolade. Isst langsam und vorsichtig und nippt dazwischen an der Tasse.

Ich trinke schwarzen Kaffee und beaufsichtige ihre Mahlzeit.

Sie schaut mich kurz an, dann wieder nach unten. Ihre Augen glänzen.

»Weinst du jetzt wegen der vielen Kalorien, die du da in dich hineinstopfst?«

Sie grinst: »Blödmann, ich schaue gegen die Sonne.«

»Dann ist es ja gut.« Ich verrücke den Tisch, sodass wir nicht mehr einander gegenüber-, sondern nebeneinandersitzen. Nehme ihre knochige Hand in meine. Streichele mit einem Finger ihren Handrücken. Sie lässt es zu. Erwidert den Druck sogar leicht.

Als sie fertig ist, sieht sie mich an: »Was erwartest du eigentlich vom Leben, Marten?«

»Was ist denn das jetzt für eine Frage?«

Sie zuckt mit den Schultern: »Wollte ich die ganze Zeit schon stellen.« Ihre großen dunkelblauen Augen sind auf mich geheftet. Prüfend, als ob es eine richtige und eine Menge falsche Antworten gebe.

»Puh, du stellst Fragen … Lass mich nachdenken. Eine gute Arbeitsstelle natürlich. Eine, die auch mal Spaß macht. Nette Kollegen.«

Sie wartet.

Ich füge hinzu: »Ein Haus vielleicht, eine Frau, Kinder. Ein Auto. Einen Grillplatz und Schaukeln im Garten. So was in der Art. Eine glückliche Familie.«

»Ernsthaft? Das sind ja keine großen Erwartungen!« Sie lacht laut auf. Was sie wohl vor sich sieht? Ein zu neues und zu nacktes Haus, beige Steinplatten, Möbel ohne jeden Charme? Neue elektronische Geräte, Staubsauger, Mixer, die in der kalten Küche auf den Einsatz warten? Einen ständig laufenden Fernseher, im Garten ein aufgeblasenes Schwimmbecken für die Kinder, das billige aus der Lidl-Broschüre? So in der Art vermutlich.

Das Verlangen, das ich bei unserem Waldspaziergang hatte, ist verschwunden. Ich ziehe meine Hand weg: »Das ist gar nicht so wenig, was ich vom Leben will. Glaubst du denn, es gibt viele glückliche Familien? Kennst du eine einzige?« In Wahrheit fällt es mir unglaublich schwer, mir eine glückliche Familie auch nur vorzustellen.

Sie zuckt die Achseln. »Glückliche Familien? Keine Ahnung. Wie du weißt, hab ich nicht lange Eltern gehabt.«

Das ist kein faires Argument an dieser Stelle. Sie weiß es und weicht meinem Blick aus. Sieht sich nach der Bedienung um. Warum muss sie immer alles kaputt machen? Sobald es mal eine Weile nett war, kommt wieder einer ihrer Tests. Gibt es irgendwann einen Punkt, an dem man sich endgültig dafür qualifiziert hat, in ihrer Gegenwart zu existieren?

»Ich trinke noch einen Kaffee, und du erzählst mir, was du erwartest«, schlage ich vor.

»Klar!« Sie muss keine Sekunde überlegen: »Ich habe viel vor. Ich will als Künstlerin richtig Erfolg haben. In einem großen Haus wohnen, mit einem Pool. Am liebsten will ich mit meinen Ausstellungen überall herumkommen!«

An dieser Stelle unterbreche ich sie: »Ja, Urlaub machen hatte ich noch vergessen in meiner Aufzählung. Ein bisschen die Welt sehen, das will ich auch.«

»Ich meine doch nicht Urlaub machen! Ich meine reisen, etwas von der Welt sehen.« Plötzlich habe ich keine Lust mehr auf die zweite Tasse Kaffee.

Ich kann mir nichts mehr vormachen: Da sitzt ein hochnäsiges reiches Mädchen vor mir, eine, für die immer alles besser sein muss, einfach weil es immer schon so gewesen ist.

»Du glaubst also, Geld und Ruhm machen dich glücklich?«

Sie schüttelt den Kopf: »Du verstehst es nicht. Wir haben doch gar nicht von Geld gesprochen. Ich denke nie an Geld!«

»Das hat sicher auch Gründe«, sage ich ironisch. Trinke meine Tasse aus, nehme einen Zehn-Euro-Schein aus dem Portemonnaie und lege ihn hin: »Lass uns gehen.«

Sie hat nichts dagegen.

Auf dem Rückweg kommt uns Erol entgegen. Er telefoniert. Als er uns sieht, nimmt er das Handy vom Ohr und ruft beglückt: »Habt ihr es schon gehört? Wir haben eine Überdosis. Hat unten gelegen, im Wald. Mann, endlich mal was los hier!«

Mir wird eiskalt. Jenna.

»Wer denn? Weißt du, wer es ist?«, frage ich heiser. Stella neben mir habe ich völlig vergessen.

»Ja, scheiße, Mann ...«

»Wer?«

»Schrei doch nicht so, Mann. Der kleine mit der schiefen Nase, der Alki. Kurt.«

»Kurt?« Ich atme wieder ein. Der Schreck sitzt mir trotzdem in allen Knochen. »Dann ist ja gut«, sage ich.

»Gut?« Erol sieht mich an. »Naja, gemocht hab ich ihn auch nicht. Ich meine, wie blöd muss ein Alki sein, wenn er hier in der Reha mit Heroin anfängt, na?«

»Das ist die schlechte Gesellschaft«, sage ich mit Seitenblick auf Stella, die bleich geworden ist angesichts dieses Realitätssplitters, der sie völlig unerwartet getroffen hat.

14

Peter marschiert in kleinen Kreisen über den Vorhof und spricht in sein Handy. Als er mich sieht, winkt er und beendet das Gespräch.

»Ich bin dabei«, sage ich, als er fertig ist.

»Na endlich.« Er hält mir die Hand hin, und ich schlage ein. »Du wirst es nicht bereuen.«

»Wir werden sehen«, sage ich, »aber ich bin optimistisch.«
Das stimmt, kaum habe ich die Entscheidung getroffen,
kommt es mir vor, als hätte ich von Anfang an gewusst, dass
sie so ausfallen würde.

»Dann mache ich mich jetzt einmal daran, unser Startkapital zu besorgen.«

»Wie willst du an das Geld kommen?«

»Lass das mal meine Sorge sein. Ich bin ein kreativer Typ
mit Charme. Ich finde einen Investor.«

»Von hier aus?«

»Gerade von hier aus.«

»Wie das?«

»Tja, unter anderem dachte ich auch an dein Mädchen.
Deine Idee, sie auszustellen – ich hab's nicht gleich kapiert,
aber die war korrekt! Glaubst du nicht, die würde investieren, ich meine, ihre Tante … Wir sagen ihr, das ist gut,
Ausstellung, Selbstbewusstsein, blabla, den ganzen Thera-
peutensprech, den sie uns hier beibringen, von wegen sie
kriegt dadurch ein besseres Verhältnis zum Essen und so
weiter, blabla halt?«

Ich starre ihn an.

»Nicht schlecht, was? Hätte selber Psychologe werden
können …«

Ich springe auf, kochend vor Wut: »Sie ist nicht meine
Freundin! Und du bettelst die ganz bestimmt nicht an. Das
ist ja wohl das Letzte! Ich ziehe jetzt auf der Stelle mein Ja
zurück!«

»Hey, hey, jetzt beruhig dich, Mann. Ich hab Stella übri-
gens mit Anne beim Jazztanz gesehen, gar nicht übel, sie hat
die Moves, die Kleine. Interessiert dich nicht? Gut. Also, zur
Sache. Erst einmal: Es geht nicht ums Betteln. Das ist eine
Investition, die sich für jeden lohnen wird. Und zweitens:
Wenn du das nicht willst, vergiss es einfach, okay? Das war

eine Idee unter vielen. Ich kriege das Geld auch anderswo her. Wirklich, keine Sache. In Ordnung?«

»Meinetwegen.« Ich bin immer noch sauer, sage mir aber, Peter hat es nicht böse gemeint, er tickt bei solchen Dingen einfach anders, und wenn Anne auf einem fetten Erbe sitzen würde, dann hätte er sie angezapft.

»Noch was, Marten, da wir gerade von Geld reden – es ist besser, wenn wir das über ein Konto auf deinen Namen laufen lassen.«

»Dein Vertrauen ehrt mich.«

»Na, siehst du? Du hast dann plötzlich eine hübsche Summe auf dem Sparbüchlein – wenn das kein Vertrauensvorschuss ist. Aber anders macht es keinen Sinn. Kein Risiko für dich, ich zaubere die Kohle drauf, du brauchst nicht zu wissen, wie. Keine Stella ist involviert, und es ist legal, ich reiße dich in nichts rein. Und den Businessplan – den habe ich im Kopf.« Er tippt sich mit dem Finger an die Stirn, schaut dann auf sein Handy und hat es plötzlich eilig: »Ich muss los, Nikotinentwöhnungsgruppe.«

»Was? Willst du …?«

»Nein, ich will nicht aufhören – ich habe kein Problem mit dem Rauchen, die Gesellschaft hat eins. Aber in der Nikotinentwöhnungsgruppe spielen die immer Meditationsmusik, da kann man so schön die Gedanken schweifen lassen. Übrigens, was die Raucherei angeht – da müssen wir in Sachen Restaurant noch mal überlegen, ob wir da einen Extraraum reinmachen, ob sich das überhaupt lohnt, du weißt schon. Ich würde eher sagen, nein. Aber jetzt muss ich wirklich los!«

»Dann mal viel Vergnügen.«

»Warte, noch was: Du behältst alles erst mal für dich, wenn das Projekt jetzt konkreter wird. Nichts rumerzählen! Mein absoluter Ernst. Ich kann nicht jeden dabei gebrauchen, und vor allem brauche ich keine Alkis, die kostenlos saufen wollen, und solche Kleindealer, wie sie hier herumhängen. Das soll ein richtig großes Ding werden.«

15

»Die müssten erst einmal reichen.« Peter knallt mir drei Bücher auf den Schoß. »Ich will die aber zurück, die haben mal meinem Vater gehört.«

»Was man auch an den Bibliotheksschildchen sieht«, sage ich und betrachte den Umschlag von *Der junge Koch*.

»Na und? Weißt du, was so Fachliteratur kostet?«

Ich zucke die Achseln. Die paar Bücher in der Berufsschule, die ich gebraucht von meinem Vorgänger gekauft habe, kann man Fachliteratur nennen, wenn man will. Direkt nach der Prüfung habe ich sie gegen ein paar Joints getauscht.

»Was grinst du denn so blöd?«

»Ach, nichts. Die muss ich aber nicht komplett durcharbeiten, oder?«

»Na ja, die Hygienebestimmungen solltest du dir ansehen. Und ein bisschen über die Kosten-Ertragsverhältnisse wissen. Auf jeden Fall musst du ein paar Fachausdrücke kennen. Wie man überhaupt in einer Großküche arbeitet. Hier, zum Beispiel, das« – er zieht das *Lehrbuch für Köche* zu sich. »Hier siehst du, was eine *Mise en place* ist.«

»Was Mieses? Hehe.«

»O Mann, ich habe vergessen, was für ein Kindskopf du bist.« Er klappt das Buch wieder zu.

»Ach, komm Peter, jetzt will ich es auch wissen!«

»Also, *Mise en place* ist französisch. Es heißt in etwa ›alles am Platz haben‹. Das ist der Arbeitsplatz des Kochs. Vorbereitete Zutaten, das sind natürlich Meersalz, Pfefferkörner, weiche Butter, Tomaten-Concassée, Petersilienchiffonade, aber auch Fonds, pariertes Fleisch, was du eben so brauchst … Du weißt mit geschlossenen Augen, wo was zu finden ist, was du während einer Schicht brauchst, das muss alles fertig sein, bevor die Bestellungen eintrudeln, denn dann ist es zu hektisch …«

»Tomaten-und-Schiff-was?«

Er erklärt mir, dass es sich bei diesen Fachbegriffen einfach jeweils um den schicken französischen Ausdruck für gewürfelte Tomaten und erst eingerollte, dann in Streifen geschnittene Petersilie handelt.

Ich mache eine Handbewegung: »Alles klar, verstanden. Was regst du dich so auf, Mann?«

»Du verstehst es nicht! Das ist *wichtig*. Im Grunde ist die *Mise-en-place* die Ausdehnung deines Nervensystems! Jeder hat da seinen Stil, und es bringt einen komplett durcheinander, wenn ein anderer Koch oder ein Kellner das System stört. Denn es ist *dein* System!«

»Okay, okay, ich schau mir das mal an.«

Ich nehme die Bücher unter den Arm und will gehen, bevor er noch einmal einen dieser seltsamen Ausbrüche von Schwärmerei bekommt: »Moment, warte: In der L2 ist ein Neuer, ein Spielsüchtiger, Frank, war lange Koch in Las Vegas – ein fabelhafter Koch. Ich hab für dich ein Treffen mit ihm ausgemacht.«

»So ein Computerspielheini?«

»Von wegen. Der Mann hat Stil. Ganz klassisch: Roulette und Blackjack. Ich sag doch, er hat in Vegas gewohnt.«

Frank sitzt im Patientencafé: ein grauhaariger, braun gebrannter Kerl in buntem Hemd und heller Leinenhose, der zwischen all den Kerlen in Jogginganzügen oder Jeans so unauffällig ist wie eine Sonnenblume im Primelbeet. Er ist damit beschäftigt, misstrauisch an seiner Espressotasse zu schnuppern. Zögernd probiert er einen Schluck, spuckt ihn aber sofort in die Tasse zurück. Dann gießt er alles in die nächste Kübelpflanze.

»Frank?«, frage ich, als ich vor ihm stehe.

»Hi, du musst Marten sein! Gibt es hier irgendwo Espresso, den man *actually* trinken kann?«

Ich schlage vor, dass wir in eines der Cafés unten im Dorf gehen.

»Okay, let's go.«

Ich habe mir ein paar Fragen zurechtgelegt, vorsichtshalber, wäre aber nicht nötig gewesen. Frank redet gerne, und den ganzen Weg zum Stehcafé über erzählt er von Las Vegas. Dass es Gäste gibt, die für drei oder vier Tage kommen, um im Casino um Millionen zu spielen, und da gehöre es einfach zum Prestige, gut zu essen. Er kenne etwa einen Typen, der für zehntausend Dollar pro Tag Haifischsuppe schlürfe, immer Haifischsuppe. Den Fisch einzufliegen sei nicht schwierig, meint Frank, eigentlich gar nicht, aber dann erklärt er alles mögliche, was darauf hinausläuft, dass es natürlich doch irrsinnig schwierig ist.

Ein anderer Gast bestelle immer 280 Gramm besten Ossietra-Kaviar zum Frühstück – ein Fünfhundert-Dollar-Breakfast. »Aber dazu reicht ihm dann auch etwas Toast und Rührei«, sagt Frank.

»Und das sind also eure ganz normalen Gäste?«

»Nicht wirklich, nein. Das sind die Reichen unter den Reichen, die wohnen auch nicht im normalen Hotelkomplex, sondern im abgetrennten Villenbereich – haben ein eigenes

Schwimmbad, einen eigenen Butler und natürlich einen eigenen Koch!«

»Und die Speisekarte im Hotel? Ist da nur solches – Zeug drauf?«

»Ah, gute Frage! Nein! Ich bin schließlich ein deutscher Chefkoch, vielmehr eigentlich ein schwäbischer, aber das zählt da nicht ... Schnitzel und Weißwurst zur Zeit des Münchener Oktoberfests, das kommt natürlich auf die Karte bei mir. Und, sehr beliebt, deutsches Bier! Ach, Marten, ich wäre so gerne dageblieben. Hätte ich am Anfang nie gedacht. Es ist so fremd gewesen, alles so viel größer! Vorher war ich im Kaiserhof in Stuttgart. Da hatten wir *einen* Chef. In den USA gibt es Dutzende. Very complicated, you know. Aber es ist eben auch so gewesen, dass wir alle Grundprodukte selber hergestellt haben, Soßen, Fonds, alles frisch ...«

»Wie viele Köche wart ihr denn?«

»Fünfzig Chefköche, über vierhundert normale Köche und ebenso viele Küchenhilfen und Spüler.«

»Wow.« Ich bemühe mich, vor meinem inneren Auge eine Küche entstehen zu lassen, in der diese Menschenmenge Platz hat. Es gelingt mir nicht.

»Noch einen Espresso?«, frage ich, um Frank abzulenken, der aussieht, als würde er vor lauter Heimweh gleich losheulen.

»Nein!«

Oder vom schlechten Kaffee.

Peter sitzt auf einer Schaukel am Grillplatz und telefoniert. Er rammt die Fersen in den Sand, um anzuhalten, und winkt.

»Da kommt mein Partner, ich leg dann mal auf. Gute Arbeit noch.«

»Keinem was erzählen, hm?«

»Das war mein Bruder – Ziehbruder, genauer gesagt. Wir

sind bei der gleichen Pflegefamilie aufgewachsen. Ihm vertraue ich blind. Im Übrigen wird er unser Berater werden. Jetzt erzähl mal, wie war's mit Frank?«

Er steckt sich eine Zigarette an. Legt den Kopf in den Nacken, schließt die Augen. Ein hagerer älterer Mann im grauen Mantel spaziert mit seinem Dackel vorbei. Als der Mann sich mühsam bückt, um den Hund abzuleinen, bleibt der trotzdem dicht bei ihm.

»Guck mal, siehst du das?«, fragt Peter. »So lange an der Leine, er will die Freiheit gar nicht mehr …«

»Hörst du mir eigentlich zu?«

»Ja, weiter.«

»Also, Frank ist in Ordnung. Er scheint auf diese Celebritys zu stehen. Hat aber keine Namen genannt. Hat er unterschreiben müssen; es sollen viele Hollywoodstars sein, Musiker, Saudis und Russen, aber die Namen kennt man eh nicht, meinte er, nur die der Firmen.«

»Na, siehst du, dagegen ist deine Stella ein armes Kirchenmäuschen. Ich muss zugeben, ich verstehe diese superüberkandidelte Küche nicht mehr recht, aber jeder, wie er möchte. Und klar, der kriegt dann schon mal ein paar Hundert Dollar Trinkgeld, wenn die Haifischsuppe gut ist.«

»Wie schmeckt eigentlich Haifisch?«

»Ein bisschen wie Kalb von der Konsistenz her. Gefällt mir, dass du langsam neugierig wirst!« Er wirft die leere Coladose in den Sandkasten. »Wenn dich mal irgendwer fragt, warum du Koch geworden bist, sag: wegen deinem Onkel Frank in Las Vegas. Auf so was stehen die Gäste.«

Ich kann nicht schlafen. Die Nacht ist klar. Ich muss über Jenna denken. Wie sie mir hinterherrennt! Ich würde mich erschießen, wenn ich jemanden einmal so verfolgen würde.

Aber wer weiß, wo sie im Kopf gerade ist, in welche Parallel-
welt sie sich eingewechselt hat.

Ich blättere in Peters Büchern, sehe mir die Liste mit
Fachbegriffen an: binden, blanchieren, braten, bridieren – in
Klammern dahinter steht die Aussprache. Ich beschließe,
dass ich Gemüse, das man einen Moment lang heiß abkocht,
auch weiter so nennen werde – auch wenn blanchiert, das
muss ich zugeben, kürzer ist – und schlage die Seite mit den
Messersets auf. »Alle Köche spielen gerne mit Messern«, hat
jemand in eine Ecke gekritzelt. Ist nicht Peters Handschrift,
aber hört sich gut an.

Nächsten Montag werde ich entlassen. Ich habe beschlossen, mich nicht von Stella zu verabschieden.

Du hast viel vor, Baby? Erzähl mir nichts davon. Ich
werde die ganze Welt bekochen, als ob sie ohne mich ver-
hungern würde.

16

Mein Koffer und mein Rucksack sind gepackt. Den selbst
getöpferten gelben Aschenbecher mit den kleinen grauen
Rauchwölkchen darauf, den mir die Gruppe zum Abschied
geschenkt hat, lasse ich für meinen Nachfolger stehen. So
weiß er auf den ersten Blick, was ihn hier erwartet, und
wenn er schlau ist – zugegebenermaßen unwahrscheinlich,
aber es besteht doch eine Möglichkeit –, packt er seine Koffer erst gar nicht aus.

Am Morgen bringt Peter mich zum Bahnhof. Wir umarmen uns und klopfen uns auf die Schultern. Er erinnert mich
noch mal daran, das Konto möglichst schnell zu eröffnen; er

scheint sich wegen des Startkapitals keine Sorgen zu machen. Ich nicke, mein Schädel brummt, ich habe schlecht geträumt. Micha, Stella, Jenna und ich – wir waren alle im Glashaus, doch seltsamerweise sahen wir einander nicht. Jeder beschäftigte sich alleine: Micha schlug auf eine Betonwand ein, um die Katze herauszuholen. In der Logik meines Traums stand in seinem Glaszimmer mittendrin ein Stück Wand, das nicht durchsichtig war. Stella malte lauter Schatten ohne Pferde, und ich schlich herum und war anscheinend unsichtbar, jedenfalls schien mich niemand zu bemerken. Im Traum kam ich dann auf die Erklärung, dass die Zimmer die Menschen böse machten. Zuletzt ging ich ins Wohnzimmer, wo Jenna tot vor dem Fernseher lag, während auf dem Bildschirm ein Wettessen stattfand.

Peter zieht eine Visitenkarte aus dem Portemonnaie und gibt sie mir: »Melde dich da. Ich kenne den Laden, also der ist … Ach was, du wirst schon sehen. Jedenfalls brauchen die einen Koch, und es ist perfekt zum Üben. Du darfst Fehler machen, alles ausprobieren – und dabei lernst du hoffentlich, wie man es richtig macht. Und du kannst da in einem der Zimmer wohnen, vorerst. Sag dem Chef Grüße von mir, Carlos heißt er, ein Spanier. Sag, dass du die Papiere nachreichst.«

»Welche Papiere?«

»Die, die ich dir noch besorge. Also weiter: An deinen freien Tagen gehst du essen. *Gut* essen. Probiere möglichst viele Gerichte aus, auch wenn der Schuppen teuer ist. Mainz ist bekanntlich der ZDF-Hauptsitz, und die Fernsehleute sind verwöhnt, da gibt es viele gute Restaurants. Diese Klientel peilen wir an, denen sitzt das Geld locker. Hör zu, wie die reden und was die bestellen. Es wird modischen Kram geben, den du noch nicht kennst. Schreib dir so was auf. Sobald das Geld auf deinem Konto ist, nimm dir davon, wenn dein Gehalt nicht reicht. Oder frag Carlos nach einem Vorschuss.

Und denk daran, dass das Hotel nur eine Übergangsstation ist. Probiere möglichst bald eigene Gerichte aus. Carlos wird dich machen lassen. Wir sind alte Kumpel.«

»Gut, Boss«, sage ich. »Aber wenn ihr alte Kumpel seid, wieso ziehst du deinen Laden nicht mit Carlos auf?«

»Nix Boss. Wir sind Partner. Und wenn du Carlos siehst, wirst du verstehen, warum er nicht infrage kommt. Vertrau mir.« Es klingt feierlich.

»Muss ich. Ich hab nämlich längst meine Wohnung gekündigt.«

Ich schaue auf die Karte. TELEHOTEL steht darauf und eine Adresse in Mainz.

17

Das Telehotel, ein graugelber Kasten mit Neonaufschrift, liegt in der diesigen Sommersonne direkt am Rhein, in einer Straße, die außer heruntergekommenen Mietshäusern und einigen Animierbars nichts Nennenswertes zu bieten hat. Zuerst gehe ich vorbei, weil ich es für einen weiteren Puff halte – abgeblätterter Putz, kleine Fenster mit gräulichen Vorhängen –, dann bemerke ich meinen Irrtum. Wenn hier jemals ein Fernsehschauspieler absteigt, ist er nicht auf der Höhe seiner Karriere.

Neben der Eingangstür steht ein hüfthoher Aschenbecher, dessen Sandbecken vor Kippen überquillt. Ich betrete das Foyer, wo mich der Blumenduft des Raumsprays beinahe narkotisiert. An der Rezeption sitzt ein lockenköpfiger Mann und liest.

»Hi, du musst Henning sein!«

»Gut möglich.« Er sieht nicht von seiner Lektüre auf.

»Peter schickt mich. Ihr sucht einen Koch?«

»Wir suchen alles Mögliche. Gäste. Glück. Sonne und neue Möbel ... Alle Menschen suchen immer irgendetwas, und wenn sie es gefunden haben, geht die Suche erneut los.«

»Ja, er hat auch gesagt, dass du einen Sprung in der Schüssel hast.«

Endlich schielt Henning hoch. »Na, dann weißt du ja das Wichtigste. Sonst noch Fragen?« Er hat die Stimme eines Nachrichtensprechers: diese Art von Stimme, die alle Leute im Raum verstummen und zuhören lässt, tief und übertrieben deutlich. Als er das Buch zuklappt und mir ein Lächeln zeigt, sehe ich zwei Reihen kleiner gelber Krokodilzähne.

»Jede Menge, ja.« Ich stelle meine prall gefüllte Sporttasche und den Koffer ab.

»Gut, ich gebe dir eine Einführung. Also. Du kriegst dreizehn Euro die Stunde. Musst den Laden aber völlig alleine schmeißen. Kein Küchenpersonal sonst. Wenn mal gar keiner kommt, hängst du das Geschlossen-Schild an die Tür. Wenn du krank bist auch. Ich empfehle den Gästen sowieso, im Hähnchengrill um die Ecke was Gescheites zu essen. Wenn zufällig viele Leute kommen, weil irgendein Rummel in Mainz ist, wird es anstrengend. Unter Umständen frage ich dann eine Kommilitonin, ob sie mithelfen will. Aber nur ausnahmsweise, Carlos findet es nicht so prickelnd, Fremde hier zu haben. Und wenn du jetzt denkst: schlecht bei einem Hotel, dann sage ich dir, da hast du so was von recht.«

»Carlos ist der Chef?«

»Genau. Das Hotel ist ihm scheißegal. Er setzt andere Prioritäten.«

»Aha. Welche sind das?«

»Kommt drauf an. Besser, du weißt nichts. Frag ihn nie! Jedenfalls will er nur Leute hier haben, denen er vertrauen kann. Peter und ich kennen ihn, seit wir Kinder sind. Wenn wir jemanden anschleppen, so wie dich, tragen wir die Verantwortung, also benimm dich.«

»Wer arbeitet sonst noch hier, außer dir und Carlos?«

»Carlos' Schwester putzt hier, sie heißt Carmen. Sie stellt auch das Frühstück hin. Die kann etwas deutsch. Und manchmal auch eine Nichte, die ist erst sechzehn. Sprich mit Carmen nur das Nötigste, mit der Nichte am besten gar nicht.«

»Wegen Carlos?«

»Exakt. Also, jetzt weißt du Bescheid. Mach was draus. Ich schiebe hier eine komplett ruhige Kugel. Es ist der perfekte Job für mich. Müsste illegal sein, so schön ist es.« Er will sich wieder seinem Buch zuwenden, dann fällt ihm noch etwas ein: »Apropos illegal – hat Peter dir schon Papiere besorgt? Wenn mal eine Kontrolle kommt, sind die wichtig.«

»Ist in Arbeit.«

»Alles klar. Für nächste Woche haben wir ein paar Reservierungen, da ist irgendein Kongress. Die Abendschicht geht von fünf bis elf, warme Küche bis zehn, danach musst du aufräumen. Ich gebe dir eine Speisekarte mit, dann kannst du gucken, ob du das hinkriegst oder was rausnehmen musst.«

Das Telefon klingelt.

»Dein Zimmer ist die Nummer zehn. Hier, der Schlüssel. Man sieht sich.« Er nimmt ab und spricht mit seiner Nachrichtensprecherstimme in den Hörer: »Telehotel, Sie sprechen mit Henning, was kann ich für Sie tun?«

Ich stecke den Schlüssel ein und hole mir eine Speisekarte aus dem Restaurant. Im Aufzug werfe ich einen Blick darauf. Ein paar Suppen und Schnitzel mit Pommes, Salat mit Hähnchenbrust, einfaches Zeug.

Abends rufe ich Peter an und berichte, dass ich mein Zimmer bezogen und mit seinem Ziehbruder gesprochen habe. Er will wissen, wie mir das Hotel gefällt: »Ausgezeichnet. Luxus pur, was soll ich sagen.«

»Haha. Und was hältst du von Henning?«

»Scheint in Ordnung.«

»Du wirst ihn noch schätzen lernen, wenn wir erst einmal in die Planung kommen. Er weiß viel. Alles aus Büchern, von der Uni und in Bibliotheken. Er kann dir zum Beispiel sagen, dass wir das Restaurant am besten gelb streichen.«

»Ach ja? Und wieso?«

»Gelb macht hungrig!«

»Das ist jetzt nicht dein Ernst!«

»Doch, das haben Versuche ergeben. Ich weiß nicht mehr, welche, aber du kannst ihn ja fragen. Er studiert Philosophie. Ich sage dir: *breitestes* Wissen. Er wird uns eine große Hilfe sein. Er hat einen Sinn für Trends – in allen möglichen Bereichen. Essen, Mode, Inneneinrichtung, Fitness; er sagt, man müsse sich nur die USA anschauen, dann sei klar, was hier in zwei, drei Jahren Sache ist. Dabei macht er natürlich nicht bei allem mit – er beobachtet. Ist nur an der Theorie interessiert.«

»Aha«, mache ich, nicht sonderlich beeindruckt.

»Er ist es übrigens auch gewesen, der den Kontakt zu Rehberger hergestellt hat.«

»Wer war das noch mal?«

»Er hat zum ersten Mal überhaupt Möbel entworfen, das war eine Sensation! Und Henning ist es gewesen, der ihm das – keine Ahnung wie – schmackhaft gemacht hat. Frag mal Stella, die kennt ihn mit Sicherheit.«

»Was hattest du mir wegen Stella versprochen?«

»Oje, entschuldige! Aber du hast recht, Frauen sind kein Thema, volle Konzentration auf die Arbeit. Ach, nur so nebenbei: Ich hab unser Startkapital gesichert. Dauert noch ein paar Tage, aber dann kannst du dir einen Kontoauszug holen.«

»Wow«, sage ich skeptisch. »Das ging ja flott.«

»Hab ich doch gesagt.« Ich sehe ihn geradezu vor mir, wie er dasteht und telefoniert: stolz, mit herausgedrückter Brust wie ein Primatenmännchen. »Ich sag dir, unsere Fotos werden bald in allen Stadtmagazinen sein! Und die Leute beneiden, die bei uns ausstellen dürfen. Henning kennt die richtigen Leute.«

»An der Kunsthochschule?«

»Auch da.«

Als das Gespräch beendet ist, werfe ich mich aufs Bett und schalte den Fernseher an. Der ist eindeutig das Beste in diesem abgewohnten Raum hier.

18

Peter hat darauf bestanden, dass ich mich durch sämtliche Preisklassen futtere. Ich fange in der untersten an. Besuche die Dicke Witwe, die als Tagesgericht Linsensuppe mit Würstchen im Angebot hat. Schmeckt wie eine aufgewärmte Erasco-Dose, vermutlich war es auch eine. Der Teller für drei Euro fünfzig. Ich probiere zwei Löffel und lasse der Bedienung ein Häufchen Münzen auf dem Tisch.

Immer noch hungrig, gehe ich dann in eine Straußwirtschaft. Esse Kalbsleber, die ich am nächsten Tag nachkoche, was ausgezeichnet klappt. Eine Weile bleibe ich bei der regionalen Küche. Die Gerichte wiederholen sich bald; ich habe das Gefühl, einen guten Überblick zu bekommen. Mir fällt auf, dass ich meist gar nicht der einzige Gast bin, der allein am Tisch sitzt und isst.

Die schicken Bistros zu betreten, in denen Anwälte und Banker zum »Lunch« sitzen und sich wichtig nehmen, kostet mich ein wenig Überwindung; ich kaufe mir extra eine neue Lederjacke, eine echte diesmal. Schon nach erstaunlich kurzer Zeit komme ich mir nicht mehr verkleidet vor. Es ist auffällig, wie schrecklich bemüht diese Lokale sind, sich voneinander zu unterscheiden, ob nun durch Schwerpunktländer (Le Belge) oder -themen (Käse, Kartoffel & Co.), obwohl sie zunächst mit ihren Spiegelwänden und Mini-Marmortischchen ziemlich gleich aussehen. Das Publikum ist schwer beschäftigt, ob man nun einzeln dasitzt oder nicht, es wird telefoniert, notiert, die Zeitung durchgeackert. Keiner sieht älter aus als Anfang dreißig. Eine Brünette langt beim Lesen ihres Magazins immer mal nach ihrer Gabel; ich sehe der Hand zu, wie sie auf dem Tisch herumtastet, und kann es kaum glauben. Zuerst habe ich angenommen, keiner würde merken, was er da nebenher in sich reinstopft. Aber weit gefehlt. Die Bestellung und etwaige Sonderwünsche werden vorab ausführlich mit dem Kellner besprochen, die ersten Bisse werden mit Bedacht genommen – nein, ohne Zweifel: Diese Leute nehmen ihren Lunch sehr ernst.

Ich probiere alles Mögliche im Telehotel aus, nicht immer schreibe ich es auf die Karte. Die meisten unserer geschätzten Gäste haben – ob nun aus Alters- oder Promillegründen – ohnedies zu wenig Geschmacksnerven im Einsatz, um ein Straßen- von einem Rumpsteak zu unterscheiden. Sie beschweren sich auch nicht, wenn das halbe Huhn mit Pommes sich als Coq au Vin à la Peter herausstellt, gegen Wein ist schließlich nichts zu sagen. Und so sehr ich mich über meine Probanden auch lustig mache: Als ich immer öfter Lob höre – es schmecke »anders«, aber ganz toll –, spornt mich das an.

Wenn mir etwas so richtig daneben geht, ist es auch nicht schlimm. Dann werfe einfach alles in den Abfall. Carlos prüft nicht, inwieweit die Sachen, die ich einkaufe, überhaupt auf der Speisekarte landen. Überhaupt habe ich ihn bisher nur selten gesehen: ein winziges Männchen, das Schuhe mit hohen Absätzen trägt und kaum Hallo sagt, bevor es ins Büro verschwindet, wo es mit quäkender Stimme auf Spanisch ins Telefon spricht. Ein paar Minuten später, wenn ich zwischendurch aus der Küche auftauche, ist er schon wieder weg.

19

Frank und ich sind die einzigen im Restaurant, die Jeans und T-Shirt tragen. Der Kellner sieht uns merkwürdig an, als er uns zum Tisch bringt und die Speisekarten überreicht. Er taut auf, als Frank mit übertriebenem amerikanischem Akzent nach seinen Empfehlungen fragt, und als wir zu guter Letzt die beiden teuersten Menüs bestellt haben, ist von seinem Misstrauen längst nichts mehr übrig.

Ich hole mein Notizheft und einen Kugelschreiber hervor. Versuche, nicht mehr an die Summe zu denken, die in der Speisekarte unter dem Sieben-Gänge-Menü stand. Der Wein kommt. Frank nimmt einen Schluck und nickt dem Sommelier zu.

»Also, Marten, wir können loslegen. Peter hat gesagt, du kommst mit den Mengen nicht so gut zurecht?«

»Das stimmt. Ich habe nur Minimalvorräte, und die gehen mir ständig aus. Andererseits will ich nichts verderben lassen.«

Ich bin sehr beschäftigt damit, mir Notizen zu machen und von den winzigen Portionen zu kosten, die auf riesigen weißen Tellern hergebracht werden. Frank lässt mich Zutaten und Herstellungsweisen raten, aber besonders gut gelingt es mir nicht. Noch nie zuvor habe ich Basilikumschaum auf Spargelspitzen aus einer Cappuccinotasse gelöffelt; außerdem stellt sich heraus, dass ich weder weiß, ob ich genügend »Pass« in der Küche habe, noch, ob ich eine »Bain-Marie« benutze. Letzteres entpuppt sich als ein Gerät zum Warmhalten von Speisen (habe ich nicht, ich benutze den Ofen), Ersteres meint offenbar die in der Küche zur Verfügung stehende Anrichtefläche – nein, viel Platz ist da nicht, aber ich komme rasch dahinter, dass Frank unter »Anrichten« auch nicht das Sträußchen Petersilie meint, mit dem ich meine Kreationen kröne. Bei einem der Hauptgänge, Steinbutt an Rotweinbutter, verabschiede ich mich von meinem Vorurteil, Fisch und Rotwein dürfe man nicht kombinieren, und schließlich lege ich meinen Block weg, weil ich meine, mir alles merken zu können: lauter Aha-Erlebnisse.

Nach dem Dessert gönnen wir uns noch Kaffee und Gebäck. Frank sieht zufrieden aus.

»Danke für die Einladung!«, sagt er. »Ich muss zugeben, mir fehlt der Luxus halt doch ein bisschen.«

»Ich habe zu danken.«

Während ich schon nach dem Portemonnaie greife, setzt er seinen Lehrgang fort: »Moment! Ich habe etwas vergessen. Die fünf Fehler, die sich jeder Jungkoch ersparen kann. Erstens: Das Steak erst, wenn die Pfanne ganz heiß ist, hineintun, sonst verdampft das austretende Wasser nicht gleich und die leckere Bratkruste ist futsch. Wobei du eine möglichst schwere Pfanne, wie du sie hoffentlich benutzt, langsam erhitzen musst, damit die Temperatur überall gleich ist – keine kälteren und heißeren Zonen. Hast du das? Okay. Zweitens: Butter rein, wo es geht. Butter ist was Wunderbares. Drittens ...«

Nach dem Essen mit Frank mache ich einen Abstecher in die Stadtbibliothek. Die Idee, mir einen Ausweis zu besorgen, ist natürlich von Henning gekommen. Ich muss zugeben, sie war gut. Es gibt dort Regale voller Kochbücher, in denen zu blättern sich lohnt. Manche halten, was ihre pompösen Titel versprechen, andere nicht, wieder andere kommen kleinformatig und eher spärlich bebildert daher, enthalten aber Schätze. Ich kopiere mir die Seiten, die ich nützlich finde, und erarbeite mir auf diese Weise meine eigene Rezeptsammlung – deren Grundstock natürlich Mutters Klosterkochbuch ist.

Jeden Vormittag schreibe ich auf die Kreidetafel, die Henning im Keller gefunden hat, was es als Tagesgericht gibt. Das kommt sehr gut an und macht viel weniger Arbeit, sowohl den entscheidungsunfreudigen Essern wie mir. Läuft es gut, kommen inzwischen mittags um die zehn Gäste, über den Abend verteilt vielleicht ein Dutzend. Abgesehen von denen, die im Hotel abgestiegen sind und nur schnell etwas Warmes im Bauch haben wollen, bevor sie sich hinlegen, sind es inzwischen ein paar Studenten und ältere Leutchen aus der Nachbarschaft, die gemerkt haben, dass man hier gut und billig essen kann. Henning klappt abends immer öfter seine Bücher zu, macht sich hinter der ehemals verwaisten Bar breit und lässt sich von Gästen ins Gespräch ziehen. Dabei schenkt er Wein und Spirituosen aus, und wenn ihn niemand einlädt, bedient er sich selbst.

Als er dann von einem auf den anderen Tag keine braunen Papiertüten mit Hühnerflügeln oder Burgern mehr anschleppt, sondern sich zur freiwilligen Testperson erklärt, merke ich, dass ich auf dem richtigen Weg bin. Der Einzige, dem der Aufschwung des Telelokals nicht passt, ist Carlos. Mit düsterer Miene mustert er die Gäste, die ihrerseits erstaunt sind, wenn sie von mir erfahren, der finstere kleine Kerl mit den Absatzschuhen sei der Besitzer des Hotels.

20

Ich sitze am Kaffeeautomaten in der Zeitungsecke der Bibliothek, mein Gegenüber ackert sich durch das vierte Nachrichtenblatt und macht sich dabei Notizen, zwei junge Mädchen stecken die Köpfe über einem dieser bunten Starblättchen zusammen.

»Oh, nein, die arme Amy«, höre ich. »Schau wie sie aussieht. Jetzt macht der Typ sie ganz fertig … Ich meine, wie kann man den lieben, der einen auf Drogen bringt?«

»Zeig. Wow. Aber ich finde die zwei süß, du nicht? Sie lacht doch!«

Kaum sind die beiden aufgestanden, gehe ich zu ihrem Tisch und sehe mir das Foto vom Amy Winehouse und ihrem frisch angetrauten Blake an. Paparazzi haben sie am Rand irgendeines Spielfelds geknipst, beide tragen weiße Unterhemden, Bluejeans, beide sind sehr schmal, die Haut weiß, er wieder mit diesem dämlichen Hut und sie mit der Bienenkorbfrisur. Sie schauen nicht hin, wer fotografiert, sie sehen sich an, sie sind in ihrer Welt, diesem von Drogen und Liebe, Willen und Kraft, Exzentrik und Bescheidenheit zusammengehaltenen Kokon, und darin fühlen sie sich unangreifbar, ewig.

Jenna kommt mir in den Sinn, ich hoffe wirklich, sie schafft es. Eigentlich seltsam, dass wir keinen einzigen Winehouse-Song zusammen gehört haben, die Lieder hätten so gut zu ihr gepasst. Und ich muss an Stella denken, die Amys erste CD in der Klinik auf dem Schrank liegen hatte. Das Wort »ordinär« fällt mir ein, das ich durch Stella gelernt habe; damals, nach meinem Besuch im Glashaus habe ich es nachgeschlagen. Fand sie Amy Winehouse' öffentliches Leben nicht ordinär? Ich hätte sie fragen sollen, was für Musik sie mag.

Ich verlasse die Bücherei mit einem Packen Kochbücher unter dem Arm. Zurück im Hotel stelle ich fest, dass an der Rezeption das »Bitte klingeln«-Schild steht.

Henning sitzt im Speisesaal. Er unterhält sich mit der jungen Frau, die seit ein paar Wochen fast jeden Abend kommt, immer alleine, immer gut angezogen, immer mit einem Buch, das sie vor sich liegen hat, ohne umzublättern. Innerhalb einer Stunde leert sie ihre Flasche Weißwein, und wenn sie gegen elf Uhr geht, torkelt sie leicht. Auf mich wirkt ihr wiederholtes Schauspiel unglücklich und sie selbst verkrampft, doch Henning hat sie von Anfang an im Visier gehabt und Vermutungen über sie angestellt. »Wenn sie nur einmal lächelt, spreche ich sie an«, hat er gesagt – scheint, als wäre das während meiner Abwesenheit geschehen.

»Marten!«, ruft Henning, als ich mich unauffällig in die Küche verdrücken will. »Komm doch mal her. Ich will dir jemanden vorstellen. Das ist Bettine, sie arbeitet beim Fernsehen!«

Widerwillig nähere ich mich dem Tisch. Zwischen den beiden stehen zwei Weißweinflaschen, eine ist bereits leer. Nicht schlecht für vier Uhr am Nachmittag.

»Hallo, Bettine.«

Sie nickt nur und starrt gleich wieder auf die Tischdecke. Ich hatte mir Fernsehmacher völlig anders vorgestellt, extrovertiert und selbstsicher, aber vermutlich gibt es auch da jede Menge Leute, die im Hintergrund emsig vor sich hin arbeiten.

»Wollt ihr was essen?«

»Ja, ich meine, nein, nichts zu essen, danke«, sagt sie und greift nach ihrem Glas.

Ich verlasse die beiden Stimmungskanonen.

Stunden später, ich rauche gerade eine Zigarette am Küchenfenster, sehe ich, wie ein Taxi vor dem Hoteleingang hält, dem sich das neue Pärchen mühsam nähert. Henning stützt die extrem angeschlagene Bettine, öffnet ihr die Hintertür des Wagens und spricht kurz mit dem Fahrer.

Dann steht er bei mir in der Küche und verkündet stolz: »Wie ich es mir gedacht habe. Probleme bei der Arbeit. Sie befürchtet, dass sie nach ihrem Volontariat nicht übernommen wird. Weil sie ein paarmal zu oft mit dem Chefredakteur ausgegangen ist. Irgendwer hat Wind davon bekommen, und jetzt wird sie richtig gemobbt.«

»Aha.«

»Ist dir aufgefallen, wie sie sich anzieht und zurechtmacht? Eigentlich ist sie hübsch, aber sie versteckt sich komplett.«

»Hm-hm.«

»Na ja, das mit dem Chefredakteur wird wohl ein bisschen mehr als nur miteinander ausgehen gewesen sein …«

»Willst du was essen?«, unterbreche ich ihn.

»Gerne. Dieses Gulasch von heute Mittag, ist noch was davon da? Sie hat nur gesagt, dass sie anscheinend gesehen worden sind, in einer Bar.«

Ich wärme die Reste des Tagesgerichts auf. »Nudeln sind alle. Es gibt nur noch Reis.«

»Kein Problem, danke. Ich denke, ich habe sie gut beraten fürs Erste. Mal sehen, ob sie morgen wiederkommt.«

»Bestimmt. Sicher heult sie dich jetzt jeden Abend voll. Bist du fertig? Ich mach Schluss hier.«

»Interessiert dich ja mächtig, was?« Henning klingt sauer.

»Doch, schon. Ich verstehe nur nicht, was du an ihr findest. Sie wirkt so – kaputt.«

Henning lacht: »Und das musst ausgerechnet du mir sagen! Peter hat mir von Jenna erzählt und von Stella.«

»Mit keiner von beiden hatte ich auch nur ansatzweise eine Beziehung! Jenna ist mir hinterhergelaufen, und Stella, also, wir haben nicht mal ... Ach, vergiss es. Hat keinen Sinn, ich hau jetzt ab.«

»Na und?«, ruft Henning mir überheblich hinterher. »Bettine ist jedenfalls eine tolle Frau mit Tiefgang. Nur halt an einem Tiefpunkt.«

»Vor allem tief!«, höhne ich ihm hinterher. Ich bin wütend. Beschließe noch auf dem Weg in mein Zimmer, dass ich die nächstbeste normale, hübsche, gut gelaunte Frau abschleppen werde.

Das Problem könnte nur sein, dass so eine nie im Leben freiwillig ins Telehotel kommt.

21

Carmen legt mir einen Zettel auf die Anrichte: »Von Carlos.« Wie immer trägt sie ein Kopftuch und einen langen Rock. Ich hätte sie für eine Araberin gehalten, aber anscheinend findet ihr Bruder Carlos, auch eine Katholikin müsse sich so weit wie möglich verhüllen.

»Danke«, sage ich. Auf dem Papier steht wieder eine Handynummer.

»Für Brot sollst du jetzt da anrufen«, sagt Carmen.

Alle paar Wochen tauscht Carlos so die Lieferanten aus, Männer mit Sonnenbrillen, die in großen Autos mit dunkel getönten Scheiben vorfahren und Brot, Fleisch, Gemüse im Kofferraum oder auf der Rückbank haben. Manchmal bietet mir jemand, nachdem ich die Kästen mit Zucchini oder Käse ausgeladen habe, Autoersatzteile, CD-Spieler oder Waffen an.

Das Merkwürdige ist, ich habe mich nie wirklich darüber gewundert. Erst nach dem Gespräch mit Frank ist mir aufgefallen, was für ungewöhnliche Lieferanten das Telehotel hat.

Als ich den Eiermann nach einem professionellen Messerset für Köche frage, bringt er mir am nächsten Tag ein erstklassiges vorbei. Sie liegen wunderbar in der Hand. Wenn ich eine Kartoffel durchschneide, gleitet die Klinge hindurch wie durch Pudding. Es stört mich nicht, dass in die Griffe die falschen Initialen eingraviert sind.

Draußen höre ich Stimmen und Schritte. Henning sagt laut: »Wir haben geschlossen. Nein. Ihr könnt hier nicht bleiben.«

Ich lege meine Schürze ab und gehe nachsehen.

Am Ecktisch sitzen Uwe, Erol, der Russe und zwei Typen, die ich nicht kenne.

»Ich habe ihnen gesagt, das geht nicht. Aber sie meinen, sie seien Freunde von dir und Peter«, sagt Henning wütend. »Kennst du die?«

»Aber, aber! Klar kennt uns der junge Mann!«, grölt Uwe. »Komm, Marten, setz dich. Der Karlheinz erzählt gerade einen Witz. Fang noch mal von vorne an, Kalle!«

»Also, ich …«

»Lass uns doch erst mal bestellen! Eine Runde auf's Haus für die alten Kumpels, wie wär's?«

Ich schüttele den Kopf: »Sorry, wir arbeiten hier nur.«

»Wann kommt der Witz, Kalle?«

»Ja, jetzt lass ihn doch mal erzählen!«

»Woher habt ihr gewusst, dass ich hier bin?«, frage ich.

»Tja, da hat der Peter wohl mal zu laut telefoniert!«, johlt Erol. »Der Geheimniskrämer. Und wir sind ja nicht blöd, wir können eins und eins zusammenzählen!«

Henning macht den Mund auf, will etwas sagen, klappt ihn wieder zu.

Uwe macht ein verschmitztes Gesicht und langt nach seinem Rucksack unter dem Tisch. Zieht vier Jever-Dosen heraus.

Ich blaffe sie an: »Was Mitgebrachtes könnt ihr hier nicht trinken.«

»Ach nein?« Uwe öffnet die erste Dose mit einem Zischen, hält sie an die Lippen und trinkt, während er mich dabei unverwandt ansieht. »Überleg es dir noch mal! Wenn du lieb bist und was ausgibst, kriegst du auch ein bisschen was anderes dafür.« Er tippt sich an die Nase.

Ich atme tief durch. Auch wenn die letzte Bemerkung die Provokation zumindest ein wenig abschwächt: Ich muss mich zusammennehmen, um keine Schlägerei anzufangen.

»Na, dann ist das ja geklärt«, sagt Erol. »Jetzt den Bullenwitz! Karlheinz, los!«

Karlheinz beginnt etwas von einer Blondine und einer Verkehrskontrolle zu erzählen. Die Runde jault und brüllt und stößt mit den Bierdosen an.

Henning zieht mich weg: »Das geht nicht. Die werden wir nie mehr los. Wenn wir die nicht schleunigst vor die Tür setzen, wird das hier ihre Stammkneipe.«

»Schon klar … Ist Carlos da?«

»Er ist hinten, hat eine Saulaune. Er sollte das am besten nicht mitkriegen. Glaubst du, die haben Stoff dabei?«

»Ja, hat Uwe doch gesagt.«

Henning seufzt.

Ein älteres Ehepaar durchquert in synchronen Trippel-schritten das Foyer in Richtung Restaurant. Sie kommen immer um diese Zeit, etwa dreimal die Woche, und immer fragen sie, ob das Lokal schon offen ist.

»Ja!«, sagen Henning und ich diesmal gleichzeitig. Sie wackeln an uns vorbei. »Einen Augenblick, ich bin gleich bei Ihnen und nehme Ihre Bestellung auf«, rufe ich ihnen hinterher.

»Ich schau mal, dass ich Peter erreiche. Er soll wen schicken.«

Eine knappe halbe Stunde später kommen zwei Typen mit Schlagringen ins Lokal spaziert. Henning zeigt auf den Ecktisch, sie nicken und begleiten Uwe, Erol und die andern kurz darauf friedlich zur Tür hinaus.

Henning schüttelt den Kopf: »Puh. Ich bin völlig nass geschwitzt. Hast du übrigens mitgekriegt, wie der Witz ging?«

»Bulle und Blondine? Vergiss es, der ist uralt. Und nicht besonders gut.«

»Komm schon – oder warte: Ist das der mit der Blondine im Auto, die von einem Bullen angehalten wird? Der Bulle will ihren Führerschein sehen, aber sie weiß nicht, was er meint und fragt: Was, bitte, wollen Sie sehen?«

»Und er erklärt er ihr dann, das ist so ein kleines Rechteck mit ihrem Bild drin.«

»Und sie sagt, ach so, kramt in ihrer Handtasche und zeigt ihm ihren Schminkspiegel.«

»Da guckt der Bulle überrascht hinein und meint: Mensch, Sie hätten doch gleich sagen können, dass Sie auch bei der Polizei sind! Ja, genau der ist es.«

22

Peter hat endlich seine Zeit in Erlenbach hinter sich gebracht und fällt Henning und mir mit seinem Tatendrang auf die Nerven. Schon morgens steht sein alter BMW vor dem Telehotel, und er läuft im Restaurant und in der Küche herum wie aufgezogen.

»Wunderbar«, sagt er immer wieder, »wunderbar. Was ist das hier? Pesto? Selbst gemacht? Wunderbar!«

»Ich schaff das nicht mehr allein«, sage ich. »Ich brauche eine Küchenhilfe. Eine richtige Bedienung wäre auch nicht schlecht. Glaubst du, man könnte diese impertinente Forderung an Carlos herantragen?«

»*Impertinent!* Ah! Henning bringt dir Fremdwörter bei. Hat er bei mir auch versucht. Wunderbar!«

»Hab ich aufgeschnappt. Und ich verstehe nicht, was daran wunderbar …«

Peter schaut auf sein Handy: »Oha, schon so spät, ich muss los. Ich komm so in zwei, drei Stunden wieder. Zum Essen! Dann besprechen wir alles. Ich glaube gar nicht, dass es sich noch lohnt, hier was zu verändern. Lange wollen wir ja nicht mehr bleiben, oder?«

»Wir?«, frage ich zurück. »Du bist doch gerade erst gekommen.«

Abends besuchen wir Frank, während Henning sich mit Bettine trifft, die jetzt seltener kommt, aber dafür manchmal lächelt.

Frank hat keine neue Arbeitserlaubnis für die USA bekommen. Er arbeitet jetzt im Nordend in einem Burgerladen, der sich vornehm Diner nennt. Peter sagt, Frank sei komplett genervt deswegen. Seine Freundin wolle jetzt eine Weile nach

Deutschland kommen, und Frank sei sich sicher, dass sie dieses Schwachmatenland hier genauso hassen wird wie er.

»Und wieso fahren wir dahin, statt ins Burger King zu gehen – um einen schlecht gelaunten Frank zu sehen?«, frage ich.

»Nee, stell dir vor: weil da die Burger besser sind, deshalb. Sollten sie auch sein, denn einer schafft es selten unter die Zwanzig-Euro-Grenze.«

Ich frage mich die ganze Hinfahrt über, womit sie die Brötchen belegen, damit sich solche Preise rechtfertigen.

Wir kommen gegen acht Uhr an. Der Diner ist voll und Frank zu beschäftigt, um mit uns zu reden. Er reicht uns nur die Karte und sagt, wir sollen uns etwas aussuchen und am Tresen warten, bis ein Tisch frei wird. Er knallt uns zwei Root Beer hin, dann verschwindet er in der Küche. Der Laden ist vollgestellt, mit viel Rosa und Barhockern und einer alten Jukebox in der Ecke. Ich betrachte das Publikum, Männer in Anzügen und Frauen in Kostümen, die in einem Büro in der Nähe arbeiten und mindestens so gut bei Kasse wie hungrig sind.

Ich studiere die Speisekarte. Der Burger Classic mit Rindfleisch vom bayerischen Bio-Rind und wahlweise Pommes oder Wedges kostet 18 Euro, ein Cheeseburger Classic 19. Statt dem Weiderind kann man auch Bison wählen, mit einem Spiegelei auf dem Fleisch wird alles zu Tex-Burger, es gibt spezielle Soßen für Tokio-Teriyaki und American BBQ, und zuletzt eine Rubrik mit vegetarischen Varianten wie Grünkernbratlingen oder Frikadellen aus Safran, Reis, Linsen oder Bulgur. Ein ABC-Burger für 17 Euro ist offenbar mit Avocado, Bacon und Cheddar gefüllt. Nach dem Burger mit Garnele an Limetten-Mayonnaise liegt der mit gebratener Gänseleber und hausgemachter Trüffelmayonnaise schon bei 30 Euro. Am Ende der Liste stutze ich über den Wagyū-Burger.

»Weißt du, was ein Wackdschu ist?«

»Keine Ahnung, ein Tier vermutlich, wieso?«

»Weil …« Ich tippe auf seiner Karte auf den Preis: stolze 60 Euro.

»Oha. Wähgjüüüh wird das bestimmt gesprochen, französisch. Aber was das sein soll, da habe ich keinen blassen Dunst.«

»Jedenfalls ein super Konzept: einfach alles, was teuer ist und nicht unbedingt darauf gehört, zwischen zwei Brötchenhälften packen und abkassieren. Oder zwischen zwei Kekse. Blätter mal um und schau dir die Dessertburger an!«

»Igitt«, sagt Peter, als ich den von *Pulp Fiction* inspirierten Big Kahuna mit Beef, Ananas und Gouda bestelle. »Kennst du die Szene, in der Travolta diesen Kerl erschießt, der gerade vor seinem Burger sitzt?«

»Ja. Ich nehme die Miniburger-Auswahl. Jetzt will ich's wissen.«

Peter winkt nach der Bedienung, die nur die Nummern auf der Karte aufnimmt und dann sofort wieder weghetzt.

»Mist, ich wollte sie doch nach diesem Waggi-Dings fragen.« Ich stehe auf: »Bin gleich wieder da. Ich muss das jetzt wissen.«

Als ich aus Franks enger Küche zurück zum Tisch komme, hat Peter eine neue Flasche Root Beer vor sich: »Mann, wo warst du denn so lange?«, mosert er. »Dachte schon, sie machen ein Wähgjüh aus dir!«

Der eigene Scherz heitert ihn auf, doch bevor er mir näher ausführen kann, wie er sich neugierige Gäste verarbeitet denkt, unterbreche ich ihn: »Pass auf, das ist total interessant! Wäg-you – so spricht man das nämlich –, das ist eine Rinderrasse japanischen Ursprungs, das teuerste Hausrind der Welt.«

»Ich dachte, das ist das Kobe-Rind.«

»Das stimmt auch! Das Kobe-Rind ist eine Unterart vom Wagyū-Rind. Aber das Kobe-Rind darf nicht in die EU importiert werden, und anders geht es nicht, da es ja in der Region um Kobe gezüchtet werden muss, sonst wäre es kein Kobe-Rind!«

»Logisch«, sagt Peter.

»Und daher«, fahre ich fort, »gibt es seit einem Jahr in Deutschland eine eigene Wagyū-Zucht. Das Kilo von dem Viech kostet über hundert Euro! Aber das ist ein Klacks, denn das Original-Kobe kommt auf 400 bis 600 Euro! Und, pass auf: Es gibt japanische Züchter, die spielen den Tieren morgens bei der ersten Fütterung klassische Musik vor, Bach, Beethoven und so ein Zeugs. Und die Viecher bekommen regelmäßig Massagen! *Massagen!*«

Peter winkt ab: »Schon gut, ich hab's verstanden. Hast du deine Bestellung geändert?«

»Habe es versucht, aber angeblich ist Wagyū ausgegangen.«

»Buhu«, macht Peter. »Da könnte man doch glatt heulen, oder?«

23

Ich sitze mit Henning an der Rezeption. Habe ihm einen Cappuccino vorbeigebracht, und er liest mir die schönsten Stellen aus Gastronomiekritiken der Tageszeitungen vor. Das Septemberlicht knallt durch die Fensterscheiben und zeigt überdeutlich den Staub auf dem Tisch und die abgenutzten Stellen des Teppichs.

»Achtung, diesmal geht es um Austern in … Moment, hör

zu: Da demonstriert Dings – also der Koch – zum Beispiel sein subtiles Verständnis von Austernaromen, nein: der Austernsensorik, in einer dreiteiligen Variation vorab. Mit einer kleinen Rolle Schweinebauch, einem Sauerampfereis oder einem Kefir-Espuma wird das zum wohlstrukturierten Ereignis *en miniature*, Slow-Food sozusagen, aber hier einmal wirklich so, wie es sein sollte, als Sog sich wie von selbst ergebender Konzentration, weil die Hand des Meisters so prächtige Verläufe und Räumlichkeiten schafft.«

»Wow«, sage ich und lasse die Worte eine Zeit lang auf mich wirken. »Aber, findest du nicht, es klingt total unsexy? Ich meine, kriegst du von einem prächtigen Verlauf von Konzentration ... oder was auch immer – macht dir das Appetit?«

»Nein, aber vielleicht geht es hier auch nicht darum.«

»Sondern?«

»Gute Frage.« Er überlegt: »Lass uns doch erst mal weitermachen. Also, der Kritiker hat jetzt eine Auster intus. Und was tut er nun? Dreimal darfst du raten! Genau! Jetzt isst er noch eine. Los geht's: In einem klaren angereicherten Tomatensud findet sich ein Sockel hervorragend gewürzten Taboulés mit einem Stück Auster, weißem Tomatenschaum und einigen winzigen Partikeln. Hier wird ein ausgeweitetes aromatisches Verständnis vorgeführt, das nicht nur vordergründig ins mediterrane Fach geht, sondern auch einen Hauch erfrischender Säure entwickelt, die in der Lage ist, alle beteiligten Elemente dezent umzufärben ...«

»Ein Stück Auster?«, frage ich. »Es ist nicht einmal eine *ganze*?«

»Also, nein, eigentlich ...« Henning studiert die Zeile erneut. »Vielleicht habe ich das auch falsch gelesen. Ein Stück Auster – ein *Stück* Auster. Er meint bestimmt eine ganze, sonst müsste wohl ein Stück *von* der Auster dranstehen.«

Wir streiten uns gerade darüber, was mit »Partikeln« gemeint ist, auf denen die Auster gebettet liegt – ich glaube, der Kritiker hat nichts Genaues erschmeckt und das dann einfach »Partikel« genannt, Henning ist der Ansicht, es sei beim Druck der Zeitung ein Wort verloren gegangen, es hätte Gemüse-Partikel oder Kartoffel-Partikel heißen müssen –, da taucht Carlos im Eingang auf, nickt uns kurz zu und verschwindet sofort im Büro.

Das ist nun nichts Besonderes. Neu ist nur diese unbeherrscht laute Art, mit der er ins Telefon brüllt. Henning hat gerade angefangen, mir von der »weit gedachten Dekonstruktion« eines »Borschtsch in Textur« vorzulesen, die der Kritiker nun verspeist, bricht aber sofort wieder ab.

»Was ist?«

Statt einer Antwort legt er einen Finger auf die Lippen.

»Was ist?«, wiederhole ich, leiser. »Verstehst du was?«

Er nickt.

»Echt? Du sprichst *spanisch*?«

»Ein bisschen. Du, ich fürchte, da läuft irgendwas so richtig schief mit seinen Geschäften.«

Auf einmal wird es still, und wir hören Schritte. Henning sieht mich warnend an. Die Tür geht auf, und ohne hinzusehen weiß ich, dass Carlos' misstrauischer, kleiner Kopf herausschaut.

Ich fange an, irgendetwas zu reden, die Tür schlägt wieder zu, ich verstumme. Aus dem Büro dringt kein Pieps mehr.

Henning schüttelt den Kopf: »Mir gefällt das nicht. Erinnert mich verdammt an eine Sache vor fünf, sechs Jahren. Damals ist er kurz danach zwei Jahre nach Spanien abgehauen.«

»Ach was. Der hat einfach einen Hau, der Typ.«

»Nein, nein, ich sag dir, da ist was ganz und gar faul. Er

sagte etwas von Frauen, die nicht angekommen seien, und dass sie alle eine Weile untertauchen müssten. Psst.«

Carlos spricht wieder, diesmal kurz und sachlich. Ich halte das für eine Entwarnung. Dann sehe ich, dass Henning bleich geworden ist.

»Was ist?«

»Er hat einen Flug gebucht für sich.«

»Na und, so was tun Leute manchmal.«

Bevor Henning antworten kann, wird die Bürotür erneut aufgerissen, und Carlos stapft heraus, man sieht ihn kaum hinter dem Stapel Aktenordner, den er vor sich her trägt. Die Tür schlägt hinter ihm zu. Wir hören, wie er draußen seinen Sportwagen startet. Henning rennt zum Fenster. »Er fährt weg.«

»Was du nicht sagst.«

»Buenos Aires! Der Flug geht nach Argentinien!«

»Ich verstehe immer noch nicht, wo das Problem liegt.«

»Das ist eine Flucht – definitiv! Ich rufe Peter an und frage, was wir tun sollen.«

»Von mir aus«, sage ich, »dann schließe ich das Restaurant für heute Abend.«

In meinem Zimmer ziehe ich mir Trainingshose und Turnschuhe an, packe ein Handtuch in meine Sporttasche und lege den nicht benutzten Mitgliedsausweis für mein Fitness-Studio obendrauf. Die Kette hat praktischerweise auch in Frankfurt und Mainz Ableger.

Ich gehe ein Stück zu Fuß durch die frische Luft, es tut gut, einmal keine Essensgerüche um sich zu haben. Das Studio liegt im ersten Stock eines alten Fabrikgebäudes am Mainzer Ring. Ich atme die Mischung aus Schweiß-, Schimmel- und Ammoniakdünsten ein. Die Cardio-Abteilung ist größer, mehr Räder und neu aussehende Laufbänder, ansonsten gibt es die gleichen Geräte wie in meinem alten Studio. Ein Kerl mit kurzen, blond gefärbten Haaren und einem weißen Netzhemd schlägt auf den Boxsack ein, hüpft um ihn herum, immer schneller, vermutlich im Takt der Musik, die ihm per Kopfhörer in die Ohren dröhnt. Auf der Spinnennetz-Tätowierung in seinem Nacken glänzt der Schweiß.

Ich gehe zu den Gewichten. Nehme die gelben Scheiben. Der Kerl am Boxsack wird langsamer und stoppt den Sack schließlich mit der Hand. Mit einem Kinnheben fragt er mich, ob er mir helfen kann. Ich nicke.

Ich lege mich auf den Rücken und drücke die Arme hoch. Die Brandblasen an meinen Handflächen platzen auf und schmerzen. Ich mache weiter. Mein neuer Bekannter steht über mir, kratzt sich am Sack, glotzt auf mich herunter, dann nimmt er ab.

Nach ein paar Sätzen frage ich ihn, ob er jetzt drücken will, aber er sagt, er sei schon seit drei Stunden da und durch mit seinem Programm. Ich nicke. Frage, wo er die Spinne hat machen lassen. Erzähle, dass ich darüber nachgedacht habe, mir einen Skorpion stechen zu lassen. Er nennt mir seinen Namen und eine Adresse. Wenn ich den Besitzer von ihm grüßen würde, bekäme ich Rabatt.

Die Umkleidekabine füllt sich, es geht auf den Spätnachmittag zu. Die Duschen sind leer. Ich sehe mich um, ob jemand mich beobachtet, dann recke ich mein Gesicht näher an den Spiegel. Das Weiß in meinen Augen ist klar. Das Handtuch um die Hüften, gehe ich zurück zu meinem Spind, vor dem ein Araber in leiser Unterhaltung mit einem gedrungenen, aufgepumpt wirkenden Mann steht. Sie gehen ein paar Schritte weiter weg, als ich auf sie zusteure.

Ich frage mich, was der Araber anzubieten hat, Stereoide, Stoff, Gewaltvideos? So ziemlich alles, was der Kunde braucht? In Rainers Boxclub haben ein paar Iraner gute Geschäfte gemacht damit, vor allem mit den Raubkopien. In Rainers Studio kauften die Jungs sie, um sich anzuheizen, bevor sie rausgingen und Streit suchten. Auf Snuff musste man warten. Oder richtig Geld hinblättern, je nachdem. Ich habe mich immer gefragt, ob die Iraner wussten, dass ihre Kunden am liebsten Ausländer wie sie abklatschen gingen.

Die wenigsten, die in solche Studios kommen, trainieren, um besser auszusehen. Die wenigsten trainieren, um sich einfach nur wehren können, wenn sie angegriffen werden. Sondern um den Kampf anzufangen, sobald sich die Möglichkeit dazu bietet.

Jeder hat schließlich eine andere Vorstellung von Gerechtigkeit. Wenn manche so tun, als seien sie sich einig, sind das Zweckbündnisse. Niemand vergisst das. Von einigen Ausnahmen abgesehen: den Freunden von Kindheit an, Brüdern, Zellengenossen.

Micha fällt mir ein. Ich hätte mich längst bei ihm melden sollen; er weiß nicht einmal, wo ich überhaupt bin. Ich gehe zwar immer davon aus, dass er zu Hause ist, aber genau weiß ich es nicht. Gestern Abend hieß es in den Nachrichten, in Thailand sei eine Maschine voller Touristen verunglückt. Weiß ich, ob er nicht darunter war? Oder Rudi und Bai Lin? Nein, Blödsinn, sage ich mir, das war auf Phuket, Bai Lin kommt aus der Nähe von Bangkok. Trotzdem. Die Fotos, die ich von Michas Vater und Stiefmutter kenne, zeigen die zwei auf eben dieser Ferieninsel, sie könnten durchaus wieder dort Urlaub gemacht haben.

Der Verkäufer und der Muskelmann haben ihr Geschäft abgeschlossen. Bevor er geht, schaut der Araber mich an, ich nicke nur, alles in Ordnung. Sobald ich öfter dagewesen bin, wird er mich ansprechen, andeuten, was er hat, und fragen, ob ich etwas brauche.

Draußen schaue ich auf mein Handy. Es zeigt vier verpasste Anrufe an.

Dreimal Henning, ich soll ihn sofort zurückrufen. Dann Peter, der kurz und bündig sagt, er warte mit Henning im Telehotel auf mich, ich solle mich beeilen. Notfalls ins Taxi steigen.

Ich nehme trotzdem wieder die S-Bahn. Habe mich noch nie gerne von Fremden herumkutschieren lassen.

Schon von Weitem sehe ich die beiden vor dem Hotel stehen.

»Da bist du ja endlich!«, beschwert sich Henning.

»Ich war trainieren«, sage ich. »Was ist das da?« Ich deute auf die beiden prall gefüllten Jutetaschen zu seinen Füßen.

»Ich hab meine Bücher zusammengepackt. Wir verschwinden von hier. Kurz nachdem du weg bist, waren ein paar Typen da und haben nach Carlos gefragt. Sind ziemlich wütend geworden, als sie ihn nicht gefunden haben.«

Ich lockere die Schultern: »Kommt das jetzt nur mir ein bisschen feige vor?«

»Nein«, sagt Peter. »Reine Vorsicht. Ich bin immmer noch auf Bewährung draußen, Marten. Also los, pack deine Sachen. Gib mir schon mal deine Sporttasche.«

Fünf Minuten später werfe ich meinen Koffer in Peters BMW. Den Zimmerschlüssel habe ich stecken lassen. Gerade noch rechtzeitig fällt mir mein Messerset in der Küche ein. Peter leert solange die Kasse. Im Wagen strecke ich die Beine aus und fahre den Beifahrersitz so weit nach hinten wie möglich: »Also, was ist der Plan? Wo wohne ich jetzt? Hilton? Sheriton?«

»Sheraton«, verbessert Henning.

Peter überholt einen Audi. »Träum weiter. Du kommst zu Henning in die WG.«

»Was? Nee.«

»Ein Mädchen bei uns macht gerade ein Auslandssemester. Du kannst in ihrem Zimmer wohnen, bis du eine eigene Wohnung gefunden hast.«

»Wer wohnt da sonst noch in der WG?«

»Das hab ich dir doch schon mal erzählt, Mann!«

»So ein Computerheini«, sagt Peter. »Ist der noch da?«

Henning brummt etwas, das sich nach einem »Nein« anhört.

Am Grazer Weg steigen wir aus. In den Erdgeschossfenstern hängen Schilder: Wir wollen das Nachtflugverbot. Fluglärm macht krank. Unsere Kinder wollen schlafen.

24

»Süß«, sage ich und setze den Koffer ab. Das Zimmer sieht aus wie das einer Zwölfjährigen mit all den Kuscheltieren auf dem Bett und der Fototapete an der Wand gegenüber, die einen lupenreinen Sandstrand zeigt.

»Ist doch nur vorübergehend. Du musst hier ja nicht alt werden«, sagt Henning.

»Das wäre auch kaum möglich«, mosere ich.

Ich öffne den Kleiderschrank und schließe ihn gleich wieder. Nehme eine Schneekugel vom Bücherregal und schüttele sie. Über einem grünen Drachen rieseln weißsilberne Flocken und sammeln sich am Boden. Ich greife nach einer DVD, auf deren Cover eine Asiatin im Lotussitz und mit geschlossenen Augen am Meeresstrand sitzt. Darüber steht: »Morgenmeditation–Abendmeditation. Chakren fühlen, ausgleichen und anregen.«

Ich sage: »Jedenfalls verstehe ich jetzt, dass sie es nicht untervermietet. Das wäre mir auch peinlich.«

»Nein, das ist es nicht. Sie hat bloß einen Fimmel von wegen Ansteckung und Viren und so, deshalb soll keiner rein. Also hinterlass nicht zu viele Spuren.«

»Haha.«

»Immerhin hast du einen Computer. Sogar einen Mac. Kannst ins Internet und Rezepte suchen, ist doch viel besser als immer nur Handy.« Henning deutet auf den Schreibtisch.

»Mmh.«

Das Fensterbrett beherbergt eine Kakteensammlung. Ich tippe einzelne grüne Köpfe mit der Fingerspitze an, keine gute Idee: Das Exemplar mit den weißen Wollhaaren hinterlässt in meiner Haut fiese kleine Stacheln, die sich kaum entfernen lassen.

An einer Seite neben dem schmalen, mit einer sonnengelben Tagesdecke abgedeckten Bett, steht eine Topfpflanze, an der anderen ein weiß gestrichenes Holznachttischchen. Ich lasse mich mit dem Rücken auf das Bett fallen und strecke einen Arm aus. Sehr gut: Wenn ich rauche, kann ich den Blumentopf als Aschenbecher benutzen. Einer der Stoffbären drückt in meinen Rücken. Ich sammele die ganze Bande ein und werfe sie in die Ecke.

»Da wäre Bertha aber traurig«, sagt Henning.

Als er weg ist, krame ich in der Nachttischschublade herum. Ein Kriminalroman, in dem als Lesezeichen das Foto einer jungen Frau liegt, die kindisch lächelt. Bertha. Sie passt in das Zimmer, ja, doch. Als ich ihn zurücklegen will, ertaste ich ganz hinten in der Lade etwas: Es ist ein rosaroter Plastikvibrator, so lang und dick, dass kein Mann dem Spielzeug jemals zu ernsthafter Konkurrenz würde.

Falls Männer, aus Hygienegründen, für Bertha überhaupt infrage kommen.

Ich schalte ihn an, er summt. Jenna hat auch so einen gehabt, aber fleischfarben und ein bisschen kleiner. Sah ziemlich echt aus. Überhaupt besaß sie eine Menge Sexspielzeug. Mir fällt ein, dass ich schon lange keine Nachricht von ihr mehr auf dem Handy hatte, weder Voicemail noch SMS. Zuletzt waren ein paar Nacktbilder gekommen, auf die ich, wie auch auf alles andere, gar nicht mehr reagiert habe.

Möglich, dass sie einen Kerl gefunden hat, der ihr ein bisschen Halt gibt. Der nett zu ihr ist. So was soll es geben. Es muss nicht immer alles schlecht enden, auch wenn es einem manchmal so vorkommt.

Es dauert, bis ich an diesem Abend einschlafe. Ununterbrochen dröhnen Flugzeuge.

In der Nacht schrecke ich hoch. Im Traum saß ich mit Jenna in dem Café in Erlenbach, in dem ich mit Stella gewesen bin. Jenna ist klapperdürr, hat überall Tattoos und Einstichwunden. Sie schaufelt riesige Portionen Sahnetorte in sich hinein und erbricht sie sofort wieder, direkt neben dem Tisch, an dem wir sitzen. Eine Kellnerin bringt immer neuen Kuchen, wobei sie vorsichtig um das Erbrochene herumgeht. Von dem Traum ist mir übel, aber gleichzeitig nach einer Zigarette zumute. Ich ziehe das verschwitzte T-Shirt aus. Gehe in die Küche, um nach Hennings Zigaretten zu suchen, finde aber nur eine leere Schachtel. Dafür werde ich in der Seitentasche seines Anoraks im Flur fündig.

Vom Küchenfenster aus sehe ich die Baustelle gegenüber. Es ist zu dunkel, um das Schild lesen zu können, aber ich weiß, es steht »Schöner wohnen am Dreieck« darauf. Das hohe Gerüst ist mit dunkelgrünem Nylonstoff abgedeckt. Die Arbeiter haben längst Feierabend. Schlafen in den Containern, die unten vor dem halb fertigen Gebäude stehen. Die Tür eines hellblauen Dixi-Klos steht offen. Ich frage mich, ob die Container Nummern haben, falls sich einer der Jungs mal eine Nutte bestellt.

Der Gedanke an Jenna lässt mich nicht los. Hatte sie nicht um diese Zeit Geburtstag? Wir haben die Tage nicht auseinandergehalten, alles ist verschwommen. Nicht wie im Telehotel, wo ich den Wochentag an die Kreidetafel mit dem Tagesmenü schreibe. Das Wetter an ihrem Geburtstag ist jedenfalls miserabel gewesen, grauer Regen aus grauem Himmel. Ich habe zur Feier des Tages das Dope von meinem Geld gekauft, eine festliche Portion.

Henning hat gesagt, immer weiter die Straße runter nach rechts kommt eine gute Videothek. Seit Ewigkeiten habe ich mir keinen vernünftigen Film angesehen. Hab die ganze Zeit nur gekocht und gebacken, gebraten und geschmort. Ich setze mich an Berthas Computer und suche Jenna im Netz, ergebnislos. Micha hat eine neue Telefonnummer, vermutlich wohnt er längst mit Katja zusammen.

Draußen, am Himmel, beginnt eine Boeing im Anflug auf Frankfurt langsam zu sinken.

25

Langsam rücke ich in der Schlange in der Metzgerei vor. Jetzt, wo ich eigentlich nicht kochen müsste, tue ich es trotzdem regelmäßig. Ich bin wählerisch geworden. Kann mir kaum noch vorstellen, dass ich früher mit drei Fleischkäsebrötchen am Mittag zufrieden gewesen bin. Jetzt denke ich, wenn sich ein Hungergefühl einstellt, nicht gleich ans

Sattwerden, sondern überlege erst einmal, was noch im Kühlschrank ist, worauf ich Lust hätte, wie viel Zeit ich investieren will, und beschließe dann zum Beispiel, einfach etwas Tartar mit Kräutern und Zitrone anzumachen. Wie weit ich mich von Micha und meinem Elternhaus entfernt habe. Klar, da gab es gutes und weniger gutes Essen. Und das Exotische, also Bai Lin. Aber in die zwei Kategorien »schmeckt« oder »schmeckt nicht« hat alles reinpassen müssen.

»Der Nächste bitte!«

Ich wache aus meinen Tagträumen auf und verlange Rindertartar und sehr dünn geschnittene Kalbsschnitzel.

Die Metzersfrau greift nach dem rosa Klumpen vor sich, legt ihn auf die Schneidemaschine und hebt dann eine Scheibe hoch: »So?«

»Gerne noch dünner.«

Ein wohlwollender Blick trifft mich. Als Fachfrau weiß sie längst, dass Männer, die hier Fleisch kaufen, es in der Regel auch selbst zubereiten.

»Gibt's Kalbsschnitzel heut?«

»Nein, Rouladen.«

Durch das Glasfenster der Metzgerei sehe ich, wie eine große Blondine ihren großen blonden Setter am Fahrradständer anbindet, sich die Baskenmütze richtet und auf die Tür des Geschäfts zusteuert. Sie lächelt, steckt voller Energie. Es klingelt, als sie in den Laden tritt. Der Hund wedelt draußen aufgeregt mit dem Schwanz.

»Wie machen Sie die?« Die Fleischersfrau hat meine Bestellung abgepackt.

»Wie bitte?«

»Wie Sie die Rouladen machen.«

»Mit Pesto bestreichen, zusammenrollen, anbraten, fertig.«

Ich drehe mich zur Blondine um. Lächele sie an. Hat sie

den Spruch mit der gleichen Haarfarbe von Hund und Frauchen schon zu oft gehört? Vermutlich.

»Wir haben hier auch Pesto …«, sagt die Fleischersfrau. Sie deutet auf ein Regal an der Wand, auf dem Senf, saure Gurken und ein paar Gemüsekonserven stehen.

»Wie bitte? Pesto? Nein, das mache ich selbst.«

»So einen Mann hätte ich auch gerne!«

Hat die Blondine das gehört? Wohl eher nicht. Schade. Ich bezahle und nehme meine Tüte in Empfang. Halte mich unentschlossen noch ein Weilchen vor dem Konservenregal auf. Die Frau gefällt mir. Auch wenn ich eher auf dunkle Typen stehe, sie hat was. Weniger ihr Aussehen als ihre Art, diese schief aufgesetzte Baskenmütze, und dann diese Fröhlichkeit. Ich greife nach einem Glas Pesto und tue so, als ob ich das Etikett lese.

Sie kauft nur zwei Frankfurter Würstchen, bekommt aber noch ein Stück Fleischwurst für ihren Hund auf die Hand.

Ich schaffe es gerade noch, vor ihr an der Tür zu sein, um sie galant zu öffnen.

»Danke!« Sie strahlt, wird aber sofort von ihrem Hund abgelenkt, der ein Theater macht, als habe er stundenlang gewartet. »He, he, Jasper, jetzt krieg mal keinen Herzinfarkt«, sagt sie und gibt ihm das Fleischwurststück. Er schluckt es runter, drängt sich an sein Frauchen und stupst die Würstchentüte mit der Nase an.

»Die Frankfurter sind vermutlich auch für ihn, oder?«

Sie lacht: »Ja, aber ich gehe ein bisschen weiter weg, falls die Verkäuferin uns nachschaut.«

»Weil sie vielleicht beleidigt wäre?«

»Könnte doch sein, oder?«

Ich komme zwanglos mit. Biete ihr eine Zigarette an, die sie gerne nimmt. Als ich ihr Feuer gebe, muss ich, wegen des Windes, ihre Hand dabei kurz umfassen. Sie lässt es zu, lächelt noch intensiver. Deutet auf mein Paket und fragt: »Das ist aber nicht für ein Haustier?«

Ich lache. »Nein.«

Sie heißt Elisabeth und ist Krankenschwester.

»Sicher anstrengend,« sage ich, etwas Besseres fällt mir nicht ein.

»Ja, das stimmt. Ich habe mir angewöhnt, dass ich nicht mehr daran denke, sobald ich aus der Kliniktür trete.«

»Und, funktioniert das?«

»Ehrlich gesagt – ja, blendend.« Sie lacht.

Wir rauchen und gehen ein Stückchen weiter.

Inzwischen sind wir hinter den Gärtnereien angekommen. Elisabeth leint Jasper ab, der wie verrückt losrennt. Auf ihr Pfeifen hin stoppt er und rast zurück zu uns.

»Es macht Spaß mit dir«, sagt sie, während wir mit ihm den Feldweg entlanggehen.

»Mir macht es auch Spaß!«, erwidere ich. »Und ... Also wenn du nichts mehr vorhast heute ...«

»Hab ich nicht, ich habe einen freien Tag.«

Sie bückt sich und hebt einen Stock auf, den ihr Jasper sofort abjagen will.

Ich schwenke meine Tüte: »Dann würde ich dich zum Abendessen einladen ...«

»Gerne!« Sie strahlt.

Wirklich, ich hatte fast vergessen, wie leicht es ist. Ich lade sie in die WG ein. Sage ihr, dass meine Wohnung gerade renoviert wird und ich daher für einige Wochen bei einem Freund wohne.

Sie kann sich vor Lachen kaum halten, als ich sie in Berthas Zimmer führe. Jasper beschnuppert die Stofftiere, sucht sich einen Bären aus und beginnt ihn unter dem Schreibtisch in kleine Fetzen zu zerlegen.

»Kein Problem«, sage ich.

Sie trägt einen schwarzen Spitzen-BH und versucht, unauffällig aus dem Slip mit Micky-Maus-Motiv zu schlüpfen.

»Ich wusste ja nicht, dass mein Besuch beim Fleischer hier enden würde!«

»Hättest du sonst Reizwäsche angezogen?«

»Nee, aber Micky Maus auch nicht gerade.«

»Was hast du, passt doch wunderbar hierher. Guck, auf der Bettdecke sind Häschen …«

Wir haben uns während des Geplänkels ausgezogen. Sie hat große Brüste mit kleinen hellrosa Nippeln. Ich sauge an einer. Schiebe meine Hand zwischen ihre Beine.

Jasper schaut uns die ganze Zeit aus treuen dunklen Augen an.

Später mache ich uns die Kalbsröllchen mit Brokkoli. Wir führen noch einmal den Hund spazieren, und ich sage ihr, dass sie gerne über Nacht bleiben kann.

»Stört es dich nicht, dass ich einen Freund habe?«

Ich antworte, nein, eigentlich nicht.

Sie versteht.

Wir schlafen kaum. Am nächsten Morgen verschwindet sie früh, weil sie Jasper nach Hause bringen und sich umziehen muss. Sie lässt mir ihre Telefonnummer da. Ich verspreche ihr nicht, dass ich anrufen werde, sage ihr nur, dass es schön mit ihr war, dann gehe ich in die Küche, um zu frühstücken.

Henning schlurft herein, sauer und unausgeschlafen. Ich solle mir das nächste Mal ein leiseres Mädchen mitbringen, er habe morgens Vorlesungen und keine Lust, die ganze Nacht Porno zu hören.

»Ich habe sie eine Stunde vorher in der Metzgerei kennengelernt, Mann. Wann bitte sollte ich sie denn fragen, ob sie im Bett laut ist?«

»Aha. Eine Stunde vorher? In der Metzgerei? Und du findest echt, das macht es jetzt besser? Außerdem könntest du mal im Flur staubsaugen … Jetzt hör endlich auf, so dämlich zu grinsen!«

Ich nehme meine Kaffeetasse und verschwinde. Tatsächlich, Jasper hat überall im Flur seine goldgelben Haare verstreut.

26

Welchen Film ich gesehen habe, daran kann ich mich schon auf dem Rückweg vom Kino nicht mehr erinnern. Ich habe mir extra einen ausgesucht, in dem aller Voraussicht nach weder Frauen, Drogen noch Essen eine Rolle spielen würden. Was mir auch gelungen ist. Im Weltraum hat man einfach andere Sorgen.

Ich schließe die Tür zur WG auf. »Bin wieder da.«

Keine Reaktion. Die Tür zu Hennings Zimmer ist geschlossen.

Ich gehe in die Küche, um mir einen Kaffee zu machen. Es ist dunkel, ich taste nach dem Lichtschalter – und erschrecke. Jemand sitzt im Halbdunkel am Küchentisch. Ich knipse die Deckenlampe an. Dann atme ich auf.

»Peter? Ich wusste gar nicht, dass du …«

Er reagiert nicht. Starrt bloß vor sich auf den Tisch.

»Alles klar bei dir?«

Keine Antwort, keine Bewegung, nichts.

Ich bin verwirrt. Gehe ins Nebenzimmer zu Henning. »Was ist denn mit Peter los?«

Henning hat ein Buch im Schoß, scheint aber gar nicht darin zu lesen; er hat es noch nicht einmal aufgeklappt. Er meckert nicht, weil ich wieder ohne anzuklopfen hereingeplatzt bin, sagt nur: »Ich weiß es auch nicht. Vor einer guten Stunde ist er hier aufgetaucht und hat sich da hingesetzt. Hat gesagt, er kann nicht allein sein im Moment.«

»Hat er so was öfter?«

»Nein, so hat er sich noch nie verhalten. «

Er klingt besorgt. Wir wissen beide, dass Peter kein Typ ist, der wegen einer Lappalie Theater macht.

»Was schlägst du vor?«

Er sieht mich an: »Keine Ahnung. Abwarten? Bleibt uns wohl nichts anderes übrig.«

Ich gehe zurück in die Küche, koche endlich Kaffee, frage Peter, ob er auch welchen will. Wieder keine Antwort, also trinke ich ihn allein, Tasse für Tasse, sehr langsam. Spüle sogar die benutzten Sachen ab, um noch etwas Zeit zu schinden. Bringt alles nichts.

»Also, ich gehe dann mal fernsehen drüben. Wenn ich sonst irgendetwas für dich tun kann, Peter?«

Er schaut auf. Seine Augen sind rot und stumpf, kein bisschen Licht mehr darin. »Kannst du mir eine Flasche Schnaps holen?« Er räuspert sich, wie es jemand tut, der längere Zeit nicht gesprochen hat.

»Auf der Stelle – wenn du mir sagst, was los ist!«

Er schüttelt den Kopf.

Ich versuche es weiter: »Irgendwann musst du es sowieso tun.«

»Ich muss gar nichts!«, brüllt er.

Aber anstatt wieder in seine Totenstarre zu verfallen, zieht er jetzt einen zerknitterten, aufgerissenen Briefumschlag aus der hinteren Jeanstasche und klatscht ihn auf den Tisch. Ich erkenne am schwarzen Rand sofort die Trauerpost. Auf der Karte steht: Larissa Feldmann (1973-2005). Ich rechne. Zweiunddreißig Jahre alt ist sie geworden.

»Larissa? Wer ist das?«

»Erst die Flasche.«

»Schon unterwegs!« Ich halte mich nicht mit einer Jacke auf. Nehme nur mein Portemonnaie und laufe zum Supermarkt. Draußen nieselt es, ein grauer, müder Abend wie jeder andere. Ich drängele mich an der Kasse vor, ohne auf das Gezeter der Frau mit dem Kleinkind und dem überladenen Einkaufswagen zu achten, und renne dann zurück, ein Jogger mit Schnapsflasche unter dem Arm, der keinem auffällt.

Zurück in der Wohnung reißt Peter mir die Flasche aus der Hand und scheucht mich aus der Küche.

Henning schaut aus seinem Zimmer, ich frage ihn, ob ihm der Name Larissa etwas sagt.

»Ja, natürlich«, sagt er, »hat er dir nichts von ihr erzählt? Das wundert mich jetzt aber. Sie waren aber auch nicht sehr lange verheiratet.«

»Peter war einmal verheiratet?« Jetzt bin ich baff.

»Ja, nicht, passt überhaupt nicht zu ihm. Und hat auch nicht funktioniert. So ein liebes, nettes Mädchen, und dann Peters Lebensstil. Ihre Eltern und Freundinnen haben es nicht mitansehen können, wie sie litt, haben sie praktisch zu einer Trennung gezwungen. Peter ist damals noch ganz anders drauf gewesen – jetzt lässt er sich zwar auch nichts bieten, aber früher, da hat er absichtlich Ärger gesucht. Trotzdem, komische Sache, sie haben es dann noch mal miteinander versucht, wenn auch nur kurz. Das letzte Mal …« Er überlegt. »Es muss drei oder vier Jahre her sein. Larissa hat Zwillinge bekommen, und das hat ihn dann endgültig überfordert, da ist er zum letzten Mal weg gewesen. Aber er hat sie vermisst. Normalerweise spricht er über alle seine Frauen. Und zwar eher abschätzig, weißt du vermutlich.« Henning schüttelt den Kopf: »Was jetzt wohl mit den Kindern passiert?«

»Zwillinge?«

»Ein Mädchen und ein Junge. Alles wie im Bilderbuch. Sie hat eine nette Mutter, vermutlich nimmt die sie. Wirklich, alles warm und liebevoll. Nur Peter passte nicht so ganz rein.«

»Sie ist so jung gewesen. Hat sie, ich meine, waren es …?«

»Drogen? Nein. Auf keinen Fall, nicht bei Larissa.« Henning ist aufgestanden und geht im Zimmer hin und her. Zwei Schritte vor, zwei zurück. Es macht mich wahnsinnig. »Sie hat an Silvester ein Glas Sekt getrunken und war dann schon beschwipst. Vielleicht noch an ihrem Geburtstag. Ich kann dir nicht mal sagen, wie Peter sie eigentlich kennengelernt hat.« Er bleibt stehen. »Oder doch! Jetzt fällt es mir ein! Er ist ihr ins Auto gefahren, die Geschichte hat Peter immer gerne …« Henning hält inne.

Wir schweigen.

»So ein Scheiß«, sage ich dann.

»Ja. Die Ironie der Geschichte ist …« Er schlägt sich auf den Mund: »Ach was, Ironie der Geschichte, ich sollte die Fresse halten! Was weiß ich denn!«

»Eine ganze Menge weißt du«, sage ich. Ich sehe gerade noch die Überraschung in seinem Gesicht, bevor ich mich umdrehe und gehe. Und noch etwas anderes, fast eine Art von Freude. Eigentlich wollte ich sagen, dass ich viel von ihm gelernt habe und ihm dankbar bin, aber das verschiebe ich auf ein andermal.

Ich setze mich ins Wohnzimmer und schalte den Fernseher ein, um die Stille zu übertönen. Aus der Küche kommt Musik, Peter hat anscheinend eine ähnliche Idee gehabt. Ich lausche, deutsche Schlager. Es muss mit Larissa zu tun haben, er hört so etwas sonst nicht.

Ich starre auf den Bildschirm vor mir, ohne etwas mitzubekommen. Peter tut mir leid, aber ich werde den Teufel tun, ihm das zu zeigen. Das verbietet mir der Respekt.

Ich glaube, ich weiß ungefähr, was er gerade durchmacht: Er versucht, sich den Tod vorzustellen und eine Position ihm gegenüber einzunehmen, aber es will ihm nicht gelingen. Da ist nur dieses Gefühl, immer weiterzufallen und, ohne es zu wollen, alles andere dabei mitzureißen. Man wird dadurch schwerer, der Fall schneller, der Schmerz größer, nur der Tod ist immer noch, wie er ist, unerklärlich, eine Position gibt es dazu nicht. Aber die ganze Zeit, die ganze verdammte Zeit über sagt man sich: Unmöglich, das kann nicht ewig so sein, irgendwann muss der Aufprall doch kommen – aber, zur Hölle, nein, er kommt nicht.

So jedenfalls hat es sich mir dargestellt, so habe ich schon gelitten. Und irgendwann reicht es, da will man einfach sein Bewusstsein ausschalten.

Daher habe ich ihm die Flasche gebracht.

Aber weshalb denke ich eigentlich, dass es bei ihm so ähnlich vorgeht wie bei mir?

Ob es sich für einen anderen ebenso darstellt – wer weiß das schon?

Peter und Henning: Vor einem Jahr kannte ich sie noch nicht einmal. Wer hätte gedacht, dass sie in so kurzer Zeit wirkliche Freunde werden könnten, viel wichtiger als Micha, mit dem ich aufgewachsen bin.

Vor mir läuft nach irgendeiner Serie jetzt ein Tatort. Danach lasse ich mich mit einem Thriller und einem Horrorfilm beschallen.

Zwischendurch sehe ich nach Peter. Er sitzt in der Küche, immer noch am Esstisch, hat aber den Kopf auf die Arme gelegt. Er ist eingeschlafen. Knapp die halbe Flasche hat er geschafft.

Ich öffne das Fenster und atme die Nachtluft ein. Der Mond steht über der Baustelle, in wenigen Tagen wird er kreisrund sein. Es ist gerade vier Uhr, man hört schon wieder die Flugzeuge. Vielleicht bauen sie in einigen Jahren noch ein drittes Terminal, dann ist der Himmel bald so belebt wie in einem von Michas Science-Fiction-Computerspielen früher.

Ich nehme mir eine von Peters Marlboros. Schaue rauchend in den Himmel.

Vielleicht gibt es dort oben einen Piloten, der sich gerade vorstellt, irgendwo hier unten, in irgendeiner Wohnung, an irgendeinem Küchentisch, wäre ein sturzbetrunkener Mann im Jogginganzug neben einer leeren Schnapsflasche eingeschlafen. Ein Mann, der um eine Frau trauert, die viel zu früh gestorben ist.

27

Am nächsten Morgen finde ich Peter auf der Couch im Wohnzimmer. Rasselndes Schnarchen kommt aus seinem halb offenen Mund. Sein Handy ist auf den Boden gefallen, die Stöpsel des Kopfhörers hängen irgendwo zwischen seinem Körper und dem Polster.

Ich nehme eine Wolldecke und lege sie vorsichtig über ihn. Gehe in die Küche, wo ich zuerst die leere Schnapsflasche wegräume und dann das Fenster sperrangelweit öffne – auch wenn man, egal, wie lange man hier lüftet, den Geruch nach kaltem Rauch nie ganz wegbekommt.

Henning tappt in Socken in die Küche; auch er sieht alles andere als ausgeschlafen aus. Er hat sein Telefon am Ohr. Ich nicke ihm zu. Starre wieder aus dem Fenster. Henning sagt nur manchmal »ja« oder »ach«. Ich bin mir sicher, da ist eine

Frau am anderen Ende der Leitung, sonst käme er öfter zu Wort.

Als er endlich spricht, hat er wieder diesen wichtigen Henning-Ton, den seine Nachrichtensprecherstimme noch verstärkt. Als stehe er vor einem Publikum und erkläre etwas höchst Bedeutendes, dabei entwickelt er den Gedanken so, als ob es ihm, während er spricht, erst selbst klar wird. Wer immer dabei zuhört, darf stolz sein, ihn dazu inspiriert zu haben. »Ich meine, es gibt durchaus vernünftige Menschen, Philosophen und so, die behaupten, dass wir uns die Welt nur vorstellen, dass sie eine Illusion ist, die wir uns auf unserem Lebensweg schaffen, weil wir sie *brauchen*. Das klingt jetzt schlicht, aber denk mal weiter: Das hat ungeheure Konsequenzen. Was bedeutet, dass ich mir die schlimmsten, aber auch die schönsten Ereignisse in meinem Leben eigentlich ausdenke, und wenn ich hier ansetze, könnte ich jederzeit die schlimmen vergessen und zu den schöneren mehr hinzufügen. Ja, du hast es verstanden, man wäre sofort viel glücklicher ...«

Ich schüttele den Kopf. Frage mich, wie viele Semester Philosophie man studieren muss, um morgens um acht solche Gespräche zu führen.

Die nächsten beiden Tage verbringt Peter im WG-Wohnzimmer, was bedeutet, er trinkt und schläft, Letzteres vorzugsweise tagsüber, um jedes Gespräch zu vermeiden. Wir versorgen ihn mit Wodka, und ich mache ihm Sandwiches, die er nachts beim Fernsehen und Musikhören vertilgt. Es sind zwei lähmend stille Tage. Auch Henning und ich sind inzwischen verstummt. Als ob sich das Leben um so eine Nachricht herum automatisch auf das Wesentliche reduzieren würde. Da sein. Atmen. Ein paar Schritte gehen. Trinken, essen. Reden gehört nicht dazu.

Am Freitag steht Peter schon vormittags auf, geht ins Bad, duscht und rasiert sich, dann verlässt er in schwarzen Sachen, die er in Hennings Kleiderschrank gefunden hat und in denen er wie eine Vogelscheuche aussieht, das Haus.

Zwei Stunden später liegt er wieder in seinem stinkenden Jogginganzug vor dem Fernseher.

Da es nichts Rechtes zu tun gibt für mich, nehme ich mir Berthas Computer und suche nach Michas Festnetznummer. Er hat tatsächlich seine neue gemeinsame Adresse mit Katja im Telefonbuch eintragen lassen.

»Micha hat dich nirgends erreichen können, seit du aus dieser Reha-Klinik weg bist!« Katja klingt eher erfreut als vorwurfsvoll.

Ich entschuldige mich und murmele etwas von kompletter Neuorientierung.

»Die Einladung zu unserer Hochzeit hast du aber gekriegt, oder?«

»Ja, schon, da war ich noch in Erlenbach. Es war sicher toll.«

Sie seufzt: »Ja, schon. Nur ist mein Schwiegervater drei Tage später gestorben.«

»Was? Rudi ist … O mein Gott.«

»Das hast du nicht gewusst?«

»Nein!«

»Na ja, ich sage Micha jedenfalls, dass du angerufen hast. Ich habe deine Nummer auf dem Display.«

Ansonsten fällt mir niemand ein, bei dem ich Lust hätte, mich zu melden. Schließlich krame ich im Papierkorb und finde den Zettel mit Elisabeths Telefonnummer. Ich melde mich unter dem Vorwand, dass ich mit ihr als Krankenschwester über Peters Depression sprechen will. Sie freut sich riesig. Ich erfahre, dass ich den allergünstigsten Zeitpunkt erwischt habe, mich zu melden, ihre Frühschicht sei gerade zu

Ende, und sie sei mit Jasper unterwegs. Sie käme wahnsinnig gerne vorbei, um das Peter-Problem mit mir zu besprechen. Keine zwanzig Minuten später liegen wir im Bett.

Jasper kennt das schon und beobachtet uns diesmal nicht mehr. Er hat es sich auf dem Haufen von Berthas Kuscheltieren in der Ecke bequem gemacht und schläft.

Beim zweiten Mal dreht Elisabeth sich auf den Bauch. Ich halte ihr den Mund zu, als sie schreit: »Pssst. Meine Mitbewohner.«

Sie bleibt fröhlich: »Es macht mich irgendwie an, wenn ich denke, sie hören mich.«

»Vielleicht nicht gerade, wenn einem davon die Frau gestorben ist«, sage ich, es klingt härter als beabsichtigt.

»Oh. Natürlich, Peter.«

»Das hatte ich doch am Telefon erzählt. Seine Frau …«

»Jaja, ich weiß. Ich habe das, ehrlich gesagt, für einen Vorwand gehalten. Dachte, du wolltest mich sehen.« Sie sieht gekränkt aus.

Als Versöhnungsgeste schiebe ich meinen Kopf zwischen ihre Beine. Sie stöhnt jetzt nur noch.

Hinterher rauchen wir einen Joint und aschen in den Ficus. Elisabeth kann sich gar nicht genug lustig machen über das Zimmer. Sie inhaliert tief, behält den Rauch lange in der Lunge und wird immer alberner. Ich ärgere mich, ihr den Joint angeboten zu haben. Im Flur hören wir Schritte, eine Tür schlägt, die Klospülung rauscht.

»Peter scheint wach zu sein«, sagt sie. »Soll ich dann mal los?«

Es ist als kokette Bemerkung gemeint gewesen, aber als ich ihr nicht widerspreche, steht sie empört auf und sucht ihre Sachen zusammen. Als ich sie weiterhin nicht davon abhalte, heuchelt sie Interesse an Peter: »Er schläft wirklich den ganzen Tag?«

»Ja. Unterbricht nur zum Pissen. Siehe eben.«

»So genau wollte ich es gar nicht wissen.«

»Sorry. Ich dachte, du wärst Krankenschwester.«

»Eben drum. Urin und Leid und Krankheit, das hab ich acht Stunden am Tag. Das reicht.«

Ich werfe ihr den Slip und den Büstenhalter zu, weil sie anscheinend zu bekifft ist, um zwischen den Kleidungsstücken die richtigen zu finden. Sie fragt nach einem zweiten Joint.

»Keiner mehr da, tut mir leid.«

»Na dann, danke für den Rauswurf.«

Ärgerlich sage ich: »Moment mal, du bist doch diejenige, die einen festen Freund hat!«

»Ah, verstehe. Du bist auch so einer, der es nicht abkann, wenn eine Frau mal ihren Spaß haben will und nicht mehr. Obwohl du selber ...«

»Verschwinde einfach, ja?«

Als die Tür hinter ihr zugefallen ist, habe ich zwar noch nicht begriffen, was da gerade passiert ist – es ging zu schnell –, andererseits interessiert es mich auch nicht. Ich lösche ihre Nummer aus meinem Handyspeicher, das war es auch schon.

Nach einigen weiteren deprimierenden Tagen mit Henning und Peter halte ich es nicht mehr aus, rufe im Da Luca an und frage, ob sie einen Aushilfskoch brauchen. Ja, doch, können sie, und der neue Freund von Peter ist sowieso immer willkommen.

28

Enrico gibt mir eine Einführung in italienische Pasta. Davon gehe ich aus, so laut und leidenschaftlich, wie er auf mich einredet. Ich nicke ständig und sage »si, si« oder »ja, klar«, damit er merkt, wie sehr ich sein Engagement schätze. Am Tag zuvor habe ich am Salatposten gemerkt, dass es für einen Italiener, der sich Mühe gibt, mit Händen und Füßen etwas zu erklären, eine Beleidigung ist, wenn man dennoch kein Wort versteht. Und Pastamachen lernen, das will ich mir nicht versauen. Bei Enrico kann ich mir das Meiste zum Glück einfach abschauen, denn anders als Paolo arbeitet er, während er spricht, und schaut nur immer mal zu mir rüber, ob ich auch zuhöre. Nach kurzer Zeit schon helfe ich, und so stellen wir Blech um Blech Tortellini und Ravioli her.

Als mittags die Bestellungen kommen, achte ich darauf, welche Pastaformen zu welchen Soßen serviert werden und wie es sich mit den Mengen verhält. Mir fällt auf, dass Enrico die gekochten Nudeln nie völlig abtropfen lässt, und ich reime mir zusammen, dass ein Rest Feuchtigkeit die Soße besser bindet. Außerdem scheint es wichtig zu sein, dass man fertige Pasta, wenn sie nicht am selben Tag serviert wird, sofort einfriert. Ich merke, dass Nudeln, die auf -oni enden, größer sind, die mit Endungen auf -ini und -ette kleiner. Von der Illusion, alle Sorten kennen zu können, verabschiede ich mich rasch. So bekomme ich nach und nach zumindest eine Ahnung vom italienischen Nationalheiligtum.

Um fünf gibt es Essen für das Team, drei große Terrinen mit riesigen, fettigen Rindfleischstücken in einer Brühe, wie ich sie noch nie geschmeckt habe, es muss der Prototyp aller herzhaften Rinderbrühen sein, die Ur-Fleischsuppe schlechthin, eine Suppe von der Art, die alle Häubchen und Schäumchen dieser Welt lächerlich erscheinen lässt. Die Jungs fallen darüber her, als wäre es die erste Mahlzeit seit Wochen, und nach einer knappen Viertelstunde, der ersten, in der wirklich niemand plappert, schreit, singt oder lacht, kann es weitergehen.

»Ah, Peters Freund. Ich erinnere mich«, sagt eine Stimme hinter mir, und ich erkenne die Sixtinische Kapelle, deren Schicht anscheinend gerade beginnt. »Hat Enrico dir gesagt, dass man Pasta nicht an Regentagen herstellen soll, weil Feuchtigkeit den Teig widerspenstig macht?«

»Ähem, das ist ein Witz, oder?«

»Keine Witze über Pasta.«

In meiner dritten Woche im Luca, einem Samstag, hat eine Privatgesellschaft das gesamte Restaurant für den Abend gebucht. Wer, das weiß keiner, oder zumindest will es mir keiner sagen. Eine Küchenhilfe behauptet, dass es sich um Sylvester Stallone handelt, die nächste behauptet, Carla Bruni habe Geburtstag. Das Menü jedenfalls ist der Wahnsinn, alles, was teuer ist, wird aufgefahren, und zwar in Massen, kistenweise Austern, Körbe voller Trüffel – weiße, nicht schwarze –, eine Wagenladung Hummer.

Von allen Seiten höre ich, wie stressig der Abend zu werden verspricht. Ich denke mir, dass es nicht viel schlimmer werden kann, als es sowieso ist – das Restaurant ist an den Wochenenden immer ungefähr um das Dreifache überbucht.

Gegen sechs Uhr am Abend fällt mir auf, dass immer wieder Köche zu zweit oder dritt in Richtung Kühlräume wandern, mit gestressten Mienen, um kurz darauf entspannt wie nach einem Kurzurlaub, scherzend und ein Liedchen auf den Lippen, wieder aufzutauchen. Das geschieht einfach so, jeder weiß, wann er an der Reihe ist, es gibt keinerlei Absprachen, zumindest kann ich nichts dergleichen beobachten. Als Paolo mein Interesse bemerkt, winkt er mich heran. Ich soll ihm zu den Kühlräumen folgen.

Der Grund der guten Stimmung liegt auf einem glatten Metalltisch: etwa zwanzig Lines weißes Pulver, gleich lang und Reihe für Reihe in den gleichen Abständen nebeneinander ausgelegt, genauso penibel, wie Enrico die Ravioli auf dem Blech arrangiert.

In der Ecke des Tisches steht eine Schale ungekochte Penne. Ich lache auf. Ahne, was nun kommt, und tatsächlich: Enrico nimmt sich eine harte Nudel, hält sie ans rechte Nasenloch, beugt sich über den Tisch und schnieft. Dann wirft er den Kopf zurück in den Nacken. Scheint kurz zu überlegen, ob er noch eine nehmen oder es dabei belassen soll, und entscheidet sich für Ersteres. Ich sehe den vertrauten Ablauf halb mit Schrecken, halb mit Freude und frage mich, ob ich all die Tage über etwas verpasst habe oder ob es sich heute wegen der Privatgesellschaft um den Sonderfall eines Gönners handelt, der sichergehen will, dass wir uns die ganze Nacht gut gelaunt um seine Gäste kümmern.

Enrico macht eine einladende Geste in Richtung des Tischs, und ich bediene mich.

Das Zeug ist gut, sogar besser als das von Jenna. Ich fliege zu meinen Primi piatti zurück. Höre, wie ich ihm kurz darauf wortreich auseinandersetze, dass es wohl nichts Schöneres auf der Welt geben kann, wirklich nichts auf der Welt, als genau hier und jetzt am Pass zu stehen und Teller um Teller anzurichten. Er nickt, lächelt, zeigt mit dem Daumen nach oben, und von da an verstehe ich ebenso fließend Italienisch wie er Deutsch, wir brauchen keinen Übersetzer mehr. Der Rest des Tages vergeht wie im Zeitraffer. Am späten Abend habe ich eine neue Brandblase, und gegen drei Uhr früh schmerzen meine Schultern so sehr, dass ich mir kaum den Kochkittel ausziehen kann.

Zurück nehme ich den Nachtbus. Auf dem Sitz neben mir liegt eine alte Zeitung; ich sehe kurz auf die Überschrift und bilde mir ein, ich hätte: »Blutbad in Mainzer Hotel« gelesen, aber dann hält die Bahn, und ich muss aussteigen, und sowieso weiß ich, dass ich mir keine Gedanken machen muss, das ist nur wieder einer dieser typischen Koksverdreher. Vermutlich stand da »Waldschrat« oder »Ortsbeirat«, und ich mache Blutbad draus – da sieht man einmal, auf was für ulkige Sachen so ein Gehirn kommt.

29

»Hast du einen Moment Zeit?« Peter schiebt sich neben mich auf einen der Barhocker. Ich sitze in einem Bistro zwischen Westend und Hauptbahnhof, weil ich das Da Luca schon am frühen Abend verlassen habe. »Henning hat gesagt, dass du hier bist. Netter Laden.«

»Klar.« Ich bin überrascht, Peter wieder auf den Beinen zu sehen. Weiß nicht recht, wie ich mich verhalten soll.

»Du warst im italienischen Team? Und, wie war es?«

»Na ja. Ich habe ein paar Tage lang Gemüse schnippeln dürfen, dann aber Pasta machen gelernt – eine Wissenschaft für sich. Dabei belasse ich es erst einmal.«

»Weil du schon alles kannst!«

»Weil ich ins Männerklo gegangen bin, als drei Jungs mit Angelo dort gerade Maschinengewehre zusammengebaut haben. Und Enrico hat gesagt, sie seien nur so weit von einem Krieg mit der Russenmafia entfernt.« Ich halte Daumen und Zeigefinger meiner rechten Hand etwa zwei Zentimeter auseinander.

Peter kratzt sich an der Nase: »Das trifft sich gut. Ich habe jetzt nämlich meine Trauerzeit beendet.«

Die Kellnerin kommt und nimmt meine leere Kaffeetasse mit. Peter bestellt sich ein Bier.

»Du hast nie von ihr gesprochen«, sage ich, »von Larissa.«

»Ich kann es dir nicht sagen, wieso mich das so umhaut. Wirklich nicht. Sie war – einfach anders. Sie war ... so ein unglaublich guter Mensch. Das klingt jetzt komisch, und am Anfang habe ich auch einfach gedacht, sie ist irgendwie naiv, kennt das Leben nicht, so was ...«

Die Musik wird lauter, Peter rückt ein Stück näher. Ich kann den Rauch in seinem Atem riechen, süßlichen.

»Weißt du, vor den Kumpels hab ich sie nur *das Dummchen* genannt. *Dummchen merkt nix, Dummchen hat sicher was Gutes zu essen für mich.* So Sprüche. Zwei-, dreimal hab ich ihr eine gelangt, nicht fest. Aber man schlägt keine Frauen, das ist ein verdammtes No-go! Sie hat nie jemandem etwas davon gesagt. Sie ist die erste Person, die mir gezeigt hat, dass es so etwas wie das Gute gibt, oder die Guten ...«

»Du hast gekifft, ich kann das riechen.«

»Ja, und? Rein medizinisch. Was ich sagen will: Larissa, die hat mich einfach geliebt, bedingungslos. Hat immer Ausreden für mich gefunden, Kindheit und blabla.«

Ich gebe dem Kellner ein Zeichen, dass ich noch eine Cola will.

»Als ich sie kennenlernte, hat sie eine Katze gehabt, nach der war sie vollkommen verrückt. Ich habe dann irgendwo Ecstasy liegen gelassen, oder vielleicht hab ich es der Mieze auch mit Absicht ins Futter gestreut, weil ich das lustig fand, gucken wollte, wie die dann drauf ist. Jedenfalls ist sie elendig krepiert, hat gezuckt, vor Schmerzen geschrien, wie ein Mensch. Und Larissa, die war so unendlich traurig darüber.

Sie wusste, dass ich es war, sie ahnte es, aber sie hat nie gefragt. Sie blieb einfach bei mir. Ob ich nun nächtelang weg war oder nicht.« Er ist in sich zusammengesunken, spricht mehr auf sein Bier ein als auf mich.

Ich versuche, Augenkontakt herzustellen: »Okay, Peter, jetzt mach mal ein bisschen langsamer, bitte.«

»Klar, klar. Ich glaub, ich muss auch noch was essen. Haben die ein Stück Kuchen oder so?«

»Bestimmt. Ich geh kurz aufs Klo, und unterwegs bestell ich dir was.«

Als ich zurückkomme, spricht Peter sofort weiter: »Manchmal hab ich mich sogar entschuldigt bei ihr, und sie hat dann so Zeug gesagt – fast wie Henning. Dass alles Böse ebenso wie das Gute von Gott kommt und seinen Sinn hat, auch wenn wir den nicht verstehen. Sie hatte ein Beispiel: Ein Kleinkind ist entsetzt über eine Frau, die einem Menschen einen Finger absägt, korrekt? Ja. Weil es nicht weiß, dass sie eine Chirurgin ist! Und genauso könnte es auch sein, dass wir nur deshalb entsetzt sind über das Böse in der Welt, weil wir es nämlich nicht verstehen. Kann ja sein, dass es im göttlichen Plan einen Sinn hat. Dass es notwendig ist, um einen Ausgleich zu schaffen.« Er trinkt einen Schluck Bier und lässt seine Worte auf mich wirken. »Die Natur ist nicht gut oder böse, hat sie immer gesagt. Ein Tiger, der eine Gazelle verspeist, ist gut, weil er tut, was Tiger tun müssen. All das belegt nur die Armseligkeit menschlicher Vorstellungskraft. Und ich hab gedacht, was soll das, bin ich jetzt der Tiger oder was? Verstehst du?«

»So in etwa.«

Die Bedienung stellt ein Stück Schokoladenkuchen vor Peters Nase. Er nimmt es in die Hand und beißt ab, spricht kauend weiter: »Sie hat verrückte Dinge gesagt, so Zeug auf Hennings Level, hab ich das schon gesagt? Mir war es ganz recht, dass ich einer von den Bösen war, hab mich damals automatisch so eingeordnet – ich meine, wer lebt schon, um Gutes zu tun? Mutter Teresa? Ich hab das Leben als Krieg gesehen, und wer gewinnt den Krieg? Die Guten nicht. Ich hab Larissa provozieren wollen mit Fragen, hab wissen wollen, warum die Bösen eigentlich immer gewinnen!«

Ich versuche noch mal, ihn wieder runterzuholen: »Okay, Peter, jetzt red mal ein bisschen langsamer, bitte!«

Er hört mich gar nicht. »Weißt du, was sie gesagt hat: Die Bösen sind fleißiger! Gute Antwort, nicht wahr? Die Guten, hat sie gesagt, die sind ziemlich faul, das sei das ganze Problem!«

»Peter! Erde an Peter!«

Er wird lauter: »Verstehst du, wie verdammt recht sie hatte? Wie fleißig wir sind! Und ich meine jetzt nicht mal die großen Dinger, Terrorismus, Anschläge, Menschenhandel, nein, es geht um das *kleine* Böse, sagen wir: das Alltagsböse. Sieh uns an: Sind wir fleißig oder nicht?«

»Natürlich, aber das ist doch Quatsch, du kannst doch deshalb nicht … Schau mal, ich lerne Pastasorten auswendig, das ist fleißig, aber ist das böse?« Ich halte inne, lausche meinem Strebersatz nach: Habe ich das eben wirklich gesagt?

»Sie hat mir den Spiegel vorgehalten. Und dann habe ich sie verlassen und die Zwillinge. End of the Story. Ich hab ihr Leben versaut.« Er sticht auf das Kuchenstück ein, als wolle er seine Zerstörungskraft beweisen.

»Du kannst es wiedergutmachen, jedenfalls zum Teil. Hörst du mich, Peter?«

»Nein. Ich meine, ja, ich höre dich. Aber ich kann es nicht wiedergutmachen, sie ist nämlich tot.« Seine Augen glänzen gefährlich.

»Aber es gibt doch die Kinder, deine Kinder … du bist der Vater. Kannst du nicht deinen Schwiegereltern, Ex-Schwiegereltern, meine ich, anbieten, dass du hin und wieder aufpasst? Schließlich hast du längst keine Disco mehr, in der es außer Musik noch alles Mögliche gibt, sondern ein seriöses Restaurant.«

Er zögert: »Ich habe auch schon daran gedacht. Wo war da noch mal das Problem? Ja, genau: Wir müssen das seriöse Restaurant erst einmal auf die Beine stellen, das war's.« Er steht auf: »Lass uns gehen, okay?«

Vor der Bar bleiben wir stehen, um eine zu rauchen.

Die frische Luft tut uns gut. Peter wacht ein wenig auf. Die Straße ist jetzt beleuchtet und belebter als vorher. Eine Asiatin spaziert an uns vorbei und betritt das koreanische Restaurant neben der Bar, in der wir waren. Ein unglaublich süßes Mädchen. Wir gehen ein paar Schritte und sehen durchs Fenster, wie sie sich eine Schürze umbindet und ein großes schwarzes Kellnerinnen-Portemonnaie hineinsteckt.

»Die ist doch höchstens fünfzehn«, sage ich.

»Nee, nee, die ist älter. Die Fünfzehnjährigen stecken sie ins Bordell.« Er lächelt. Zigarettenrauch kräuselt sich aus seinen Nasenlöchern.

»Apropos, was ich dir eigentlich sagen wollte: Mein Lappen ist weg. Die gute Nachricht ist: Du darfst solange meinen BMW fahren, wann immer du willst. Die schlechte: Morgen hab ich ein paar Termine, da müsstest du mich hinbringen.«

»Wann ist das denn passiert?«

»Auf der Rückfahrt von der Beerdigung. Ich war ein bisschen zu schnell. Und hatte wohl ein, zwei Schnäpse intus.«

»Für wie lange?«

»Halbes Jahr.«

Ich nicke.

Er zieht die Autoschlüssel aus der Tasche. »Bist ein

Freund.« Dann erklärt er mir, wo der Wagen steht, und wir verabreden, dass ich ihn am nächsten Tag um zwölf abhole.

Ich sehe hinter Peter her, wie er leicht schwankend die Straße hinuntergeht.

30

Es ist das sechste Restaurant, das wir uns ansehen. Bei den ersten dreien war ich gespannt und voller Enthusiasmus, bei den beiden danach ernüchtert; diesmal bin ich nur noch dabei, weil Peter einen Fahrer braucht.

Es hat einfach immer einen Haken gegeben. Zwei lagen auf dem platten Land, und die S-Bahn-Haltestelle, die angeblich im kommenden Jahr die Anbindung an die Käffer in der Umgebung leisten sollte, war längst noch nicht genehmigt worden. In den drei anderen Gaststätten wollten entweder die jetzigen Pächter gigantische Ablösesummen kassieren für irgendwelche kaputten Geräte oder hässlichen Teppiche, oder die Küche war winzig, oder die Lage war selbst für ein richtig mieses Viertel und einen Optimisten wie Peter unzumutbar.

»Das Ostend ist groß im Kommen«, sagt er gerade. »Das sieht nicht mehr lange aus wie ein Industrieviertel, hier ist alles im Umbruch. Von der Konstablerwache hierher wird es schicker und schicker werden. Mein Instinkt sagt mir todsicher ...«

Ich höre kaum noch zu, denn sein Instinkt hat sich bisher bei jeder Anreise gemeldet und todsicher zu ihm gesprochen – wenn auch jedes Mal aus anderen Gründen –, und inzwischen mische ich mich in diese zweifelhafte

Kommunikation nicht mehr ein. Immerhin kann Peter nicht sein Loblied auf das neue Objekt singen und gleichzeitig daran herummeckern, wie ich seinen BMW fahre. Wir kommen auf die Hanauer Landstraße. Hier stehen gläserne Autohäuser, in denen die neuesten Porsche- oder Mercedestypen glänzen, Fachgeschäfte für Büroeinrichtungen, Betten oder Lampen. Hier also soll das Lokal mit dem vielversprechenden Namen Beim Schorsch sein.

»Täusch dich nicht«, sagt Peter, »in der zweiten Reihe schießen die Clubs, Yogastudios, buddhistischen Gesundheitszentren nur so aus dem Boden – da lässt der Großstädter gerne sein Geld, wenn er sich das Zeug in der ersten Reihe nicht leisten kann oder es schon hat.«

»Na hoffentlich.« Ich werde langsamer, rolle vorbei an dem riesigen, beleuchteten Schaufenster eines Mini-Cooper-Fachhandels, sechziger-Jahre-Look für verwöhnte Ehefrauen, die ein bisschen retro drauf sind. Ich parke direkt davor.

»Da ist es.« Peter deutet auf die gegenüberliegende Straßenseite.

Wenn ich den Schorsch für noch so ein typisches Säuferstübchen gehalten habe, wie ich es seit der Suppe in der Dicken Witwe eigentlich nie mehr betreten wollte – werde ich nicht enttäuscht. Vorne mit dunkelbraunem Holz verkleidet, mit winzigen Fenstern ausgestattet, die auch noch mit gräulichen Gardinen verhängt sind – alles in allem ergibt sich für mich der Gesamteindruck, das Gebäude wisse nicht, ob es Klohäuschen bleiben oder Skihütte werden wolle.

Ich möchte gerade vorschlagen, dass wir das Kleinod Kleinod sein lassen und heimfahren, doch Peter ist schon aus dem Wagen gesprungen. Und klopft ungeduldig auf das Autodach. »Schau mal«, schwärmt er, »wie viele Parkplätze es hier gibt!«

Ich seufze und klettere raus. Spucke meinen Kaugummi

auf den Asphalt vor mir. Es ist ein lauer Sommernachmittag, und man sieht weit und breit keinen Menschen hier. Vor dem Schorsch parken zwei Fahrräder, die nicht besonders vielversprechend wirken, so zerbeult wie sie sind. Habe ich wirklich jemals geglaubt, wir könnten gemeinsam ein Restaurant eröffnen?

Das Lokal ist leer. Jedenfalls bis auf den Glatzkopf hinter der Theke, der raucht und in einer Zeitung blättert.

»Guten Abend«, grüßt Peter. »Du bist der Schorsch?«

Der Dicke grunzt.

»Lass uns gehen, Mann. Das ist viel zu klein hier«, sage ich leise, »eng und dunkel. Da kriegt man ja Platzangst!«

Peter schüttelt den Kopf. »Das täuscht. Ich war hier vor Jahren mal. Hinten sind zwei Vereinszimmer. Man müsste nur die Wände einreißen.«

Schorsch sieht auf. Sein Blick deutet an, dass er unerwartet scharfe Ohren hat.

Peter setzt sein professionelles Gastronomielächeln auf und bestellt uns zwei kleine Helle, aber ich schüttele den Kopf, ich will nur einen Kaffee.

Während Peter ein Gespräch anknüpft, betrachte ich die Inneneinrichtung. Sie besteht zur Gänze aus Resopal. Ich trinke einen Schluck Kaffee, der so scheußlich schmeckt, dass es schon wieder konsequent erscheint: Schorsch hat offenbar das Wasser verwendet, mit dem er vorher das Resopal gewischt hat.

Schorsch ist auf Peters Fragen hin ins Plaudern gekommen und würdigt mich keines Blickes mehr. Seine Stammgäste sind langsam alt geworden, viele seien ihm weggestorben. Er nennt Namen von Leuten, die uns nichts sagen, und beschreibt detailliert all ihre Gebrechen. Die meisten hatten etwas an der Leber oder der Lunge. Die Gäste seien seine Kumpel gewesen, die Kumpel Gäste, führt er aus, man habe hier gemütlich beieinandergehockt bei einem Bier und einer Zigarette, gesunde Männer allesamt, aber dann schlage völlig unerwartet das Schicksal zu. »Abbä, gell, was will mer mache.«

Peter findet das auch ungerecht, er bietet Schorsch eine seiner Zigaretten an. Schorschs Frau, erfahren wir, ist im vergangenen Jahr bettlägerig geworden, seitdem sei es hier trostlos, er selbst bleibe gerade mal ein paar Stunden, länger halte er es ja gar nicht mehr aus.

Ich schalte mich ein: »Das viele Resopal, stört Sie das nicht? Also, wenn …«

Peter rammt mir seinen Ellenbogen in die Seite; Schorsch sieht mich an, als hätte ich ihm auf den Schoß gekotzt.

Peter sagt: »Wir sind da, um Ihnen zu helfen. Wir wollen Ihnen einen Vorschlag machen!«

Ich zucke die Schultern und schiebe die Tasse mit dem kalten Kaffee von mir weg.

Peter beschreibt unser Vorhaben.

»Macht der auch mit?«, fragt Schorsch und meint offensichtlich mich.

»Nein, nein«, sagt Peter schnell.

Ich stehe auf und frage, wo die Toilette ist, und obwohl ich Schorschs böse herausgeschnauzte Erklärung verstanden habe, öffne ich die falsche Tür und lande genau dort, wo ich hin wollte: in der Küche.

Hier erwartet mich gleich eine doppelte Überraschung: Sie wird nicht nur als Lagerraum für originalverpackte Fernseher genutzt, sondern verfügt über eine nagelneue Ausstattung, darunter Geräte, wie ich sie niemals erwartet hätte: Konvektomaten, Induktionskochplatten, Wärmeschränke für die Teller, einen ausladenden Pass. Die Fernseher hat jemand nur zwischengelagert. Derselbe jemand, der hier eine wirklich gute, funktionierende Küche aufgebaut, aber dann nie in Betrieb genommen hat.

All die Geräte, die praktische Abläufe in Großküchen so sehr erleichtern und die noch nicht lange auf dem Markt sind. Im Telehotel habe ich den Ofen zum Gratinieren benutzt, hier steht ein Salamander. Ich gehe nach hinten: Kühlmöglichkeiten ohne Ende. Unter einem der Tische im Lagerraum finde ich das einzige Utensil, das ich hier erwartet habe: Schorschs verklebte, offenbar ausrangierte Fritteuse.

Gerne hätte ich noch ein paar mehr Schubladen geöffnet und an Geräten herumgespielt, aber ich bin schon zu lange weg. Ich machte die Tür schnell wieder zu und sehe rasch zur Bar. Schorsch steht erneut am Zapfhahn und hat von meinem Ausflug nichts bemerkt.

»Der Schorsch sagt, er will den Laden so schnell wie möglich verkaufen!« Peter strahlt mich an. »Sein Sohn hat zuerst eine Menge Ideen gehabt, aber schnell gemerkt, es ist nicht sein Ding, die Gastronomie.«

»Das kann ich verstehen«, sage ich. Um Fernseher zu lagern, reicht schließlich eine Garage. Aber die Küche – hat die der Sohn reingestellt, bevor er die Lust daran verlor? Bleibt die da? Können wir sie uns leisten? Wie groß sind die hinteren Gasträume – war sie dafür gedacht gewesen?

Mitten in meinen Überlegungen fällt mir auf, dass Schorsch sich mir gegenüber jetzt freundlicher verhält. Diese Grimasse, die er da zieht: Es sieht fast aus, als versuche er, schüchtern zu lächeln. »Sache mal, Marten, willste'n Schnaps? Du warst so lang weg, da dacht' ich schon, der hätt' sicher was mit'm Magen!«

Ich werfe Peter einen fragenden Blick zu. Der grinst zufrieden: »Hab dem Schorsch unser kleines Geheimnis verraten. Wie wir an das Geld fürs Investieren gekommen sind.«

»Aha«, mache ich unentschieden.

»Jetzt werd mal net sauer«, mischt Schorsch sich ein. »Das bleibt unner uns, mei Wort druff.«

Ich sehe Peter an, der die Achseln zuckt: »Ich hab ihm verraten, dass du so Lotteriesachen ausrechnen kannst. Wer mit was für einem Geburtsjahrgang am besten welche Zahlen nimmt und so, völlig wissenschaftlich, aber halt unendlich kompliziert, und du machst das höchstens einmal im Jahr.« Er wechselt das Thema: »Aber jetzt das andere, Schorsch, ich versuche den Marten zu überreden, und du gibst uns schon mal die Nummer des Hausbesitzers. Erst mal hören, ob das überhaupt im Bereich des Möglichen für uns liegt.« Er reibt Daumen und Zeigefinger aneinander. »Und es wäre gut, wenn du mir – uns – schon mal die Küche zeigst. Über den Abstand verhandeln wir dann unter uns.«

Die Nummer bekommen wir, die Küche – »die ist super, da werdet ihr staunen« – will uns Schorsch ein andermal zeigen. »Weil, da lagert noch ein Kumpel was«, sagt er verlegen, »das muss erst raus.«

»Oh, aber Schorsch, es würde nur eine Minute …«

»Kein Problem«, sage ich und stoße Peter unauffällig mit dem Fuß an. Schorsch wirkt deutlich erleichtert und verspricht, dem zwischenlagernden Kumpel ordentlich Druck zu machen. Stellt mir noch einen Schnaps hin, für den ich mich bedanke, ihm zuproste und ihn, genau wie den vorigen, zu Peter weiterschiebe.

Da Schorsch und ich jetzt beste Kumpel sind, kommt er auf meine angeblichen Lottokenntnisse zurück: »Also, da hat mich der Peter ja vorhin ausgebremst, aber frage wollt' ich doch mal, ob du net … Also jetzt, wo mer Geschäftspartner sin', dass du mir die Zahle bereschenst, reiche ja auch vier, wär ja schon was?«

Ich werde sehr ernst: »Tja. Das ist sehr viel Arbeit, Schorsch, viel mehr, als du dir vorstellen kannst. Ich hab das bei zwei Freunden gemacht, und wo ist der Dank? Jetzt hocken sie auf den Malediven oder wasweißichwo, und ich hab nie wieder was von ihnen gehört. Arschlöcher.«

»Die Welt ist schlecht«, stimmt mein neuer bester Kumpel mir zu. »Also, Marten, da sin' mer uns einisch.«

Peter spuckt beinahe seinen Schnaps wieder aus, versucht aber, sein Losprusten als akuten Niesanfall zu vertuschen, indem er das Gesicht eine Weile hinter einer Papierserviette versteckt.

Als wir schon am Ausgang sind, ruft er uns noch hinterher: »Ach, noch was, nur nebenbei: Wenn ihr mal 'nen Fernseher braucht, mein Bruder kommt da günstig ran.«

»Was soll denn das jetzt? Fernseher?«, fragt Peter.

Ich erkläre es ihm. Wir überlegen, inwieweit die Küche im Besitz des Sohnes ist. Beschließen, dass wir nun rasch handeln müssen.

Eine Woche später gehört der Laden Peter und mir.

31

»Nosferatu?«

»Nein!« Peter und ich schütteln synchron die Köpfe.

Henning seufzt und streicht einen weiteren Namen von seiner Liste. »Wisst ihr überhaupt, wer das ist?«

»Nein, und wir wollen es auch nicht wissen!«, sage ich störrisch und lege die Füße auf die Sitzecke. Die Erklärungen zu Hennings letzten drei Vorschlägen, wie unser Restaurant heißen könnte, waren elendig lang gewesen: »Wie viele sind da noch drauf?«

»Acht.«

»O Gott!«

»Na, wenigstens habe *ich* mir schon vor der Besprechung Gedanken gemacht!«

Wir hängen im Wohnzimmer herum, während im Fernsehen leise die MTV-Charts laufen. Eigentlich habe ich gedacht, es würde Spaß machen, sich einen Namen für den eigenen Laden auszudenken, aber inzwischen ist mir klar geworden, dass die Sache gar nicht so einfach ist. Wenn Peter und ich nun nicht bald etwas Konstruktiveres beitragen als Kopfschütteln, besteht die Gefahr, dass Henning einen seiner unaussprechlichen griechischen Götternamen durchsetzt.

Gerade will ich vorschlagen, dass wir uns morgen noch mal zusammensetzen, auf einen Tag kommt es nun auch nicht an, da fängt Peter an, durch die Programme zu zappen.

»Was soll das denn jetzt?«, fragt Henning säuerlich.

»Moment. Halt da mal an«, sage ich. »Da.«

»Das ist der Kinderkanal.«

Wir sehen Tick, Trick und Track, die sich über Onkel Dagobert beraten.

»Ich kapier's!«, kichert Peter. »Das sind ja wir drei!«

»Nein, das meine ich nicht. Wenn Henning schon unbedingt einen Namen will wie Nosferatu oder sonstwie, dann nehmen wir den einer Comicfigur. Kann sich jeder merken und macht gute Laune: also so was wie Donald Duck oder Die fantastischen Vier, na ja, da wir zu dritt sind, vielleicht nicht gerade die, aber …«

Peter zappt weiter und findet tatsächlich noch einen Zeichentrickfilm: Ein allgemein bekannter Hase springt über ein Feld.

»Das ist es: Bugs Bunny!«, ruft er und deutet auf den Bildschirm. »Wir nehmen Bugs Bunny, und die Diskussion ist beendet.«

Eine Weile diskutieren wir über den Bunny-Teil, dann den Bugs-Teil, und dann sagt Henning, dass man den Namen einer Comicfigur sowieso nicht einfach benutzen könne, aus rechtlichen Gründen, und damit ist die Stimmung wieder mies.

»Nee, echt nicht? Shit«, mault Peter.

Ich springe auf: »Ich hab's – Happy Rabbit!«

Peter steht schon neben mir: »Yeah!« Er hält mir die rechte Handfläche hin, wir klatschen ab. »Zwei gegen eins«, wendet er sich an Henning: »Sorry, Bruder.«

»Okay«, sagt Henning, »solange ich bei der Inneneinrichtung was für Erwachsene machen darf. Ich will da vollkommen freie Hand.«

32

Zu Silvester bin ich bei Micha und Katja eingeladen, in ihre neu bezogene Doppelhaushälfte in Bürgel. In den vergangenen Wochen bin ich tagtäglich mit Henning und Peter zusammen gewesen wegen der Renovierungsarbeiten, und ich habe die Einladung schon deshalb gerne angenommen, weil wir alle langsam Symptome von Gruppenkoller zeigen.

Die Adresse ist nur ein paar Straßen von Katrinas Elternhaus entfernt, wie ich feststelle. Als ich klingele, öffnen sie mir gemeinsam. Katja will mir um den Hals fallen, aber ihr riesiger Bauch verhindert das. Sie fragt, ob ich das Haus gleich gefunden hätte, und ich erwidere, wie hübsch es sei, ja, natürlich, vor allem diese, die heller gestrichene Hälfte. Micha nimmt mir meine Lederjacke ab und hängt sie an einen der Kiefernholzknöpfe, die in regelmäßgen Abständen in die Wand montiert sind. Er sieht müde und abgekämpft aus, aber er lächelt.

Auch ohne Jacke ist es ziemlich warm.

»Ich weiß schon, es kommt einem überheizt vor hier, aber Katja friert immer so. Moment mal, so fällt das da runter …«

Auf der anderen Seite des Flurs hängen Familienfotos: von Rudi, Bai Lin, Katjas Eltern und ihrem Bruder. Ein Foto zeigt Micha und mich auf dem Fußballplatz. Er hält den Ball, ich habe den Arm um seine Schultern gelegt, und wir schauen siegesgewiss in die Kamera, wie es die Profis tun, wenn sie abgelichtet werden.

»Weißt du noch, wie das ganze Team der Ehrgeiz gepackt hat und wir auf einmal Zweitplatzierte der Hessenjugend waren?« Micha strahlt und sieht auf einmal genauso aus wie früher. »Gott, was waren wir stolz.«

»Zu recht!«, stimme ich zu, und mir wird auf einmal klar, wie sehr ich ihn gekränkt haben muss durch mein immer größer werdendes Desinteresse an seinem Leben. Dass ich durch meine plötzliche Abwesenheit nicht nur den Schlussstrich unter meine eigene Kindheit gezogen, sondern auch Teile der seinen gekappt habe, anstatt ihn die Linie weiterführen zu lassen. Ich beiße mir auf die Lippen und bemühe mich, etwas zu den Erinnerungen hinzuzufügen, in denen er angesichts der Fotos sofort wieder schwelgt. Er verzeiht mir mein Verhalten so großzügig, dass es mich beschämt. Dann seufzt Katja plötzlich theatralisch auf, und Micha hat sofort nur noch Augen für sie.

»Was ist, Schatz? Stimmt etwas nicht?« Sie hält sich die Hand auf den Bauch und sagt: »Er hat getreten!«, und damit ist das Thema Fußball erledigt.

Während sie mich durch das Haus führen, macht Micha ständig Anspielungen auf den Kredit und wann der wohl abbezahlt sein wird; es kommt mir fast vor, als habe er sich übernommen, aber ich frage nicht nach.

Katja scheint sich nicht um Gelddinge zu sorgen, sie zeigt

mir all die Sachen fürs Baby, die sie schon gekauft hat. Eine Wiege, die Rudi noch gemacht hat, steht im Elternschlafzimmer neben Katjas Seite vom Bett. Sogar den Wickeltisch im Bad muss ich mir ansehen.

Micha sagt, er habe das Gefühl, das Leben würde jetzt mit dem Kind erst beginnen für ihn, und ich lache, weil ich das für einen Witz halte, aber es scheint keiner zu sein.

Dann sitzen wir auf ihrer nagelneuen Couchgarnitur im Wohnzimmer. Ich bewundere die Schrankwand und den Flachbildfernseher, und als Micha wieder etwas von Ratenzahlung sagt, sehe ich unauffällig auf die Uhr. Es ist noch nicht einmal neun.

»Erzähl uns doch ein bisschen vom Restaurant«, sagt Micha. »Wie heißt es eigentlich?«

»Happy Rabbit. Henning hat der Name zuerst nicht gefallen, aber inzwischen sagt er, kann er ganz gut damit leben. Ach, du kennst Henning ja gar nicht …« Ich versuche, ihn mit seinen Eigenarten ein wenig zu beschreiben. Dass er das Rabbit im Shabby Chic einrichten will, was so etwas Ähnliches bedeutet wie halb fertig provisorisch, aber trotzdem gemütlich. »Wisst ihr, einerseits prunkvolle alte Kerzenleuchter über den Tischen, aber gleichzeitig auch nackte Glühbirnen.«

»Ah«, macht Micha.

»Na ja, wenn man ihn nicht kennt, ist es nicht so lustig«, sage ich. »Shabby Chic, das ist so ein typischer Ausdruck, wie er ihn …«

»Hast du Fotos mitgebracht?«, unterbricht mich Katja und hält sich die Hand vor den Mund, weil sie andauernd gähnen muss.

Ich hole mein iPhone aus der Jacke im Flur. Als ich zurückkomme, sind sie näher aneinandergerückt. Katja hat den Kopf an Michas Schultern gelegt.

»Wow«, sagt Micha beeindruckt, »du hast schon eines von diesen Dingern! Da werde ich ja ganz blass vor Neid!«

»Ja, das habe ich mir geleistet – obwohl es vermutlich Schwachsinn ist, die werden rasant billiger werden in der nächsten Zeit.«

Ich fange an, Micha zu zeigen, was das Gerät alles kann, aber Katja findet das langweilig und will nun endlich die Fotos sehen.

»Hier, wenn du da durchklickst, siehst du die letzten Monate. Die großen Fenster einzubauen war das Hauptproblem. Innen wollen wir die Bar mit Leder verkleiden, an die Wand dahinter kommt Edelmetall, die Getränke stehen auf Stahlregalen. Das ist übrigens kein Parkett, das ist Rauspund.«

»Ich seh's«, sagt Micha, »gute Entscheidung. Viel billiger als Parkett, und in ein paar Jahren erkennst du keinen Unterschied mehr.«

»Das geht ziemlich schnell mit der Renovierung, oder kommt mir das nur so vor?«, fragt Micha.

»Nein, du hast recht, Peter zahlt Pauschalen, keinen Stundenlohn, das ist der ganze Trick.«

»Nicht schlecht! Schwarz, nehme ich an.«

»Ja, klar. Das hat übrigens auch seine Nachteile ...« Ich erzähle von dem Tag, an dem die Handwerker – Polen allesamt – überraschenderweise nicht zur Arbeit erschienen sind. »Wir haben schon befürchtet, dass die Polizei sie wegen irgendetwas drangekriegt hat und wir jetzt neue Leute finden müssen. Dann haben wir einen ans Telefon bekommen und herausgefunden, in Polen ist irgendein wichtiger Feiertag – und sie sind alle heim zu ihren Familien gefahren!«

Micha und Katja lachen, dann sehen sie sich an.

Katja sagt: »Wenn du von Peter und Henning sprichst,

könnte man denken, ihr kennt euch schon ewig, fast wie Micha und du ...«

»Ach, so etwas gibt es nur einmal«, sage ich schnell und sehe weg.

Micha räuspert sich: »Genau.«

Für einen Moment herrscht peinliche Stille zwischen uns, dann schlägt Katja vor, dass wir darauf anstoßen sollten. Micha springt erleichtert auf und eilt in die Küche.

»Er ist so ein Schatz, er macht im Moment wirklich alles im Haushalt«, sagt Katja, während ich immer noch überlege, ob sie Micha mit ihrer Bemerkung absichtlich darauf stoßen wollte, dass ich inzwischen andere, bessere Freunde als ihn habe. Katja plappert unterdessen weiter: »Ich bin immer so erschöpft. So ein Kind zu tragen, das ist eine Belastung, kein Mann kann sich das vorstellen!«

Ich nicke und schlucke die Frage herunter, ob das heißt, sie lässt sich schon seit acht Monaten von ihm bedienen. Mir fällt ein, dass Katja immer schon ziemlich bequem war.

Micha kommt mit einem Tablett zurück: »Alkoholfreier Sekt. Ich hoffe, das stört dich nicht?«

Ich verneine. Ziehe meine Zigaretten aus der Hosentasche und frage, wo ich rauchen kann.

Micha deutet in Richtung Garten.

»Ich habe aufgehört«, sagt Micha, »wegen dem Baby ...«

»Toll«, sage ich.

»Naja, schau mich an.« Er tippt auf seinen Bauch.

Ich öffne die Terrassentür und trete in die geräuschlose, dunkle Nacht. Es ist eiskalt, aber ich empfinde das als angenehmen Kontrast zu der überheizten Wohnung. Um das Gartenstück, das zu Katjas und Michas Haushälfte gehört, hat sich schon länger niemand gekümmert, es ist zertreten und voller Unkraut. Ein Spaten und ein Eimer liegen in einem Beet mit drei oder vier kaputten Tomatenpflanzen. Dane-

ben, im zur anderen Hälfte des Doppelhauses gehörenden
Stück Garten, ist der Rasen akkurat getrimmt, die Sträucher
stehen in Reih und Glied. Micha und Katja werden vermutlich bald angehalten, sich auch um ihre Seite zu kümmern,
da bin ich mir sicher. Ich muss an die ständigen Streitereien
von früher denken, die die Parteien in unserem Haus mit
den Nachbarn hatten. Es ging um einen Baum auf unserem
Grundstück, einen wunderschönen alten Ahorn. Im Herbst
verlor er sein Laub, wie es Bäume gerne tun – leider stand er
so eng am Zaun, dass ein großer Teil davon auf das Nachbar-
grundstück fiel – ein Verbrechen in den Augen der Nachbarn. Am Schluss sägte der Hausmeister den Baum ab.

Mein Atem bildet dicke weiße Wolken, und ich fühle
mich auf einmal furchtbar beklommen. Wie kann man sich,
wenn man doch draußen in der frischen Luft steht, nur dermaßen beengt fühlen, geradezu eingesperrt. Micha tut mir
leid, und ich bin unglaublich froh, nicht an seiner Stelle zu
sein. Meine Welt ist so viel größer geworden. Selbst wenn
das Rabbit ein Misserfolg würde – das kann mir keiner nehmen. Ich habe etwas erreicht, von dem ich gar nicht wusste,
dass es existiert.

Ich kehre ins Wohnzimmer zurück.

»Du bist nicht traurig, dass ich dich nicht als Trauzeu-
gen angefragt habe?« Micha hat angefangen, Katja die Füße
zu massieren. »Wir haben irgendwie den Kontakt verloren …«

»Mach dir da mal keinen Kopf«, sage ich und trinke etwas
von dem süßen Sektersatz.

Dazu gibt es Lachs und mit Gürkchen belegte Weißbrot-
scheiben. Katja entschuldigt sich tausendmal, weil es nichts
Warmes gibt.

»Sie hat sich nicht getraut, weil du doch jetzt Koch bist«,
erklärt Micha.

Ich lächele und gratuliere Katja insgeheim, diese Ausrede ist richtig gut, sogar in ein Kompliment an mich verpackt.

»Das ist doch prima!«

»Ja, das war meine Idee! Lachs isst man ja auch nicht jeden Tag.«

Nach dem Essen schlägt Katja vor, dass wir ihr Hochzeitsvideo ansehen, das würde ich ja noch nicht kennen, und sie beide könnten es immer wieder sehen. Ich bin erleichtert. Mir gehen langsam die Gesprächsthemen aus.

Um Mitternacht stoßen wir an und treten vor die Tür, um das Feuerwerk zu sehen.

Beim Verabschieden lade ich die beiden zur Eröffnung ein. »Ich sage euch Bescheid, sobald der Termin feststeht.«

»Gerne!«, sagt Micha. »Wenn wir können, wegen dem Baby.«

Kaum bin ich draußen, muss ich nach Luft schnappen, als hätte ich eine lange Tauchpartie hinter mir. Bei der Rückfahrt lasse ich die Heizung aus und genieße die Kälte.

Kurz vor eins bin ich wieder in der WG. Henning kommt erst gegen vier Uhr nach Hause, ich höre ihn poltern, er fällt gegen irgendetwas und flucht. Dann ist es wieder still.

Happy Rabbit

I

Kaum habe ich das Happy Rabbit betreten, höre ich Peter brüllen: »Ich kann's nicht glauben! Was soll die verdammte Freakshow?«

Hennings Antwort verstehe ich nicht, aber mir fällt auf, dass es das erste Mal ist, dass ich die beiden bei einem richtigen Streit erlebe. Ich schließe die Tür zum Restaurant hinter mir. Gehe durch den großen Raum zum zweiten, helleren, in dem einmal Partys und Ausstellungen veranstaltet werden sollen. Jetzt stehen da fünf junge Frauen mit belämmerten Gesichtern.

»Das ist mir so was von scheißegal, ob die mich hören können!«, höhnt Peter. »Und auch, ob sie Latein oder Griechisch oder irgendetwas beherrschen! Weißt du, wieso? Weil man das beim Bedienen nicht braucht.« Es rumpelt und kracht. Er muss gegen etwas getreten sein. »Mann, Henning! Die Große! Hast du die mal angeguckt? Wir können doch nicht so ein Gerippe Essen servieren lassen!«

Jetzt wird Henning ebenfalls laut: »Ätherisch ist das – und die Frauen werden uns die Bude einrennen, sag ich dir. Die Botschaft: Dick macht das hier nicht. Übrigens haben alle, hörst du: alle, schon Erfahrung im Service! Fuck, lass uns aus dem Flur verschwinden und im Büro weiterreden!«

Die Stimmen werden leiser. Ich sehe mir die Studentinnen an. Henning hat angekündigt, sie sollten nicht nullachtfünfzehn, sondern »echt individualistisch« sein.

Das sind sie auch, in der Tat. Neben der großen, mageren Frau mit dem auffallend langen Hals steht eine Punkerin mit schwarzen, zerrissenen Netzstrumpfhosen und Piercings. Die dritte, eine Rothaarige, steckt in einer Latzhose und einem – vermutlich selbstgebatikten – Shirt. Das vierte und letzte Mädchen ist winzig und drall – und vielleicht deshalb die Einzige, die noch lächelt: weil sie nicht gemeint sein kann. Sie sind durchaus hübsch, jede auf ihre Art, nur ist ihnen ihr Aussehen offenbar relativ schnuppe.

Die Magere greift nach ihrer Tasche: »Ich verzieh mich, will jemand mitkommen?«

»Moment mal«, schalte ich mich ein, »jetzt lauf doch nicht weg! Wie heißt du eigentlich? Cleo? Wirklich? Okay. Also, Cleo, nur weil der Geschäftsführer einen miesen Frauengeschmack hat, geht bitte keine von Euch! Ich bin übrigens der Koch hier, Marten.«

Meine kleine Rede ist gut angekommen, jetzt lächeln alle vier Mädchen. Ich erfahre, dass Cleo die Abkürzung des Spitznamens Cleopatra ist, wegen ihres Profils, aber auch wegen ihres Ägyptologiestudiums. Die Punkerin heißt ausgerechnet Rosalie, Pippa ist die Ökotante in Latzhose, Lilly die Rundliche.

Eine Tür knallt. Peter stapft an uns vorbei und raus aus dem Laden.

Henning kommt mit säuerlicher Grimasse herein: »Also, nun kennt ihr den Geschäftsführer. Wo waren wir?«

Lilly meldet sich schüchtern: »Bei der Philosophie des Happy Rabbit.«

»Genau. Also, hier sind die Stichwörter: emotionale Qualität, Rückkehr zur Natur, regionaler Bezug, was die Produkte und natürlich auch Lieferanten angeht, dabei aber immer berücksichtigen, dass wir uns hier in Richtung Spitzenküche bewegen und großen Wert auf Exklusivität legen. Das bitten wir auch beim Erscheinungsbild zu berücksichtigen.« Er sieht erst Pippa, dann Rosalie und Lilly an.

Pippa nickt.

»Was genau soll das heißen?«, fragt Rosalie.

»Nichts Großartiges«, erklärt Henning. »Du lässt ein kleines bisschen Schwarz im Gesicht weg und ziehst dir eine neue Strumpfhose an, Pippa trägt eine Jeans ohne Latz und Sneakers statt Birkenstocksandalen. Wenn ihr eingearbeitet seid und wir uns so etabliert haben, wie wir uns das wünschen, sehen wir weiter.«

Die zwei tuscheln miteinander, aber Henning hebt die Hand: »Bitte, diskutiert das nachher unter euch, okay? Gut. Also, was ich unter *emotionaler Qualität* verstehe? Ganz einfach: dass das Personal freundlich sein soll. Wir wollen keine Arroganz beim Bedienen, hier soll keiner um ein Glas Wein betteln müssen ...«

Ich folge dem Gespräch nur halb, weil ich ständig daran denken muss, wie mir gestern das Soufflé zusammengefallen ist. Soll ich es heute noch einmal versuchen? Eigentlich wäre es wichtiger, noch ein paar Fischgerichte auszuprobieren.

Cleo meldet sich: »Eine Frage noch. Der Name Happy Rabbit – also, ich weiß nicht, ob der klug gewählt ist, wenn ihr ein so nachhaltiges Konzept habt. Immerhin gilt der Hase, beziehungsweise das Kaninchen, als eines der ersten, ich sag jetzt mal: Opfer der menschlichen Zucht, eine Geschichte, die zurückreicht bis ...«

»In die Antike, ich weiß.« Henning nickt.

»Also, warum der Name?«

»Eben darum. Wir verschließen nicht die Augen.« Er blickt siegesgewiss in die Runde.

Pippa ist nicht überzeugt: »Also, ich muss sagen, als ich den Namen gehört hab, glücklicher Hase, da hab ich mir gedacht, das ist auf jeden Fall ein vegetarisches Restaurant. Ich bin vor allem deswegen gekommen.«

»Wir zwingen niemanden«, sagt Henning. »Überlegt es

euch. Wir wollen ein Team zusammenstellen, das voll hinter dem Konzept des Rabbit steht und auch auf Fragen von Gästen entsprechend reagiert.«

Ich schalte mich ein: »Wir verwenden nur Fleisch aus artgerechter Tierhaltung, von Höfen in der Umgebung. Es wird eine große Auswahl an vegetarischen Gerichten geben.«

Die Mädchen tuscheln.

Mir fällt eine Anekdote von Frank ein. »Wisst ihr«, beginne ich, »ein Freund von mir hat eine Zeit lang als freier Koch gearbeitet und da unter anderem das Festessen für den Dalai Lama zubereitet, als der zu Besuch in der Staatskanzlei gewesen ist. Selbstverständlich hat sich der Koch auf fleischlose Kost eingestellt. Und er war dann sehr überrascht, als er zwei Wochen vor dem Termin ein Fax bekam, in dem stand, seine Heiligkeit wünsche einen bunten Salatteller mit Balsamicodressing als Vorspeise, im Hauptgang Kalb und zum Nachtisch etwas mit Sahne, der Rest sei seiner Fantasie überlassen. Und dass die Portionen nicht zu klein sein sollten.«

»Wirklich? Der Dalai Lama isst Fleisch? Das hätte ich nicht gedacht«, sagt Lilly. Sie wendet sich an die anderen: »Wusstet ihr das?«

Allgemeines Kopfschütteln.

Henning nickt mir anerkennend zu. »Genau. Also, das ist Marten, der Küchenchef, ihr habt euch ja schon bekannt gemacht – willst du noch kurz etwas zur Karte sagen?«

Ich erkläre, dass es zu Beginn eine relativ überschaubare Karte geben soll, die aber oft wechselt. Als hessische Spezialität gibt es den Tafelspitz in zwei oder drei Varianten: klassisch, also mit Grüner Soße, und à la Bai Lin, das bedeutet exotisch. Und nein, hier verzichte ich auf die vegetarische Variante aus Tofu. Vorerst, schränke ich ein.

Lilly sagt, dass sie bis vor zwei Jahren in St. Louis, Missouri, gelebt hat und nicht weiß, was Tafelspitz überhaupt ist.

»Das ist gekochtes Rindfleisch«, sage ich. »Ihr kriegt Mittag- oder Abendessen natürlich umsonst, je nachdem, wann eure Schicht ist. Aber gegessen wird nicht vor den Leuten, nur in der Küche.«

Als die Studentinnen gehen, höre ich Lilly flüstern: »Der sieht ja supersüß aus, so habe ich mir den Koch nicht vorgestellt! Und richtig durchtrainiert, nicht so wie Jamie im Fernsehen …«

Ich federe aus dem Raum.

Henning wirkt erschöpft. Er hat sich auf den Schemel gesetzt, auf den die Polen normalerweise ihr Radio stellen, um bei der Arbeit Klänge aus der Heimat zu hören. Jetzt steht der Apparat zu seinen Füßen. Sein Körper wirkt auf dem winzigen Hocker ziemlich deplatziert.

»Was ist? Macht dir der Streit mit Peter zu schaffen?«

Er nickt.

»Ach komm, so wild ist das doch nicht.«

»Ich finde schon. Es ist was Grundsätzliches. Du hast sie ja kennengelernt: Die Mädels sind zuverlässig, sie interessieren sich für alle Arten von Menschen – was hat er denn gegen sie? Reaktionär und machistisch ist das!«

»Er wird sich schon wieder einkriegen. Ich glaube, ihn ärgert einfach, dass sich keine von ihnen ein bisschen hübsch gemacht hat, bevor sie sich hier vorgestellt haben. Und er hat Angst, sie könnten schlauer sein als er …«

»Trotzdem!« Henning streckt vorsichtig ein Bein aus, um auf dem viel zu kleinen Hocker die Balance nicht zu verlieren. »Meine Meinung gilt nicht. Eigentlich müsste ich es schon gewohnt sein: Alle hören mir gerne zu, amüsieren sich und so weiter. Aber wenn es um das Realisieren geht, um die praktische Ausführung, bin ich plötzlich außen vor.«

»Das stimmt doch gar nicht! Die ganze Einrichtung ist von dir! Ich hab nicht einmal gewusst, dass es Shabby Chic überhaupt gibt. Was Vintage-Grafikelemente sind. Oder Jugendstil-Pailletten.«

»Vignetten. Ja, klar. Aber wenn du und Peter hier *irgendwas* reingeschmissen hättet an Möbeln – ich glaube inzwischen fast, das sähe so ziemlich genauso aus wie meine mühsam geplante Improvisation.«

»Das ist Blödsinn. Wir hätten auf jeden Fall etwas ausgesucht, das zusammenpasst; das wäre überhaupt nicht so, ähm, shabby geworden.«

Wir schweigen eine Weile. So richtig habe ich ihn nicht aufmuntern können.

»Weißt du, Marten«, er steht auf, streckt sich und beginnt, auf und ab zu gehen, »ich glaube seit Langem, dass jede Beziehung zwischen zwei Menschen einen gewissen Warencharakter hat. Und Streit auch eine Form von Beziehung ist. Wie in jeder Beziehung erhält man etwas und gibt etwas. Es kommt eben darauf an, dass man mehr bekommt, als man gibt, oder zumindest das Gefühl hat. Und der andere im besten Fall auch. Da habe ich bei Peter offensichtlich versagt.«

»Ich verstehe vor allem, dass du viel zu viel nachdenkst!«

Henning zieht ein Stofftaschentuch aus der weiten Jeans und schnäuzt sich: »Aber was habe ich auch erwartet«, meint er resigniert. »Ein Triumvirat als Leitungsteam, egal von was – das ist eben schwierig.«

Ich lache: »*Triumvirat*, da kannst auch nur du drauf kommen!«

»Nicht, dass ich unser Restaurant mit Caesars, Crassus' und Pompeius' Herrschaftsgebiet vergleichen möchte«, korrigiert sich Henning. »Aber die Macht in drei Händen …«

»Ist Caesar nicht von einem von denen ermordet worden?«

Henning schüttelt den Kopf: »Nein, das war Brutus. Und es war auch viel später, als Caesar Alleinherrscher war.«

»Siehst du, die beiden anderen hätten ihn sicherlich beschützt.«

Henning lacht endlich. Na also.

2

Mehr als zwanzig Anrufe haben wir wegen der Küchenhilfestellen bekommen, aber zum verabredeten Termin tauchen lediglich elf Leute auf. Wir haben ausgemacht, sie nacheinander ins Büro zu holen, wo wir uns alle drei hinter den Tisch gepflanzt haben – mit ernsten und wichtigen Mienen, wie es sich für künftige Arbeitgeber gehört.

Peter bittet zuerst die drei schmierigen, dunklen Kerle herein, die als Letzte gekommen sind. »Damit sie die anderen nicht erschrecken«, erklärt er mir und Henning. Sie sehen sich ähnlich, Brüder oder Cousins vermutlich, alle haben fettige braune Haare, die einen Schnitt gebrauchen könnten. Auf ihren Jacketts glänzen gut sichtbar weiße Schuppen. Die drei bauen sich vor uns auf, jeder starrt einen von uns ungemütlich an.

Peter lässt sich nicht irritieren: »Wollt ihr alle drei als Küchenhilfe arbeiten?«

Die beiden äußeren deuten auf den Mann in der Mitte.

»Aha. Wie heißen Sie? Haben Sie schon einmal in einer Küche gearbeitet?«

»Er heißt Miłosz«, antwortet der Mann links.

»Kann er nicht sprechen?«

»Doch, kann er.« Wieder antwortet derselbe Kerl.

»Ich präzisiere: Kann er kein Deutsch?«

»Doch.«

»Warum sagt er dann nichts?«

»*Ich* rede.«

»Verstehe.« Peter rückt das leere Blatt Papier vor sich zurecht.

»Er muss Arbeit haben«, lässt uns der Sprecher wissen.

Ich mische mich ein: »Hat er denn schon einmal in einer Küche gearbeitet?«

»Er macht alles, wenn du sagst ihm: Machen das.«

Henning bekommt einen Hustenanfall.

Ich sage schnell: »Tja, dann geben Sie uns doch mal eine Telefonnummer, dann melden wir uns.«

Peter rückt den dreien den Zettel und einen Kuli hin. Der Mann, der die ganze Zeit gesprochen hat, ist auch fürs Schreiben zuständig.

Bevor sie abziehen, dreht er sich noch einmal um: »Du meldest dich! Kein Scheiß. Braucht Arbeit!« Es klingt drohend.

Kaum ist die Tür zu, lachen wir endlich laut los.

»Was war das denn?«, fragt Henning.

Peter knüllt den Zettel zusammen und wirft ihn in den Papierkorb. »Jedenfalls keine künftige Küchenhilfe. Hol mal den Nächsten rein.«

3

Ich bin nervös. Sitze seit einer Stunde in einem Café an der Goethestraße, schaue aus dem Fenster und trinke einen Espresso nach dem anderen. Versuche mich abzulenken, indem ich die Passanten beobachte. Mich frage, was sie essen. Wovon sie leben. Was schmeckt dieser älteren, gelifteten, aufgedonnerten Frau, was bestellt sie in den überteuerten Schuppen, in die sie geht? Wahrscheinlich sind ihre Zähne nicht mehr die eigenen, doch sie würde den Teufel tun, das zuzugeben. Also muss es etwas Weiches und Edles sein. Trüffel ist immer gut. Suppe, genau. Trüffelrahmsüppchen mit Blätterteighaube. Keine Ahnung, ob das funktioniert, aber wieso sollte Blätterteig nicht auch auf eine Suppe passen. Noch so eine alte Schachtel nähert sich: dünner Wildledermantel, sorgfältig frisierte weiße Haare, hartes Kinn, Raubvogelblick. Wirkt nicht, als wäre sie mit einer Suppe abzuspeisen. Also ein Hauptgang. Hm, wie wäre es mit Risotto mit Kalbsfilet? Nein, der Teller würde arg blass aussehen. Ich hab's: Cremiges Safranrisotto mit Kalbsfiletstreifen à la milanese – ja, perfekt.

Henning wird sich heute im Rabbit mit Stella treffen. Wegen der Vernissage. Er hat die Abschlussarbeiten an der Hochschule für Gestaltung angesehen, und ihre und zwei andere haben ihm gefallen. Er sagt, er will junge Talente vorstellen. Wann die erste Ausstellung sein soll, haben wir noch nicht entschieden; eventuell zusammen mit der Eröffnung des Happy Rabbit im April. Man werde sehen.

Ob Stella darauf eingehen wird? Was ist, wenn sie, ganz die Verwöhnte, eine Ausstellung in einem Restaurant für unter ihrer Würde befindet?

Henning sagt: Quatsch. Für eine Anfängerin, eine, die noch studiert, sei das ganz fabelhaft. Ich muss einfach darauf vertrauen, dass er recht hat.

Jetzt schlendern zwei Frauen vorbei, Freundinnen offensichtlich, zwischen dreißig und vierzig Jahre alt. Wollen aber dringend jünger aussehen, schließe ich aus dem jugendlichen Outfit, die eine trägt sogar Söckchen in den Sandalen. Bei denen gibt das Gewissen die Bestellung ab. Also Salat. Aber wie nennen? Anti-Aging-Salatkombination? Nein, Wildkräuter-Vitalschale, das klingt positiver. Ich komme in Fahrt. Denke zum x-ten Mal, dass ich mir angewöhnen muss, ein Notizbuch dabeizuhaben, um nicht sofort wieder alles zu vergessen. In die Schüssel müsste Löwenzahn-Rucola, dazu Knoblauch, nein, Aceto Balsamico und karamellisierte Petersilienwurzeln. Zuletzt ein paar Sonnenblumenkerne drüber, denn außer dem Gewissen isst ja auch noch das Auge mit. Frauen bekochen ist mühsamer, da muss man sich was ausdenken, bei den Männern tut es im Zweifel immer Steak mit mindestens einem guten Adjektiv dazu, das tollste, saftigste, magerste et cetera. Hauptsache ein Fleischstück der Superlative für den James Bond, der es gleich verspeisen wird.

Wer hier in der Gegend um die Alte Oper einkauft, hat Geld. Wenn es uns gelingt, die Jüngeren in den Happy Rabbit zu kriegen, dann wird der Laden laufen wie geschmiert. Diese Leute denken niemals, sie gäben zu viel aus für ihren Körper, der ist ihnen das Wichtigste überhaupt. Sie machen daraus eine Religion, der Körper ist ihr Tempel.

Meine Gedanken wandern wieder zu Stella. Natürlich habe ich sie gegoogelt. Viel unterwegs im Netz ist sie nicht. Kein Foto, keine Adresse, aber ihr Name auf StudiVZ und ein Link zur HfG Offenbach. Dort finde ich in einer »Rundgang« genannten Ausstellung, eine Art jährliche Leistungsschau der Studenten, auch einige Bilder von ihr. Sie sind völlig anders als jene, die sie in der Klinik gemacht hat, dunkler, unbestimmter, auch wenn immer noch ziemlich viele Leute darauf zu sehen sind. In ihrer jeweiligen Umgebung, ob nun einem Wohnzimmer, einem Garten, einem Museum oder im Wald, bleiben die Menschen leere weiße Umrisse, wie Schatten oder Geister. Ich wollte sie mir näher heranzoomen, aber das funktionierte nicht.

Ich räuspere mich; der Kellner schießt herbei. Manchmal frage ich mich, wer ich eigentlich geworden bin, wenn ich wie jetzt 3,20 Euro für eine Tasse lauwarmen Kaffee nach den für diese Gegend geltenden Gesetzen auf 4 Euro aufrunde und abwinke, sobald der Mann nach Wechselgeld zu kramen beginnt. Er bedankt sich geradezu devot. Ob ich eigentlich schauspielere und wenn ja, in welchem Film. Ich schüttele mich kurz, wie ein Hund, dann gehe ich die Fußgängerzone an der Alten Oper vorbei Richtung Park.

Ein Penner und ein Banker kommen mir entgegen, letzterer ganz links auf der Seite, der Penner rechts. Sie bewegen sich im gleichen Tempo auf mich zu: der Banker, weil er telefoniert und dabei manchmal stehen bleibt; der Penner, weil er hinkt und ab und zu verschnaufen muss. Ich bin mir sicher, sie bemerken sich gegenseitig gar nicht. Jeder trägt seine Welt wie eine Glocke um sich herum, es gibt keinerlei Berührungspunkte. Der Penner lebt von Jägermeister und der Frankfurter Tafel. Der Banker von Champagner, Grüntee und Sushi. Letzterer freut sich aufs Wochenende, weil er dann einen draufmacht und sich eine Line genehmigt – von dem überteuerten gestreckten Koks, das clevere Dealer für Jack-Wolfskin-Abenteurer wie ihn reserviert haben. Der Penner freut sich aufs Wochenende, weil die Leute da großzügiger sind; statt Bier gibt es für ihn dann Rotwein aus dem Tetra Pak.

Ich setze mich auf eine Bank. Es ist ein richtiger Park, nicht nur ein vermüllter Streifen Grün. Im Gebüsch suchen zwei Arbeiter mit Zangen Zigarettenschachteln, leere Dosen und Plastiktüten. Sie finden nur hier und da etwas, die Anlage ist immer ziemlich sauber. Es gibt sogar einen Springbrunnen in einem Teich mit Bänken drumherum. An sonnigen Tagen sitzen hier zur Mittagszeit Angestellte. Weder der Penner noch der Banker sind je unter ihnen. Dem Banker ist das zu ordinär, der Penner bleibt lieber im Hintergrund.

Eine Frau ruft quer über den Teich: »Hiiil-de! Hiiil-de! Hiiier!« Es hört sich an, als rufe sie »Hilfe«.

Obwohl ich mich gerade erst gesetzt habe, stehe ich auf und gehe. Unvermittelt denke ich an meine Eltern: Kann man vom Unglück leben, wie Mutter? Von Boshaftigkeit, wie Vater?

4

Schon von der Straße aus kann ich die beiden durchs Fenster beobachten; sie sind völlig vertieft in ihr Gespräch. Henning steht am Tisch. Er hat eine große Mappe vor sich, durch die er langsam blättert; man sieht nur seinen Rücken und den Hinterkopf. Stella steht neben ihm, sie hat ihren Stuhl an die Tischecke gerückt. Ihr graues Strickkleid, das eine Handbreit über den Knien endet, wirkt sexy und teuer. Dazu trägt sie lange Wildlederstiefel.

Sie ist es. Sie ist da. Stella.

Von hier draußen aus sieht man nicht, dass die Bar noch nicht vollständig mit Metall verkleidet ist und hier und da Abdeckfarbe, Pinsel und andere Werkzeuge liegen. Man sieht nur einen schicken, leeren Raum, hellgelb getüncht und mit Stühlen und Tischen aus Holz und Stahl eingerichtet, in dem zwei Menschen wie für das Foto einer Werbezeitschrift posieren.

Ich gehe einen Schritt zum Restauranteingang, einen zurück und wiederhole das noch einige Male, das Bild gefällt mir zu gut, ich will es mir so lange wie möglich ansehen. Für Passanten muss es aussehen, als hätte ich eine Zwangsstörung. Oder würde die Tür antanzen. Endlich drücke ich die Klinke.

Sehe dieselbe Szene, nur jetzt von der Seite und verdoppelt von dem großen, auf alt getrimmten Spiegel, der seit ein paar Tagen an der Wand gegenüber hängt.

Jetzt dreht Stella den Kopf. Sieht mich und beginnt zu strahlen. Sie wirkt viel gesünder. Immer noch sehr schmal, aber nicht mehr so, dass man automatisch denkt, sie ist krank.

»Hallo, Marten«, sagt Henning. »Was schleichst du dich so an?«

»Hallo.«

»Das ist Stella.«

Stella steht auf, streckt mir eine kleine, kalte Hand hin: »Marten! Ich freue mich so! Ich habe es gar nicht glauben können, als Henning auf mich zukam an der Hochschule. Ich bin erst im zweiten Semester!«

»Tja«, sagt Henning zufrieden und schaut zwischen uns beiden hin und her wie ein Forscher, der sich über das lustige Treiben seiner beiden Versuchstierchen freut. »Hätte fast vergessen, ihr kennt euch ja flüchtig.«

»Ähm, ja.«

»Jedenfalls«, sagt Henning, »ist sie die beste Kandidatin für unsere erste Vernissage. Fantastische Sachen. Guck dir das mal an!« Er klopft auf die Mappe vor sich.

»Ein andermal«, sage ich schnell. »Ich bin da wirklich kein Experte.«

»Nichts da!«

Henning rückt seinen Stuhl ein Stück weg, um mir Platz zu machen. Ich öffne die Mappe, starre die erste Zeichnung an. Ich kann mich schwer konzentrieren. Es sind nicht die Bilder, die ich aus dem Internet kenne.

»Lassen wir ihn eine Weile gucken«, sagt Henning. »Ich habe übrigens schon immer weit mehr mit figürlicher Malerei anfangen können als mit der abstrakten, das liegt wohl an meinem Faible für's Narrative.«

Neben mir beginnt eine Diskussion über »figürlich« und »abstrakt«. Ich sehe mir langsam die einzelnen Blätter an, ohne viel zu sehen. Figürlich. Abstrakt. Eigentlich klar, was gemeint ist. Ich nehme mir dennoch vor, diese Ausdrücke später zu googeln. Will zumindest ein bisschen wissen, worum es geht.

Es fällt mir schwer, mich auf ihre Bilder zu konzentrieren, während sich Stella so dicht neben mir befindet. Nur die Stimmung teilt sich mir mit: gespenstisch, bedrückend, albtraumhaft. Häuser. Menschen. Tiere. Stella dagegen: Sie sieht so glücklich aus. Wenn ich daran denke, dass wir uns jetzt öfter treffen werden ...

»Toll«, sage ich nach einer Weile. »Ganz anders als früher.«

»Ja, nicht wahr? Weißt du noch, wie du in Erlenbach gesagt hast, ich hätte noch nicht meinen eigenen Stil gefunden? Du musst mich für entsetzlich naiv gehalten haben!«

»Ich dich – für naiv? Naja, also ...«

Henning sieht überrascht aus: »*Das* hat er dir gesagt? Dass du deinen eigenen Stil noch nicht gefunden hast?«

Ich will erklären, dass sie mir das quasi in den Mund gelegt hatte, denn ich erinnere mich zufällig an jedes einzelne Wort, aber sie spricht schon weiter.

»Ja, damals habe ich alles sehr bunt gemacht, und vor allem waren mindestens zwanzig Leute und zehn Tiere auf jedem Bild, die Therapeuten wollten das, und ich habe es ihnen unbewusst recht machen wollen ... Doch so lässt sich Einsamkeit und Melancholie natürlich schwer darstellen – Marten hat mich dann an Hopper erinnert. Heute ist mir das klar«, sagt Stella.

Ich murmele, dass ich jetzt mal langsam in die Küche muss.

»Du, Marten«, ruft Stella mir nach. »Es ist wirklich toll, was ihr hier aus dem Laden gemacht habt, ganz toll!«

»Oh, danke. Na ja, die Edelstahlverkleidung an der Bar ist noch nicht fertig.« Ich schwebe in die Küche und erledige dort alle möglichen Dinge, an die ich mich hinterher nicht mehr erinnere. Auch wenn »Die Edelstahlverkleidung an der Bar ist noch nicht fertig« vielleicht nicht der flockigste Satz aller Zeiten war, lief das Gespräch gar nicht schlecht.

Ich summe vor mich hin, bis ich mir beim Fischeausnehmen zum ersten Mal seit Langem wieder in die Hand schneide.

5

Henning probiert die Seeteufellasagne: »Fantastisch!«

»Ja? Hat das Gemüse nicht noch etwas zu viel Biss?«

»Nein, perfekt! Und dieser – ahhh –, der Kräuterschaum. Weißt du, so langsam verstehe ich, wie das mit den Gastronomiekritiken ist, weshalb das so leicht abartig klingt: Die versuchen da, so eine Art Orgasmus im Mund zu beschreiben.«

»Um Himmels willen, Henning, halt die Schnauze, sonst stopf ich dir einen Spritzbeutel rein.«

»Einen was?« Henning amüsiert sich.

»O Mann!« Ich drehe mich um und drücke weiter Johannisbeermayonnaise auf kalten Hering. Fisch ist mir anfangs schwergefallen, doch dann habe ich neulich einen Pfeffer-Thunfisch auf Glasnudel-Krautsalat erfunden, der so etwas wie mein Durchbruch gewesen ist, und seitdem habe ich immer mehr Ideen. Auf die Jacobsmuscheln mit Orangen-Chili-Butter, die ich, inspiriert vom Steinbuttessen mit

Frank, kreiert habe, bin ich besonders stolz. Leider hat an diesem Punkt Henning angefangen, beim Probieren obszön zu stöhnen, aber das werde ich ihm schon wieder abgewöhnen.

Was mir jetzt noch zu schaffen macht, sind Desserts, vor allem Soufflés – da lasse ich entschieden die Finger davon fürs Erste –, und überhaupt das ganze Gefitzel beim Anrichten. Mir fehlt letztlich die Geduld, absurd kleine Mengen zu »inszenieren«, ob nun mit Ausstechern, Metallförmchen, Paletten zum Glattstreichen ... Es nimmt kein Ende. Und obenauf einen einzigen Orangen- oder Apfelchip, den man schneller verspeist hat, als man »Chip« sagen kann.

Hennings Gabel kratzt schon wieder auf dem Teller: »Stella war neulich ganz schön begeistert von dir.«

»Ja, klar«, sage ich ironisch. »Übrigens wäre es das größte Kompliment für den Koch, wenn du nicht alles so verschlingst, sondern ab und zu eine Pause machst beim Essen!«

Er sieht überrascht aus: »Du hast recht! Menschenskinder, dass einmal du mir Kultur beibringen würdest ...« Er führt die letzte Gabel betont langsam zum Mund und redet erst dann weiter: »Jedenfalls hat sich Stella dermaßen gefreut, dass ihr euch wiedergetroffen habt. Und dass sie wegen dir ihren *Stil* verändert hat, weißt du, was das heißt?«

»Ja, klar. Dass sie jetzt anders malt.«

»Sie *malt* nicht. Sie zeichnet und macht Radierungen. Das Bunte hast du ihr glücklicherweise ausgetrieben; sie hat mir ein paar Fotos von den alten Sachen auf ihrem Laptop gezeigt. Gruselig. Kann ich noch eine Portion haben?«

»Das musst du wissen. Willst du dein Übergewicht halten oder zunehmen?«

»Lenk nicht ab.«

»Ach, komm schon, Henning. Sie studiert. Sie interessiert

sich für Kunst und so ein Zeug – das ist ganz was anderes, ich bin und bleibe Handwerker.«

»Ganz falsch! Jetzt mal abgesehen davon, dass du mit Farbe besser umgehen kannst – sieh dir mal deine Teller an –, ist es ein absoluter Wettbewerbsvorteil für dich, dass du nicht in dieser Szene herumhampelst. Typen wie ich, die ihr die Welt erklären, schwirren schon ihr ganzes Leben um sie herum. Mädchen wie sie stehen darauf, wenn du ihr mit Edelstahlverkleidung und Presslufthammer kommst. Das finden sie total sexy. Männlich. Also mach dir da mal keinen Kopf.«

»Du hast Soße am Kinn.«

»Sie sagt, du hättest dich unheimlich verändert. Oder hat sie *entwickelt* gesagt?« Er denkt nach. »Es war auf jeden Fall positiv gemeint!«

»Ach je, das tut doch wohl jeder … Außerdem, *sie* ist es, die sich verändert hat. Sie war als Kind eine richtig arrogante Zicke.«

»Das ist nur Schüchternheit gewesen, wetten? Von mir wird auch immer behauptet, ich sei arrogant!«

»Du *bist* arrogant. Was macht übrigens Bettine?«

Henning steht auf und stöbert im Kühlschrank herum: »Lebt wahrscheinlich mit ihrem Chef zusammen. Sag mal, du hast keinen Nachtisch oder so?«

»Mit ihrem Chef? Das tut mir leid.«

»Kein Problem. Ich kenne das ja schon. Mit mir reden die Frauen, sie heulen und reden und lachen und reden, aber – sich verlieben? – Sex? Mit mir? –, auf keinen Fall. Machst du uns wenigstens einen Espresso?« Er haut die Kühlschranktür wieder zu.

Ich sage, dass daran nichts Schlimmes ist, sie könnten weiterreden, solange sie wollten. »Du musst dabei einfach mit dem Ausziehen anfangen, und wenn ihr euch dann küsst, ist sowieso erst mal Ruhe.«

Er überlegt: »Meinst du? Einfach loslegen und ihnen an die Wäsche gehen? Also, ich weiß nicht ...«

»Ich wette, die wundern sich sowieso längst, wieso da nichts passiert von deiner Seite aus. Und weißt du was: Ich könnte dich mal ins Fitnessstudio mitnehmen.«

Henning verzieht das Gesicht: »Nein, wirklich, danke! Wenn alle Menschen gleich aussehen sollten, hätte Gott sie in Förmchen gebacken.«

Wir trinken den Espresso. Mein Blick fällt auf all den Edelstahl und die Hightech-Geräte um micht herum, wandert über die appetitlichen Reste der Lasagne in der Auflaufform, zu meinen Mises-en-Places – ich habe in der ganzen Küche Posten verteilt und lerne die einzigen zwei talentierten Küchenhilfen für die einfachen Sachen an. Alles hier ist mir inzwischen so vertraut und doch noch so neu. Ich kann es kaum glauben, dass wir in Kürze eröffnen werden.

»Weißt du, Marten, ich glaube, Bettine hätte mich auf Dauer wahnsinnig gemacht.«

»Wie das?«

»Da war diese eine Geschichte, die hat mich beschäftigt ...«

»Erzähl schon!«

»Es ging darum, was wir machen, wenn wir nicht schlafen können, und sie hat gesagt, eine Therapeutin habe ihr mal geraten, sich eines dieser riesigen 500-Teile-Puzzle zu kaufen und dann zu legen, bis sie wieder müde genug wäre.«

»O Mann. Ein Sexspielzeug, *das* macht müde, aber ein Puzzle ...«

Henning unterbricht mich: »Sie kauft sich also *Das alte Rom* in 500 Teilen, eine Ansicht vom Forum, sehr unübersichtlich, viele Leute, im Hintergrund Tempel und so weiter. Ist etliche Nächte damit beschäftigt. Aber dann, ganz am Schluss, fehlt ein Teil direkt in der Mitte, der Kopf des Seneca auf dem Marktplatz, bei der Ansprache ans Volk.

Und was tut Bettine? Sie kriegt einen Wutanfall und wirft das ganze Puzzle buchstäblich zum Fenster hinaus, 499 Teile fliegen auf Gehweg und Straße.«

»Das ist die Geschichte?«

»Nein, warte: Zwei Tage später spielt sie mit ihrer Katze und findet das fehlende Teil, das fünfhundertste. Es war unter das Sofa gerutscht.«

»Ärgerlich«, kommentiere ich.

»Ja, klar, aber – verstehst du, was ich meine?«

»Nein.«

»Ich meine, was sagt das über ihren Charakter? Sie hat das Bild nicht einfach eine Weile da liegen lassen und gewartet, sie hat sofort *alles* zerstört, sämtliche 499 passenden Teile. Alles wäre in Ordnung gekommen, aber sie konnte nicht warten. Und das ist diese Berufskrankheit, die kriegt irgendwann jeder im Journalismus, diese Hektik, dieses Ja oder Nein, dieses sprichwörtliche Vom-Tisch-Wischen, wenn etwas nicht gleich so läuft wie geplant, wenn es zu kompliziert wird, man nicht nur den Daumen hoch oder runter bewegen kann.«

»Ach so …« Ich versuche, die Geschichte unter diesem Gesichtspunkt noch einmal neu in meinem Kopf aufzurollen. Es klingt plausibel, wenn man es so sieht. Trotzdem halte ich es für etwas gewagt, aus einem einzigen Wutausbruch beim Puzzeln eine ganze Charakterstudie abzuleiten.

»Ja, vielleicht«, meint Henning auf meinen Einwand hin. »Aber es gefällt mir nicht. Ich hätte das nie gemacht. So schnell lasse ich nicht mehr locker, das habe ich gelernt. Früher oder später erkenne ich, wie alles zusammenpasst. Wer davor aufhört, verpasst das Beste.«

6

Peter steht in der Mitte des leeren Restaurants und bewundert sich im Spiegel. Betrachtet sich seitlich und von schräg hinten, streicht sich über die matt glänzende Glatze, rückt seinen Krawattenknoten zurecht. Er hat uns alle überrascht, als er vor zwei Stunden in dunkelblauem Blazer zum weißen Hemd ins Happy Rabbit gekommen ist und die Bedienungen begrüßt hat. Die Mädchen wiederum haben sich auf seine unmissverständliche Anordnung hin wirklich sehr sexy angezogen. Sieht man von Cleo einmal ab, die nur ein schwarzes Samtband um ihren langen Hals gebunden hat und sonst Jeans und Bluse trägt wie immer.

Es ist zwanzig nach sieben. Unser Lokal ist seit sieben Uhr eröffnet, aber kein einziger Gast ist in Sicht.

Lilly dekoriert die Tische noch einmal um. Rosalie geht schon wieder eine rauchen.

Cleo verschickt Last-Minute-Einladungen an alle Adressen auf ihrem Handy.

Henning dreht die Musik mal lauter, mal leiser und wechselt dann die CD.

Ich gehe zurück in die Küche.

Halb acht.

Ich öffne und schließe die Kühlschranktür. Nehme die angebrochene Flasche Kochwein heraus und stelle sie wieder in die Tür. Wir haben ausgemacht, dass während der Arbeit keiner trinkt.

Im Hinterhof postiere ich mich neben den Abfalltonnen und rauche eine. Ein Lackaffe im schwarzen Anzug und mit Aktenkoffer zielt mit dem Autoschlüssel auf seinen Porsche, damit sich die Türen öffnen. Als er mich sieht, hält er den

Daumen hoch: »Viel Glück! Ich schau demnächst auch mal bei euch rein!«

Ich werfe die Kippe in seine Richtung.

Viertel vor acht. Die Zigarettenschachtel ist leer.

Ich blättere fahrig in meiner Sammlung von Dessert-Rezepten. Vielleicht sollte ich noch Tiramisu machen, so als *Special*? Ich stelle übrig gebliebenen Espresso kalt, suche Löffelbiskuits, Zucker, Eier und Mascarpone zusammen. Höre, wie drüben im Restaurant etwas aus Glas zerspringt und Lilly »Scheiße!« ruft.

Peter kommt pfeifend in die Küche geschlendert.

»He, Marten. Du siehst aus wie ein kleiner Junge, zu dessen Geburtstagsparty keiner auftaucht.«

»Tja. Wie das wohl kommt?«

»Mach dir keine Gedanken, spätestens ab halb neun, neun wird es voll. Keiner will der Allererste sein, das ist peinlich, genau wie auf einer Party. Glaub mir, Alter, in dem Laden ist bald so viel los wie 68 in der Muschi von Uschi Obermaier.«

Er behält recht. Um acht Uhr dreiundzwanzig kommt eine Gruppe Geschäftsleute herein, die erst etwas skeptisch gucken, weil es so leer ist, doch die Männer bleiben, als Rosalie sagt, wir hätten gerade eben eröffnet.

»Wobei sie vermutlich ge- und eröffnet missverstanden hat«, wispert Cleo mir zu, nachdem sie mit Rosalies Hilfe zwei Tische zusammengerückt hat.

Dann erscheint eine Frau, die aussieht wie eine aufgemotzte Version von Bettine, am Arm eines drahtigen, leicht ergrauten Mannes, der Turnschuhe zum Anzug trägt. Aus der Art, wie Henning die beiden begrüßt – gewollt locker und dabei übertrieben begeistert –, schließe ich, dass es sich tatsächlich um Bettine handelt. Der Kerl an ihrer Seite ist demnach ihr Nachrichtenchef, auch wenn er auf mich eher wirkt wie ein in die Jahre gekommener Profigolfer. Henning ist immerhin so weit bei Sinnen, dass er sie, strategisch geschickt, ebenfalls am Fenster platziert. Damit ist der Bann gebrochen, und in kurzer Zeit sind alle Tische besetzt.

Cleo und Lilly haben alle Hände voll zu tun, die Getränkewünsche zu erfüllen. Henning steht bei Rosalie hinter der Bar und hilft ihr, oder tut jedenfalls so; die meiste Zeit glotzt er auf seine ungeduldige Puzzlespielerin.

Der erste Schub Bestellungen kommt. Ich verschwinde in die Küche und richte Salate an, koche Ricotta-Zitronen-Ravioli ab, schneide Tafelspitz auf. Glücklicherweise habe ich auf Franks Rat gehört und wirklich alles, was irgendwie geht, vorbereitet. Die beiden talentierten Küchenhilfen assistieren mir bei Suppe und Salaten. Ich höre von der Küche aus, dass es im Restaurant lauter und lauter wird. Ständig kommen neue Bestellungen, auf einmal bringen auch Pippa und Lilly Bons, obwohl sie für heute Abend gar nicht eingeteilt waren.

»Ravioli sind alle«, sage ich kurz darauf. »Und wir haben nur noch zwei Portionen Tafelspitz.«

Peter hat plötzlich eine Schürze übergebunden und hilft mir. Wir reden nur das Nötigste: da, hier, los, Kräuter drüber, egal, wisch das mal ab …

Immer wieder tauchen Lilly oder Cleopatra, Pippa oder Rosalie mit neuen Bons auf.

»Was ist los, haben wir uns dermaßen verschätzt mit den Mengen?«, frage ich irgendwann. »Wir saufen hier doch gerade komplett ab, oder?«

Peter schüttelt den Kopf: »Nein, nein, das schaffen wir. Irgendwer von den Gästen hat die Tür zum Nebenzimmer aufgemacht, wollte nur gucken, aber Lilly hat sofort eingedeckt, sie hat es gut gemeint – jedenfalls, da sitzen jetzt noch mal dreißig Leute …«

Ich schüttele den Kopf: »Wir hätten abschließen müssen.«

»Ja, hinterher ist man immer schlauer. Zum Glück waren die beiden anderen Mädels sowieso da, wollten gucken, wie es läuft. Hast du noch irgendwo Kräuter?«

Er versucht, das letzte Sträußchen Petersilie einigermaßen fair über drei Teller Gartensalat zu verteilen.

Lilly streckt ihren Kopf herein: »Da ist ein Fotograf vom Stadtmagazin Frankfurt, der will den Koch mit einem Teller Ravioli ablichten.«

»Ravioli sind alle«, sagen Peter und ich gleichzeitig.

»Nimm irgendwas, das gut aussieht«, sagt Peter und schaut sich suchend um. Legt einen zusätzlichen Garnelenspieß über das Risotto und ein paar Cherrytomatenhälften drumherum. Ich will schon danach greifen, aber er schüttelt den Kopf. Tippt mit dem Finger in etwas Tomatenmark, mit dem er den Spießen einen rötlicheren Anstrich verpasst.

»Das ist zu viel!«, wehre ich mich, »das sieht ja aus, als servierte ich ein Feuerwehrauto!«

»Jetzt zieh schon ab«, meint Peter und holt das letzte Stück Kalbsbraten aus der Bain-Marie. »Ich weiß schon, was ich tue. So, schau, wir haben nur noch zwei Bons!«

Der Fotograf braucht nicht lange, trotzdem ist der Teller hinterher kalt, ich bringe ihn zurück in die Küche, um die Garnelen noch einmal aufzuwärmen.

Inzwischen ist es kurz nach Mitternacht. Die letzten vier Stunden sind schneller vergangen als die gute Stunde Wartezeit davor.

»Okay, Küche geschlossen«, ruft Peter zwanzig Minuten später. »Meine Fresse, Marten – was waren wir scheißgut! So scheiß-scheiß-scheiß …« Er reißt sich die Schürze vom Körper und hopst von einem Bein aufs andere.

»Ja«, mache ich nur. Es ist zu schnell gegangen. Ich brauche eine Weile, bis ich begriffen habe, dass der Spuk schon wieder vorbei ist. Und meine schöne, große Küche aussieht, als wäre soeben ein Unabomber gelandet. Wir haben viel zu wenig Kartoffelgratin gehabt, die Beilagenportionen sind immer kleiner geworden …

»Jetzt schalt mal ab. Geh feiern!«, unterbricht Peter meine Grübelei.

Ich dränge mich zur Bar und lasse mir von Rosalie ein Pils geben. Trinke es in einem Zug aus und verlange ein neues. Nach dem Chaos in der Küche erstaunt es mich, wie geordnet hier alles seinen Gang geht, die Tische sind größtenteils abgeräumt, die Gäste unterhalten sich.

Micha kann ich nirgends entdecken, Katja auch nicht. »Hat jemand nach mir gesucht?«, frage ich Rosalie, aber sie schüttelt den Kopf.

Ich drehe eine Runde. Die Leute machen Fotos von sich und ihren Freunden. Henning führt gestikulierend das Wort in einer Gruppe um Bettine und Mr. Golf. Sie haben drei Tische zusammengeschoben, auf denen schon mehrere leere Weinflaschen stehen. Als er mich entdeckt, deutet er zu mir, sagt etwas, und die Gruppe applaudiert. Ich winke kurz und drehe mich dann weg, um noch mal bei Rosalie an der Theke vorbeizuschauen.

Mir fällt plötzlich auf, dass auch Stella nirgends zu sehen ist, und ich spüre Enttäuschung. Ich brauche noch ein Bier.

Auf dem Weg zur Theke stoppt mich ein älterer Kerl mit Halbglatze und brüllt mir direkt ins Ohr: »Sie sind der Koch?«

»Genau der.« Ich nicke freundlich und will weiter, aber er folgt mir und spricht dabei unverdrossen auf mich ein, was in diesem Lärm nicht viel bringt.

Plötzlich steht Peter vor uns.

»Ach, der Peter, na hallo!«, grüße ich.

Er kneift die Augen zusammen, sieht mich scharf an und

sagt dann zu der Halbglatze: »Zwei Minuten, Sie haben ihn gleich wieder. Los, Marten, ins Büro.«

»Wieso denn ins …« Aber er schiebt mich einfach vor sich her. Schließt die Tür hinter uns und faucht: »Du bist komplett blau. Mann, wir haben doch gesagt: kein Alkohol und keine Drogen bei der Arbeit!

»Is keine Arbeitszeit mehr«, nuschele ich, plötzlich bin ich erschöpft, »bin fertisch.«

»Zum Glück habe ich an alles gedacht – und das organisiert.« Er zieht einen winzigen Plastikbeutel aus seiner Hosentasche.

Meine Müdigkeit ist sofort wie weggeblasen: »Aha! Was ham wir denn da? Ein ganzes Paket mit *keine Drogen* drin? Lass mal sehen … Also, zwei Gramm *keine Drogen* sin' das mindestens, Kumpel!«

»Nimm die Pfoten weg. Und sülz hier nicht rum, Mann! Das habe ich für eine Situation wie diese *immer* in Reserve. Ich bin schon lange genug in der Gastronomie, um an so was zu denken. Nur hab ich eher gedacht, die Punkerin oder Henning saufen sich vorzeitig einen an, nicht du. Mann, du wirst gleich interviewt!« Peter seufzt: »Ich lege dir zwei Lines, dann bist du wieder klar.«

Ich folge dem Befehl. Fühle mich sofort wieder hellwach, zur Verteidigung bereit: »Was hast du, der Abend ist doch fantastisch gelaufen!«

Peter schüttelt den Kopf: »Es ist noch nicht vorbei. Der Typ da, das ist ein Kritiker. Der schreibt einen Artikel über die Eröffnung. Also, reiß dich noch ein letztes Mal zusammen und verhalte dich professionell. Ein paar vernünftige Sätze wirst du wohl hinkriegen.« Er gibt mir eine Flasche Apfelsaftschorle. »Hier, trink das. Gib dich im Zweifel wortkarg, klar? Du bist der Koch, du hast deine Arbeit heute schon geleistet.«

Er holt den Mann zu mir ins Büro und lässt uns dann alleine. Der Journalist heißt Breuer oder Bleuer oder so ähnlich. Ich sehe ihm zu, wie er ordentlich das Datum auf den Block schreibt und dann meinen Namen, und auf einmal kann ich mir nichts Schöneres vorstellen auf der Welt, als dass ich hier bin und ein Interview gebe, und das auch noch einer richtig bekannten Zeitung. Ha, ich bin ein Promi, fährt es mir durch den Kopf, und mein Hirn schaltet urplötzlich von der Glücksstufe drei auf die sieben. Ich fange an, auf ihn einzureden, noch bevor er überhaupt etwas gefragt hat. Was genau ich sage, ist mir bereits am Ende des Satzes entfallen, aber es kommt Kochphilosophie darin vor, bei dem Wort nickt er immer. Als ich irgendwann komplett den Faden verliere, trinke ich erst einmal die Apfelsaftschorle leer, der Mann hat sowieso genug zu notieren. Dabei bemerke ich, dass das Etikett mit einem kleinen Roman bedruckt ist und beginne vorzulesen: »Apfelsaftschorle von Äpfeln aus Streuobstwiesen des schwäbischen Unterlandes. Der Steinkauz steht für die Vielfalt eines einzigartigen Lebensraums mit großkronigen Obstbäumen und über 3000 Pflanzen- und Tierarten. Deshalb bietet unser Steinkauz-Streuobstwiesenkonzept den Streuobstwiesenbesitzern als wirtschaftlichen Anreiz für die Erstellung und die Pflege ihrer ›Stückle‹ bis zu doppelte Ankaufspreise für ökologisch erzeugtes Mostobst. Sorgfältig abgefüllt von der Karl Schütz GmbH Mundelsheim.« Dann, etwas außer Atem, sage ich: »Sehen Sie?«, doch weil ich längst den Anfang vergessen habe und mir zu Mundelsheim nichts einfällt, nicke ich, als wäre das mein Schlussplädoyer gewesen.

Erst jetzt bemerke ich, dass sich noch jemand ins Zimmer geschlichen hat, ein großer, schlaksiger junger Mann, der sich, als er meinen Blick bemerkt, als Praktikant vorstellt.

Ich habe zwar nicht mitbekommen, wovon, aber ich duze

ihn mal: »Ich kann nur hoffen, du hast mitgehört; ich erzähle das nicht alles noch mal!«

»Hab ich, der Geschäftsführer hat mich kurz nach Herrn Breuer« – ehrfurchtsvolles Nicken zur Halbglatze hin – »hereingelassen. Aber könnten Sie doch noch ein bisschen mehr von Las Vegas erzählen? Ihre Erfahrungen dort und so weiter? Das haben Sie ja eben nur gestreift.«

Habe ich das? Aber gut, ich packe aus. Franks Anekdoten kommen prima an.

Danach wird der Abend immer besser, als würde die Nacht um mich klar und flüssig, und ich gleite darin umher wie ein Fisch. Noch nie haben mich so viele schöne Frauen angesprochen, eine nach der anderen. Eine Weile noch erwarte ich, dass der breitschultrige Typ mit der ins Gesicht gezogenen Kappe, der mich schon eine ganze Weile aus einem Winkel des Lokals beobachtet, sich auch noch als Pressemitglied outet, aber da liege ich anscheinend falsch. Trotz der Hitze behält er die ganze Zeit seine Lederjacke an, komisch, denke ich, dann vergesse ich ihn.

Zuletzt sind nur noch Henning, Peter und ich übrig, außerdem die fünf Bedienungen nebst fünf Jungs, die sie stolz anhimmeln und mit ihnen Händchen halten. Das Gespräch plätschert von diesem zu jenem, ich höre nicht recht zu, weil ich die ganze Zeit an Stella denken muss. Warum sie wohl nicht gekommen ist?

Vor Schreck lasse ich fast mein Bierglas fallen, als Peter mit der Faust auf den Tisch haut und sagt: »Leute, eines muss man feststellen: Das heute ist richtig, richtig gut gelaufen.«

»Richtig, richtig, richtig gut«, bestätigt Cleo, die eine beachtliche Menge Alkohol verträgt, ohne dass sich eine Wirkung erkennen lässt. »Mann, ich kriege plötzlich Hunger.«

Ich stemme mich vom Stuhl hoch und gehe in die Küche.

Das Tiramisu, das ich zuletzt noch angerichtet habe, hat lange genug kalt gestanden. Henning tanzt zur Hi-Fi-Anlage, legt ein Mix auf und tanzt zu uns zurück. Wir essen den Nachtisch direkt aus den beiden Auflaufschüsseln.

»Wie die Barbaren«, sagt Cleos Freund, der aus Müdigkeit halb über dem Tisch hängt. Ich frage mich, ob er genauso groß ist wie sie, ich habe ihn bisher nur sitzend gesehen.

»Wäre es nicht unheimlich schick«, sagt Cleo, »wenn wir einen VIP-Raum hätten, in dem die Gäste beim Essen liegen könnten, wie die alten Römer?«

»Wie kommst du denn da jetzt drauf?«, fragt Peter, bekommt aber keine Antwort, denn Henning nimmt das Stichwort dankend auf, um sein Wissen über die römischen Esssitten vorzuführen. Leider spricht er nicht mehr klar, und ich verstehe nur, dass sie nicht mit Besteck, sondern mit den Fingern aßen, die Portionen seien von Sklaven vorher in Happen geschnitten worden. Und sie hätten schon früh die süß-saure Geschmacksrichtung für sich entdeckt. Henning merkt selbst, dass er sich beim Dozieren zu oft verhaspelt, verstummt und zieht kurz darauf leicht schwankend los, um schlafen zu gehen. Er hat seine Jacke linksherum angezogen und setzt sich eine geringelte Mütze auf den Kopf, die ich noch nie zuvor an ihm gesehen habe. Dann verabschieden sich die vier Mädels samt Begleitungen – Cleos Freund ist fast genauso groß wie sie, aber nur fast.

Peter und ich beschließen, dass wir hellwach sind und genauso gut noch ein bisschen aufräumen können. Wir schieben Stühle herum, sammeln Flaschen, Gläser und Teller ein. Die Mix-CD ist längst zu Ende, und die Ruhe nach dem Sturm fühlt sich ebenso gut an wie der Partylärm vorhin. Auf einmal glaube ich, ein leises Schnarchen zu hören. »Pssst, Peter! Da ist was!«

Wir lauschen.

»Von da her kommt es«, flüstert Peter und deutet nach rechts, wo noch die zusammengerückten Tische von Bettines Redaktionskumpels stehen. Wir schauen beide unter den Tisch. Ganz hinten, an der Wand, liegt etwas Pelziges.

»Eine Felljacke«, sage ich. »Wird ein Handy drin sein. Cooler Ton, eigentlich. Warte, ich hol sie.«

»Vielleicht aus echtem Pelz!«, meint Peter. »Dann kriegt sie meine Mutter.«

Ich gehe in die Knie, um unter den Tischen nach hinten zu krabbeln – da bewegt sich der Pelz.

Peter gibt vor Überraschung einen Quietschlaut von sich, ich fahre hoch – und haue mir den Schädel an. »Auaaa!«

Peter lacht auf: »Ein Hund! Da hat jemand seinen Hund vergessen!«

Ich reibe mir den Kopf: »Das wird eine Beule …«

Peter interessiert sich nicht die Bohne für meine Verletzung.

»Es ist ein Mops«, sagt er und robbt vorsichtig an das Tier heran. »Psch, psch, nicht erschrecken.« Der Mops legt den Kopf schief und hechelt. »Braver Hund! Ja, komm mal raus, prima.«

»Er hat eine Marke am Halsband«, sage ich. »Wir können die Polizei anrufen, dann informieren die den Besitzer.«

»Aber nicht heute!«, widerspricht Peter. »Jetzt braucht der seine Ruhe. Und wir auch.« Er krault den Mops hinter den Ohren: »Na, Kumpel, willst du heute bei mir schlafen?«

»Bestimmt sucht den jemand wie blöde, aber wenn du unbedingt willst – bitte.« Im Prinzip hat er recht, wem immer das Viech gehört, eine Lektion schadet nicht. Schließlich lässt man seinen Hund nicht einfach irgendwo herumliegen.

»Was wird denn das?« frage ich, als Peter seinen Gürtel öffnet. »Hoffentlich nicht das, was ich denke!«

»Grins nicht so blöd, gib mir deinen auch. Wir brauchen eine Leine. Und guck mal in der Küche, der sieht so hungrig aus.«

Ich führe meinen Auftrag aus und stopfe Fleischreste und Knochen in eine Tüte, die ich Peter in die Hand drücke: »Hier. Ich will das Stinkeding nicht rumschleppen.«

Die Fresstüte in der einen, die Hundeleine in der anderen Hand, stolziert Peter zum Ausgang. Dann hält er inne, bleibt noch einmal stehen und sieht sich im halb aufgeräumten Lokal um: »Wahnsinn! Marten, wir haben es geschafft.«

»Allerdings«, sage ich.

»Wir sind die Größten!«

»Da kann ich nur zustimmen.« Trotzdem bin ich nicht restlos glücklich, nicht wie Peter gerade. Auch wenn sie morgen irgendeine Ausrede vorschützen wird, warum sie nicht gekommen ist – Stella ist nicht da gewesen, es hat sie nicht interessiert. *Ich* interessiere sie nicht.

7

Wir gehen zu Fuß, obwohl die ersten Straßenbahnen schon wieder fahren. Eine milde Aprilnacht, der Himmel ist schwarz und fast sternenlos. Wir schweigen, ich hänge meinen Gedanken nach. Wir kommen nur langsam vorwärts, weil der Mops an jedem Baum und jeder Laterne stehen bleibt und das Bein hebt. An der Eisenbahnbrücke umarmt Peter mich zum Abschied. Ich sehe den beiden hinterher, bis sie abbiegen; Peters dünner, gürtelloser Trenchcoat umflattert ihn; von hinten sieht er aus wie ein Schauspieler, der ausgelaugt, aber glücklich von der Bühne abgeht. Auf dem letzten Stück

Weg begegne ich keinem einzigen Menschen mehr. Als hätte ein tödliches Virus alles Leben ausgelöscht.

Das Licht im Treppenhaus ist kaputt. Ich laufe im Dunkeln die zwei Stockwerke zur WG hoch. Henning schnarcht so laut, dass ich es im Flur höre.

Berthas Zimmer sieht aus, als sei jemand eingebrochen. Ich räume ein bisschen auf und beziehe das Bett mit der letzten frischen Garnitur. Zünde mir eine Zigarette an und frage mich, ob es normal ist, dass man so eine Leere spürt nach einem wirklichen Erfolg. Hennings Schnarchen dringt sogar durch die Wand. Ich betrachte das Muster aus Blumen und Schmetterlingen auf Kissen und Decke und denke an all das Pinguin-, Wolken- und Herzchenbettzeug, in dem ich die letzten Wochen geschlafen habe.

Ich drücke die Zigarette im Topf der Pflanze aus und gehe in die Küche.

Es wird Zeit, dass ich mir endlich eine eigene Wohnung suche.

Mit der Kaffeetasse stelle ich mich ans Fenster. Es wird schon wieder hell draußen, gerade sehe ich, wie die Straßenlaternen erlöschen. Ein Penner im verdreckten Anorak und mit verfilzten Haaren durchsucht einen Mülleimer nach Pfandflaschen. Seine Plastiktüte ist schon fast voll.

Mir fällt die Alkoholikerin aus Mamas Gruppe ein, die einige Jahre lang obdachlos gewesen war. Sie hat immer davon geredet, wie wichtig es sei, eine oder am besten zwei gute Jutetaschen zu besitzen. Die seien zum Flaschensammeln viel praktischer als Plastiktüten, denn sie reißen nicht so schnell. Jutetaschen, hat sie gesagt, könne man quasi an die nächste Generation weiterreichen. Bei ihr waren die anderen Frauen still, weil sie ja nicht oft redete.

Die Frau hat von Jutetaschen mit dergleichen Ehrfurcht in der Stimme gesprochen wie die Frauen um die Alte Oper herum von einer Chanel-Tasche. Luxuswaren beides, es kommt nur auf die Perspektive an.

Vater hat es gehasst, wenn die Obdachlose zu Mamas Treffen in die Küche kam, hat immer gesagt, sie solle verdammt noch mal aufpassen, dass solche Asozialen bei uns nichts klauten.

Ich stelle die leere Kaffeetasse in die Spüle. Vielleicht sollte ich mich noch eine Stunde hinlegen.

8

Am Samstag hat Peter einen Zettel ans Fenster des Happy Rabbit geklebt: »Mops vergessen? Unsere Eröffnung am Freitag war der Hammer, das finden wir auch. Dennoch sollten Sie sich schämen, Ihr Haustier hier liegen zu lassen.« Als ich am Sonntag eintreffe, ist der Aushang schon wieder weg. Anscheinend findet Peter, dass der Hundbesitzer seine Chance hatte.

Henning sitzt im Büro und telefoniert. Vor ihm liegt auf einem Zeitungenstapel die aufgeschlagene Sonntags-Bild-Zeitung. Er telefoniert. Als er mich sieht, deckt er den unteren Teil des Hörers zu: »Komm rein! Sag mal, stimmt das? Du bist vorbestraft?«

»Wie kommst du denn darauf?«

Ich ziehe die *Bild* zu mir heran. Ein riesiges Foto zeigt mich mit dem Risottoteller, auf dem zwei fuchsrote Garnelenspieße leuchten, auf einem kleineren Bild stehen Henning und Peter draußen vor dem Happy Rabbit. Durch das Glasfenster kann man sehen, wie voll es ist. Unter der Überschrift »Mein Körper ist ein Vergnügungspark« steht: »Genießen warm & kalt: Wie das Happy Rabbit aus cooler Lebensphilosophie heiße Party macht.« Noch im Stehen fange ich an zu lesen. Das Zitat in der Überschrift stammt anscheinend von mir, ebenso wie der Satz: »Ich verwende alles, was bei drei nicht im Kühlschrank ist.«

Je weiter ich lese, desto mehr wünsche ich mir, ich wäre jetzt, in diesem Augenblick, sehr weit weg. Egal wo. Nur sehr, sehr weit.

Ich habe offensichtlich aus meiner Kindheit erzählt. Dass meine Mutter krank war und ich schon früh für sie eingesprungen sei, vor allem beim Einkaufen und Kochen. Meiner kleinen Schwester hätten meine Hackfleischbällchen mit Spaghetti am besten geschmeckt. So weit, so rührend, aber dann kommt meine »noch nicht lange vergangene Jugend«. Der Journalist – offensichtlich doch kein Praktikant, sondern ein Herr Parank von der *Bild* – stellt es so dar, als sei ich der Anführer einer im Rhein-Main-Gebiet operierenden Drogengang gewesen und hätte dann Jahre im Knast verbracht, bis ich mich gefangen und mit zwei »Seelenverwandten« das Happy Rabbit aufgebaut hätte. Zuletzt schwärmt er dann noch von meinem »Feuer«: so groß, dass ich sogar die Soßen zu meinen Kreationen als geschmackliche Komponente so ernst nähme wie unser Sommelier die Weine. Henning hat jetzt zu Ende telefoniert und beobachtet meine Reaktion.

»Na, was sagst du?«

»Wer ist unser *Sommelier*?«, frage ich, obwohl das mein geringstes Problem sein dürfte.

»Meine Wenigkeit«, sagt Henning. »Stimmt das mit der Vorstrafe?«

»Das habe ich ihm im Leben nicht erzählt!«

»Also stimmt es.« Henning wirkt beeindruckt.

»Das ist aber auch so ziemlich das Einzige, alles andere ist Schwachsinn, total übertrieben. Abgesehen davon: Ich bin mir sicher, dass ich ihm das nicht erzählt habe, ich wäre ja blöd. Ich hab vielleicht erwähnt, dass meine Mutter ab und zu einen über den Durst getrunken hat und dass es um mich herum Drogen gab ... Aber dass ich vorbestraft bin?« Ich stehe immer noch wie vor den Kopf geschlagen da und starre die Seite an.

»Na ja, er ist Journalist; er wird an dein polizeiliches Führungszeugnis rangekommen sein. Also, ich muss schon sagen, ich lese ja viel, aber das ist mal spannend, mein lieber Scholli!««

Ich lasse mich auf einen Stuhl fallen: »Scheiße, Scheiße, Scheiße!«

Peter kommt herein. Neben ihm spaziert Mopsi, stolzer Besitzer eines neuen, nietenbesetzten Lederhalsbands und einer flotten, rot und grün gestreiften Leine. Peter hat sich nicht lumpen lassen. »Was guckst du denn so bedröppelt, Marten?« Er setzt sich und greift nach der Zeitung: »Hier, diese Sprüche! Voll auf die Tränendrüse. *Mit vierzehn brauchte ich einen Ausgleich. Drogen, Knast, das volle Programm. Mann, mir war alles egal. Wirklich, ich hab die Welt wie meinen Aschenbecher benutzt.* Zitatende. Super!« Peter bückt sich, um Mopsi zu streicheln, der unter dem Tisch sehnsuchtsvoll winselt.

Henning sagt: »Vom Drogenabhängigen zum Selfmademan und Meisterkoch. So was wollen die Leute!«

Peter zieht plötzlich eine ernste Miene: »Das hätte gnadenlos schiefgehen können, das weißt du schon?«

Henning: »Lass ihn, er ist fertig genug.«

»Mensch, sieh dir mal das Foto an«, sagt Peter, nun wieder bester Dinge: »Mein Outfit ist top. Ich glaub, ich werde mir noch eine zweite Krawatte zulegen.«

Mir wird immer klarer, was da heute über mich in der Zeitung stand. »Das ist un-end-lich peinlich.«

»Schwachsinn, das ist grandios. So was lieben die Leute. Guter Junge aus bösem Milieu kommt in der Frankfurter Gourmetszene an. Hast du gelesen, wie er deine Seeteufellasagne nennt?«

»Ja: super. Wegen dem Wortspiel: Super Seeteufel. Witziger Kerl.«

»Eben nicht, da steht: *Superber* Seeteufel! *Superb*! Ein Wort, das man sonst nicht oft in der *Bild* findet. Nehme ich jedenfalls an, ich habe die Zeitung heute zum ersten Mal überhaupt gekauft. Moment, das ist nicht ganz richtig, es ist das zweite Mal. Als sie den Ratze gewählt haben, da wollte ich unbedingt diese Ausgabe mit der Schlagzeile ›Wir sind Papst‹ haben, erinnerst du dich?«

»Nee«, sagt Peter.

»Ach, ist egal. Marten, komm. So schlimm ist es nicht. Klar, ich versteh dich schon irgendwie. Ich wäre auch nicht begeistert, wenn meine Geschichte in einem Boulevardblatt ausgewalzt würde.«

»Danke«, sage ich säuerlich, »das hilft.«

»Ich geh dann mal«, sagt Peter.

Als er mit Mopsi wieder verschwunden ist, versucht Henning, mich zu trösten, ohne Erfolg. Dann fällt ihm etwas ein: »Ach, ehe ich es vergesse, Stella ist übrigens da gewesen, nicht, dass du dich wunderst.«

»Ach?«

»Sie ist allein gekommen und stand da ein bisschen einsam rum. Peter und ich hatten nicht gleich Zeit für sie. Als wir sie später suchten, war sie schon wieder weg.«

»Ach, na so was!« Meine Laune hat sich schlagartig gebessert.

»Ist immer unangenehm, wenn man kaum jemanden kennt und zu schüchtern ist, jemanden anzusprechen. Na, siehst du, Marten, es gibt doch noch schöne Dinge im

Leben! Stella liest auch ganz bestimmt keine *Bild-Zeitung*.«

Daran habe ich nicht gedacht, Mist. »Meinst du?«

»Vielleicht hat sie sich damals auch die mit dem ›Wir sind Papst‹ gekauft, wegen der Metaebene, du verstehst schon – aber sonst, nee.«

9

Mittwoch Abend, kurz nach fünf, wir haben noch nicht lange auf. Ein einziger Mann sitzt breitbeinig an einem Tisch mitten im Lokal. Er trägt eine nietenbesetzte Lederjacke und hat außerdem die Kapuze seines Sweatshirts über den Kopf gezogen. Ich sehe ihn zwar nur von hinten, aber was ich sehe, riecht nach Ärger. Ich schicke Lilly hin, sie soll fragen, was er haben will.

»Er will mit dir sprechen«, sagt sie, als sie zurückkommt.

»Wieso das? Geht es ums Essen?«

»Ich glaube nicht, er hat nur was zu trinken bestellt. Er sagt, er kennt dich.«

»Hm. Was hat er denn bestellt?«

»Einen Cabernet Sauvignon.«

»Dann bring ihm den erst mal.«

Ich lasse ihn mit Absicht warten. Als ich dann näher komme, fällt mir auf, dass er eine Stoffhose und teure Schuhe zur Motorradjacke anhat. Kann sich wohl nicht recht entscheiden, ob er einen auf Rechtsanwalt machen will oder auf Hells Angel. Oder will er zeigen, dass er in beiden Welten zu Hause ist? Jedenfalls stimmt irgendetwas nicht mit ihm.

»Du willst mich sprechen?« Ich duze ihn mit Absicht. Er soll ruhig merken, dass ich ihn durchschaue.

»Jo, Mann.« Er dreht sich halb zu mir um.

»Dann bitte, ich habe nicht viel Zeit!«

Meckerndes Lachen; bewusst langsam dreht er sich zu mir. Ich muss mich beherrschen. Will aber auch keinen Ärger, nicht in meinem Laden. Das ist keine Feigheit. Das ist nur die Haltung von jemandem, der etwas zu verlieren hat.

Er nimmt die Kapuze des Sweatshirts herunter und sieht mich mit dunkelblauen Augen an. Ich erkenne ihn schon, bevor er den Ärmel hochgekrempelt hat und mir das Totenkopftattoo zeigt, inzwischen kaum noch als solches zu erkennen, so verschwommen ist es. Am Handgelenk trägt er eine protzige Uhr.

Es ist Rainer. Er lächelt. Seine Haare sind grau geworden, aber er ist immer noch durchtrainiert. »Überraschung! Na, Marten, mit mir hättest du wohl nicht gerechnet?«

»Kann man so sagen.« Die kleine Show hat er gut einstudiert. Cabernet Sauvignon.

Er streckt mir eine Hand hin. Lässt sie wieder fallen, als ich nicht darauf eingehe. »Wie lange ist es jetzt her?«

»Lange genug, um längst ein anderes Leben zu haben. Was willst du hier?«

»He, he, jetzt mal nicht so unfreundlich.«

»Wenn du hier verticken willst, kannst du gleich wieder gehen. Das Restaurant ist sauber.«

»Na, mit ein bisschen mehr Dankbarkeit hätte ich schon gerechnet, mein Lieber.«

»Was?«, frage ich fassungslos: »Spinnst du? Ich hab deinen Kopf gerettet, als kleiner Junge! Du bist derjenige, der danke sagen müsste!«

Er sieht mich aufmerksam an: »Du hast wirklich keinen blassen Schimmer, oder?«

Ich schaue ihn böse an.

»Komm schon, Kleiner. Dein eigener Laden. Was für ein feiner Pinkel du geworden bist. Und trotzdem musst du mich bedienen, wenn ich was bestelle.«

Lilly nähert sich vorsichtig. Ich winke, sie soll verschwinden. Dann werde ich laut: »Hau ab, Rainer. Ich will dich hier nicht haben. Ich habe jetzt ein Leben. Das lasse ich mir von dir nicht kaputt machen.«

Er wirkt überrascht, fängt sich aber wieder und grinst. Steht auf, wieder provozierend langsam. Ich drehe mich um, will ihm nicht nachstarren, wenn er geht. Als die Tür zuschlägt, sehe ich, dass er einen Zehn-Euro-Schein auf dem Tisch liegen gelassen hat.

10

Stella steht in der Küchentür. In ihrem dünnen langen Mantel sieht sie aus wie eine Prinzessin. »Ich bin ein bisschen spät, ist Henning schon weg?« Sie wirkt verlegen.

»Nein, soviel ich weiß, ist er im Büro.«

Wo sie auch zuerst hätte gucken können. Ich wickele einige Klumpen frisch gemachten Mürbeteig in Alufolie und stelle sie kalt. Putze mir die mehligen Hände an einem Küchentuch ab. Als ich aufschaue, steht sie immer noch da.

»Gratulation, übrigens. Es ist fantastisch gelaufen, habe ich gehört. Na ja, und gelesen.«

»Danke. Ja, wir können nicht meckern.« Absolut nicht: Es sind, abgesehen von der dramatischen Geschichte in der *Bild*, eine ganze Reihe netter Artikel über unsere Eröffnung in Magazinen und Zeitungen erschienen. Wenn ich Stella jetzt so sehe, kann ich sie mir auch nicht mit der *Bild* vorstellen, Henning wird wohl recht haben.

Aber von wegen. Sie strahlt: »Ja! Ich habe auch diesen langen Artikel gelesen, du weißt schon, der mehr über dich war als über die Eröffnung. Irre, was du von deiner Kindheit erzählt hast, das war so unglaublich, wie soll ich sagen, beeindruckend …«

Ich gebe mich locker: »Ach was, der Journalist hat die Hälfte frei erfunden und die andere übertrieben!«

Sie sieht fast ein wenig enttäuscht aus. »Jedenfalls war es wirklich blöd, ich hatte die Grippe, und ich fühlte mich wirklich nicht … Aber wenn ich mich aufgerafft hätte …« Sie dreht die Hände ineinander.

Noch nie habe ich jemanden so schlecht lügen sehen. »Kein Problem, Stella, wirklich. Ich war sowieso die ganze Zeit in der Küche.«

»Ja, klar …« Sie zupft an ihrem Mantel. Schließlich fällt ihr ein, was sie noch sagen könnte: »Henning hat mir am Telefon erzählt, dass ihr den Ansturm nicht mehr bewältigt und neue Leute eingestellt habt.«

»Ja, einen Koch, Miyake, ein Asiate, der aber in München gelernt hat und nur bayerische Sachen kann, behauptet er jedenfalls. Mal sehen, er fängt erst nächste Woche an. Zwei andere Köche kommen auch noch infrage – wenn der Betrieb weiter so gut läuft. Und einen Frühstückskoch für die Wochenenden haben wir jetzt auch. Der macht viel Süßes: Waffeln, Crêpes, Pancakes, aber auch herzhafte Sachen wie Eier Benedict oder Croque Monsieur.«

Stella rümpft die Nase und sieht auf einmal aus wie das hochnäsige Mädchen, das sie einmal war.

»Hast du etwas gegen warmes Frühstück?«

»Nein, nein, Croque Monsieur erinnert mich einfach an die Tante.«

»Ach so, verstehe. Klar.«

»Jedenfalls hast du dann nicht mehr so viel Arbeit, ist doch gut«, sagt sie und lacht.

»Das stimmt allerdings«, gebe ich zu.

Um ihr Update vollständig zu machen, berichte ich noch vom dritten Neuzugang, dem Barkeeper, der aber erst in zwei Wochen anfängt, weil er noch den laufenden Monat im Sheraton am Flughafen fertig machen muss.

»Klar«, sagt Stella wieder, und ich bin ein wenig enttäuscht, dass der Name Sheraton sie nicht besonders zu beeindrucken scheint.

»Er kennt achtundzwanzig Gin- und fünfzehn Tonic-Sorten«, starte ich einen neuen Versuch. Das wirkt, zumindest ein wenig.

»Wow. Scheint ein echter Spezialist zu sein.«

»Na ja, ich würde es eher einen Freak nennen.«

Sie grinst: »Er ist bestimmt gut.«

»Hoffentlich. Er ist jedenfalls sauteuer.«

Vor allem hoffe ich insgeheim, dass wir uns nicht übernehmen. Aber der Rest des Triumvirats findet, dass das Rabbit super läuft – exorbitant gut, sagt Henning –, und das müsse man ausnutzen, um sich am Markt zu positionieren. Man müsse die kleinen Zeichen sehen: Zum Beispiel, dass Lilly, die bald für ein Semester zurück in die Staaten will, sich von ihm die Hand darauf geben ließ, bei ihrer Rückkehr wieder hier arbeiten zu dürfen.

Stellas Blick wandert über die drei flachen Schüsseln auf der Anrichte: »Was wird das denn?«

»Das wird nichts mehr – das *ist* schon was. Und zwar eine Panierstraße.«

»Eine – was? Panierstraße?« Sie kichert. »Was für ein ulkiges Wort! Das hast du erfunden, oder?«

»Nein, nein, das heißt wirklich so. Wie eine Autowaschanlage kriegt das Kalbsschnitzel nacheinander seine Anwendungen. Erst kommt die Mehlmischung, Schüssel eins, dann tunke ich die Schnitzel in verquirltes und gewürztes Ei mit etwas Sahne, Schüssel zwei, und zuletzt kommen die Semmelbrösel. Manche Köche machen auch zwei Runden, aber ich finde die Panade dann zu dick.«

»Ich verstehe.« Stella sieht mich aufmerksam an.

»Wichtig ist, dass es gute Semmelbrösel sind; ich mache die selber.«

»Noch vor gar nicht so langer Zeit habe ich die Panade abgekratzt vom Fleisch, egal wie gut sie war. Nicht mal probiert habe ich. Wegen dem Fett.«

»Aber die Zeiten sind jetzt vorbei?«

»Kleine Rückfälle hab ich ab und zu – wenn es mir nicht gut geht, esse ich ein paar Tage fast nichts, aber das regelt sich bald wieder.«

»Wenn du mal mein Schnitzel probieren willst – ich habe zwar nicht das Wort Panierstraße erfunden, aber eine neue Art davon – bitte sehr.« Ich deute auf eine seitlich stehende Schüssel. »Ist aber noch in der Experimentierphase.«

»Ist das Puffreis? Kenne ich nur in Schokolade.«

»Um Schnitzel herum macht er sich auch sehr flockig, finde ich.«

»Eine Puffreis-Panierstraße!« Sie lacht und sagt, dass sie meine Ideen mag. Dass sie solche Ausprobierphasen vom Kunststudium her kennt. Da mischt sie immer mal wieder alle Techniken, wenn es ihr zu öde wird, doch im Zweifelsfall gelte leider das alte Motto: »Alle Farben zusammen, das ergibt – einfach nur Matsch.«

»Und die Techniken?«

»Na ja, die erkennt man im Matsch auch nicht mehr.«

Wir lachen, und ich erzähle ihr von meinen schlimmsten Gerichten. Da ja Johannisbeeren wunderbar zu Kalbsbraten passen, habe ich beispielsweise eine »Tafelspitz«-Variation mit Erdbeeren zu pikantem Rindfleisch erfinden wollen.

»Und das schmeckte wirklich ganz fürchterlich?«

»Grausam. Erdbeeren sind überhaupt schwierige Kandidaten.«

»Aber weiße Schokolade und Kaviar, das passt, sagst du?«

Ich zucke mit den Achseln: »Ja, ich finde, sogar sehr gut.«

»Es gibt einen Punkt, ab da muss man sich auf sein Gefühl verlassen, auf den Instinkt – so dumm das klingt«, sagt Stella. »Weißt du, was ich meine?«

»Natürlich.«

»*Was* ich male, ist oft gar nicht entscheidend, es ist die Stimmung, auf die es mir ankommt – Marten, warum lachst du?«

»Ich habe gerade versucht, das aufs Kochen zu übertragen und mir vorgestellt, wie ich einen Teller Melancholie zubereite, eine Schale Müdigkeit, eine Auflaufform voll Glück …«

Die Idee gefällt Stella, und wir überlegen gemeinsam, welche Produkte wir für welche Stimmung auswählen würden und wie wir sie zubereiten, was in ein langes und furchtbar albernes Gespräch ausartet, an dem wir aber großen Spaß haben. Stella findet Fenchel sei ein melancholisches Gemüse, weil es an Kindheit und Hustensaft erinnere. Ich sage, dass ich jede Form von Püree melancholisch finde – Kindheit und zahnloses Alter in einem. Dass es kein melancholisches Fleisch gibt, darin sind wir uns einig, also müssen wir Fisch servieren. Stella ist für Kabeljau, ich tendiere zu Zackenbarsch …

Nach dem Gespräch bleiben wir eine Zeit lang still. Es ist diese Art Stille zwischen zwei Personen, die man, solange es geht, halten sollte, weil in ihr Gespräche enthalten sind, wie man sie in Wirklichkeit gar nicht führen kann – Gespräche, die die Welt und alles in ihr nicht beschreiben oder erklären, sondern komplett neu erschaffen, und zwar weil wir auf einmal über die richtigen Worte verfügen: neue, treffende Worte, nicht die bekannten, die, in Aussagesätze zusammengezwungen, eine hölzerne Form annehmen, in Fragen albern geraten und in Antworten ausbleichen. Worte, wie sie noch nie jemand benutzt hat.

11

Ich gehe über den Eisernen Steg, inmitten eines ganzen Pulks Menschen, die diesen Samstagabend im Freien verbringen möchten. Der Himmel ist dunkel, aber immer noch blau; ich lasse die Innenstadt hinter mir, wo sich die Neonzacken der Hochhäuser in den Himmel bohren, gehe auf die weit niedrigeren Museen zu, die auf der anderen Mainseite hinter den Bäumen und dem Fußweg die Uferpromenade bilden.

Am höchsten Punkt der Brücke bleibe ich stehen und sehe hinunter. Im Fluss unter mir spiegeln sich die bunten Lichter der Restaurantschiffe. An der Innenseite des Brückengeländers reihen sich Vorhängeschlösser aneinander, es sind so viele, dass einzelne sich schon über andere geschoben haben. Liebespaare ritzen ihre Initialen oder schreiben die ganzen Namen auf die Schlösser und werfen dann den Schlüssel in den Main, zum Zeichen, ihre Liebe sei unzerbrechlich.

Wie viel Gewicht hält die Brücke eigentlich aus, ist es irgendwann zu viel an Liebe, und sie stürzt in sich zusammen?

Gerade habe ich den Mietvertrag für eine eigene Wohnung unterschrieben, drei Zimmer im Ostend, Altbau, erster Stock, keine fünf Gehminuten zur Konstablerwache. Das Apartment ist nicht besonders hell, trotz der hohen Decken und großen Fenster, das hat den Preis gedrückt – genau wie die winzige Küche, die gerade mal aus einer Zweier-Herdplatte und einem Miniaturkühlschrank besteht. Bei den beiden Paaren, die auch zur Besichtigung gekommen waren, ließ das Interesse daraufhin deutlich nach. Der schnöselige Jurastudent, der die ganze Zeit mit Papas Bürgschaft herumwedelte, hatte kein Problem damit: Er gehe sowieso jeden Abend essen.

»Und Sie?«, fragte der Makler mich.

»Mich stört es nicht.«

»Sie kochen wohl auch nicht gerne?«

Ich musste lachen: »Im Gegenteil, ich tue eigentlich nichts anderes. Ich bin Koch!«

Daraufhin bekam ich den Zuschlag und der Makler eine Reservierung im Rabbit: Er war Feinschmecker.

Ich schlendere weiter. Auch wenn ich müde bin, so will ich doch wie geplant trainieren gehen – in dem neuen, todschicken Fitnesscenter, das mir vor Kurzem noch viel zu teuer gewesen wäre.

Gerade habe ich diesen heldenhaften Entschluss gefasst, da höre ich mein Telefon: »Was gibt es, Henning?«

»Wir treffen uns um zehn noch mal kurz im Rabbit, wenn das okay ist für dich?«

»Muss das sein? Worum geht's denn?«

»Gestern Abend sind hier noch zwei Griechen einmarschiert, die wollten auch Schutzgeld.«

»Was? Wollen die uns verarschen? Und morgen kommen die Italiener, oder wie?«

Es ist kaum eine Woche her, da hatten wir Besuch von Türken, die dasselbe forderten. Angeblich sind wir in deren Gebiet gezogen.

»Dachten wir auch. Jedenfalls hat Peter sich umgehört, wie das mit den Gangs hier geregelt ist. Er will das mit uns besprechen.«

»Geht in Ordnung, bis gleich.«

Eine Stunde später sitzt das Triumvirat beisammen; an der Bar, weil alle Tische im Rabbit belegt sind.

»Also, ich hab mich mal schlau gemacht«, sagt Peter. »Wir liegen genau an der Grenze zwischen zwei Revieren. Um Zeit zu gewinnen, habe ich zunächst beiden Parteien versprochen, dass wir zahlen – aber erst, wenn der Laden ein paar Monate läuft. Weil wir nämlich total verschuldet sind – hab ich zumindest so gesagt. Das haben die Kümmelbrüder einigermaßen verstanden, und die Moussakas haben ebenfalls eingelenkt – erst einmal. Aber wir werden uns für die Türken entscheiden, das sage ich jetzt schon. Die sind die stärkere Gang.«

»Moment mal«, unterbreche ich ihn, »habe ich das richtig verstanden – wir geben denen das? Geld für nichts?«

»Natürlich zahlen wir Schutzgeld«, sagt Peter. »Das geht nicht anders, wir sind neu hier. Nur halt möglichst wenig. Hoffen wir mal, der Laden wird so cool, dass sie zufrieden sind, wenn wir ab und zu einen Platz an der Bar oder auch mal was zu essen für sie haben.«

»Klingt plausibel«, findet Henning. »Und das Schickimickipublikum steht auf so ein paar Randfiguren.«

»Als ob wir nicht schon genug Freaks hätten«, murmelt Peter, aber ich lege meine Hand auf seinen Arm und sage: »Lass gut sein, die Mädels sind in Ordnung.«

»Ja, ja.« Unwillig steht er auf und verschwindet Richtung Büro.

»Danke«, sagt Henning.

»Kein Problem«, sage ich, »das Triumvirat soll sich nicht selbst von innen schwächen!«

»Wow. So ein freier Tag tut dir gut.«

12

Die Tarte ist fast fertig, als Stella in der Küchentür steht. »Es riecht gut«, sagt sie verlegen. »Ich wollte dir nur hallo sagen.«

Ich schließe die Ofentür und wische mir die Finger an meiner verdreckten Schürze ab, um ihr die Hand zu geben, doch sie ist schneller. Umarmt mich und gibt mir auf jede Wange ein Küsschen. Ich halte sie einen Moment länger fest als nötig, aber das ist in Ordnung, sie bleibt auch einen Moment länger stehen.

»Ich habe endlich einmal Mopsi gesehen«, sagt sie, »Peter ist mir entgegengekommen, er war auf dem Weg, mit ihm Apportieren zu üben.«

»Tja, was soll ich sagen? Liebe auf den ersten Blick.«

»Ich hätte nie gedacht, dass er so verrückt nach Hunden ist. Und es ist wirklich nie jemand gekommen, um ihn zu holen? Mopsi, meine ich.« Sie grinst.

»Nein.« Ich grinse ebenfalls. »Wobei es auch sein könnte, dass er auf Peter gestoßen ist und der ihn umgelegt hat.«

Die Geschirrspülmaschine beginnt zu piepsen, ich entschuldige mich und gehe nach hinten, um sie abzuschalten. Als ich zurückkomme, beobachtet Stella konzentriert den Ofen. Ich stelle mich neben sie. Wenn jetzt jemand hereinkommt, denkt er, wir sehen einen hochspannenden Krimi im Fernsehen.

»Heute bin ich wegen der Hängung hier, du weißt schon«, erklärt sie dann in Richtung der Tarte.

»Wann soll die Ausstellungseröffnung denn jetzt sein?«

»Möglichst bald, auf jeden Fall noch im Juni …«

»Du hattest noch etwas fertigmachen wollen, hat Henning gesagt?«

»Ja, genau. Das habe ich getan … Jetzt gibt's keine Ausrede mehr.«

Das Gespräch ist ohnehin schon bemüht, jetzt fällt mir gar nichts mehr ein, was ich sagen könnte. Ich ärgere mich. Jede andere Frau, die mir gefällt, würde ich jetzt anbaggern, und zwar nicht allzu dezent – »Wir hatten ein tolles Gespräch, was meinst du, wollen wir jetzt auch noch phänomenalen Sex haben?«, so ungefähr –, dann wüsste ich wenigstens, was Sache ist. Der Gedanke an Sex macht mich geradezu wütend.

»Es riecht wirklich gut«, sagt Stella und lächelt etwas schief.

»Willst du vielleicht ein Stück probieren?« Ich deute zum Ofen. »Du kannst es auch mitnehmen, es muss noch abkühlen. Natürlich auch zwei Stücke, wenn du jemanden hast, der oder die mit dir zu Abend …«

»Ein Stück reicht.«

Ich öffne den Ofen. Nehme vorsichtig die dampfende Form heraus. Ziehe den Backhandschuh aus.

»Schau nur deine Hände an«, höre ich da plötzlich dicht hinter mir. Stellas Zeigefinger berührt sachte meine Rechte. Ich lege das Messer ab, und sie fährt die noch ziemlich frische Narbe auf dem Handrücken mit dem Zeigefinger nach, eine Bewegung, sehr langsam. Ich halte die Hand still, als sei sie plötzlich schockgefrostet. »Sieht fast aus wie ein S«, sagt sie, »die Narbe …«

Sie hat ihren Kopf ganz nah an meinem Hals, ihre Haare

kitzeln mich, und ich kann ihr Parfüm riechen. Ich tue endlich, was ich bei jeder andern Frau auch getan hätte, wenn sie nicht gerade Stella wäre. Beuge mich nach vorne und küsse sie.

Merke augenblicklich, dass es eine meiner besten Entscheidungen überhaupt gewesen ist.

Sie schmeckt leicht nach Pfefferminz.

Die ganze Nacht über sitze ich am Computer und gehe Rezepte durch, die sich für ein richtig beeindruckendes Vernissage-Büfett eignen. Eines, wie es nicht einmal Frauen wie Stella gewohnt sind. Besonders konzentriert bin ich nicht. Erwische mich ständig dabei, wie ich in die Luft starre und an *den Kuss* von vorhin denke – der gar kein Kuss war, höchstens am Anfang, dann wurde es mehr, eine absolut *geile* Knutscherei, wobei das auch nur ein Behelfsausdruck ist … Als wären unsere Münder und Zungen für den Gebrauch miteinander beziehungsweise ineinander entworfen worden, ja, in solchen Momenten *muss* man an eine höhere Macht glauben. »Vorspiel« ist ein noch besseres Wort, genau, ein Vorspiel, das ist es eigentlich gewesen, leider eines, auf das kein Spiel folgte. Miyake platzte nämlich herein, eine Viertelstunde zu früh wie immer, und wünschte: »Flöhlichen Abend!«

Der Bildschirm vor mir schaltet sich in den Stand-by-Modus: vorwurfsvolles Schwarz. Ich seufze und reiße mich zusammen.

Gegen fünf Uhr früh drucke ich eine Menüfolge aus: »Räucherfischtörtchen mit Feldsalat und Schnittlauchschmand. Spargelcremesüppchen mit Croutons. Poulardenbrust auf Kartoffel-Karottentopf mit Portweinjus. Rhabarber-Erdbeerkompott mit Vanillemousse und Limonen-Joghurt-Sorbet.«

Ich betrachte die Liste. Wir müssten die Warmhalte-vorrichtungen eines Catering-Services ausleihen. Und praktischere Teller. Außerdem bräuchten wir Stehtische. Völlig idiotisch. Vermutlich ist warmes Essen sowieso eher ungewöhnlich zu so einem Anlass. Ich starre auf das Wort »Spargelcremesüppchen«. Knülle das Blatt zusammen und werfe es in den Papierkorb. Süppchen – so weit kommt's noch.

13

Miyake steht mit unbeweglichem Gesicht und einer Kasserolle voll glasiertem Schweinebauch da, als ich mich umdrehe. Ich zucke vor Schreck zusammen.

Dabei müsste ich langsam daran gewöhnt sein, dass er sich auf seinen Gummisohlen leise wie eine Katze anschleicht, um sich dann möglichst nahe der Zielperson in Positur zu stellen. Und erst einmal abzuwarten, ob er bemerkt wird. Nur im Notfall räuspert er sich dezent, was aber auch keinen anderen Effekt hat, weil er es in der Regel völlig überraschend, dafür aber unmittelbar am Ohr der betreffenden Person tut. Dass sein Gesichtsausdruck für jede Leichenfeier und jedes Killerkommando passend wäre, dies zumindest nehme ich nicht mehr persönlich. Er lächelt nie, wirklich niemals. Als ich ihm nach seiner Probewoche sagte, wir würden ihn gerne behalten, äußerte sich seine Freude darin, dass er mehrfach nickte und einen kleinen Hopser machte.

Ich bedeute ihm, die Kasserolle abzustellen, und schneide das Fleischstück an. Probiere ein Stückchen, verziehe kauend das Gesicht zu einer anerkennenden Miene, halte zur Sicherheit noch einen Daumen hoch.

»Perfekt. Dazu reichen wir Krautsalat – fruchtigen. Mit Ananas, in Ordnung? Und Miniknödel.«

Er nickt ein paarmal. Krautsalat kann er in schätzungsweise zweihundert Variationen. Kartoffelklöße auch; er hat sich nur darauf einstellen müssen, sie nicht mehr in Tennisballgröße zu formen, sondern höchstens so groß wie ihre kleineren Spielgefährten für die grünen Tischplatten.

Unsere Kommunikation läuft gut, denke ich und füge der Abendkarte glasierten Schweinebauch hinzu. Wobei ich mir nicht sicher bin, ob »Schwein« und noch dazu »Bauch« nicht etwas abschreckend auf unsere Gäste und ihre verinnerlichten Cholesterintabellen wirken. Die asiatischen Banker lieben Schwein natürlich, aber solche Gruppen kommen nur ab und zu. Wir werden sehen. Unter Umständen reicht es auch schon, wenn ich den französischen Namen nachschlage und stattdessen in die Karte setze. Ich frage, ob sonst alles klar sei. Miyake nickt, nur einmal und sehr entschieden, und ich lasse ihn in der Küche allein.

Mache es mir an einem kleinen Tisch im Restaurant bequem und blättere in der neuen GQ, die ich am Vormittag beim Bezahlen im Zeitungsgeschäft unter den neuen Ausgaben von *Food 4 U* und *Der Feinschmecker* versteckt habe. Zu meinen Koch-Fachzeitschriften stehe ich längst, aber ein Magazin für männliche Eitelkeit zu kaufen, ist mir doch etwas unangenehm.

Wenn ich schon anfange, mir einen neuen Stil zuzulegen, dann will ich es auch richtig machen und keinesfalls aussehen wie ein Zuhälter, der zu Geld gekommen ist, also wie Peter.

Obwohl es dem Heft praktisch nur um Oberflächen geht, bleibt mir einiges unergründlich. Wie man die Werbung von den Modestrecken, die im Inhaltsverzeichnis angekündigt sind, unterscheidet, habe ich bald raus. Dass es letztlich egal ist, merke ich etwas später. Die Modestrecken sind nämlich genauso schön fotografiert wie die Reklamebilder, die Marken der Kleidungsstücke werden bei der Werbung selbstverständlich genannt, aber bei den Modestrecken stehen sie auch dabei.

Auf einer Doppelseite sind weiße T-Shirts abgebildet, etwa zwanzig Bildchen. Die T-Shirts sehen absolut gleich aus – von Rund- und V-Ausschnitt und Logo einmal abgesehen. Und doch ist die Preisspanne erheblich: von 15 bis 199 Euro.

Ich bin sicher, mir entgeht da etwas. Es muss noch weitere Unterschiede geben, die mir als modisch Ungeübtem nur nicht auffallen. Lachs ist schließlich auch nicht gleich Lachs, es gibt Filets, Steaks und Sushi, von Kategorien wie Herkunft, wild, gezüchtet oder, was ja nur eine Frage der Zeit ist, geklont, mal ganz abgesehen. Ob es entscheidend ist, wo das Oberteil herkommt? Kinderarbeit oder Handmade – das wäre schon einmal ein Indiz. Aber ich will es schließlich nicht essen, insofern passt der Vergleich nicht. Vielleicht muss man diese Shirts einfach vor sich haben, den Stoff zwischen den Fingern spüren.

Ich beschließe, der Frage ein andermal nachzugehen. Mich erst einmal um einen Sommermantel, ein Sakko und ein paar vernünftige Hemden zu kümmern. Auch die Unterwäsche lasse ich erst einmal beiseite – wenn ich mit Stella einmal so weit gekommen bin, sollen es nicht mehr Textilien sein, die sie beeindrucken. Außerdem, ich gehe natürlich nicht wegen einer Frau einkaufen, das würde ich niemals tun, sondern weil es längst an der Zeit ist. Sorgfältig arbeite ich mich durch das gesamte Heft.

Wenn mir etwas gefällt und der Preis unterhalb dessen liegt, was ein Gebrauchtwagen kostet, mache ich ein Eselsohr in die Seite. Am Ende komme ich immerhin auf vier Eselsohren.

14

Der Maihimmel ist strahlend blau; die Sonne knallt herunter. Noch keinerlei Anzeichen, dass es heute Abend wieder wie verrückt gewittern wird. Normalerweise kann ich dieses Borderline-Wetter nicht leiden, aber in diesem Monat ereignet sich der Wechsel zwischen der manischen heißen Sonnenphase tagsüber und dem depressiven Regen am Abend so gleichmäßig, dass man sich gut darauf einstellen kann.

Auf dem Weg zum Auto pfeife ich vor mich hin.

Ein paar Grundschüler mit riesigen bunten Rucksäcken kommen mir entgegen. Es scheint ihr letzter Schultag zu sein, zwei Mädchen halten mit stolzen Gesichtern DIN-A4-Blätter aus dickem Papier in der Hand und schubsen sich fröhlich beim Gehen, während ein angeknackst wirkender Junge ein paar Meter hinter ihnen her schlurft. Ich lächele ihm aufmunternd zu, an diesem Tag kann nichts meine Laune trüben.

Peters BMW steht immer noch da, wo ich ihn zurückgelassen habe, das freut mich. Denn das heißt schließlich auch, er ist weder gestohlen noch abgeschleppt worden. Tja, an guten Tagen fällt mir so etwas auf. Nicht mal ein Strafzettel klemmt unter dem Scheibenwischer, und das, obwohl er im Halteverbot steht.

Ich steige ein, mache die Fenster auf und lasse den Motor an. Sogar der Seitenspiegel ist noch dran. Ich schalte das Radio ein und gleich wieder aus. Ich will keine Musik hören, nur fahren und spüren, wie lebendig ich bin.

Das Parkhaus ist voll. Der Parkwächter, der in dem Glaskasten hockt, weist mich nach unten, wo ich gerade noch einen freien Platz finde. Auf den Aufzug warten mir zu viele Leute, daher nehme ich die Treppe, die mich direkt in den Karstadt führt. An der Süßwarenabteilung und den Taschen vorbei steuere ich auf den Ausgang zur Zeil zu. Auf einer Seite der breiten Einkaufsstraße schieben die Konsumenten sich in die linke Richtung, auf der anderen nach rechts, wie auf der Autobahn.

An der Hauptwache, am Anfang der Goethestraße, geht es schon los mit den besseren Geschäften. An *Boss Men* bin ich schon oft vorbeigegangen, heute komme ich als Kunde. Seit meiner Zeitschriftenlektüre weiß ich, dass es eine der wenigen Marken ist, die ich mir leisten kann oder will.

Im Laden sehe ich keinen einzigen Mann allein, nur Paare und Frauen. Vor allem letztere pflügen sich emsig durchs Angebot, ich beobachte eine Blondine, die vor einem Regal steht und jeden einzelnen zusammengefalteten Pullover hochhält und wieder hinwirft, bis das Ganze aussieht wie ein Wühltisch bei C&A.

Ein Mittfünfziger steht stocksteif vor dem Spiegel, während seine Frau ihm ein Hemd nach dem anderen vor den Bauch hält. Bei jedem Stück nickt er seinem Spiegelbild erbost zu. Ihm ist der Fetzen über dem Bauch völlig schnuppe, er will die Sache einfach so schnell wie möglich hinter sich bringen. Aber darauf kann seine Angetraute jetzt keine Rücksicht nehmen. Sie will das ideale Hemd finden, die Zeit nimmt sie sich gerne.

Nun, auch wenn das nicht der hippste Laden der Welt ist, ich ziehe das jetzt durch. Schließlich brauche ich erst einmal nur – wie hieß das Wort noch gleich? – genau: *basics.*

Jetzt hat mich ein Verkäufer entdeckt. Er kommt mit jenem falschen Service-Lächeln auf mich zu, das sich keinen Deut von dem unterscheidet, das ich aus der Gastronomie kenne. Ob er mir helfen könne?

»Gerne.« Ich ziehe die *GQ* aus dem Rucksack. »Diesen Mantel hier, haben Sie den? Und dieses Hemd oder ein ähnliches ...«

Der Verkäufer freut sich sichtlich über meine präzisen Vorstellungen. Und dann auch noch ein Großauftrag! Er hat in kürzester Zeit einen Haufen Sachen für mich zusammengetragen, mit denen ich in der Umkleidekabine verschwinde. Was passt, nehme ich.

An der Kasse bezahle ich ungefähr eine komplette Monatsmiete – die für meine neue Wohnung, versteht sich. Nach einer knappen halben Stunde verlasse ich das Geschäft wieder, beladen mit drei großen schwarzen Papiertüten. Die Frau, die inzwischen wohl das sechzigste Hemd an ihrem Mann hochgehalten hat, macht gerade eine Pause und massiert sich den Arm. Ich winke im Vorbeigehen. Sie sieht mir sprachlos hinterher.

Ich beeile mich, zum Parkhaus zu kommen, weil ich plötzlich die Idee habe, mich zu Hause in den neuen Sachen vor den Fernseher zu setzen und mich an sie zu gewöhnen.

»Hallo, Marten!« Eine Rothaarige hat sich mir in den Weg gestellt, eine echte vermutlich, jedenfalls wirkt sie mit der spitzen Nase ziemlich hexenartig.

»Erkennst du mich nicht?«

»Nein.« Ich mustere sie: rotes T-Shirt, orangefarbener Rock, Lippen in Bordeaux, die ganze Palette Rot. Hat was.

»Ich bin Grit.«

»Grit. Aha.«

»Die Freundin von Jenna! Na, komm, jetzt aber! Der Nachmittag …«

»Tut mir leid. Ich kann mich nicht an dich erinnern.« Ich will weitergehen, aber sie ist schneller. Steht auf einmal direkt vor mir: »Ich hab dich gleich erkannt! Du warst in der Zeitung!«

»Kann schon sein.«

»Jetzt tu nicht so bescheiden, das ist doch toll! Ich hab allen gesagt, ich kenne dich!«

»Wie geht es Jenna?«, frage ich.

»O ja, na ja, sie hat nur noch von dir geredet. *Unerträglich*, sag ich dir.« Sie lacht glucksend los. »Jetzt ist sie wieder auf den Beinen. Es geht ihr gut. Sie schreibt ein Buch, stell dir vor!«

Na, hoffentlich hat sie inzwischen ein anderes Thema, denke ich.

»Hört sich gut an. Leider hab ich's gerade ein bisschen eilig. War nett, dich zu treffen.« Und jetzt geh mir aus dem Weg, blöde Stalkerin.

»Pass auf, ich gebe dir ihre Telefonnummer, ich sag dir, sie wird sich wahnsinnig freuen. Ich hab kein Handy dabei, du?«

Ich schüttele den Kopf: Das Letzte, was ich Jennas Freundin freiwillig zur Verfügung stelle, ist mein Telefon, wer weiß, was sie vorhat.

»Dann … hast du einen Stift?«

Ich ziehe tatsächlich einen aus der Tasche der Jeansjacke: »Hier ist einer.«

»Danke!« Dass ich so gut organisiert bin, haut sie vollends um. Mich im Prinzip auch. Ich muss den Kuli beim Unterschreiben der Kreditkartenrechnung an der Kasse eingesteckt haben.

»Mann! Was für ein Zufall! Wahnsinn! Ruf an, ja?«

»Ja, ja.«

Ungeduldig sehe ich ihr zu, wie sie Ziffern auf die weiße Rückseite einer Fahrkarte malt; irgendetwas an ihr kommt mir nun doch bekannt vor. Andererseits nervt sie mich auch schon eine ganze Weile.

»Wohnt ihr zusammen, Jenna und du?«

»Nein, wieso?«

»Weil du Jennas Nummer auswendig kannst.«

Sie wird rot. »Das ist erst mal meine Festnetznummer, die von Jenna hab ich daheim.«

»Verstehe«, sage ich, »danke.«

Ich gehe nur ein paar Schritte mit dem Zettel in der Hand, dann lasse ich ihn fallen. Hoffentlich hat sie sich noch einmal nach mir umgedreht und es gesehen.

15

Am Vorabend von Stellas Ausstellungseröffnung stehe ich noch nach Mitternacht in der Küche. Nachdem ich mich bei Henning erkundigt habe, was zu solchen Anlässen üblich ist, und er sagte: »Salzstangen und ganz mieser Wein«, habe ich entschieden, dass es nur ein paar Snacks geben soll. Gemüsetarte, Focaccia mit Birne, Speck und Rosmarin, Parmesanplätzchen. Ich bereite alles so weit wie möglich vor, damit ich am nächsten Tag nur noch die Bleche in den Backofen schieben muss.

Es ist still um mich herum, vom entfernten leisen Brummen der Kühl- und Gefrierschränke einmal abgesehen. Eine Bewegung erregt meine Aufmerksamkeit. Ich betrachte die Lücke zwischen Kühlschrank und Tresen. Eine Maus erscheint und knabbert an einem Toastkrümel. Dann blickt sie sich abschätzig um, als hätte sie vor, die Küche zu übernehmen.

Die ganze Szene wirkt so irreal, die selbstbewusste, gutgenährte Maus sieht so sehr aus wie ein Exemplar aus einem Zeichentrickfilm – als würde sie gleich zu sprechen beginnen, sieht sie mich an, sodass ich beschließe, sie mir nur vorgestellt zu haben, und weiter arbeite. Bald liegen sechs glänzende, unterschiedlich große Teigklumpen vor mir auf der bemehlten Arbeitsfläche, gelblichweiß bis lehmfarben –

so zufällig angeordnet sieht es aus, als bildeten sie ein eigenes, essbares Planetensystem.

Auf einmal höre ich Schritte. Ich erstarre. Einbrecher? Oder sind Peter oder Henning zurück gekommen? Aber sie hätten mir doch Hallo gesagt, ihnen wäre aufgefallen, dass in der Küche Licht brennt. Mal ganz abgesehen davon, dass Henning ohnedies als Erstes nach einem Snack gesucht hätte, genau wie Mopsi ... Ich greife nach dem Tranchiermesser und gehe Richtung Tür. Das Geräusch kommt aus der Galerie.

Noch ein, zwei Schritte, dann stehe ich vor der Tür. Sie ist angelehnt. Sollte sie nicht abgeschlossen sein? Ich lausche. Totenstille im Raum, vermutlich ist alles nur Einbildung gewesen, genau wie die Maus vorhin.

Ich drücke die Tür auf und schaue hinein: Da sitzt Stella im Schneidersitz am Boden vor ihrem Tryptichon. Das dreiteilige Bild ist ihr besonders wichtig, das hat mir Henning erzählt, es sei für sie der Mittelpunkt der Ausstellung.

»Hallo«, sage ich, und sie quiekt vor Schreck auf.

»Entschuldige, ich dachte, also, ich habe etwas gehört.«

»Ich hätte beinahe einen Herzinfarkt gekriegt.« Sie klingt erleichtert. »Was machst du denn um diese Zeit noch hier?«

»Das könnte ich dich auch fragen.«

Sie seufzt: »Ich verabschiede mich von meinen Bildern. Danach werden sie nicht mehr dasselbe für mich sein, weißt du. Alle sagen ihre Meinung, ob es nun gut ist oder schlecht, gelogen oder wahr – es sind dann nicht mehr dieselben. Auch wenn sie gar keiner kauft. Oder gerade dann, ich meine, dann sind es die Bilder, die keiner wollte ...«

Ich nicke: »Es ist ein Risiko.«

»Hoffentlich werde ich es nicht bereuen.«

»Du würdest es vermutlich viel mehr bereuen, wenn du es nicht getan hättest.«

Ich ziehe die Schürze aus und wickele sie um das Messer. Lege beides auf eine der unteren Stufen der Aluminiumtreppe, die noch in der Ecke steht, und lasse mich neben ihr auf dem Boden nieder: »Dabei hast du es noch gut. Wenn ich mich von meinem Strudel verabschiede, dann gibt es ihn bald überhaupt nicht mehr.«

Sie lacht und rückt enger zu mir. »Du meinst also, man sollte etwas wagen.« Sie sieht mir in die Augen. Ihr Gesicht ist sehr nahe an meinem.

Ich frage sie, ob es hier zu kalt ist, und als sie den Kopf schüttelt, fange ich langsam an, sie auszuziehen.

Sie ist eine Schönheit. Eine Indianerprinzessin, mit dieser dunklen Haut und den schwarzen Haaren; sie hört überhaupt nicht auf, mich zu küssen, und dabei lenkt sie meine Hände von ihrem Hintern zu ihrem Geschlecht, als ob sie sich nicht sicher wäre, dass ich sie dort auch wirklich anfassen will, oder als ob ihre früheren Liebhaber eher von der ungeschickten Sorte gewesen wären. Irgendwann lässt sie mich machen, und ich dringe in sie ein, ohne Widerstand. Es ist feucht und warm in ihr, unser Zusammenkommen völlig natürlich. Mit dieser Selbstverständlichkeit, in der ab einem bestimmten Punkt – seit ich in ihr bin – alles geschieht, habe ich nicht gerechnet. Gleichzeitig irritiert es mich, wie fremd und neu es sich anfühlt, mit ihr zu schlafen. Als wäre es noch einmal eine andere Art von Sex, heller vielleicht, während es vorher dunkel gewesen ist. Anders kann ich es nicht beschreiben. Es fühlt sich anders an, ohne dass wirklich etwas Neues geschieht, für mich zumindest nicht. Könnte sein, dass es für sie anders ist und ich es teilweise auch wieder neu erlebe, wie bei einem Spiegel, in dem alles gleichzeitig und doch seitenverkehrt geschieht.

Später, als wir nackt auf unseren Kleidern liegen, ich auf dem Rücken, sie an meiner Seite, den Kopf auf meiner Brust, bin ich mir sicher, dass unsere unterschiedliche Herkunft, die Lebensweisen, Ansichten, Interessen, alles was uns trennt, unwichtig ist, unsere Natur stärker.

Keiner hat Lust, sich wieder anzuziehen. Sie nimmt meine Hand hoch und untersucht sie auf neue Verletzungen, findet aber nichts.

Ich sage, dass ich vorsichtig gewesen sei in letzter Zeit.

»Hm ...« Sie überlegt.

»Worüber denkst du nach?«

»Ach, nur darüber, was das heißt: du bist vorsichtig gewesen. Weil, ich finde, bei dir sind die Narben irgendwie symbolisch; ich meine, das sind Narben bei allen, aber bei dir besonders, weil sie so sichtbar sind. Narben machen einen zu dem, der man ist.«

Sie zieht ihren Kopf von meiner Brust weg und stützt sich mit den Händen auf, um mich beim Reden ansehen zu können.

»Das stimmt schon.« Mir wäre es lieber, sie würde ihren Kopf wieder ablegen. Die Stelle an meiner Brust fühlt sich leer an.

»Verstehst du, was ich meine? Bei mir ist es so, dass ich in gewisser Weise dankbar bin für jede Wunde, die mir das Leben zugefügt hat. Dort, wo wir unverletzt sind, sind wir nicht authentisch, da sind wir noch, wie soll ich sagen, der Prototyp Mensch, wie er, ob nun von Gott oder sonst einer höheren Macht, halt gebaut worden ist. Wo wir verletzt und vernarbt sind, da zeigt sich unsere wahre Identität. Daran sieht man, was uns geprägt und zu dem Menschen gemacht hat, der man ist. Und vor allem sieht man ...«

»... woraus man sich befreit hat«, beende ich ihren Satz.

»Genau!« Sie wirkt überrascht. »Weißt du, es ist verrückt, aber ich habe lange nicht geglaubt, dass man sich wirklich verändern kann. Aber jetzt weiß ich es besser. Diese Geschichte, deine, meine Geschichte – man kann sich daraus befreien. Sie muss nicht damit enden, dass man zerstört ist, nicht wahr? Im Gegenteil! Sie kann davon handeln, dass dieser Mist, der dir zugestoßen ist, dass deine Narben dir die Stärke verleihen, dein Leben zu leben, ein Leben so wunderbar, wie du es dir heute nicht vorstellen kannst. Kein Tag muss je wieder so langweilig sein, festgezurrt in der scheinbaren Sicherheit, diese Routine deiner Sucht, deiner Zwänge ...« Ihre Augen glänzen; ich habe sie noch nie mit solchem Feuer sprechen hören. »Uns kann *nichts* umhauen. Menschen wie du und ich, wir haben das denkbar Schlimmste schon hinter uns, und nun sind wir frei zu tun, was wir wollen. Nichts hält uns zurück. Jetzt sind wir wirklich frei! Können an jeden Ort gehen, an den es uns zieht. An jeden Ort der Welt.« Sie verstummt genauso plötzlich, wie sie angefangen hat zu sprechen: »Ich denke oft an meine Eltern, aber es sind nur noch Fantasiegespinste, da ist nichts. Eine Leerstelle.«

»Eine Leerstelle?« Ich überlege. »Nein, wirklich, bei mir ist es ganz anders, aber das sind nur Umstände, das ist nicht wichtig. Was du über Verletzungen sagst, das stimmt. Das deckt sich mit meinen Erfahrungen. Vielleicht sucht man nicht *trotz* allem neue Erfahrungen, einen neuen Weg, sondern *wegen* allem. Man kann nichts an dem ändern, was mit einem geschehen ist, aber man ist ein anderer geworden dadurch. Und ein anderer heißt auch: jemand, der weiß, er kann sich bewusst ändern. Der seinen Willen entdeckt hat ...«

»Ja! Genau!« Sie lacht, hält mir die Hand senkrecht hin. Ich klatsche ab.

Dann legt sie sich endlich wieder so zu mir wie vorher, den Kopf an meiner Brust, und ich könnte mir keinen besseren Ort vorstellen als genau diesen.

»Ich bin stolz auf uns«, sage ich plötzlich. »Dafür, dass man über diese Dinge eigentlich nicht sprechen kann – dafür haben wir das eben gut hingekriegt.«

»Seh ich auch so.« Sie macht eine Pause: »Aber wirklich, ich finde es schon klasse, was ihr euch alleine in so kurzer Zeit aufgebaut habt mit dem Happy Rabbit!«

Vielleicht ist es jetzt an der Zeit, ihr für den Kredit zu danken? Herauszufinden, ob sie davon weiß – und wenn nicht, ihr vielleicht zu erzählen, dass ihre Tante dabei ihre Finger im Spiel gehabt hat? Ich bin mir nicht sicher: »Na ja, wir haben schon Hilfe gehabt ...«, beginne ich.

Aber sie versteht nicht: »Was meinst du damit? Handwerker und so? Aber das ist doch klar!«

»Nein, ich meine eher finanzielle Hilfe.« Sie macht große Augen. Weiß sie überhaupt, dass man ein Lokal nicht einfach so aus heiterem Himmel eröffnen kann? Hat sie eine Ahnung, was ein Kredit ist?

»Ach, nicht über Geld reden, das ist langweilig ...« Sie fängt an, mich wie eine Verrückte zu küssen.

»Hast recht«, murmele ich in ihren Mund hinein. »Noch einmal mal hier, ja? Oder ist dir der Boden zu hart?«

»Warte!« Sie zieht ihren dünnen Mantel glatt, polstert ihn mit meinem T-Shirt und ihrem Rock: »So, jetzt liegen wir nicht mehr direkt auf dem Parkett ...«

»Rauspund.«

»Wie bitte?«

»Ach, nicht so wichtig.«

Wir gehen zum Auto. Auch noch mitten in der Nacht sind viele Büros in den Bankhäusern beleuchtet; die Lichter lassen die Stadt wie eine Filmproduktion erscheinen.

»Es ist nicht weit zu mir«, sagt Stella. »Nur über den Fluss. Eigentlich hätten wir laufen können.«

»Aber du gähnst doch schon dauernd«, widerspreche ich.
»Hier sind wir schon.« Ich öffne ihr die Beifahrertür und
steige dann selbst an der Fahrerseite ein.

Seit er Mopsi hat, ist Peter zu einem leidenschaftlichen
Fußgänger geworden, auch noch jetzt, wo er seinen Führerschein wieder hat, bin meistens ich es, der den BMW benutzt.
Manchmal denke ich, er probiert an dem Hund aus, wie es
ist, ein zuverlässiger Mensch zu sein – in dem Sinn, wie er es
für Larissa nicht sein konnte. Wenn das der Fall ist, dann
wird er allmählich auf den Geschmack kommen: Mopsi
himmelt ihn an und scheint sofort zu verkümmern, sobald er
Herrchen einmal zehn Minuten nicht im Blickfeld hat.

Das Viertel liegt vollkommen verlassen da; es ist, als
regierten nur Autohäuser und Möbelfirmen die Welt, Dinge,
die einmal von Menschen erfunden worden sind, die sie aber
längst nicht mehr benötigen. Es ist den Tag über schwül gewesen, jetzt öffne ich das Fenster ein Stück, um den Nacht-
wind herein zu lassen.

»Die nächste links, dann sind wir da.«

Schade, denke ich. Ich stelle den Motor ab. Würde gerne
den Rest der Nacht mit ihr verbringen, aber wahrscheinlich
will sie die Zeit vor ihrer Ausstellungseröffnung allein sein.
Ich sehe sie von der Seite an. Sie macht keinerlei Anstalten,
auszusteigen.

»Bist du vor eurer Eröffnung kein bisschen nervös gewesen?«, fragt sie.

»Klar war ich das. Ich habe alles vorbereitet und dann
zigmal nachkontrolliert, ob das Curry oder die Eier nicht
plötzlich verschwunden sind ...«

Sie lacht.

»Nein, wirklich, es war wie ein Kontrollzwang. Ich habe
zum Beispiel, damit ja nichts schiefgeht, für den Kalbsbraten ein Spießthermometer verwendet, obwohl ich sonst

den genauen Garpunkt praktisch aus drei Metern Entfernung erkenne.«

»Stimmt, das ist der Unterschied: Wenn ich etwas verpfusche, merke ich es noch im Atelier und kann neu anfangen, die Zeit hast du nicht.«

»Vielleicht solltest du dir einfach sagen, dass du getan hast, was du konntest – der Rest ist Schicksal«, versuche ich, sie zu beruhigen.

»Danke«, murmelt sie, während sie in ihren Schoß schaut. »Ich glaube, ohne dich wäre ich heute Abend vor Aufregung gestorben. Kommst du noch mit hoch? Dann siehst du meine Wohnung.«

»Gerne, ja.«

Stella schließt die Tür auf, wir betreten den geräumigen Eingangsbereich. Es gibt eine ausladende Treppe aus glänzend poliertem Holz, rechts einen Aufzug. Stella steuert auf die Treppe zu, ich bleibe dicht an ihrer Seite.

»Weißt du, im Atelier fühle ich mich sicher … Manchmal denke ich, ich will da nie wieder raus, alles andere verstehe ich sowieso nicht. Verrückt oder?«

»Soll ich dir ein Geheimnis verraten?«

»O ja, bitte!«

»Manchmal stehe ich in der Küche und denke, dass ich gar nicht weiß, wie sich ein normaler Mensch benimmt. Natürlich kenne ich ich die Regeln für draußen, ich meine: außerhalb der Küche. Ich halte sie auch ein. Aber ich komme mir immer vor wie ein Betrüger …« Ich bin ziemlich außer Atem und halte inne. Kann es sein, dass wir erst im dritten Stock sind?

»Wir sind da«, sagt Stella.

Stellas Wohnung ist todschick, wirkt aber auf den ersten Blick vor allem unordentlich. Respekt, denke ich, so viel Platz, und doch ist es ihr gelungen, überall – auf Parkett wie

Teppich, auf Tischen wie Stühlen –, und zwar ziemlich gleichmäßig, ihre Sachen zu verstreuen. Pullover, Buch, Bürste oder Farbtöpfchen, alles kunterbunt durcheinander. Dazwischen stehen Blumentöpfe herum, die sie vielleicht auf dem Weg zum Fenstersims nur kurz abstellen wollte und dann vergessen hat.

»Also, ich kam jetzt länger nicht zum Aufräumen«, entschuldigt sich Stella. »Bei dir sieht es sicher besser aus.«

»Ganz bestimmt nicht. Ich bin nämlich nur mit einer Sporttasche und einem Koffer umgezogen. Was die Einrichtung angeht – die besteht aus Matratze, Fernseher und Hi-Fi-Anlage, die drei Sachen habe ich mir am ersten Abend gleich gekauft. Danach hatte ich keine Lust mehr, etwas auszusuchen und herzuschleppen.«

»Wirklich?«

»Moment, etwas habe ich vergessen: Ein kleiner, runder Tisch stand praktischerweise letzte Woche unten beim Sperrmüll, es war kein Aufwand, ihn hochzuholen – ich besitze also vier, nicht drei Möbelstücke –, die Technik rechne ich jetzt einfach mal mit. Im Moment sind Fernseher und Kühlschrank die einzigen Lichtquellen, da muss ich mir noch was überlegen, wenn die Tage dunkler werden … Aber jetzt fängt erst einmal der Sommer an.«

Stella lacht über meinen Bericht. Es ist ein Lachen, das in ein Gähnen übergeht.

»Vielleicht solltest du dich etwas hinlegen?«, schlage ich vor, zugegebenermaßen nicht ohne Hintergedanken.

»Gute Idee! Ich bin langsam sogar zu müde zum Gähnen. Kommst du mit ins Schlafzimmer?«

16

Etwa zwanzig Leute sind schon da, als ich im Rabbit auf-
kreuze, anscheinend ist man bei Vernissagen pünktlich. Ich
sehe alles durch einen Schleier von Müdigkeit. Eben im Auto
habe ich jemandem die Vorfahrt genommen, der Fahrer
konnte gerade noch bremsen.

Ich kann mich nicht konzentrieren. Fühle immer noch,
wo unsere Haut sich berührt hat. Es ist so schön gewesen, so
überwältigend, und etwas in mir behauptet, dass alles genau
so richtig ist, für sie wie für mich, dass sich das Wort Liebe
nicht einfach so aufdrängt, wenn es nicht so dringend gebraucht wird wie hier. Das muss Liebe sein, in ihr, um sie,
mit ihr, für immer.

»Na endlich!« Peter hat sich wieder in Schale geschmissen
und bewacht den Eingang. »Was war denn los bei dir?«

»Sorry, verschlafen. Hat alles geklappt mit dem Backen?«

»Einigermaßen. Zum Glück hast du ja alles vorbereitet.
Ein Blech ist vielleicht ein bisschen dunkel geworden. Verschlafen? Seit wann verschläfst du?«

Ich weiche seinem inquisitorischen Blick aus. Nachdem
ich mich am Morgen von Stella verabschiedet habe, wollte
ich mich hinlegen, doch mir ging zu viel durch den Kopf.
Und bis ich endlich eindöste, war es Nachmittag. Zum Glück
rief vor einer halben Stunde Henning an, wo ich denn bliebe.

Eine Gruppe Mädchen und Jungs drängeln herein, vermutlich Kommilitonen von Stella. Ich stelle fest, dass ich mit
schwarzer Jeans und schwarzem T-Shirt exakt richtig angezogen bin.

»Stella ist hinten«, sagt Peter.

Als ihr Name fällt, habe ich sofort ein Bild von der Nacht
vor Augen und muss lächeln.

»Wieso strahlst du auf einmal wie ein Honigkuchen-pferd?«, will Peter sofort wissen.

»Tu ich doch gar nicht!«

»Mann, jetzt reg dich doch nicht gleich so auf!«

Das Büfett ist bereits ziemlich geplündert worden, die bei-den restlichen Quichehälften und das Zucchinibrot sehen gut aus. Eine Frau im fledermausartigen schwarzen Cape ist dabei, auf ihrem Teller einen Wolkenkratzer aus Parmesan-plätzchen zu errichten. Sie bemerkt mich, erschrickt, und das Bauwerk fällt in sich zusammen.

Als ich eine Minute später wieder hinsehe, ist der Teller leer, dafür fällt mir jetzt auf, dass sie unter ihrem Cape eine prall gefüllte Umhängetasche trägt. Merkwürdig, sie sieht nicht so aus, als habe sie kein Geld, um sich ein Abendessen zu leisten. Vielleicht ist sie Kleptomanin, denke ich noch, dann lenkt Henning mich ab. Er eilt quer durch den Raum auf mich zu, offenbar auf der Flucht vor einem Mann in knall-bunten Klamotten, der aussieht wie ein Verwaltungsbeamter auf LSD.

»Hallo, Marten!« Henning wischt sich den Schweiß von der Stirn und zieht mich zur Seite. »Wir wollten doch ganz dringend was besprechen! Unter vier Augen!«

Letzteres hat dem Verfolger gegolten, der kapiert endlich und zieht mit säuerlicher Miene ab.

»Puh – war der schwer loszuwerden!«

»Was will er denn?«

»Er möchte als Nächster hier ausstellen. Auch ein Künst-ler – wie fast alle hier, soweit ich das sehe. Bei ihm handelt es sich um das klassische verkannte Genie. Hat mir seine Le-bensgeschichte aufs Ohr gedrückt. Ich habe versucht, höflich zu bleiben, dabei war ich drauf und dran zu sagen, dass er den Beruf wechseln soll, weil er vermutlich farbenblind ist, so, wie er sich anzieht, puh. Apropos Farben: Findest du es nicht erstaunlich, dass die meisten Künstler immer noch Schwarz tragen – wie in den Sechzigern? Sogar die Studenten. Das ändert sich anscheinend nie.«

»Stimmt! Sagt man nicht immer, Künstler seien ein *buntes Völkchen*?«, witzelt Peter, der unbemerkt herangetreten ist.

»Oh, hallo Peter, alles klar?«, sagt Henning. »Habt ihr schon Stella gesehen? Sie schläft praktisch im Stehen, die Arme. Hat gesagt, dass sie diese Nacht vor Aufregung kein Auge zugetan hat.«

»Soso«, macht Peter und sieht mich bedeutungsvoll an, »da ist sie nicht die Einzige.«

»Ich hab die ganze Woche schlecht geschlafen, also hör auf, so bescheuert die Augen zu verdrehen«, sage ich ärgerlich und mache mich auf, mein Mädchen zu suchen.

Wie erwartet finde ich sie vor dem Tryptichon, umringt von Menschen. Sie trägt ebenfalls Schwarz, eine schmale Hose und einen hautengen schwarzen Rollkragenpullover, der ihren Busen größer erscheinen lässt. Umwerfend sexy, alles in allem.

Leider kann ich ihr das nicht sagen. Sie ist im Gespräch mit einer Frau mit grauem Pagenkopf und affiger Designerbrille.

»Hallo«, sagt Stella, als sie mich sieht: »Das passt gut, wir sind gerade fertig! So ist es doch, nicht wahr? Oder haben Sie noch eine Frage, Frau …«

»Ja, eine letzte: Würden Sie so radikal sein, von sich zu behaupten, dass Sie für die Kunst leben?«

Während ich noch überlege, wie das gemeint sein soll, antwortet Stella schon: »Eigentlich nicht. Eher im Gegenteil.«

»Im Gegenteil? Pardon, mir ist jetzt nicht klar, wie ich diese Antwort verstehen soll.«

»Na ja, es wäre ganz schön, wenn ich eines Tages *von* der Kunst leben kann.«

Eine Augenbraue wird bis über die Designerbrille nach oben gezogen. »Verstehe. Sehr witzig. Also, das wäre es dann. Viel Erfolg noch!« Weg ist sie.

Sofort nutzt ein Pärchen seine Chance, sich zwischen uns zu drängen. Die Frau will unbedingt wissen, wie lange Stella schon malt. Noch bevor die antworten kann, mutmaßt ihr Begleiter, das müsse schon eine Weile sein. Stella verdreht die Augen, aber so, dass nur ich es sehen kann. Das ist also die Welt, in der sie sich behaupten muss. Gar nicht so anders als meine. Soll heißen: lauter Irre.

Ich mache ihr ein Zeichen, dass ich wiederkomme, wenn die Lage sich entspannt hat, und wandere zwischen den Grüppchen umher, ohne irgendwo stehen zu bleiben. Die Luft ist stickig geworden. Ich schnappe Gesprächsfetzen auf, die Leute reden über andere Ausstellungen und Galerien, immer wieder fällt aber auch ihr Name, Stella von Sternberg.

»Ich verstehe sie nicht ganz«, sagt eine gepflegte ältere Frau im Kostüm zu ihrem Begleiter. »Aber die Bilder haben eine Wucht. Vielleicht sollten wir eines kaufen?«

»Aber nicht jetzt, Schatz. Wir gehen hier einfach noch mal essen, wenn es nicht so voll ist.«

Mir fällt ein kleiner Mann auf, der so dicht vor den Bildern steht, als wäre er kurzsichtig. Er trägt ein völlig zerknittertes braunes Leinenjackett, an seiner Nase hängt ein zierlicher Tropfen Schweiß.

»Gefallen sie Ihnen?«, frage ich ihn.

Er sieht mich an, als fühle er sich gestört, und ich will schon weitergehen, da sagt er: »English, please.«

Ich räuspere mich. Einer aus der Studentengruppe von vorhin kommt zu uns, etwa so alt wie ich und auf dem Kinn einige Härchen, die er wohl zum Dreitagebart hochzüchten will. Ich deute auf eine Picknickszene, in der die Gäste nur als merkwürdige Schatten in der hellen, freundlichen Landschaft sitzen: »You like?«

Der kleine Mann nickt und antwortet mit einem Redeschwall, den ich nicht verstehe. Ich nicke ab und zu, und er quasselt weiter auf mich ein.

»Ich verstehe ihn nicht besonders gut«, erkläre ich halblaut dem Studenten.

Der freut sich, angesprochen worden zu sein: »Ja, dieser australische Akzent ist gewöhnungsbedürftig. Er findet, Stella sollte auf das *von* in ihrem Namen verzichten; er meint, das macht sie unglaubhaft.«

»Wie das?«

»Na ja, ich kann ihm da schon folgen. Man denkt doch gleich an Adel und Geld und so. Das wirkt irgendwie, als ob sie es nicht nötig hätte. Als würde sie mit der Kunst nicht um ihr Leben kämpfen …«

Der Australier räuspert sich, aber wir achten nicht auf ihn.

»Echt?«, sage ich. »Aber das tut doch jeder! Um sein Leben kämpfen, meine ich. Mit Kunst oder ohne.«

Der Student überlegt eine Weile, schüttelt dann den Kopf: »Das ist etwas komplett anderes, das ist echt schwer zu erklären. Du malst selbst nicht, oder?«

»Nein.«

»Tja, also, ich glaube nicht, dass ich dir das dann verständlich machen.«

Der übergangene Australier sagt etwas. Der Student schüttelt den Kopf und wendet sich wieder an mich: »Und du, kennst du Stella?«

»Ja. Doch. Apropos, ich muss mal weiter.«

Ich flüchte auf die Straße hinaus, wo Peter schon mit ein paar Leuten steht und raucht. Er streckt mir die Packung hin, ich schüttele den Kopf.

17

Die Decke ist ans Fußende gerutscht, Stellas Arm liegt auf meiner Hüfte. Ich schiebe ihn vorsichtig weg, stehe auf und gehe zum Fenster. Draußen ist der Tag in vollem Gang, es ist sommerlich warm, zwei Jungs kommen in kurzen Hosen vorbei, einer trägt einen Fußball.

Ich suche meine Sachen zusammen. Die Jeans liegt vor dem Bücherregal, Socken und Unterhose sind unter das Bett gerutscht. Das Handy finde ich unter den beiden Kopfkissen, die ich mir im Schlaf gegriffen haben muss, dafür schläft Stella mit dem Kopf auf meinem T-Shirt.

Ich streichele ihren Rücken. Sage leise, dass ich Kaffee mache und dann Brötchen holen gehe, obwohl ich keine Ahnung habe, was sie zum Frühstück isst. Ob sie überhaupt frühstückt.

Im Bad spritze ich mir Wasser ins Gesicht. Stella besitzt haufenweise Kosmetika, die ziemlich teuer aussehen. Ich öffne eine Cremedose und rieche daran. Dann stelle ich mich unter die Dusche.

Ich muss lächeln, wenn ich daran denke, wie aufgeregt Stella gestern Nacht gewesen ist, noch Stunden, nachdem die letzten Gäste gegangen waren. Sie erzählte, ein Professor, der sie an der Hochschule niemals auch nur bemerkt hätte, sei da gewesen. Und fast zwanzig Minuten geblieben.

Mit einem Handtuch um die Hüfte spaziere ich durch die Wohnung. Die Wohnzimmertür steht offen. Der Boden ist hier frei, aber dafür ist eine Wand komplett mit Plakaten, Skizzen, Zeitschriftenausrissen und Fotos bepflastert. Die Bilder sind mit Reißzwecken angepinnt oder mit Tesafilm hingeklebt, zum Teil übereinander. Skizzen von Händen und Füßen von vorne, von der Seite und von hinten. Köpfe,

Rücken, dazwischen Filmposter, Notizzettel, Madonnenbilder. Ich bleibe vor einer Reihe Fotos stehen, offenbar Urlaubsbilder. Auf ihnen ist eine jüngere Version von Stella zu sehen, mit anderen Teenagern an einem herrlich weißen, leeren Strand. Zwei Mädchen und drei Jungs. Die neonbunten Surfbretter im Hintergrund sehen nagelneu aus.

Stellas muss fünfzehn, sechzehn sein, die Fotos sind auf jeden Fall vor ihrer Krankheit gemacht worden. Ihr Busen ist größer als jetzt, ihr Hintern auch. Sie hat einen weißen Bikini an, der ihre Haut noch brauner aussehen lässt. Die beiden anderen Mädchen sind blond. Für das Foto hat die eine sich die Hand auf die Taille gestemmt und schiebt kokett das Becken nach vorne. Vielleicht sind es drei Paare?

Ich betrachte die fröhlichen Gesichter der Jungs, ihre selbstsicheren Mienen, während sie an der Strandbar ihre Bierflaschen heben und in die Kamera lächeln. Inzwischen studieren sie garantiert BWL. Sind zu der Art von Männern geworden, die im Rabbit ihr Steak roh ordern, obwohl sie es insgeheim lieber durchgebraten hätten, weil sie kein Blut sehen können.

»Schaust du dir die Fotos an?«, höre ich plötzlich eine verschlafene Stimme hinter mir. Stella, barfuß und nur mit meinem T-Shirt bekleidet, blinzelt mich verschlafen an. »Das war auf Mauritius.«

18

»Das ist das Altersheim?«, frage ich. Vor uns steht ein Schloss, mit Türmchen, Giebeln, Erkern und allem drum und dran.

»Nein, das ist eine Seniorenresidenz. Da gibt es, was man mit achtzig Jahren und leichter Demenz eben so braucht: Kosmetiksalon, Massageräume, Austern-Abende, Tanzsaal und Schwimmbad im Anbau, Teesalon ebenso.«

Ich parke Peters BMW zwischen einem knallroten Porsche und einem in Goldmetallic glänzenden Mercedes-Cabrio, wo er aussieht, als habe sich ein Hering zwischen zwei Kois gedrängelt.

»Sie hat sich schon beschwert, dass wir keine reservierten Plätze im Kurhaus nebenan haben, wo sie sich Konzerte anhört.«

Stella bemüht sich, witzig zu sein. Sie hat mich gebeten, dass ich sie begleite, um ihrer Tante zum achtzigsten Geburtstag zu gratulieren. Inzwischen weiß ich, dass sie ihre Nervosität gerne wegplappert.

»Wenn man zehn Jahre hier verbracht hat, bekommt man eine Party geschmissen, nur nennen sie es Candlelight-Dinner.«

»Glaubst du, dass sie, äh …«

»Ob sie es noch so lange macht? Es könnte durchaus sein. Sie ist zäh.«

Aus dem Kofferraum wuchte ich den riesigen Strauß Lilien, auf den Stella bestanden hat. Das Ding sieht nicht nur unnatürlich und hässlich aus, es hat auch ein Vermögen gekostet. Wobei die Alte nach Stellas Erzählungen wirklich in Geld schwimmt, ihr Vater, also Stellas Urgroßvater, hat mehrere medizinische Patente angemeldet. Geheiratet hat die Alte nie und auch nicht gelernt, sich zu benehmen. Wenn sie heute den Einfall hat, ein Rennpferd mit Stall wäre schön, muss sie es zwei Stunden später besitzen. Und die Woche darauf hat sie alle Lust daran verloren, behauptet jedenfalls Stella. Vielleicht, sage ich mir, sollte ich an den Kredit einfach nicht mehr denken, er wird ebenso eine Laune gewesen sein. Ein Restaurant? Warum nicht, hab ich noch keins, wird sie sich gedacht haben …

»Siehst du überhaupt was?«, fragt Stella.

»Nein, eigentlich nicht. Ich geh dir einfach hinterher.« Ich senke den Blumenstrauß, bis die Stiele fast den Boden erreichen und meine Nase wieder über die Blüten reicht. Der Kiesweg führt zur Eingangstreppe, die zur Hälfte mit einer Rampe für Rollstuhlfahrer überbaut worden ist. Auf dem Messingschild steht in verschnörkelter Gravur: »Schlossresidenz am Kurpark«.

Durch die großen Fenster des Anbaus können wir elegant gekleideten Damen und Herren aus dem vorigen Jahrhundert beim Teetrinken zusehen. Sie bewegen sich kaum, und wenn, wie in Zeitlupe: Tasse heben auf vier Atemzüge, absetzen auf sieben. Es sieht gespenstisch aus.

»Da seid ihr ja.« Frau von Sternberg sitzt im Halbdunkel auf einem Sofa mit gedrechselten Beinen. Die Vorhänge der großen Fenster sind zugezogen, trotzdem ist es nicht kühl im Raum. Die Lilien haben die Luft innerhalb kürzester Zeit mit ihrem betäubenden Duft erfüllt. Am liebsten würde ich mich umdrehen und gehen.

Frau von Sternberg deutet auf die Kommode, ich lege den Strauß darauf ab.

»Gut siehst du aus«, sagt Stella.

Sie lacht bitter: »Lassen wir das. Komm näher!«

Stella gehorcht. Lässt sich von ihrer Tante unter das Kinn fassen, damit diese ihr Gesicht zu sich heranziehen und sie genau mustern kann. Ihr Richterspruch klingt entschieden: »Etwas überarbeitet. Aber du musstest ja auch den Strauß für mich holen, nicht wahr?« Sie drückt auf einen Summer an der Wand und setzt sich wieder.

»Was macht die Malerei?«

»Gut.«

Es klopft. Ein Mädchen mit rundem Gesicht, das ohne ihr schwarzes Hemdkleid mit dem Schürzchen aussehen würde wie eine normale Sechzehnjährige, tritt ein.

»Molly! Versorgen Sie bitte die Lilien. Und wir nehmen dann noch das englische Gedeck für drei.«

»Mirjam, Frau von Sternberg.«

Stellas Tante überhört das. »Tee ist euch doch recht, Kinder, oder?«

Während wir auf den Tee warten, beschwert sich Frau von Sternberg über das Wetter, ihre Schneiderin, ihre Schlaflosigkeit und die Hunde, die im Schlossgarten spielen dürfen. Würde nicht so viel Verachtung in ihrem Ton mitschwingen, sie klänge wie eine gewöhnliche nörgelnde Alte.

Ein kleiner Servierwagen wird hereingerollt, dünne, weiße Sandwichdreiecke ohne Kruste stapeln sich nostalgisch auf einer Etagère.

Das Mädchen verteilt Tassen und Teller und schenkt den Tee ein.

»Nehmt euch, greift zu!«, sagt die Tante, »ich habe praktisch keinen Hunger mehr hier. Vorsicht, Molly! Sie kleckern!«

Das Mädchen ist sowieso schon unsicher gewesen, jetzt zittern ihre Hände.

»Ist schon gut, ist doch nichts passiert«, beruhigt sie Stella. »Geben Sie mir die Kanne.«

Mirjam sieht fragend zur Alten hin, die nickt ungnädig. Nur mühsam kann die Kleine die Erleichterung in ihrem Blick zurückhalten, als sie verschwindet.

»Du könntest wirklich etwas freundlicher sein!« Stella streckt die Hand aus, um nach einem Sandwich zu greifen, zieht sie aber erschrocken zurück, als die Alte plötzlich loskeift: »Was hast du da gesagt? Ich soll freundlicher sein –

zum Personal? Habe ich dich gebeten, dich in meine Angele-
genheiten zu mischen?«

»Ich meinte nur …«

Frau von Sternberg stemmt sich vom Stuhl hoch: »Wider-
sprichst du mir wieder? Kritisierst mich vor *Fremden*.«

»Marten ist mein Freund, kein Fremder.«

Als sie das hört, gibt Stellas Tante auf einmal lang gezo-
gene schrille Geräusche von sich. Es dauert eine Weile, bis
mir klar wird, dass sie lacht.

Dieses Lachen, denke ich, könnte man als Waffe verkaufen. Und zur Folter.

»Nun ja, ihr beiden«, sagt die Alte, als der Ausbruch vorbei ist, »man kann nicht sagen, dass ihr ein hässliches Paar
seid, wenigstens das nicht. Aber ich hoffe« – jetzt wendet sie
sich direkt an Stella –, »dir ist klar, dass es sich da um eine
Phase handelt, nichts Ernstes. Sieh dich bitte weiterhin in
deinem Milieu um.«

Diesen eiskalten Blick, den sie uns nun zuwirft, hätte ich
gar nicht gebraucht, um zu wissen, dass ich mich nicht verhört habe.

Stella bleibt ganz ruhig: »Ich weiß, Tante, ich müsste deine
Unverschämtheiten und deine Kälte gewohnt sein. Aber sie
überraschen mich doch immer wieder. Ich denke nicht, dass
ausgerechnet du mein großes Vorbild in Liebesangelegen-
heiten sein solltest.«

»Liebe!«, faucht Frau von Sternberg zurück. »Liebe,
Liebe! Was weißt du denn schon? Ein Handwerker, der ein
bisschen kochen kann! Um Himmels willen, Kind, du machst
dich doch lächerlich. Von ihm möchte ich gar nicht erst sprechen. Und ich bin es, auf die es zurückfällt. Schau dich doch
an: Du *bist* perfekt. Schön, gebildet, jung, vier Fremdsprachen fließend! Da fällt mir ein, du magst doch London so
gerne, und Cannes – was wollt ihr eigentlich im Ausland

machen, wenn der junge Mann plötzlich nicht nur wenig, sondern gar nichts mehr sagt, weil er der Sprache nicht mächtig ist?«

Stella ist bleich geworden. »Ich müsste es gewohnt sein«, sagt sie leise zu mir. »Aber ihre Bosheit – sie ist immer wieder neu und anders. Entschuldige, Marten. Lass uns diesen Besuch beenden.«

»Entschuldige, mein lieber Marten!«, äfft Frau von Sternberg Stella nach. »Du solltest wissen, dass er nicht von alleine gekommen ist. Nein, den habe ich auch bezahlt. Hab den Vater von Micha mit Geld überschüttet, damit du auch mal Besuch bekommst!«

»Soweit ich das mitbekommen habe, hat er Ihnen Möbel verkauft«, sage ich kühl.

Stella steht auf: »Besuch, ach ja! Den du dann auch durch die Wände beobachten konntest, als wären wir deine Fische im Aquarium! Ich war gnadenlos einsam bei dir. Jedes Mal froh, wenn ich zurück ins Internat durfte ...« Sie hat wieder sehr leise gesprochen, aber das Gehör ihrer Tante funktioniert anscheinend noch blendend.

»Du vergisst dich, Stella.«

Stella macht einen Schritt nach vorne, um die Vase mit den Lilien umzuwerfen, aber ich fange ihren Unterarm in der Luft und ziehe sie an mich heran. Küsse sie lange und noch länger. Sie entspannt sich in meinen Armen. Legt den Kopf noch weiter zurück.

»Raus, bevor ihr euch noch die Kleider vom Leib reißt, ihr Paviane!« Die Alte zittert vor Wut. Eine Ader wächst rot auf ihrer Stirn.

»Ja, gehen wir endlich«, sagt Stella.

Eine Weile sitzt sie schweigend neben mir, während ich zurück in die Stadt fahre, dann sagt sie: »Nie wieder. Nie wieder werde ich dieses Ungeheuer sehen. Soll sie an ihrem Hass verrecken. Marten, ich entschuldige mich. Ich hoffe, du weißt, dass sie dich nur so erniedrigt, weil du mir so viel bedeutest.«

»Es ist okay«, sage ich. Aber das ist es nicht. Das Gift, das die Alte verspritzt hat, wirkt. Was ist, wenn sie recht hat? Wenn ich Stella irgendwann nicht mehr reiche? Rechts von der Straße liegt jetzt der Fluss, links sieht man die Felder des Rheingaus in allen Farben von Sonnengelb bis Ocker.

Stella legte ihre Hand auf meine rechte am Lenkrad. Sie schmiegt sich an mich, soweit es auf den Sitzen geht. Normalerweise machen mich solche Momente glücklich.

Jetzt nicht. Ich zweifele plötzlich an allem.

Als sie mich fragt, ob ich noch mit hochkommen will, schüttele ich den Kopf.

»Bist du sauer, Marten? Es tut mir so leid …«

Ich greife nach ihren Händen, küsse sie: »Nein, mach dir keine Gedanken. Ich treffe mich noch mit Peter und Hennig, wir müssen etwas besprechen.«

Zwei Stunden später rufe ich sie von zu Hause aus noch einmal an. Sie ist immer noch besorgt, aber ich sage ihr, was ich mir inzwischen zurechtgelegt habe. Dass wir die Gewinner seien. Dass die Alte einfach nur neidisch ist.

»Meinst du wirklich? Hast du mit Henning gesprochen?«

»Nein, ich habe nichts erzählt. Aber das ist doch offensichtlich. Du hast in ihren Augen all das, was sie nie gekriegt hat. Echte Liebe. Echte Kunst und keinen Tagebuchquatsch, den ihr jemand anders auf den Teppich stickt! *Du* musst dich nicht in einem Glashaus zur Schau stellen, weil dich sowieso alle ansehen. Und ehrlich gesagt, glaube ich, sie stört nicht nur, dass ich nicht studiert habe – sie würde an jedem Freund von dir rummeckern.«

Ich weiß nicht, ob es stimmt, was ich da von mir gebe. Ob ich das selbst glaube, aber Stella wirkt erleichtert, als wir das Gespräch beenden.

Davon kann bei mir nicht die Rede sein, denn da ist noch etwas anderes, das mir zu denken gibt: der Kredit.

Die ganze Zeit über bin ich mir ziemlich sicher gewesen, dass Peter die von Sternberg angepumpt hat. Dass er das Geld für das Rabbit als eine Art Dankeschön von ihr gefordert hat, weil es Stella doch auf einmal so viel besser ging, nachdem sie mir in der Klinik wieder begegnet ist. Ja, ich bin sogar so weit gegangen, mir einzureden, die alte Frau habe Stella und mich vielleicht zusammenführen wollen.

Nachdem ich sie nun erlebt habe, kommt mir das lächerlich vor.

Wenn das Geld aber nicht von den von Sternbergs stammt – woher dann?

19

»Da ist ein älterer Herr, der behauptet, er sei dein Vater.«

Ich fahre herum. Lilly steht in der Küchentür.

»Sag ihm, ich bin nicht da.«

»Oh …« Sie hat wohl damit gerechnet, das ich mich über den Besuch freue, mein Verhalten befremdet sie. Ich kann ihr ansehen, was sie denkt: Was ist das für ein Sohn, der seinen alten Papa zurück auf die Straße schickt?

»Glaub mir, ich habe meine Gründe.«

»Ja, klar.« Sie will schon gehen, da fällt ihr noch etwas ein. »Und wenn er trotzdem hier essen möchte?«

»Dann ist alles reserviert. Fang von mir aus an, überall

Schildchen aufzustellen. Ich will nur, dass er so schnell wie möglich verschwindet.«

Sie nickt.

Ich folge ihr in den Flur. Da steht Vater, kleiner und gebückter, als ich ihn in Erinnerung habe. Er trägt eine unförmige Jeanshose zu einem braunblauen Seniorenpoloshirt. Auf der Straße hätte ich ihn leicht übersehen, ein alter Mann unter vielen.

Nur einen Schritt ist er hereingekommen, nun wartet er darauf auf, dass Lilly ihm den Mantel abnimmt und ihn an den Tisch geleitet. Zwar strahlt seine Haltung nicht mehr dieselbe Angriffslust wie früher aus, aber gewisse Ansprüche, die hat er doch. Er ist schließlich der Seniorbesitzer des Restaurants, oder nicht?

Eine seiner Spruchweisheiten fällt mir ein: Erfolg hat viele Väter, Misserfolg ist eine Waise.

Lilly tut er leid, sie entschuldigt sich tausendmal bei ihm, es ist ihr unangenehm, ja, alles reserviert, sie knetet die Hände ineinander, sieht zu Boden.

Vater nickt und schlurft mit gesenktem Blick hinaus. Vor dem Fenster bleibt er noch einmal stehen, dicht an der Scheibe späht er hinein, die Hand wegen der Spiegelung flach über die Stirn gelegt; ein hochmütiger Kapitän auf seinem Ausguck. Lilly verteilt emsig »Reserviert«-Schildchen. Ob er ihr glaubt? Sicher nicht, er misstraut doch allem und jedem. Ist auch besser so, dann versucht er es nicht noch einmal.

Er bleibt nicht lange da stehen, dann wendet er sich nach links. Vermutlich wird er in der nächsten Metzgerei Station machen, die Mittagstisch anbietet. Wird sich freuen, dass er etwas Preiswertes gefunden hat, wenn er schon bei mir, seinem verstockten, bösartigen, egoistischen Sohn, nicht kostenlos einkehren konnte.

Der Vorfall hat mich nervös gemacht. Jetzt stehe ich auch noch vor Lilly als Arschloch da. Aus einer Eingebung heraus rufe ich Micha an und lade ihn für diesen Abend zum Essen ins Restaurant ein. Seine Freude darüber ist ansteckend, und ja, gerne, er hat Zeit, zur Taufe sei ich ja leider nicht gekommen, aber er habe natürlich Fotos. Mal ein, zwei Stunden weg von Katja und der Kleinen, gehe schon, länger natürlich nicht. Ich sage, dass ich mich freue und er gleich nach der Arbeit kommen soll. Miyake übernimmt ab sechs Uhr die Abendschicht, ist aber bestimmt wie immer zu früh da. Sonst finde ich das albern, heute passt es gut. Ich habe nicht vergessen, wie früh Handwerker essen.

Schon um Viertel nach fünf ruft Micha vom Auto aus an, er sei in der Hanauer Landstraße, aber er finde das Happy Rabbit nicht. Ich dirigiere ihn her, während ich mit dem Telefon in der Hand rausgehe. Er parkt und und steigt dann aus dem Lieferwagen; es ist der alte von Rudi. In seinem typisch wiegenden Gang kommt er auf mich zu. Die Schultern werden nach vorne gerollt, dann anspannt und mit einem Ruck zurückgesetzt: ein Matrose, der sich auf den Laufsteg einer Modenschau verirrt hat; alles genau wie früher. So Vieles an ihm wird mir ewig vertraut sein, egal wie viele Jahre inzwischen vergangen sind.

»Marten! Hab ich mich vielleicht über deinen Anruf gefreut!«

»Klasse, dass du gleich Zeit für mich hattest!«

Wir umarmen uns. Micha bedauert, dass er weder bei der Eröffnung noch bei Stellas Vernissage dabei sein konnte, während ich erkläre, wie leid es mir tut, die Taufe von Kati verpasst zu haben. Wir setzen uns an einen Ecktisch.

»Mann, schick siehst du aus«, sagt er.

Lilly nimmt die Getränkebestellung entgegen. Micha vertieft sich sofort in die Speisekarte. Ich will ihm gerade etwas empfehlen, da fragt er: »Kann ich das Wiener Schnitzel auch ganz einfach mit normalen Beilagen kriegen statt mit dem Gemüse da? Ich hab echt Kohldampf!«

»Klar kannst du das.«

Lilly stutzt einen Moment, als er sagt, dass er statt Sellerie-Kartoffelpüree und Chicoree lieber Kopfsalat und Pommes möchte, ich nicke ihr zu. Sie fragt: »Mit Ketchup?«

»Auf jeden Fall, danke. Marten, willst du Bilder von Kati sehen?«, fragt Micha und hat schon sein Telefon in der Hand.

»Klar.«

Wir scrollen uns durch mindestens vierzig Fotos, bis das Essen kommt, denn natürlich gibt es jede Menge Geschichten dazu, Katinka und Katja dies, Katinka und Katja das.

»Meine kleine Familie«, sagt Micha stolz und stürzt sich auf das Schnitzel. Ich betrachte ihn, wie er sein Essen verschlingt: immer noch wie ein Kind. Wir sind uns einmal so nahe gewesen, so wird es nie wieder sein, nicht nach der langen Funkstille, für die in erster Linie ich verantwortlich bin. Aber muss es denn sein, dass wir da weitermachen, wo wir aufgehört haben? So wie es jetzt ist, scheint er damit umgehen zu können.

Beim Essen erzähle ich, dass mein Vater da gewesen sei – dass es erst diesen Vormittag gewesen ist, lasse ich weg.

»Wirklich?«

»Ja, ich war auch ganz platt.«

»Und?«

»Nichts und. Ich habe die Bedienung gebeten zu sagen, alles sei reserviert.«

Micha nickt. Er quetscht den Rest aus der Ketchupflasche, die eigentlich für das Kindermenü gedacht ist, auf seine Pommes. Obwohl er nichts sagt, weiß ich, dass er mich versteht, und überrascht stelle ich fest, wie gut sich das anfühlt.

Unsere Teller sind leer; ich bestelle uns noch zwei Bier.

Inzwischen ist das Restaurant voll, und Micha, nicht mehr auf das Essen konzentriert, sieht sich um: »Ihr seid ja ziemlich angesagt hier, was? Lauter feine Leute«, sagt er. Ich spüre, dass er sich nicht hundertprozentig wohlfühlt, in der alten Arbeitshose und dem zerknitterten Hemd. Es ist nicht sein Milieu, ich kann das nachempfinden. Von sich aus würde er nie in so ein Restaurant gehen. Ich erzähle Micha, dass ich manchmal von Gästen an einen Tisch gerufen und für ein bestimmtes Gericht gelobt werde. Am Anfang habe ich mich darüber gefreut. Aber irgendwann ist mir klar geworden, dass es gar nicht um mich geht. Dass diese Typen nur angeben wollen.

»Sie sagen dann«, erzähle ich Micha, »dass sie die Lende oder das Risotto oder was immer sie gehabt haben, im Ritz Carlton Dubai oder Grand Hyatt Vancouver oder sonstwo, wo es teuer und exklusiv ist, auch schon gegessen hätten. Aber, und das ist dann die Pointe: nicht besser als hier. Verstehst du: Sie wollen eigentlich gar nicht nett zu mir sein, sondern die anderen am Tisch beeindrucken.«

»Ja, klar«, sagt Micha.

»Weißt du, sie fragen mich, wie ich heiße, und nennen mich dann beim Vornamen, als wären wir Kumpel, aber in ihren Augen sehe ich, wie sie wirklich denken: He, Koch, beweg deinen Arsch hierher und sei dankbar, wenn ich dir was Nettes sage, bezahlen tu ich schließlich auch noch.«

»Echt?« Micha wirkt nicht überzeugt. »Kann es nicht sein, dass du Gespenster siehst? Vielleicht hat es ihnen wirklich super geschmeckt, und du reimst dir da was Kompliziertes zusammen? Was ist überhaupt das Grong Heiet-Dingsda?«

»Ach, so ein Nobelhotel. Aber vielleicht hast du recht«, lenke ich ein. Hat er nicht; ich weiß nur nicht, wie ich ihm die Art von Leuten hier, und wie sie ticken, besser beschreiben soll. »Was ich sagen will, ist nur: Ich gehöre da nicht dazu. Köche sind für die Yuppies hier nichts weiter als Personal, fleißige Diener, die ihre Bedürfnisse befriedigen sollen, letztlich aber austauschbar sind – wie Ampeln oder Strommasten an der Straße.«

Micha sagt: »Du hast dich ganz schön verändert, weißt du. Wie soll ich sagen, du bist so – anspruchsvoll geworden.«

»Ach Quatsch, das kommt dir nur so vor!« Ich gebe auf. Mein Versuch, mich von der Umgebung zu distanzieren und dadurch darauf hinzuweisen, dass ich mich ihm zugehörig fühle, ist danebengegangen.

Micha sagt, er müsse langsam heim. Dann fällt ihm noch etwas ein; er greift in die Tasche seiner Jeansjacke und fördert eine gelbe Tüte zutage, M&Ms: »Für dich! Weißt du noch?«

»Natürlich weiß ich das noch.«

Auf so eine sentimentale Geste war ich nicht gefasst gewesen. Aber noch weniger auf die Rührung, die mich überfällt, als das Päckchen Süßigkeiten vor mir auf dem Tisch liegt – als wäre kein Tag vergangen. Ich wende mich schnell ab und wische mir mit dem Handrücken über die Augen.

20

»Du, Marten!« Rosalie streckt den Kopf in die Tür. »Da ist eine Frau von *Tipp Frankfurt* am Telefon für dich, die hat ein paar Fragen!«

»Passt jetzt nicht.«

»Sie ist ziemlich hartnäckig.«

»Verdammt, Rosalie, das kann doch nicht so schwer

sein!« Cleo wäre jeden losgeworden, aber das sage ich nicht mehr, denn Rosalie sieht jetzt schon aus, als würde sie gleich losheulen.

Ich schalte den Herd ab, wo ein Topf mit Wasser gerade zu sieden anfängt.

»Hallo? Marten Wolf am Apparat.«

»Ja, wunderbar!« Die Anruferin hat eine seltsam tiefe Stimme. »Dann wollen wir den prominenten Koch mal fragen, ob …«

»Moment mal, mit wem spreche ich, bitte?«

Ich höre Gemurmel, da ist noch jemand.

»Hallo? Wer ist da, bitte? Ich kann Sie nicht hören, ich lege jetzt auf.«

Eine Frauenstimme im Hintergrund wispert etwas.

Bei mir fällt der Groschen: »Jenna?«

»Du hast mich echt nicht erkannt, oder?« Jenna kichert.

Im Hintergrund tönt es: »Der erkennt jetzt keinen mehr von seinen alten Freunden. Der kauft bei Boss und fährt BMW!« Das muss ihre Freundin sein, diese Grit.

»Was wollt ihr von mir?«

»Phh, wir *wollen* gar nichts von dir. Im Gegenteil, wir *helfen* dir.«

»Vielen Dank, ich brauche keine Hilfe.«

»Und ob du das tust! Grit und ich, wir wollen dich warnen. Glaub nur ja nicht, die akzeptieren dich da wirklich. Vor allem deine Stella von Sternberg. Die benutzt dich und schmeißt dich dann weg. Für die Prinzessin kommst du niemals als echter Freund infrage …«

»Und woher willst du das wissen?«

Jenna triumphiert: »Grit war bei euch im Laden! Hat stundenlang Kaffee getrunken und sich mit eurem komischen Philosophen da unterhalten. Eine Klatschbase sondergleichen, der Typ, und ein Weichei. Mit so was hast du früher nicht herumgehangen, das kann ich dir sagen! Aber egal. Irgendwann kam dann dein Sternchen, und der Schwätzer hat sie sogar Grit vorgestellt!«

»Ihr habt hier nichts zu suchen, weder du noch eine deiner beschissenen Freundinnen!« Ich lasse meiner Wut freien Lauf.

»Wir wollen doch nur verhindern, dass du verletzt wirst!«, sülzt Jenna.

Ich weiß nicht, wie ich reagieren soll. Was ich sage, ist sowieso egal, aber wenn ich jetzt auflege, ruft sie wieder an. Ich sehe mich um. Ich stehe im Flur, links herum geht es zur Küche und zu den Kühltruhen, hinter mir ist unser Büro. Es riecht nach Lamm und etwas Süßem: Vanille und Ei. Mir fällt der Abend im Pizza Hut ein. Wir waren damals immer vollgepumpt mit Speed. Vermutlich lebt Jenna immer noch so: von Stoff und Cola und Fast Food. Ich verurteile das nicht. Ihre Entscheidung. Ich spüre plötzlich keine Wut, keinen Hass mehr. Aber auch kein Mitleid. Es ist mir einfach nur egal.

»He, Marten, bist du noch dran?«

»Ja. Und was hast du jetzt von diesem Anruf?«, frage ich sarkastisch.

Das bringt sie für einen Moment aus dem Konzept, dann flippt sie aus: »Ich? Gar nichts. Ich wollte dich nur vorwarnen, damit es nicht zu peinlich für dich wird!«

Ich beiße mir auf die Lippen. Dieses Miststück.

»Na, habe ich da etwa einen wunden Punkt getroffen? Tief in dir drinnen weißt du es selbst, nicht wahr? Sie wird dich nie ernst nehmen. Ein einfacher Arbeiter und eine vom – was ist das, Adel? Stinkender alter Adel, nehme ich an.«

Ich lege auf. Atme tief durch.

Das Telefon klingelt wieder. Ich nehme ab.

»Und wie ist euer Sex? Na, total verklemmt, oder?«

Ich sage nichts.

Stella ist manchmal schamlos, ja, aber nicht so, dass sie keinen Stolz, keine Würde mehr besäße, *nicht, wie du schamlos gewesen bist, Jenna*, sie ist launisch, wird aber nie vollkommen irrational, sie kann unendlich glücklich sein, ohne kindisch zu werden. Es ist stark zwischen uns, unglaublich stark, stärker als je gedacht, ich schwelle an und platze vor Energie wie eine Sonne im Universum, die explodiert, die in einen Stern fällt ...

»Wenn sie dich überhaupt ranlässt, deine feine Tussi. Weißt du noch, wie es mit uns war?«

»Nein«, sage ich ruhig. »Sie ist alles andere als verklemmt. Und das sage ich nicht nur, weil ich in sie verliebt bin und es deswegen sowieso schön mit ihr ist.« Damit habe ich es geschafft. Jetzt ist es sie, die auflegt.

Den Rest des Tages bleibt der Apparat stumm.

Stellas alte Tante hat aus völlig anderen Motiven genau die gleichen Argumente vorgebracht. Zwei Menschen, so unterschiedlich wie Tag und Nacht. Was ist, wenn sie richtig liegen und ich falsch?

21

An der Haustür klingelt es Sturm. So schellen weder der Postbote noch die Nachbarin. Henning oder Peter können es nicht sein, die sehe ich sowieso ständig im Rabbit; wir besuchen uns nicht einfach mal so. Und Stella arbeitet heute bis spät in ihrem Atelier; sie will mich anrufen, wenn sie fertig ist.

Ich rappele mich vom Sofa auf. Auf dem Bildschirm faltet Uma Thurman im quietschgelben Jogginganzug böse Jungs zusammen. Ich mag Tarantinos Kampfszenen, also beeile ich mich, die Haustür unten aufzudrücken, also lasse ich die Gegensprechanlage unbenutzt und drücke nur rasch den Türsummer – es wird der Postbote sein, und vermutlich nicht einmal mit einem Paket für mich. Von wegen: Rainer kommt die Treppe hoch.

»Rainer! Verflucht, was hast du hier zu suchen? Hau wieder ab!«

Ich will die Tür zuknallen, aber er hat seinen Fuß dazwischengeschoben: »Nix da. Ich gehe erst, wenn du mir zugehört hast. Jetzt lass mich halt rein, Mann!«

»Vergiss es! Nein!« Ich mache mich im Türrahmen breit und versuche, ihn wegzuschieben. »Woher weißt du überhaupt, wo ich wohne?«

»Ein bisschen netter könntest du zu deinem alten Kumpel schon sein.« Er schaut an mir vorbei in den Flur: »Nette Gegend übrigens, soll ja groß im Kommen sein … Bei deiner Vergangenheit hätte man das gar nicht gedacht.« Er spricht extra laut, damit die Nachbarn es nur ja mitkriegen. Die beschweren sich sowieso über jeden Scheiß beim Vermieter, egal, ob ich vergesse, die Mülltonne rauszustellen, den Flur nicht putze oder auch nur mal aus dem Fenster asche.

Ich trete einen Schritt zurück, damit er an mir vorbei kann: »Fass dich kurz.«

Er spaziert einmal durch alle Zimmer, bis er sich auf einen der beiden Wohnzimmersessel wirft, die ich erst seit zwei Tagen besitze. »Uuuh, ist der saubequem!«

Ich baue mich mit vor der Brust verschränkten Armen vor ihm auf: »Ich fürchte, du hast da was nicht mitgekriegt. Du bist nicht mein alter Kumpel. Nein, falsch, du bist nie mein Kumpel gewesen. Du bist der Kerl, der ein Kind zum

Drogenkurier gemacht hast. Der Kerl, der froh sein kann, wenn er wieder heil aus dieser Wohnung kommt.«

Er seufzt: »Genau darüber will ich mit dir reden. Ich muss dir ein paar Sachen erklären. Ehrlich gesagt, habe ich gedacht, du kommst von selber drauf.«

»Wovon redest du?«

»Das Geld, der Kredit, mit dem ihr euer Restaurant aufgebaut habt …«

»Ich weiß. Hunderttausend Euro. Was ist damit?« Auf einmal habe ich ein verdammt schlechtes Gefühl. Worauf will er hinaus?

»Die hunderttausendunddrei Euro elf, und dann noch einmal vier Euro, die ich ›Darlehensgebühr‹ genannt habe. Frag Peter nach dem genauen Betrag. Er hat sich gewundert über die komische Summe. Er hat aber keine überflüssigen Fragen gestellt, und du ja auch nicht. Der dritte November? Fällt dir was auf? Genau, das ist dein Geburtstag. Vier Jahre habe ich gesessen. Macht zusammen diese persönliche Glückszahl. Kapierst du jetzt?«

»Nein. Willst du behaupten, das Geld sei von dir? Sehr witzig.«

Ich setze mich auf den anderen Sessel.

Er lächelt mich an. Wartet. Nein, denke ich, das kann nicht sein. Rainer mag alles sein, aber ganz bestimmt ist er nicht unser geheimer Investor. Dann noch eher Stellas Tante.

»Es ist von mir. Als Wiedergutmachung. Das mit den Drogen war scheiße, das gebe ich zu. Wie alt bist du gewesen, zehn? Aber ich habe dafür gesessen. Ich habe für alle meine Fehler gebüßt. Ich sag dir, als ich das letzte Mal im Knast war, da hab ich angefangen nachzudenken. Vier Jahre, weil ich den Bullensohn plattgemacht habe, vier Jahre lang hatte ich Zeit zum Nachdenken.«

Er macht eine Pause, die vermutlich meine Spannung steigern soll. Aber ich denke lediglich, dass er auch vorher schon gesessen hat – wieso sollte er sich diesmal also ändern?

»Mein Zellengenosse ist Unternehmer gewesen. Hat mit Immobilien Geld gemacht, da spielt sich einiges in, sagen wir: Grauzonen ab. Dann hat ihn jemand ins Messer laufen lassen. Aber er war verdammt gewieft. Nun war es diesmal ja so, dass sie mich zwar eingelocht haben, aber nicht wegen der Drogen. Das Geld lag fein auf meinem Konto. Erst haben wir nur so miteinander herumgesponnen, der Zellenkumpel und ich. Ich hab gefragt, was er mir denn raten würde, so als Fachmann, und er wollte wissen, was ich bisher so getrieben habe, und dann ist eines zum anderen gekommen. Sportstudios, sagte er, da passiere noch einiges. Und dass er als Partner dabei wäre. Trotzdem, der Kerl war ein Betrüger, ich wollte schon selber wissen, worauf ich mich da einlasse. Habe im Knast ein paar Wirtschaftsseminare belegt. Mich wie irre angestrengt, da durchzusteigen. Ich sag dir, ich habe geschuftet wie ein Pferd, und als ich rauskam, ging es los. Es hat geklappt, und als Peter dann zu mir kam und sagte, ihr bräuchtet Geld, da …«

»Moment mal«, unterbreche ich. »Nur mal angenommen, es wäre nicht nur Scheiße, was du da laberst: Woher soll Peter gewusst haben, was damals passiert ist?«

»Du hast es ihm gesagt, ganz einfach. In der Therapie, hast du in der Gruppe erzählt. Sogar die Straße, in der der Boxclub ist! Aus welcher Stadt du bist, hat er ja sowieso gewusst. Er hat schnell herausbekommen, welcher Rainer damals dort arbeitete. Und dass dieser Rainer gerade aus dem Bau entlassen worden ist und sich in Kalifornien herumtreibt.« Er grinst: »Meine Lehr- und Wanderwochen! Da hab ich mir in Sachen Studioführung alles abgeguckt.« Er zieht seine Zigaretten raus, hält sie mir hin, ich schüttel den Kopf. »Recht haste, in den USA hab ich auch kaum geraucht, die machen da aber auch ein Gewese drum. Kommste dir als Raucher vor wie ein Mensch dritter Klasse.«

»Und – Peter und du, ihr habt euch dann …«

»Ach so, ja. Kaum war ich zurück, hat er mich angerufen, von wegen Geschäftsidee und so. Der Joker warst dann natürlich du. Wär eine Superchance für dich, du hättest so ein Talent. Er musste mir nicht mal stecken, dass ich dir was schuldig bin. Ich hab dann in Erlenbach vorbeigeschaut. Hat mich schon interessiert, wie es meinem Kleinen so ergangen ist!«

Ich schüttele den Kopf: »Was du da faselst.«

»Dieser Peter ist in Ordnung, mit dem würde ich auch Geschäfte machen.« Er lacht selbstgefällig: »Hab ich ja auch! Sag mal, hast du was zu trinken? Ich red mir hier ja den Mund fusselig.«

Ich stehe auf und gehe in die Küche, wo ich mechanisch Orangensaft in zwei Gläser gieße. Wenn das stimmt, denke ich, also wenn – Peter hat nur gesagt, dass er legales Geld aufgetrieben hätte, und legal ist es, inzwischen zumindest.

»Danke. In meine Studios kommen Leute mit Anspruch, Frauen wie Männer. Und warum? Weil ich was zu bieten habe: Workshops mit Promis, Seminare, Sportreisen … In jedem Boxclub gibt es eine Saft- und Snackbar, Smoothies und Energyriegel, alles zu Fantasiepreisen, aber das ist denen schnuppe. Was die Yogastudios angeht: Da hab ich in jedes gleich einen ganzen Shop mit Zubehör reingesetzt, alles aus dem Segment ist da zu haben, vom Asana-Lehrbuch bis zum Zimtkissen. Sachen, da kommt man nicht mal drauf, dass es die gibt!«

»Zimtkissen!«, fauche ich dazwischen. »Jetzt komm mal auf den Punkt, ich hab nicht ewig Zeit!«

»Na, das Vorwissen brauchst du schon. Aber gut. All das habe ich getan, um …«

Ich lache: »Um ein besserer Mensch zu werden? Oder nur mir zuliebe, um mir das Geld zurückzuzahlen? Das klingt ja *dermaßen* glaubhaft, also wirklich! Selten so gelacht!«

»Nein. Damit ich mich an Thorsten rächen kann.«

»Wer ist denn das jetzt schon wieder? Und bitte die Kurzfassung.«

Die Geschichte, die er jetzt erzählt, ist persönlicher – und handelt nicht vom Gewinnen und Erfolg. Sie handelt von einem Kerl, der Rainer März heißt und der seiner Freundin Jackie anscheinend verfallen ist, nur nennt er es Liebe, und er begeht wirklich jede Dummheit dafür. Kaum steht der Name im Raum, kann ich mich auch an sie erinnern und an die Gerüchte um die beiden. Jackie, sagt Rainer, habe von Anfang an ein schickes Leben gewollt und ihm das auch gesagt: dass sie auf einen Kerl mit Geld aus sei. »So ein einfacher Trainer wie ich, Ex-Champion hin oder her, das hat ihr auf Dauer nicht gereicht. Also habe ich angefangen, im Studio dies und das zu verticken, zuerst nur Hasch und Partydrogen, dann auch Koks und Stereoide, so ein Gemischtwarenladen, der sich in verschiedene Richtungen erweitert. Hatte bald eine Clique Leute, die mitmischte. Und genügend Geld für Jackie, zumindest erst einmal. Das ist einige Jahre vor deiner Zeit gewesen, da hast du noch in den Windeln gelegen.«

Ich will aufbrausen, lasse es aber bleiben.

»Dann ist Jackie schwanger geworden.«

»Aha. Und?« Also doch ein Kind? Ich erinnere mich auch an dieses Gerede, und auf einmal ist meine Neugier von früher wieder da, so stark, dass sie alles andere wegdrückt, die ganze Gegenwart und all die Dinge, die inzwischen für mich wichtig sind.

»Und dann war es auf einmal nicht mehr egal. War wohl

was Hormonelles, Mutterinstinkte und so. Sie wollte jedenfalls keinen Dealer als Vater ihres Kindes.«

»Hormonell, aha.«

Ich frage mich, ob Rainer eigentlich klar ist, dass er dieser so offensichtlich raffgierigen und bescheuerten Tusse alles durchgehen lässt.

»Nun ging es jahrelang hin und her, eine stressige Zeit. Wir haben uns ja geliebt! Ich fing an, Fehler zu machen, war immer mal wieder kurz eingelocht. Doch irgendwann waren wir endgültig mit den Nerven runter. Und das Jugendamt hatten wir auch am Hals. Da hat Jackie die Kleine zur Adoption freigegeben – sie machte es für das Kind; wenn schon nicht sie, so sollte es wenigstens ihr Kind besser haben. Ich hab nichts machen können …«

»Die Arme«, bemerke ich ironisch.

»Tja, und ohne Kind war sie natürlich für die Männerwelt wieder interessant, das Balg von 'nem anderen, das will ja keiner so richtig. Und dann hat sie diesen Thorsten Ruppelt kennengelernt, ist zu ihm nach Darmstadt gezogen. Sie hat natürlich nie aufgehört, mich zu lieben. Hat mich regelmäßig besucht, über Jahre … Du hast sie gesehen, erinnerst du dich? Da war Britney schon eine Weile von der Bildfläche verschwunden, ich habe gestreut, sie wäre bei Britneys Mutter, ich konnte doch keinem sagen, dass unser Kind von Fremden adoptiert worden ist. Bald war sie wieder hin- und hergerissen, und ihr Alter hat wohl was geschnallt und hat gesagt, er zieht nach Hamburg, schicke Bude, sogar ein Boot wollte er *Jackie* nennen, und sie käme entweder mit, oder das wäre es gewesen.«

Ich schüttele den Kopf: »Sie ist natürlich mit.«

Das muss die Zeit gewesen sein, in der es Ärger in der Clique gab, als die Deals größer wurden und Rainer immer tollkühner, was einigen nicht passte.

»Na ja, ab da warst du live dabei.«

»Ja?«

»Was, ja? Das war's.«

»Und das kleine Mädchen, sie heißt Britney?«

»Ja, hab ich doch gesagt. Schöner Name, nicht?«

»Wohin hat sie es gegeben?«

»Ich weiß es nicht.« Seine Hände verkrampfen sich. »Verdammt, ich weiß es nicht! Sie ist adoptiert worden, mehr weiß ich nicht. Jackie hat unterschrieben, dass sie niemals versuchen wird, mit der Kleinen Kontakt aufzunehmen.«

»Und der Ruppelt, ist der auch in der Branche gewesen?« Ich bin immer noch verwirrt.

»Lange vor mir. Ist inzwischen ein alter Knacker. Kurz nach der Wende hat sich der ein paar ostdeutsche Fitnessclubs billig unter den Nagel gerissen. Bodyfit, so heißen die alle, ernsthaft. Hat kaum was investiert, aber die Preise sind dann ja von selbst gestiegen. Bis die Leute vor fünf Jahren anspruchsvoller wurden; es lief nicht mehr so. Da habe ich ihm über meinen Knastkumpel, der übrigens immer noch sitzt, die Chose abgekauft. Siehst du, Marty, manchmal muss man nicht mal ins Kino gehen, um was zu erleben.«

»Oder ein Buch lesen«, sage ich, weil ich gerade an Henning gedacht habe und daran, wie er das alles kommentieren würde. Ich stelle fest, dass ich wider Willen beeindruckt bin.

»Das sowieso nicht«, sagt Rainer. »Ach so, ja. Warum ich dir das alles erzähle: Zum fünfjährigen Firmenjubiläum lade ich meine Mitarbeiter – die von weiter oben, *of course* – mit ihren Frauen zu einem Riesenfest ein. Der Champagner soll in Strömen fließen! Den Ruppelt und Jackie auch. Sie soll sehen, wie weit ich es gebracht habe, und ich sag dir: Sie wird noch in dieser Nacht zu mir zurückkommen. Sie wird mit *mir* nach Hause gehen. Und dann holen wir uns das Mädchen zurück!«

»Moment mal … dieser Ruppelt, der weiß gar nicht, dass du seine Studiokette geschluckt hast und jetzt sein neuer Boss bist?«

»Natürlich nicht, das ist ja der Witz. Alles durchdacht.« Er tippt sich an den Kopf. »Ostdeutschland läuft komplett über den Kranich, also meinen Zellenkumpel, der ist mein Strohmann. Ich hatte gehofft, er kriegt Freigang für die Party im Rabbit, aber das wird wohl nichts.«

Ich lache los: »Ach so, im Rabbit! Mann, die ganze Geschichte, weil du das Rabbit für ein Geschäftsessen buchen willst! Ich glaub es nicht!«

»Nicht irgendein Geschäftsessen – ein Fest, das sie niemals vergessen! Es muss etwas verdammt Besonderes sein – so wie bei Hugh Hefner Partys aussehen, nur ohne die Bunnys und das Koks. Marten, was soll das jetzt, hör auf zu lachen? Es ist mir bitter ernst. Das ist mein verdammtes Lebensprojekt. *My life depends on it! Got that*?«

Ich reiße mich zusammen, nicke.

»Jedenfalls ist das der Stand der Dinge. Und da müsst ihr euch jetzt halt was ausdenken«, schließt er säuerlich.

Bevor er geht, drückt er mir seine Visitenkarte in die Hand. Dickes, teures, fein strukturiertes Papier, in das goldene Buchstaben geprägt sind: »Rainer März, Manager der Yoga- und Fitnesscenter Kranich GmbH«.

»Kranich?«, sage ich mit belegter Stimme. »Da geh ich selber hin.«

22

Micha ist schon wieder im Rabbit aufgetaucht. Nach unserem Treffen hat er mal versucht, mich telefonisch zu erreichen, aber ich bin zu beschäftigt. Wenn er Feierabend hat, geht es bei uns meistens erst richtig los.

Ich spiele den Erfreuten, obwohl mir nicht nach einem Gespräch zumute ist; Rainers Geschichte macht mir noch zu schaffen, ich habe nicht einmal Peter darauf angesprochen, obwohl er schon den ganzen Tag im Restaurant ist, genau wie Henning. Weil die beiden Micha gesehen haben, stelle ich sie kurzerhand einander vor, und wir setzen uns auf ein Bier zusammen.

»Ich habe nur eine Stunde Zeit«, sage ich zu Micha, »ich hab heute Abend Dienst.«

»Schade«, sagt Micha. »Ich hätte mich ja angekündigt, aber da du so schwer zu erreichen bist … Nun, ich musste mal raus, bei uns zu Hause geht es nur um Kati, Kati hier, Kati da.« Er wendet sich an Peter: »Wir haben gerade ein Mädchen bekommen, Katinka.«

»Gerade? Eine Weile ist es doch schon her«, wende ich ein, aber Peter kommt mir zuvor: »Gratuliere!«

Micha wird vor Stolz ganz rot: »Es ist das pure Glück! Mir geht das Herz auf, wenn ich sie strampeln sehe! Oder lachen! Oder wie sie die Hände zu Fäustchen ballt.«

»Stimmt schon irgendwie«, sagt Peter gutmütig, »teilweise kenne ich das ja auch.«

»Ja, nicht wahr? Du hast auch ein Kind?«

»Zwei!«

»Oh, wie alt? Wo sind sie jetzt?«

»Sie wachsen bei ihren Großeltern auf. Ihre Mutter lebt nicht mehr.«

»Das tut mir leid ...«

Peter winkt ab: »Erzähl ruhig weiter.«

Micha holt sein Handy hervor und zeigt uns einige neue Bilder: »Man kann ihr zusehen beim Wachsen«, schwärmt er, »jetzt ist sie noch komplett von uns, das heißt vor allem ihrer Mama, abhängig. Aber wenn sie ihr erstes Wort sagt, ihre ersten Schrittchen macht ...«

»Das ist bestimmt niedlich, klar«, sage ich, um die Sache abzukürzen, aber Micha ist nicht zu bremsen: »Stellt euch vor: Alles, was sie im Leben können muss, wie sie spricht, was sie gerne mag und nicht, was man machen darf und was nicht – das lernt sie von uns! Was für eine Verantwortung! Aber wir haben uns geschworen, ihr alles beizubringen, was wir wissen!«

»Alles?«, wiederholt Henning, der bisher noch nichts gesagt hat. »Klar doch.«

Ich sehe ihn warnend an, aber Micha hat die beißende Ironie sowieso überhört.

Er prostet ihm zu: »Auf den Nachwuchs! Ja, mit einem Kind fängt das Leben erst richtig an!«

»Na ja«, sagt Henning trocken, »die Kumpels mit Kind und ihre Freundinnen behaupten, es hört erst einmal auf!«

Micha sieht ihn verdutzt an: »Das verstehe ich jetzt nicht.«

»Na, ist doch logisch. Sie müssen alles, was sie bisher gemacht haben, also ihre Freunde, Reisen, Hobbys, Job, Studium, ja selbst ihre Friseurtermine – all das müssen sie jetzt dem Wach- und Schlafrhythmus, der Verdauung des Nachwuchses unterordnen.«

»Aber das tut man doch gerne! Man lebt ja weiter in seinen Kindern!«

»Ach ja?«, fragt Henning amüsiert. »Das heißt, das Kind ist eine Fortsetzung von dir beziehungsweise, wenn es ein Mädchen ist, von deiner Frau? Es wird in dieselbe Schule ge-

hen wie du, im selben Hallenbad schwimmen, lernt vielleicht sogar denselben Beruf.«

»Ja, na und? Ich bin glücklich, dass ich das Geschäft meines Vaters weiter führe.«

Ich werfe Henning, der gleich losprustet, einen zornigen
Blick zu, damit er sich zurückhält. Micha wirkt locker, aber
dass er »mein Vater« sagt, statt »Rudi« wie üblich, zeigt mir,
wie verunsichert er ist. Ich ärgere mich, die drei zusammen-
gebracht zu haben. Es wäre meine Sache, zwischen ihnen zu
vermitteln, aber ich habe einfach keine Lust. Unauffällig
sehe ich auf die Uhr. Pippa steht schon wieder da, sie wischt
unseren Tisch ab, was völlig unnötig ist.

»Das geht schon so«, sage ich ungeduldig, weil ich nicht
will, dass sie lauscht. Sie tut, als hätte sie mich nicht gehört.

Henning hat sich halbwegs wieder im Griff, ist aber nicht
bereit, das Thema fallen zu lassen, schon gar nicht vor Pippa,
die es gleich den anderen Mädchen weitertratschen wird:
»Na ja, findest du das denn nicht ein bisschen unheimlich?
Leute wiederholen ihr Leben durch Fortpflanzung? Das ist
so – wie soll ich sagen …«

»Natürlich?«, schlägt Micha vor.

»Archaisch, meine ich eher.«

Eine Weile sind alle stumm. Mopsi gibt unter dem Tisch
röchelnde Geräusche von sich, was Peter zum Anlass nimmt,
zu erzählen, wie er zum Hundebesitzer wurde. Endlich
zieht Pippa ab.

Micha lacht kurz, wendet sich aber rasch wieder mir zu.
Er habe immer gewusst, dass aus mir was Besonderes würde.
Schon als ich nicht bei seinem Vater anfangen wollte, wie wir
ausgemacht hätten.

Ich will widersprechen, sagen, dass es so nicht gewesen
ist, aber dann lasse ich es bleiben. »Ja, es ist viel passiert«,
sage ich und lege den Arm um seine Schultern. Auf einmal

bin ich traurig, ohne zu wissen warum. »Ich muss dann mal in die Küche«, sage ich. »Du wirst sicher auch zu deinen Mädchen heim wollen, was?« Ich bin erleichtert, als er ja sagt, und gleichzeitig schäme ich mich dafür.

Zum Abschied umarmt er mich, und ich muss ihm versprechen, mir bald die Kleine anzusehen.

»Auf jeden Fall«, sage ich rasch, denn ich kann meine Unruhe kaum noch verbergen. Was ist bloß mit mir los? Ist es immer noch die Rainer-Geschichte? Nun, sie hat keine Auswirkungen auf mich: Wir machen das Fest und fertig. Eine große Aussprache mit Peter ist eigentlich nicht nötig, wozu auch? Liegt es an Michas Erscheinen, daran, dass ich dauernd das Gefühl habe, ihn anzulügen, mein Interesse nur zu heucheln? Oder kann es sein, dass mich die Selbstverständlichkeit beunruhigt, mit er die wichtigsten Entscheidungen seines Lebens trifft, Beruf, Heirat, Hauskauf, Kinderkriegen, alles schön der Reihe nach, wie es sich gehört? Ist es das, was mir verdächtig vorkommt, vielleicht sogar dumm?

Oder ist es die Sache mit Bettine, die vor ein paar Tagen angerufen und um ein Gespräch gebeten hat? Sie sei jetzt zum HR gewechselt; es gehe um eine Kochsendung, der Soundso höre ja auf, das wisse ich sicher, und sie brauchten ein neues, frisches Gesicht. Ob ich Interesse hätte, mal einen Probedreh zu machen?

Ich dachte, ich wäre im falschen Film, ich hing am Telefon, hörte Bettine zu und dachte: Witzig, der falsche Film, in dem ich bin, handelt ausgerechnet davon, dass ich vom Fernsehen eingeladen werde, das passiert auch nur mir! Und dann lachte ich so lange und so saublöde ins Telefon, dass Bettine sich vermutlich fragte, ob ich stoned sei oder bekloppt oder beides zusammen ...

»Ich hab ein bisschen mitgehört ...« Pippa eilt auf mich

zu, kaum dass Micha zur Tür heraus ist. »Also, ich wollte ihm ja die Vaterfreuden nicht miesmachen. Aber echt, so ein Unsinn. Ist das ein Freund von dir? Ist der so erzogen worden, ich meine, ist der in allen Dingen so – so komisch altmodisch?«

»Das darfst du mich nicht fragen.«

»Wieso? Findest du etwa auch, mit Kindern fängt das Leben erst an? Was ist deine Meinung?«

»Meine Meinung? Du willst es wirklich wissen? Gut. Meine Meinung ist, dass man sich gefälligst nicht so verdammt viel schlauer als andere vorkommen soll, nur weil man sich was drauf einbildet, studiert zu haben.« Mit diesen Worten lasse ich sie stehen.

Ich klingel bei Stella. Sie öffnet mir in dem bekleckssten Hemd, das sie immer zum Malen anzieht.

»Ich bin gleich fertig«, sagt sie, »komm kurz mit.«

Sie hat ihre Staffelei im Wohnzimmer am Fenster stehen und den Fußboden drum herum mit Zeitungspapier abgedeckt. Ich habe inzwischen verstanden, dass der Boden in diesem Zimmer deshalb frei bleiben muss.

Auf dem Bild ist links vorne ein Paar zu sehen und von rechts hinten, aus einem irgendwie exotisch aussehenden Wald, kommen zwei weitere kleine Figuren gelaufen.

»Schön«, sage ich.

»Es ist noch nicht fertig.« Sie tritt einen Schritt zurück, kneift die Augen zusammen: »Etwas stimmt nicht ... ah, ja.«

Ich sehe ihr zu, wie sie einen anderen Pinsel nimmt, ihn in Grün taucht und dann eine der beiden kleinen Figuren hinten löscht. Einfach so, ein Pinselstrich, und sie ist verschwunden, als hätte sie nie existiert. Hat sie ja auch nicht, weise ich mich selbst zurecht, was ist bloß los mit mir?

Stella betrachtet das Bild erneut aus ein paar Metern Abstand: »Ja! So ist es besser!« Sie geht sich ein anderes Oberteil anziehen, während ich immer noch vor dem Bild stehe, als wäre es eben der Schauplatz eines Verbrechens geworden: Mord im Affekt, unmöglich nachzuweisen.

Weil wir beide müde sind, beschließen wir, uns mit einer Flasche Wein vor den Fernseher zu setzen. Wir schauen uns die Nachrichten an, bald wird Barack Obama zum ersten schwarzen Präsidentschaftskandidaten der USA nominiert werden.

»Wäre es nicht wunderbar, wenn er gewählt wird?«, sagt Stella. »Ich hoffe so sehr, dass er gewinnt!«

»Es kann durchaus sein«, gebe ich meine Expertise ab. Ob Stella und ich noch zusammen sind, wenn die Wahl im November entschieden wird? Manchmal, an einem gewöhnlichen Abend wie diesem, wenn es keinen Restaurantbetrieb gibt, keine Vernissage, keinen Tantenbesuch, sitze ich da und kann mein Glück kaum fassen. Kann das alles echt sein?, frage ich mich dann. Es erscheint mir unmöglich. Die Zeit rast, ich habe kaum bemerkt, dass es August geworden ist. Erst Rainer, dann die Sache mit dem Fernsehen, alles geht so schnell, dass ich kaum mitkomme.

»Wo bist du nur in Gedanken? Ich habe dich schon zweimal gefragt, ob es dir eigentlich lieber wäre, wenn ich abends auch mal ein Bier da habe; ich trinke ja nur Weißwein«, sagt Stella. Ich erschrecke geradezu, denn genau darum geht es: Wie kommt jemand wie ich dazu, dass ihn eine Stella von Sternberg fragt, ob sie ihm Bier besorgen soll?

»Das wäre schon schön, ab und zu«, höre ich mich antworten. »Aber du weißt, ich bin kein großer Trinker. Mach dir keinen Stress, Süße.«

»Okay.« Sie schaltet den Fernseher leise: »Ich muss dir übrigens was sagen, leider.«

Ich erstarre. Jetzt kommt es also. Eigentlich keine Überraschung. Schließlich war ich ja selber überzeugt, dass ich nicht mehr als eine Phase für sie bin. Dass die alte Hexe und Jenna recht behalten werden. Nun – ich werde auch ohne sie weiterleben. Vermutlich. Hoffentlich.

»Ja?« Ich taste nach den Zigaretten in meiner Tasche, obwohl ich bei Stella nur auf dem Balkon rauche: »Mach es nicht so spannend. Sag, was du sagen musst!«

»Mensch, was bist du auf einmal so aggressiv? Ich muss ab Montag zu einer blöden Studienexkursion für zwei Wochen, das ist alles. Nach Rom. Ich bin letztes Jahr nicht mit nach Athen, aber einen Exkursionsschein brauche ich für die Zwischenprüfung. Das Semester ist ja schon rum. Kannst du damit leben, mein Schatz?«

Kann ich, klar. Aber es dauert einen Moment, bis ich mich gefangen habe.

23

Im Holzhausenpark sind Hunde verboten. Die winzige Promenadenmischung stört das nicht. Sie wuselt neben dem überfüllten Abfalleimer herum und versucht ergebnislos, eine heruntergefallene Burgerverpackung mit der Schnauze zu öffnen. Der Besitzer telefoniert und bekommt nichts mit. Ich kicke die Schachtel vorsichtig mit der Fußspitze auf.

Ich habe den Vormittag bei Probeaufnahmen im Hessischen Rundfunk verbracht, Bettine hat einfach nicht locker gelassen, wenigstens versuchen solle ich es mal. Ich habe ihr das Versprechen abgenommen, es keinem, auch nicht Henning zu erzählen, denn der gibt es an Peter weiter, und auf blöde Witze über Marten, den Möchtegernpromi, kann ich verzichten. Schon deshalb, weil ich weder besonders wild auf diesen Job bin noch mir Chancen ausrechne. Es wird unglaublich gut bezahlt, aber das ist auch schon alles. Immerhin, denke ich jetzt, hat es mich für eine Weile von den Gedanken an Stella abgelenkt. Sie fehlt mir.

Es ist warm, ich habe Durst und beschließe, mir am Kiosk eine Cola zu kaufen, wo ein Mädchen sich gerade auf der Tafel mit dem Angebot ein Eis aussucht. Es dauert ziemlich lange, die Kioskfrau winkt mich vor, aber ich schüttele den Kopf und warte geduldig. Die Kleine erinnert mich an meine Schwester. Sie entscheidet sich für ein Magnum. Sie bekommt es – und bricht dann in Tränen aus, weil es viel kleiner ist, als auf dem Werbeplakat dargestellt.

»Ach herrje, sie kann einem leidtun«, sage ich, als das Mädchen weggerannt ist.

Die Kioskfrau hat wasserstoffblondes Haar und müde Augen. »Die soll sich bloß schnell daran gewöhnen, beschissen zu werden, das gehört zum Leben. Verwöhnte Bälger alle in der Gegend.«

»Sie sind noch nicht lange hier?«, frage ich.

Sie schüttelt unwillig den Kopf: »Wir hatten einen Kiosk in Griesheim, mein Mann und ich.«

Ich frage nicht weiter; ich kann sie verstehen. In Griesheim kamen Leute an ihr Fenster, die wirklich etwas brauchten – Säufer, die bei ihr vergessen wollten, dass sie keine Wohnung, keine Arbeit, keine Frau mehr hatten, weil ihre Rente so gering oder die Leber kaputt war. Es ist ihr lieber gewesen, diese abgerissenen Gestalten aufzuheitern, mit ihnen zu schäkern, ihre Witze anzuhören, viel lieber, als in dieser Gegend gutsituierten Familien übeteuerte Snacks zu verkaufen. Dort wurde sie gebraucht.

Henning kommt auf dem Fahrrad angestrampelt. Neulich hat er angekündigt, er wolle nun doch ein bisschen Sport machen, aber wenn ich mir sein Tempo so ansehe, wird dieses Programm sein Herz-Kreislauf-System in etwa so stark ankurbeln wie ein Kreuzworträtsel.

Ich gehe ihm entgegen, so können wir uns auf halber Strecke treffen.

»Was machst du eigentlich in der Gegend?«, fragt er sofort. Als ich ihn am Telefon um das Treffen gebeten habe, ist ihm das nicht aufgefallen.

Ich zucke mit den Achseln: »Ist mal was anderes.«

»Also – schieß los. Wo drückt der Schuh?«

Wir setzen uns ins Gras. Ich erzähle, dass ein alter Bekannter von mir, dem ich noch einen Gefallen schulde, Ende August eine »ganz besondere Feier« im Rabbit ausrichten wolle.

Henning runzelt die Stirn. »Also, verstehe ich das richtig, er will den ganzen Laden allein bespielen?«, fragt er nach. »Sollen wir dann ein Schild mit ›Geschlossene Gesellschaft‹ an die Tür hängen?«

»Du hast's erfasst.«

»Für wie viele Personen soll das denn sein? Du weißt schon, dass das teuer werden kann.«

»Ach so – nein, darum geht es nicht, er bezahlt alles. Er will etwas ganz Besonderes, Persönliches, er will ein Fest ausrichten, an das sich jeder noch erinnert, wenn er alt und zittrig ist und nicht mehr imstande, sich selbst einen Joint zu bauen, weil ihm immer alles runterfällt ...«

»Moment mal – es geht um Dope? Vergiss es.«

Ich seufze: »Das war nur ein blödes Beispiel von mir, gebe ich zu. Der Teil mit dem unvergesslichen Erlebnis ist der zentrale. Er will an diesem Abend einen Rivalen an seinen Platz verweisen – und eine Frau beeindrucken.«

»Das klingt schon besser. Im Prinzip geht es um eine zündende Idee!«

»Exakt. Und da ...«

»… komme ich ins Spiel«, ergänzt Henning selbstgefällig.

Ich bin erleichterter, als ich mir anmerken lassen möchte: »Du meinst, dir fällt da was ein?«

»Ja, doch – ich denke schon. Lass mich überlegen … Du sagst, das sind solche Fitnesstypen? Auf Steroiden, Testosteron und so? Noch viel vom Affen drin, aber die Allercoolsten? Fressen vermutlich wie die Scheunendrescher?« Jetzt ist seine Stimmung blendend.

»Also, es sind alles Fitnesstrainer oder Boxer. Oder …«

»Ah, was noch? Sag, ich kann es kaum erwarten, das wäre doch etwas einseitig. Also, wer kommt noch? Unterwäschemodels?« Er sieht mich gespannt an.

»Jetzt lass mich halt ausreden, Ex-Fitnesstrainer und ehemalige Boxer, das wollte ich sagen.«

»Köstlich!«

Ich warte, bis er ausgelacht hat.

»Ich mach dir einen Vorschlag, Marten. Du gehst irgendwohin, Kaffee trinken, spazieren, bummeln, und wir treffen uns in einer Stunde wieder hier. Ich denke, bis dahin ist mir was eingefallen.« Er lässt sich nach hinten kippen, bis er gemütlich mit dem Rücken auf der Wiese liegt und in den babyblauen Himmel schaut.

»Schlaf bloß nicht ein«, mahne ich, und weg bin ich.

»Hallo, aufwachen!« Natürlich ist genau das eingetreten, was ich befürchtet habe. Als ich eine Stunde später zurück bin, schnarcht Henning friedlich vor sich hin. Jetzt schreckt er auf, und seine erste Sorge gilt einem möglichen Sonnenbrand.

»Dir ist nichts eingefallen, oder?«, maule ich.

»Aber sicher: Den Seinen gibt's der Herr im Schlaf: Paleo!« Erfrischt von seinem Nickerchen strahlt Henning mich an.

»Was bitte?«

»Das ist *das* große Ding in den USA: die sogenannte Steinzeitdiät. Riesenportionen Fleisch und Eier. Dazu Wurzelgemüse. Bloß keine Pasta, keine Kartoffeln oder Reis – und das ist nur die große Zusammenfassung. Die Idee ist, dass nur gegessen wird, was es damals schon gab – Fleisch von Wildtieren, Eier, Fisch, Nüsse, Honig, Beeren. Nichts industriell Gefertigtes, also kein Brot, keine Getreideprodukte, keine Milch. Und das ganze motzen wir dann so ein bisschen Fred-Feuerstein-mäßig auf mit der Deko …«

»Klingt super. Hier, ich hab noch Cola, willst du auch was?«

»Das wäre nett.«

Kaum sitzen wir zusammen auf dem Rasen in der Sonne, klingelt mein Handy. Ich sehe drauf: »Das ist Stella.«

»Geh dran. Komm schon, viele Grüße von mir!«

Ich gebe Stella kurz durch, wo ich mich befinde und was ich gerade mit Henning bespreche.

»Eine Steinzeitdiät?«

»Genau.«

»Merkwürdige Idee.«

Sie klingt genervt, aber als ich sie darauf anspreche, meint sie, das liege nur an der Hitze und an dem vollen Programm, das sie hätten. Außerdem sei sie es nicht gewohnt, immer in einem Pulk Leute unterwegs zu sein.

»Was gibt es? Was sagt sie dazu?«, schaltet sich Henning ein.

»Sie findet die Idee merkwürdig.«

»Wieso?«

»Henning will wissen, wieso.«

Stella seufzt: »Wenn er diese Ideologie ernst nimmt, verstehe ich das nicht: Das ist doch alles komplett unlogisch. Ich meine, es kann kein Comeback der Steinzeit geben. Die

Evolution bringt Lebewesen dazu, sich ständig auf neue Situationen einzustellen, damit sie überleben. Und so haben wir Getreide angebaut, Brot gebacken, halten Ziegen und Kühe zur Milchproduktion …«

»Warte, nicht so schnell!« Ich wiederhole das Ganze für Henning.

»Ich bin mir nicht sicher, ob wir Menschen überhaupt noch der Evolution unterliegen«, erklärt Henning daraufhin.

Ich spreche wieder ins Handy: »Henning sagt, dass er nicht glaubt, dass wir Menschen überhaupt noch der Evolution unterliegen.« Ich höre einen Moment zu und wende mich dann wieder Henning zu: »Sie will wissen, wie du das meinst. Sie sagt, natürlich tun wir das.«

Als er zur Erklärung ansetzt, sage ich: »Moment!«, und drücke ihm das Telefon in die Hand.

»Ja? Hi, Stella, wie ist Italien so? Ja, ich gebe ihn dir gleich wieder, er hört mit, ja. Nein, ich hab das ernst gemeint mit der … Ja …« Er hört interessiert zu, was sie sagt. Ich ärgere mich. Trete ungeduldig auf der Stelle.

»Doch, das ist durchaus eine gängige These, eine sehr ernst zu nehmende, finde ich sogar. Schau dir unsere Zivilisation an, all die technischen und medizinischen Erfolge – was hat das alles noch mit Naturkräften zu tun? Leute, die früher nie im Leben Kinder bekommen hätten, kriegen welche. Oder nimm die Gentechnik: Wir bauen uns bald die eierlegende Wollmilchsau. Ja, wir können uns demnächst selber duplizieren.« Henning lauscht wieder eine ganze Weile, ohne die Miene zu verziehen. Dann sagt er: »Nein, okay. Das ist nicht unbedingt ein Grund, auf Milch und Brot zu verzichten, wenn es diese Dinge schon einmal gibt, das sehe ich ein. Andererseits auch keiner, es nicht zu tun.«

»Hen-ning!«, sage ich drohend.

»Einen Moment noch! Aha, und was ist dann mit Giftgas. Oder der Atombombe. Die Atombombe ist auch da, oder? Also benutzen wir sie?«

Ich will nach dem Telefon greifen, aber er dreht sich zur Seite: »Nein! Wieso soll das ein Totschlagargument sein? Ich meine doch nur, dass ... Ja. Ja. Nein, ich bin kein Besserwisser, ich doch nicht, also wirklich! Okay, okay. Ja, ich sage es ihm. Zu warm, verstanden ... Tschüss!«

Er gibt mir mein Handy zurück: »Sie will später noch einmal anrufen, aus dem klimatisierten Hotelzimmer. Die Hitze hat sie wohl etwas gereizt gemacht. Ach ja, sie sagt, dass sie dich vermisst und ...«

»Und was?«

»Und dass sie froh ist, dass die Evolution die Klimaanlage hervorgebracht hat.«

24

»Marten? Bist du noch wach?« Es ist Stella.

»Natürlich. Ich bin gerade erst heimgekommen, vor einer Minute. Schön, dass du dich noch mal meldest!« Ich setze mich mit dem Telefon in die Küche und höre zu, wie Stella von Kirchen und Bauweisen erzählt. Die Hitze scheint ihr wirklich enorm zu schaffen zu machen, sie ist sogar schon einmal umgekippt.

Ich freue mich, ihre Stimme zu hören, ansonsten bin ich einfach nur müde. Es ist ein langer Tag gewesen. Zuletzt musste ich noch mit Peter herumstreiten, der einfach nicht begreifen will, dass ich mehr Küchenhilfen für die Stoßzeiten brauche und die zwei, die ich als Köche angelernt habe, ein Recht auf mehr Lohn haben.

»Ich vermisse dich«, sagt Stella.

»Ich dich auch.« Ich strecke meine schmerzenden Beine lang.

»Stella, bist du noch dran? Mensch, du klingst irgendwie traurig. Rom, das ist doch sicher toll, ich meine, trotz der Hitze.«

Ich glaube zu hören, wie sie schluckt. »Das ist es nicht.«

»Oh. Was ist es dann?«

»Ich vermisse dich so! Und es sind erst zwei von fünfzehn Tagen der Exkursion vorbei, sie sind mir vorgekommen wie eine Ewigkeit! Warum muss das ausgerechnet jetzt sein?« Sie weint fast.

Ich versuche, sie zu trösten. Sage, dass es gar nicht so lang sei, wenn sie sich ein wenig eingewöhnt habe.

Sie schnieft. »Na ja, ich vermisse dich eben, deshalb kommt es mir so lange vor. Dir vielleicht nicht.«

»Natürlich vermisse ich dich! Ich lenke mich eben ab. Was auch ganz einfach ist, bei der vielen Arbeit …«

»Ja, klar. Du hast so viel zu tun mit deinem eigenen Restaurant.« Jetzt klingt sie trotzig, fast vorwurfsvoll.

Ich schenke mir einen Rest kalten Kaffee vom Frühstück ein. Himmel, bin ich müde.

»Kannst du nicht herkommen?«, fragt sie plötzlich. »Oder ich sage, ich bin krank oder muss für zwei, drei Tage weg wegen irgendeiner Familiensache, und dann mache ich den Schluss der Exkursion mit. Da werde ich den Schein trotzdem kriegen! Oh, Marten, das ist *die* Idee überhaupt! Ich zeig dir Rom! Das ist doch eine Idee! Sag was!«

»Oh«, mache ich. Die Geschwindigkeit, in der ihre Stimmungen wechseln, verblüfft mich. Und das in den wenigen Minuten, die unser Gespräch erst andauert.

»Oh? Sonst nichts?«

Ich ahne, was jetzt kommt: Sie wird die Beleidigte spielen. Ich beeile mich, ihr ins Wort zu fallen: »Ich nach Rom? Ja, das wäre fantastisch ...«

»Ja, oder?«

»Na ja, es kommt etwas überraschend. Lass mich darüber nachdenken, ja? Wir haben demnächst ein Geschäftsessen für einen alten Freund, da bin ich eingespannt.«

»Klar!« Sie schweigt. »Entschuldige, dass ich so spontan bin.«

»Hör mal, ich habe nicht nein gesagt, okay?«

»Na ja, deine Begeisterung hält sich in Grenzen.«

Ich seufze. Da sie natürlich nichts von meinem besonderen Verhältnis zu Rainer weiß, ist es schwierig, das Geschäftsessen zu einem wichtigen Ereignis zu erklären. Am liebsten wäre ich es direkt angegangen: Schatz, in unserem Laden steckt leider Geld, das nicht immer so sauber war. Weißt du, als Junge habe ich nämlich ein bisschen Taschengeld dazuverdient, indem ich Drogen auslieferte, und Rainer war mein Boss ... Nein, das geht nicht.

»Aber gut«, sagt sie. »Ein alter Freund, da fühlt man sich natürlich verpflichtet. Und das ist sicher auch schwer zu kochen, das ganze Gemüse und das viele Fleisch! Nein, klar, sie brauchen dich ...«

Ich atme auf, stimme ihr zu: »Nein, schwer ist es nun wirklich nicht. Ist ja nicht so, dass sie da groß Rezepte gehabt hätten. Einfach das Fleisch übers Feuer halten, fertig!«

»Ja, klar! Das kann nicht jeder Koch, verstehe ich!«

Ich schlucke. Ärgere mich, von ihr hereingelegt worden zu sein, und versuche gleichzeitig, meine aufkeimende Wut zu unterdrücken: »Stella, mir reicht es jetzt, mach dich nicht über mich lustig. Es war ein verdammt langer Tag, und ich will jetzt nicht rumdiskutieren, sondern nur noch ins Bett!«

Damit hat sie wohl nicht gerechnet, sie rudert augenblicklich zurück: »Ach, Marten, verzeih, es ist doch nur …«

»Stella, wie gesagt, es ist ziemlich spät!«

»Aber Marten, wir können doch wenigstens …«

»Ich habe gesagt, ich überlege es mir, und mehr wirst du von mir heute dazu nicht zu hören bekommen. Tut mir leid.«

»Du bist genervt von mir, oder?« Stella klingt kleinlaut.

»Nein!«

»Bitte sei nicht sauer, Marten. Ich kann sonst die ganze Nacht nicht schlafen!«

»Ich bin nicht sauer, aber lass uns morgen …«

»Okay, okay, ist gut, ich habe verstanden.«

Ich lege auf und ziehe mir endlich die Schuhe aus. Was für ein blödes, überflüssiges Gespräch.

25

Es wird die Woche, in der alles schief läuft. Anfangs sind es zwei, drei Kleinigkeiten. Ich zerre mir den Oberschenkel beim Boxen, verlege meine Uhr. In der Wohnung über mir gibt es einen Rohrbruch, was mich nicht stören würde, wäre es nicht meine Badezimmerdecke, auf der sich die Wasserflecken ausbreiten. Ich sage mir, dass ist okay, das sind nur Kleinigkeiten. So eine Glückssträhne wie ich sie habe, kann nicht ewig dauern. Ich erzähle Stella von den lästigen Bauarbeiten in der Wohnung und habe damit noch einen Grund, nicht Hals über Kopf in den nächsten Flieger nach Rom zu steigen.

Am Mittwoch sitzt das Triumvirat zur wöchentlichen

Lagebesprechung im Büro. Peter hat sich zentral an den Schreibtisch gepflanzt, die Füße hochgelegt. Unter dem Tisch, wo sie eigentlich hingehören, liegt Mopsi und schnarcht.

»Glaubt ihr, ich rauche zu viel? Nicht, dass er Lungenkrebs kriegt oder so.«

Ich habe keine Lust, wieder stundenlang über den Hund zu diskutieren, also übergehe ich seine Bemerkung: »Hört mal, wir sollten das Obst künftig besser woanders kaufen, die letzten Mangos waren zur Hälfte unbrauchbar.«

Das kommt nicht gut an, denn was seine Töle betrifft, ist Peter empfindlich. Er beugt sich unter den Tisch, streichelt Hundehaar und wispert gerade so laut, dass ich es hören kann: »Na, Mopsilein, was quengelt unser kulinarischer Superstar da wieder? Was hindert den göttlichen Gourmet daran, seine vollen Künste auszuleben, ungestört vom banalen Alltagskram – Mangos, Mopsi! Nix mehr mit heimischer Streuobstwiese, wie er in den ersten Interviews getönt hat. Stell dir vor! Mitten im August brauchen wir hier unbedingt exotische Früchte. Mann, sind wir fein geworden.«

»Sag mal, spinnst du?«, entfährt es mir.

Henning mischt sich ein: »Na ja, er hat schon recht. Anstatt alle organisatorischen Sachen einfach so unreflektiert weiterzugeben, könntest du ja auch mal darüber nachdenken, warum du unbedingt diese scheißteuren Flugmangos verwenden musst und wieso Obst aus der Gegend es nicht auch tut! Wir haben uns schließlich umweltfreundliches, regionales Kochen auf die Fahnen geschrieben.«

Ich werde langsam wütend: »Ach ja? Ich denke unpraktisch? Alles mit Mango drin läuft super hier, und zwar weil die Frauen das lieben. Mango schmeckt halt nicht wie ein schrumpeliger Boskop oder ein verwurmter Öko-Braeburn.«

»Klingt er nicht wie der böse Wolf, dem das Großmütterchen zu zäh ist?«

Peter wendet sich immer noch Mopsi unter dem Tisch zu.

»Ihr seid doch Volltrottel. Soll ich denn lieber Himbeer-Curry machen? Hühnersalat mit Apfelstückchen drin? Mann, das ist, als würdet ihr mir vorschlagen, Lasagne mit Reis zuzubereiten. Ihr habt doch keine Ahnung!«

Peter rappelt sich auf. Setzt sich wieder: »Keine Ahnung? Das wagst ausgerechnet du, uns zu sagen? Während du den Kochlöffel schwingst, kümmern wir uns hier um Sachen, von denen du nicht mal weißt, dass es sie gibt!«

»Ah!«, höhne ich. »Du meinst sicher diese extrem wichtige Diskussion um Papier- oder Stoffservietten? Aus Liebe zur Umwelt? Sehr wichtig! Doch, habe ich mitbekommen. Ehrlich gesagt, denke ich schon, ich habe einen guten Überblick, was hier läuft!«

Jetzt sieht er mich geradezu hasserfüllt an: »Dann sag mir doch bitte mal, welcher Gefrierkompressor kaputt ist und ausgetauscht werden muss? Und ob wir eigentlich wirklich so viel Schweinebraten oder Braten überhaupt verkaufen, dass es sich lohnt, noch einen scheißteuren Hold-o-maten anzuschaffen? Damit liegt mir nämlich dein bayerischer Japse die ganze Zeit im Ohr.«

»Was, bitte?«

»Das ist so ein Ding, da hält man den Braten drin warm. Der Vorteil ist …«

»Ich weiß, was ein Hold-o-mat ist! Erklär mir nicht meine Arbeit!«

Wir sind immer lauter geworden, doch Peter ist es jetzt, der als Erster losbrüllt: »Deins, deins, deins. Deine Arbeit! Typisch. Gerade darauf will ich hinaus! Wir sind hier zu dritt! Es gibt nicht nur dich und die Leute, die dir zuarbeiten.«

Ich sehe zu Henning. Er wird meine Partei ergreifen oder zumindest versuchen, zwischen uns zu schlichten, da bin ich mir sicher.

Von wegen. Er nickt. Ich kann es kaum fassen.

Die zwei sind sich einig. Gegen mich.

Für einen Augenblick verschlägt es ihm die Sprache. Dann verlasse ich türenknallend das Büro.

»Okay! Zehn Minuten Pause«, ruft Henning mir hinterher.

Im Hof steht Rosalie, eine dieser langen, dünnen Zigaretten zwischen den Fingern, die *Vogue* oder *Trend* oder *Slim* heißen und die Frauen so schick finden. Ich stelle mich zu ihr. Ich muss Dampf ablassen. Ich bin sauer. Oder vielmehr: zu Tode gekränkt.

»Hi, Marten!«

»Hi.«

Ich mustere sie. Rosalie hat sich in letzter Zeit zum Edelpunk gemausert. Heute trägt sie ein ärmelloses Lederkleid mit Netzeinsätzen, das unten in Spitze übergeht, in schwarz natürlich – ich erkenne auf Anhieb, dass es teuer war; inzwischen habe ich einen Blick dafür. Überhaupt, ich entwickele mich weiter. Wenn das andere nicht tun, ist es ihr Problem.

Rosalie lächelt unsicher. Zu dem Kleid hat sie sich so viel Modeschmuck umgehängt, dass sie klirrt wie ein Schlossgespenst, wenn sie nur die Hand mit der Zigarette an den Mund führt.

Sie hat sich richtig Mühe gegeben, denke ich, und da ist sie nicht die Einzige. Seit wir so »in« sind, dass jeder bei uns arbeiten will, liefern sich die Kellnerinnen einen sehenswerten Wettkampf, was den Platz um die stylischste Aufmachung angeht. Cleo ist die Ausnahme, sie bleibt Jeans und Bluse treu.

»Hast du schlechte Laune, Marten? Da fällt mir ein: Kennst du schon die neue Ausgabe von *Frankfurt geht aus*?« Ich schüttele den Kopf.

»Ah, das wird dir gefallen, Warte, ich habe das Heft in meiner Tasche, bin gleich wieder da.« Sie klirrt weg. Hält mir dann eine aufgeschlagene Zeitschrift unter die Nase und liest vor: »Das Rabbit unter, ich zitiere, Küchenchef Marten Wolf ist zum ›heißesten Newcomer‹ gekürt worden!« Sie blättert um: »Das ist ein schönes Bild von dir!«

Das Foto zeigt mich mit einer überdimensionalen Gusseisenpfanne. Wirklich nicht übel. Ich betrachte zufrieden meinen Bizeps.

Sie sucht nach einer Stelle im Text und legt ihren Zeigefinger darauf: »Da steht, dass die sensationelle Salatkarte ... nein, dass die *saisonale* Salatkarte sensationell ist.«

»Schreiben sie was über den Mangosalat? Steht irgendwas von Peter und Henning drin?«

»Ähm, nein, warum?«

»Ach, wollte ich nur wissen. Kannst du den Artikel kopieren und ans Schwarze Brett hängen, bitte?«

Kann sie. Drei Minuten später prangt er an der Wand, unübersehbar für jeden, der vorbeikommt.

Ich setze mich als Erster ins Büro und warte auf Henning und Peter, die sich natürlich mit Absicht verspäten. Schritte im Flur, dann Peters Stimme: »Das gibt es doch nicht! Genau darum geht es doch ... Das muss er *eben gerade* da aufgehängt haben! Der will uns doch provozieren!«

Hehe, denke ich.

»Immerhin«, sagt Henning, »hat er sein Bild beim Kopieren nicht noch vergrößert!«

»Bring ihn bloß nicht auf dumme Gedanken. Komm Mopsi, es geht weiter.«

Nach diesem Zwischenspiel verläuft die zweite Halbzeit nicht besser. Wir wollen das Geschäftsessen für Rainers Fitnessstudiobetreiber planen, geraten uns jedoch von Anfang an in die Haare. Ich schlage vor, die ganze Paleo-Sache etwas aufzumotzen, Peter und Henning halten dagegen, dass es um »pur und simpel« gehe.

»Pur und simpel hättet ihr gerne? Sorry, aber für das Konzept muss man kein Restaurant aufmachen. Ich bin es schließlich, der für die Speisen beurteilt wird!«

»Klar, du trägst die ganze Verantwortung«, sagt Peter ironisch. »Dann sag mir doch mal – wie viele und welche Getränke kalkulierst du für fünfzig Personen ein? Ach, und noch eine Frage: Kanntest du das Wort *Paleo*, bevor Henning dir erklärt hat, was darunter zu verstehen ist? Und kann es nicht sein, dass die Leute einfach mal ihren Spaß haben wollen bei dem Essen? Da geht es auch um Musik, Deko, Stimmung.«

Henning wiegt so bedächtig und wichtigtuerisch den Kopf, dass ich gute Lust habe, ihm eine zu knallen: »Als Caesar das Triumvirat zu dominieren begann, begann das Unglück – nach und nach ist das Reich zerbröckelt.«

»Soso. Sehr interessant, vor allem, weil meines Wissens …«

»Pass auf, Marten, treibe es nicht zu weit«, sagt Peter. »Bevor du Henning gekannt hast, konntest du nicht einmal zwischen minimalistisch und spartanisch unterscheiden …«

»Manchmal verwechselt er es immer noch«, wirft Henning ein.

Ich stehe auf: »Wisst ihr was, ich habe es langsam satt. Ich stehe Abende und Nächte zwischen Geschirr und Gurken, während ihr rumpromeniert wie die Gockel. Das ist doch der Hauptteil eurer Arbeit: mit den Gästen plaudern und auf große Macker machen!« Ich stelle zufrieden fest, dass meine Worte wirken. Hole Luft und lege nach: »Ohne mich hättet ihr den Laden gar nicht! Ohne mich hätten wir niemals diesen Kredit bekommen! Und ihr seid es nicht, weswegen die Leute kommen! Wenn ihr mich bei dem Geschäftsessen nicht unterstützen wollt, in Ordnung. Nehmt euch frei an dem Abend!«

An der Tür bleibe ich noch einmal stehen, doch sie haben mir nichts zu entgegnen. Peter sagt lediglich: »Hast du gehört, Henning. *Ihn* unterstützen. So läuft das hier!«

Mein Abgang ist dann nicht ganz so elegant, weil ich meinen Rucksack vergessen habe und noch einmal umkehren muss.

Im Hof rauche ich drei Zigaretten hintereinander. Was soll das? Was ist auf einmal mit denen los? Ich verstehe es nicht. Ich bin ganz der Alte, nur die zwei spinnen auf einmal herum. Hat sich die ganze Zeit Neid in ihnen angesammelt, und sie flippen jetzt aus deswegen?

Ich habe Erfolg, na und? Sie doch auch. Und wir alle schuften schließlich wie die Idioten. Wobei sie die halbe Zeit nur *repräsentieren*, also nichts tun außer angeben und telefonieren, und bei mir, da hinten im Land der Pfannen und Dampfgarer, bleibt die wirkliche Arbeit hängen. Wieso kapieren sie es auch dann nicht, wenn ich sie draufstoße?

Ich drücke die letzte Kippe aus und sehe zu, wie sie den Laden gemeinsam verlassen, wobei Peter so laut wie möglich redet: »Er würde heute noch hinter seinen dämlichen Maschinen stehen und für 1500 Euro brutto im Monat Schichtdienst schieben. Und seine Trophäe von einer Frau würde ihn mit dem Arsch nicht angucken. Mann, und du hast ihr noch diese Ausstellung verschafft, um ihm eine Freude zu machen!«

Bis Mitternacht stehe ich zwischen meinen Auflaufformen, Töpfen und Pfannen. Auf dem Heimweg rufe ich Stella vom

Handy aus an. Scheiß auf die Telefongebühren. Erzähle nur kurz, dass es Zoff gab, schlechte Stimmung herrscht, und das auch noch völlig grundlos.

Stella lacht, ein bisschen gezwungen. Auch ihre Exkursion zu irgendwelchen Thermen war anscheinend eher mau. Das Thema, ich könne sie besuchen in Rom, hat sie abgehakt. Kluges Mädchen.

26

In den Tagen darauf gehen Peter und Henning mir aus dem Weg.

Ich experimentiere mit Paleo-Grundnahrungsmitteln wie Süßkartoffeln, Avocados, Fisch und Ente. Kreiere Thunfischfilet in Zimt-Sesam-Kruste auf Chili-Mango-Salat, gegrillte Entenbrust mit Süßkartoffelcurry. Pur und simpel? Können sie abhaken. Weil Bananenpfannkuchen ohne Weißmehl aussehen wie Kuhfladen, erlaube ich mir eine Abweichung von den Steinzeit-Regeln. Solange das Gericht originell ist und schmeckt, wird sich keiner beschweren. Und falls da zufällig ein Paleofritze unter den Gästen ist – wie nennt man die dann eigentlich? Paleosophen? –, der soll mir erst mal kommen. Auch bei den Desserts drücke ich ein Auge zu: Mandelmilch und Kokosöl statt Sahne in Eicreme? Nein, das geht einfach nicht. Schließlich habe ich einen Ruf zu verlieren.

Mein Handy klingelt, aber bis ich mir die Hände abgewaschen habe, ist es zu spät. Noch mal Stella? Ich höre die Nachricht ab. Es ist Bettine.

Bettine, die mir zu meinem neuen Job gratuliert.

Ich muss mich erst einmal hinsetzen. Mein erster Gedanke ist: Nein, das geht nicht, das kann ich nicht. Mein zweiter: Hu, da werden Peter und Henning sich aber ärgern.

Blöd nur, dass ich es ihnen nicht erzählen kann. Nun, sie werden sich bald melden.

Doch nichts geschieht. Ich warte an diesem, am nächsten, am übernächsten Tag auf eine Entschuldigung. Langsam wurmt es mich, dass ich meine Nachricht so lange geheim halten muss, so habe ich nur halb so viel Spaß daran.

Am vierten Tag beschließe ich, dass es gar keine große Entschuldigung sein müsste. Aber zumindest einen Annäherungsversuch könnte einer der beiden machen. Nichts.

Der übliche Betrieb läuft weiter. Die Lieferanten kommen, die Gefriertruhe wird repariert, ein Typ, den Peter angeschleppt hat, checkt die Räume, bevor das Ordnungsamt die jährliche Visite macht. Die dicke Maus, die ich einmal zu sehen geglaubt habe, ist nie wieder aufgetaucht. Stellas Bilder hängen immer noch, obwohl Henning längst eine neue Ausstellung geplant hat, mir ist das nur recht. Von mir aus bleiben sie für immer. Ich dünste und blanchiere und karamellisiere – und versuche gleichzeitig, die Bilder unserer Freundschaft in meinem Kopf zu schwärzen. Peter und ich, wie wir uns nach der großartigen Eröffnung umarmten. Peter, als er um Larissa trauerte. Henning, wie er im Tele-hotel las. Telefonierte. Mein Essen lobte.

Das funktioniert am besten, wenn ich mir bewusst mache, dass sie den Kredit über meine Beziehungen bekommen haben, über meine Kinderarbeit! So gesehen gehört der Laden mir. Sie sollten mir dankbar sein, auf Knien sollten sie vor mir herumrutschen!

Ich vermisse jemanden, mit dem ich sprechen kann Ein paarmal rufe ich Micha an, der sich aufrichtig freut, mich aber dann mit seinen Babygeschichten sofort langweilt. Ich albere mit den Kellnerinnen herum, vor allem Rosalie, die immer dann zu arbeiten scheint, wenn ich Schicht habe.

»Was macht das Studium?«, frage ich.

Sie winkt ab. »Freisemester. Hier ist es viel cooler.«

»Seh ich auch so. Dieses Kleid sieht gut aus, wollte ich dir schon neulich sagen.«

»Danke! Ist von H&M. Ein ganz billiges Fähnchen.« Sie wird rot und zupft einen unsichtbaren Fussel von der schwarzen Spitze. »Das letzte Mal hatte ich wenigstens Omas echten Schmuck dazu an.«

Jeder kann sich mal verschätzen, sage ich mir und verziehe mich wieder in die Küche, aus der ich erst am späten Abend wieder herauskomme, müde und frustriert wie nie zuvor.

Rosalie ist immer noch da. Sie zählt ihr Trinkgeld am Tresen; ich sage gute Nacht und gehe heim.

Am nächsten Tag höre ich, wie eines der neuen Mädchen sie tröstet: »Er mag dich ganz *bestimmt*. Der hat noch nie irgendein Kleid von einer anderen hier gelobt, ich weiß das. Und er stellt sich doch auch nicht zum Rauchen neben jede. Diese Stella, die benutzt ihn doch nur als Toyboy, hat ihn sich als Trophäe geschnappt. Siehst du die jemals hier? Nee, oder? Und das, wo der Laden so megahip ist gerade …«

Ich muss darüber fast lachen. Wenn ich bedenke, dass Peter es umgekehrt formuliert hat: dass Stella meine Trophäe sei. Von da an ignoriere ich die Kellnerinnen wieder; nein, ich habe keine Lust auf weitere Komplikationen.

Es ist auch lange nach Mitternacht noch schwül. Die Nächte kleben an mir, zäh wie fetter Teig am Blechrand.

Ich schlafe kaum. Dusche mitten in der Nacht. Denke an die Ärsche und Titten der Bedienungen. An Stellas Brüste und ihren kleinen Hintern.

Dann beginnt es aus verschmutzten, blassgrauen Wolken zu regnen. Erst ein paar Minuten lang nieselnd und dann richtig. Wassermassen stürzen herunter, platschend und pladdernd, und die Menschen, die das anfängliche Getröpfel erleichternd empfunden haben, auf Kühlung hofften, die Leute in ihren Freizeitlooks, den Sommerkleidern und Leinenanzügen, den Sandalen und Sneakern, stürzen kreischend unter die nächste Überdachung. Nachmittags um drei ist das Rabbit krachend voll. Es herrscht eine Stimmung wie auf der Arche Noah. Die Plötzlichkeit und Macht, mit der die Natur auftrumpft, degradiert jeden individuellen Zeitplan zum flachen Witz. Hunger und Durst dagegen sind jetzt, wo es nur noch um Wesentliches geht, wichtige Faktoren, keine Gelüste mehr. Man wähnt sich im Überlebensmodus, das verleiht allem besonderen Kitzel.

Die Autos spritzen Dreck und Wasser hoch, wenn sie vorbeifahren, an den Straßenrändern gurgeln die Bäche in Richtung der Abflusskanäle. Die Fahrer freuen sich, dass sie im Trockenen sitzen – bis es rumst und knallt und der Airbag aufgeht. Sie mögen den Weg schon hundertmal hin und her gependelt sein: Wenn man rein gar nichts durch die Windschutzscheibe erkennen kann – auch nicht bei Tempo 30 und mit Licht und mit in Höchstgeschwindigkeit rotierenden Scheibenwischern –, verschätzt man sich leicht mit den Abständen und Entfernungen.

Ich bitte Miyake zu kommen, und es gelingt ihm tatsächlich. Zweimal habe ihn der Wind vom Fahrrad geworfen, berichtet er stolz. Doch er habe Schlimmeres erlebt, mit einem Erdbeben sei dies gar nicht zu vergleichen. Er trocknet sich ab und legt los.

Als die Gäste merken, dass im Rabbit alles seinen gewohnten Gang geht, dass das Essen kommt und die Bedienungen zu Scherzen aufgelegt sind wie immer, entspannen sie sich. Obwohl sich nach zwei oder drei Stunden draußen immer noch nichts gebessert hat, sind sie nach der Pause so weit erholt, dass sie sich tapfer ihrem Schicksal fügen. Sie sprinten zum Wagen oder zur Straßenbahnhaltestelle. Mit etwas Glück erwischen sie ein Taxi. Auf jeden frei werdenden Tisch stürzen sich die nächsten.

Über Nacht ist der Gully vor dem Rabbit verstopft; Besucher, die zum Eingang wollen, müssen durch riesige Pfützen waten. Das finden die meisten gar nicht lustig. Nass werden von oben, okay, darauf war man gefasst, aber auch noch von unten? Nein, danke, irgendwann reicht es. Die Stimmung sinkt. Das wirkt sich auf die Kellnerinnen aus: Schlecht gelaunte Gäste bedeuten sparsame Trinkgelder. Peter ist nicht erreichbar oder will es nicht sein.

Ich rufe Micha an und schildere ihm das Problem. Ich habe Glück, der junge Vater ist zu einer Heldentat aufgelegt. Er klingt auf einmal wieder wie früher: bereit, sich jederzeit unterbrechen zu lassen, wenn die Gelegenheit sich bietet, sofort aufzubrechen, wenn etwas Neues geschieht, sich alles anzusehen, darauf zu reagieren. Er schlägt vor, gleich mit einigen Holzpaletten herzukommen, ihm werde schon etwas einfallen. Keine zwei Stunden später haben wir eine Art Bootsanleger vor dem Lokal. Die beiden Frauen, die den Steg als Erste nutzen, plappern etwas davon, dass es wie im Sommer in Venedig sei. Während die Gäste wieder mit guter Laune und in trockenen Schuhen hereinströmen, steht Micha stolz am Tresen und isst sein Gratisschnitzel.

Am nächsten Tag der gleiche Regen, der gleiche zähe Trott. Als ich abschließen will, ist wieder nur noch Rosalie da.

»Schau mal, hier ist ein Regenschirm liegen geblieben,

kannst du den für den Heimweg gebrauchen? Ich habe einen dabei.«

»Gerne«, sage ich, will mir den Schirm schnappen und abziehen.

Rosalie versucht, das Gespräch noch etwas in die Länge zu ziehen und fragt verwundert, wie man bei dem Wetter einen Schirm vergessen kann.

Ich bleibe freundlich, obwohl sie mir allmählich mit ihrer Dauerpräsenz und ihrem verliebten Lächeln auf die Nerven fällt: »Hat sich wohl jemand ein Taxi bestellt und ist dann überstürzt rausgerannt, als es da war – schnappt sich ja sonst sofort jemand anderes«, sage ich achselzuckend, schiebe sie mit einem »tschüss« vor mir zur Tür heraus und verschwinde in die andere Richtung.

Nach einigen Metern fällt mir auf, dass dieser Satz zu Rosalie, die blöde Bemerkung über den Schirm, das Einzige gewesen ist, was ich an diesem Tag überhaupt von mir gegeben habe – abgesehen von ein paar Befehlen in der Küche. Kaum habe ich diese nüchterne Bilanz gezogen, rutscht meine Stimmung noch weiter in den Keller. Ich bin vielleicht nicht der beste Koch Frankfurts, aber mit Sicherheit der einsamste. Mit jedem Schritt durch den Regen kommt es mir unmöglicher vor, noch den nächsten Tag und dann den übernächsten und so weiter im Rabbit weiterzumachen.

Ich fasse einen Entschluss. Sie nennen mich überheblich, eitel und egoistisch? Diese Mistkerle. Ich werde ihnen einen Denkzettel verpassen! Ihnen nicht nur zeigen, dass es ohne sie geht, nein! Ich werde auch so cool sein, dass ich zwar alles vorbereite für den Paleo-Samstag – dann aber, einfach so, nach Rom abhaue! Ha! Die werden staunen!

27

Wir schmecken erneut ab. »Noch nicht ganz«, sage ich vorsichtig, denn Miyake ist ohnedies schon am Boden zerstört. Nach dem Thunfischgericht lasse ich ihn nun das Paleo-Entenbrustrezept kochen, aber er kommt ohne Mengenangaben einfach nicht zurecht. Also mache ich mich daran, Zutaten abzuwiegen und aufzuschreiben. Nach einer Ewigkeit steht auf Papier, was ich sonst einfach dem Gefühl nach zusammenwerfe.

»Großartig«, lobe ich erschöpft, als ihm endlich jede Speise gelungen ist, »du wirst das fantastisch hinkriegen.«

Ich trete hinter die Bar. Cleo poliert Tische. Als ich sie frage, ob sie einen Moment Zeit hat, werden ihre Bewegungen langsamer als mein Ruhepuls. Das ist okay für mich, sie gehört zur Henning-Clique. Als sie endlich vor mir steht, fasse ich mich kurz.

»Du hast vermutlich mitgekriegt, dass Peter und Henning abgesprungen sind.«

»Ja«, sagt sie nur.

»Kannst du dir vorstellen, dass du die Sache über die Bühne bringst an dem Abend? Ich will ein paar Tage nach Rom, muss mal dringend raus hier. Es ist alles organisiert, bis auf Getränkebestellung und Deko.«

Cleo betrachtet zerstreut ihre abgekauten Fingernägel. »Bisschen höherer Stundenlohn ist da aber schon drin, oder?«

»Aber sicher«, sage ich, irritiert von so viel Pragmatismus. Ich räuspere mich: »Hör zu. Ich weiß, dass du eine Freundin von Henning bist. Also sag mir, wenn dich das Einspringen irgendwie in einen Gewissenskonflikt bringt. Diese Feier muss ein Hit werden, und du bist die Einzige, die das hinkriegt, wenn ich nicht da bin.«

Nun sieht sie mir in die Augen: »Schon klar, ich hab damit kein Problem. Geht jetzt ja um den Laden, nicht um irgendwelchen Hickhack. Du bist in Ordnung, er ist in Ordnung – den Rest müsst ihr unter euch ausmachen.«

»Es geht also klar für dich?«

»Aber sicher.«

Ich bin erleichtert. Wenigstens eine, die den Affenzirkus nicht mitmacht.

Sie fragt mich genau nach dem Stand der Dinge, und wir machen die Sache per Handschlag ab. »Also, wenn ich freie Hand bei der Deko habe: Was hältst du davon, wenn wir die Bedienungen à la Fred und Wilma Feuerstein kostümieren? Die Mädels brezeln sich doch neuerdings sowieso gerne auf.«

»Klingt gut, ja, mach das!«

»Sie werden dich aber vermissen. Was ist, wenn jemand nach dir fragt? Soll ich einfach sagen, der Mann der Stunde nimmt sich ein paar Tage Urlaub?«

»Sag, was du willst.« Ich winke müde ab. »Aber halt mich auf dem Laufenden, ja?«

»Ich werde dir stündlich Bericht erstatten.«

Nach dem Gespräch bin ich zufrieden mit mir. Bin mir sicher, dass sie ihre Chance nutzt und zeigt, was sie für ein fantasievolles Mädchen ist. Das, nebenbei bemerkt, genauso gut wie Peter die Geschäftsführerposition ausüben könnte.

Auf der Straße drehe ich mich noch einmal nach unserem Restaurant um. Im Fenster sitzen Gäste, in das warme rötliche Licht getaucht, mit dem wir nach und nach die Neonstrahler ersetzt haben. Es sieht genauso exklusiv und gemütlich aus, wie wir es uns vorgestellt haben. Für eine Sekunde zögere ich. Noch nie, seit der Eröffnung, war ich länger als einen Tag nicht da. Ob Miyake das alles hinbekommt?

Frank fällt mir ein, ein begabter und flexibler Koch.

Sobald ich zu Hause bin, rufe ich ihn an. Er wirkt benebelt, als er sich meldet, aber ich denke nicht weiter darüber nach, schiebe es auf den späten Abend. Als er halbwegs kapiert hat, was ich von ihm will, sagt er sofort zu.

Er habe vor Kurzem in dem blöden Burgerladen gekündigt, daher passe ihm das hervorragend; er sei langsam pleite. Ich nehme das als gutes Zeichen. Mache mir keine Gedanken, was er mit »vor Kurzem« meint und was er seitdem so getrieben hat. Wieso er das Geld so dringend braucht. Ich denke gar nicht daran, dass er wieder zu spielen angefangen haben könnte; mir geht zu viel durch den Kopf.

Als ich nach dem Gespräch bei offenem Fenster eine Zigarette rauche, fällt mir auf, dass sich draußen etwas verändert hat, aber ich komme nicht darauf, was es ist.

Der Mond steht hell und voll am Nachthimmel, ein weißlich schimmernder Angeber, der sein blasses Licht für sich behält, sich nur für diesen einen winzigen Ausschnitt im Schwarz zuständig fühlt, in dem er nun gerade einmal hängt.

Die Straße um mich ist zugeparkt und gleichzeitig menschenleer. Erst, als ich fast zu Hause bin, fällt mir auf, was an diesem Tag anders ist als sonst: Es regnet nicht mehr.

28

Sie steht ein wenig abseits der Menge, die auf die Fluggäste wartet: braun gebrannt, schlank, bildschön in einem gelben Sommerkleid: meine adlige Freundin.

»Schön, dass du mal was Buntes anhast«, sage ich, »steht dir super!«

»Du hast dich aber auch in Schale geschmissen!« Sie sieht

an meiner Joop-Jeans hinunter zu den neuen Slippern aus weichem braunen Wildleder. Ich umarme sie so fest, dass sie nach Luft schnappt. Sie küsst mich. Ihre Augen glitzern, als sie mich mustert: »Ist das dein ganzes Gepäck?«

»Ja, wieso?« Sie grinst nur und deutet auf ihre eigene Umhängetasche, die fast so groß ist wie meine.

»Wie war der Flug?«, fragt sie, während wir auf den Ausgang zusteuern. Das dauert, denn wir bleiben alle drei Meter stehen, um uns zu küssen.

»Gut, alles prima.« Dabei belasse ich es. Genau genommen kann ich das nämlich nicht beurteilen, denn es war erst mein zweiter, abgesehen von einer Reise nach Teneriffa mit meinen Eltern, als ich sechs Jahre alt war und Nicole noch in den Windeln lag.

Stella plappert auf mich ein, während wir in der Schlange am Taxistand vorrücken, erzählt von ihren Kommilitonen, dem Professor, den sie jetzt alle duzen dürfen. Sie unterbricht kurz, um dem Fahrer die Adresse des Hotels zu nennen, schiebt sich zu mir auf die Rückbank und beginnt zu erklären, was wir gerade Bedeutendes rechts oder links von der Straße sehen, wobei ihre Kommentare meistens so spät kommen, dass ich nicht mehr rechtzeitig hinschauen kann. Es ist mir egal, ich freue mich einfach, bei ihr zu sein.

»Unser Hotel liegt super, ganz nah am Campo de' Fiori und der Piazza Navona. Nach Trastevere ist es auch nur ein Katzensprung, wenn wir abends ausgehen. Es steht da, wo früher mal das Theater des Pompeius war, und dann ein Gasthaus, auch lange her ... All diese Schichten übereinander, das ist unglaublich oder? Aber genommen habe ich es eigentlich wegen der Adresse: Piazza del Paradiso. Zum Glück war noch was frei, um die Zeit kriegt man sowieso nur etwas, wenn jemand absagt. Also, ich zeige dir alles, nur nicht das Kolosseum, das kann ich nicht mehr sehen. Der

Prof hat uns drei volle Nachmittage gezwungen, Skizzen davon zu machen. Als ob es nichts Interessanteres hier gäbe! Und das in der Hitze ... Möglichst originelle Skizzen auch noch! Was soll denn das bitte sein? Das Gebäude ist dermaßen abgelutscht, finde da mal einen interessanten Ausschnitt. Wie wir da rumgelaufen sind, Mann, was waren wir eine Volksbelustigung!«

Sie plaudert immer weiter, der Fahrer zwinkert mir durch den Rückspiegel verschwörerisch zu.

»Was ist, Marten? Ich rede zu viel nicht wahr, entschuldige. Ich habe einen Sonnenstich, fürchte ich. Da sind wir schon. Scusi! Ja, prima, danke.« Sie bezahlt, und der Taxifahrer macht eine Bemerkung, die sie erröten lässt, ich habe immerhin Amore verstanden und kann mir den Rest zusammenreimen.

»Wahnsinn«, sage ich. »Genauso habe ich mir einen italienischen Taxifahrer vorgestellt.«

»Tja, das ist das Problem mit den Klischees: Beim Reisen fällt einem auf, dass sie stimmen! Hier ist die Rezeption. Du musst das noch ausfüllen. Entschuldige wirklich, dass ich so viel rede. Es ist reine Nervosität! Aber ich habe eine gut Entschuldigung: Meine Tante hat so viel Wert darauf gelegt, dass ich keine Gefühle zeige, weil das nur angreifbar macht – da muss ich jetzt einiges nachholen. Ach! Dass du wirklich gekommen bist! Ich kann es gar nicht glauben! Kneif mich mal, ja? Aua, doch nicht so fest!«

29

Die nächste Stunde sind Stella und ich miteinander beschäftigt, nichts außerhalb existiert. Deshalb fällt mir erst hinterher auf, was für ein Luxus mich umgibt. Das Bad ist mit bräunlichen, marmorierten Steinen gekachelt; die Wasserhähne glänzen golden. Ein flauschiger weißer Bademantel hängt für mich bereit, fast bedauere ich, dass er, weil es so heiß ist, nicht zum Einsatz kommen wird.

Stella liegt, an Kissen gelehnt, auf dem Bett und verfolgt die Bilder auf dem lautlos gestellten Fernseher. Zwischen all den Decken, der gemusterten Satinbettwäsche und den Zierkissen wirkt sie winzig. Die Vorhänge sind aus goldgelbem Brokat; der Zimmerboden schwarz-weiß gekachelt, darüber liegen bunte Perserteppiche.

»Schön hier«, fasse ich meine Eindrücke zusammen.

»Ja, der Prunk der alten Welt«, sagt Stella träge. »Dieses Berlusconi-Fernsehen – grausam!«

Ich trete an das Fenster. »Ihr wart vorher in einem anderen Hotel, oder?«

»Ja, klar. So eine Klitsche, bessere Jugendherberge.« Sie lacht. »Weil Tantchen eigentlich jeden Moment meine Kreditkarte sperren kann, sollten wir unsere letzten üppigen Tage noch so richtig einen draufmachen, dachte ich.«

»Huch«, sage ich, »Meinst du, das wird sie tun?«

»Keine Ahnung, irgendwann sicher. Wenn sie rein zufällig mal wieder an Geld denkt. Ende des Jahres vermutlich, da setzt sie sich wieder mit ihrem Finanzberater zusammen. Einmal pro Jahr kümmert sie sich kurz um ihre Kohle.«

Ich drehe mich um: »Ich zahle natürlich die Hälfte …«

»Nix da. Das kannst du dann machen, wenn es wirklich

so kommt, okay? Tut mir übrigens leid, dass wir keinen Balkon haben – die Zimmer mit Balkon sind alle ausgebucht gewesen. Aber wir können auf der Dachterrasse frühstücken.«

»Ich werde es überleben.«

»Was ist das?« Sie greift nach dem Umschlag, der auf dem Nachttisch liegt. »Karstadt Reisebüro«, liest sie vor. »Du hast dir dein Flugticket im *Reisebüro* gekauft! Süß.«

Ich zucke die Achseln. »Mein Internet ging grad nicht.« Soll sie doch spötteln: Es ist mir einfach zu kompliziert gewesen, das Ding online zu buchen. Ich ziehe mir Jeans und T-Shirt über.

»Wohin willst du?«

»Nur kurz raus, eine rauchen.« Ich schlendere durch die opulente Eingangshalle, ein Portier hält mir die Tür auf. Es ist immer noch ziemlich heiß. Ich gehe ein paar Schritte die Straße entlang, biege ab und befinde mich plötzlich am Rande eines großen Platzes, auf dem Blumen und Gemüse verkauft werden. Das muss die Piazza de' Fiori sein. In der Mitte steht die große Skulptur eines Mannes mit Kapuzenmantel, der nach unten sieht und die Hände gefaltet hat. Die Einheimischen sind deutlich an ihrer eleganten Kleidung zu erkennen – und daran, dass sie es eilig haben. Sie laufen quer über den Markt, steuern geschickt an Cafés, Souvenirhändlern und den überall grüppchenweise herumstehenden Touristen vorbei.

Wovon leben sie? Mit Sicherheit nicht von dem, was wir in Deutschland als »italienische Küche« nennen, dieses fiese EU-Konglomerat. Wenn sie aus anderen Regionen kommen, besuchen sie in der Hauptstadt bestimmt Trattorias oder Ristoranti, die die heimische Küche anbieten: piemontesische Bagna cauda, lombardische Cassoeula, Cassata alla Siciliana …

Ich spiele mein altes Spiel und bin kurz darauf hungrig genug, um zu Stella zurückzukehren und sie zum Abendessen auszuführen. Was Restaurants angeht, habe ich mich vorbereitet. Ich will ins Antica Pesa. Das Assenta Madre. Ins La Pergola, das mit seiner Dachterrasse auch noch einen herrlichen Blick auf die Stadt haben soll.

Im schönstmöglichen Rahmen will ich meinem Mädchen endlich erzählen, dass ihr Freund bald im Fernsehen zu sehen ist. Für zehn Folgen habe ich unterschrieben, in ein paar Monaten geht es los.

30

Mitten in der Nacht wache ich auf. Der Platz neben mir im Bett ist leer. Stella hockt im Fersensitz vor dem niedrigen Couchtisch, vor sich den Skizzenblock. Sie zeichnet. Ich stehe leise auf und stelle mich neben sie. Wenn sie schläft oder sich konzentriert, könnte eine Herde Nilpferde unbemerkt an ihr vorbeitraben. Ich räuspere mich.

»Ah, du bist wach –« Sie versucht ungeschickt, den Block mit den Händen abzudecken, ohne die Kohle zu verschmieren.

»Ich hab schon gesehen«, sage ich. Das Bild zeigt einen Jungen, der auf dem Sofa liegt. Er ist nur von hinten zu sehen, verkürzt sich stark, das Gesicht ist nicht genau zu erkennen. Auf seinem Bauch sitzt ein großes, weißes Kaninchen. Er streichelt es an den Ohren.

»Das bin ich.« Eine Feststellung, keine Frage.

Gestern, in der sizilianischen Trattoria, habe ich Stella die Geschichte von Nicoles Kaninchen und denen, die hinterher kamen, erzählt. Habe nichts beschönigt, sondern auch noch gesagt, dass so ein Ereignis nach der Meinung von Psychologen eine »rote Flagge« im Lebenslauf darstellt, also ein Zeichen dafür, dass ein Mensch zur Gewalt neigt und später gefährlich werden kann.

»Ja, das bist du. Stört es dich?«

»Kein bisschen. Jetzt ist meine Geschichte wenigstens für etwas gut.«

Sie sieht erleichtert aus. »Wenn es dich stört, zerreiße ich es«, bietet sie dennoch an.

Ich muss daran denken, wie sie in der Trattoria gesagt hat, ich hätte überhaupt nichts Böses getan, weil ich kein Bewusstsein dafür gehabt habe. Ich sei ein Kind gewesen, ein vernachlässigtes Kind. Das sei, wie wenn ein Löwe ein Reh jagt, so hätte ich mich verhalten. Daran sei nichts unmoralisch. Es ist verrückt, aber wir unterhalten uns jeden Abend stundenlang. Über die Zeit früher. Sprechen von den wenigen Schnittpunkten unserer Leben – und was alles davor und danach passiert ist. Wir hören nur aus Müdigkeit auf.

31

»Dein Handy piepst.«

»Was?«

Es ist früher Nachmittag, und wie immer verbringen wir den heißesten Teil des Tages im Hotel. Stella zeichnet, ich büffele mit Hilfe meiner neuen deutsch-italienischen und deutsch-englischen Wörterbücher Vokabeln, die man braucht, um ambitionierte Speisekarten zu lesen, weil Stella zwar gut

Italienisch spricht, aber an komplizierten und selteneren Gemüsesorten, Fischen, Soßen und Zubereitungsarten scheitert. Und da ich nun schon einmal dabei bin, sehe ich mir auch die englischen Ausdrücke an.

Es ist abzusehen gewesen, dass wir nicht alle interessanten Restaurants, die ich im Michelin Rome gefunden habe, besuchen können, selbst wenn wir, wie wir entschieden haben, noch zwei oder drei Tage länger bleiben.

Ich plane, mich im Rabbit mit einer Italienischen Woche zurückzumelden.

»Ich sagte: Dein Handy piepst. Jetzt allerdings nicht mehr.«

Ich richte mich auf und greife danach.

Die Nachricht ist von Cleo, sie hat ein Foto geschickt. Ich halte Stella das Telefon hin: »Schau mal, das hat sie bei der Anprobe im Kostümverleih geknipst.«

Stella lacht. Das Foto zeigt Lilly, Rosalie und Pippa im Steinzeitlook. Sie tragen knappe Fellkostüme und jede Menge Schmuck aus Lederbändern und Steinanhängern und dazu gigantische, verfilzte Perücken.

»Wow«, sagt Stella und versucht, ein Stück des Bildes zu vergrößern: »Sind das kleine Plastikknochen, die Pippa sich in die Haare geflochten hat?«

»Eher eine Perücke.«

»Sieht jedenfalls klasse aus.« Stella betrachtet immer noch das Foto. »Hast du auf die Schuhe geachtet? Sind das Ugg-Boots? Uh, mitten im Sommer in Fellschuhen, die opfern sich richtig auf für dich! Marten, das muss ich zeichnen … Kannst du mir das Foto auf mein Handy schicken, bitte?«

»Wird erledigt.«

»Danke.«

Stellas Hand gleitet über das Papier. Ihr Blick bleibt konzentriert auf ihren Block gerichtet, dazwischen sieht sie immer mal kurz auf das Bild.

In kurzer Zeit entstehen vor meinen Augen vier Figuren, die tatsächlich als unsere Kellnerinnen erkennbar sind. Alles ist vergrößert, aber die Proportionen stimmen. Dadurch, dass Stella die drei direkt vorne ins Bild gesetzt hat und sich hinter ihnen das Kolosseum befindet, wirkt es, als hätten sich durchgeknallte Touristen für einen besonderen Schnappschuss kostümiert.

»Ah, ich verstehe! Das ist das originelle Kolosseumsbild für deinen Professor!«

»Ja, genau«, bestätigt Stella, ohne von der Arbeit aufzublicken: »Wann steigt jetzt eigentlich die Party?«

»Übermorgen«, sage ich.

»Gibt es da Alkohol? Dürfte es eigentlich nicht, oder? Ich glaube nicht, dass der Steinzeitmensch schon Schnaps gebrannt hat.«

»Gute Frage, nein, hat er nicht. Aber mein alter Kumpel hat darauf bestanden, dass wir die normale Getränkekarte weiter anbieten. Ist sonst kein Fest, findet er.«

»Wahnsinnig konsequent!«

»Was soll's. Mit den Getränken verdienen wir das meiste Geld!«

»So.« Stella setzt zufrieden den Stift ab. »Fertig. Ich schenke es dir für das Rabbit.«

»Danke! Und dein Professor?«

»Kann mich mal kreuzweise.«

Ich lehne das Bild vorsichtig an die Wand auf dem Nachttisch. »Ich würde es eigentlich lieber zu Hause über meinem Bett aufhängen, dann wache ich immer mit guter Laune auf.«

»Wenn du nicht gerade bei mir aufwachst!« Stella umarmt mich von hinten. Dann lässt sie mich plötzlich los.

»Was ist?«

»Sag mal, habe ich dir eigentlich erzählt, dass kurz vor meinem Abflug hierher eine Freundin von dir bei mir angerufen hat? Eine Jenna?«

»Was? Nein, hast du nicht. Scheiße, was wollte sie?«

»Ich bin mir nicht sicher. Mich fertigmachen, schlecht über dich reden? Allerdings konnte man praktisch bei jeder fiesen Bemerkung heraushören, dass sie immer noch unglaublich verknallt in dich ist.«

»Hat sie … Ich meine … Du solltest ihr jedenfalls nicht alles glauben.«

»Was ihr im Bett so getrieben habt? Nein, da tat sie sehr geheimnisvoll. Das hebt sie sich für das Buch auf, das sie schreibt, hat sie gesagt.«

Ich seufze: »Ach, das. Das erzählt sie seit Jahren. Dabei kriegt sie beim Reden schon kaum einen Satz zu Ende.«

»Ist wohl auch besser so.«

»Es tut mir leid, Stella. Ich weiß, wie gemein und verletzend sie sein kann.«

»Keine Sorge.« Stella sieht mir in die Augen: »Das kann ich auch. Ich habe ihr ganz nett gesagt, dass ich auch am Boden zerstört wäre, wenn ich von einem Mann wie dir verlassen würde. Dass sie mich jederzeit anrufen kann, wenn es ihr schlecht geht. Und dass wir unglaublich glücklich miteinander sind.«

»Das hast du ihr gesagt?« Ich weiß nicht, ob ich angenehm oder unangenehm überrascht sein soll. Die zarte Stella kann auch kämpfen, wenn es darauf ankommt.

»Klar. Die einzige Möglichkeit, dass sie mich nicht ständig anruft, dachte ich. Hat sie auch nicht mehr. Zumindest hat der AB nichts mehr verzeichnet, als ich ihn gestern abgehört habe, es hat auch niemand aufgelegt oder so.«

»Also wirklich. Wenn du nicht meine Freundin wärst, ich könnte ja Angst vor dir bekommen!«

Sie kichert: »Blödsinn. Du hast vor nichts und niemandem Angst.«

32

Wir sitzen an der Piazza Bologna und trinken Cappuccino. Rechts und links von unseren Stühlen stehen die Tüten mit unseren Einkäufen. Unser mit Abstand teuerster Tag in Rom.

»Puh, bin ich erledigt!« Stella ist aus den Sandalen geschlüpft und massiert sich möglichst unauffällig die nackten Füße.

»Na ja, wir sind ja auch – warte –, ja, wir sind sage und schreibe vier Stunden lang durch die Boutiquen geturnt!«

»Und haben viel gefunden!« Stella späht in die Tüte mit ihren neuen quietschbunten Kleidern und Röcken. Für mich haben wir mehrere Hemden, ein paar Stiefel, und eine Gucci-Krawatte gekauft. Die aufwändig bestickte Krawatte hat Stella im Schaufenster gesehen und darauf bestanden, sie mir zu schenken – als würden wir nicht sowieso die ganze Zeit die Kreditkarte der Tante benutzen. Obwohl das Ding um die Hälfte reduziert gewesen ist, fand ich den Preis so absurd, dass Stella eine Zeit lang brauchte, um mich zu überreden.

Ihr bestes Argument war: »Wir haben für heute Abend im – wie heißt es noch? – Boccondivino reserviert, da trägst du die, Ende der Diskussion. Ich geh sonst nicht mit.«

»Grazie«, sage ich zum Kellner, der mir einen Aschenbecher hinstellt. Ich schiele möglichst unauffällig auf die

Uhr; so langsam würde ich gerne etwas aus dem Rabbit hören. Gerade bin ich am Überlegen, ob ich nicht einfach anrufen soll, da piepst mein Handy endlich.

»Na also«, sagt Stella und rückt ihre Sonnenbrille zurecht. »War ja nicht mehr auszuhalten.«

Cleo hat mir ein Bild von den Tischen geschickt: brachial hässliche graue Steingutteller, Tierschädel, Keulen und Pflanzen.

»Zeig mal, wie sieht es aus?«

»Na ja.« Ich gebe ihr das Telefon.

Stella schüttelt sich: »Himmel! Wo haben sie bloß den ganzen Kram her! Dieser Bärenschädel oder was das ist – das ist doch Plastik, oder?«

»Ich hoffe doch, schon aus hygienischen Gründen. Sag mal, war es das schon? Ein Bild? Na toll!«

»Marten, es ist noch nicht einmal fünf. Wann geht es los, um sieben, acht? Sie sind einfach noch mitten in den Vorbereitungen. Jetzt beruhig dich mal. Sei im Hier und Jetzt mit mir. Oooomm. Weißt du was? Wir gehen vor dem Essen ins Kino. Hier spielen sie überall Filme im englischen Original. Da lernst du was – und bist schön abgelenkt.«

»Du hast recht, ich weiß auch nicht, was mit mir los ist. Irgendwie hab ich ein blödes Gefühl …«

Als wir ins Bett kommen, ist es spät. Vom Rabbit habe ich nichts weiter gehört, aber Stella hat mich davon überzeugt, das sei ein gutes Zeichen. Bei Problemen hätten sie sich längst gemeldet. Es ist also mit ziemlicher Sicherheit das Superfest geworden, das Rainer wollte. Und das Essen im Boccondivino – mir gehen für Rom langsam die Superlative aus. Alles gut also.

Ich kann trotzdem nicht einschlafen.

Beim Essen hat Stella mir von ihren Plänen erzählt, doch

wieder mit der Malerei anzufangen; nur Zeichnungen, das könne es einfach nicht sein. Malerei würden die Kritiker ganz sicher beachten. Sie könnte einige Szenen rund ums Essen im Rabbit ausstellen. »Vielleicht verkaufe ich dann auch etwas! So macht es auf Dauer keinen Spaß.« Sie hat richtig verbissen ausgesehen. Mir ist vorher nicht klar gewesen, dass sie sich von ihrer ersten Ausstellung anscheinend viel mehr erhofft hat.

Ich höre ihre ruhigen Atemzüge, und irgendwann falle ich auch in den Schlaf.

33

Am nächsten Tag warte ich bis zehn Uhr morgens, dann rufe ich Cleo an. Sie geht nicht ans Telefon. Ich hinterlasse eine Nachricht. Frank hat das Handy gleich ganz ausgeschaltet. Rainer ebenso.

Im Rabbit brauche ich es um die Uhrzeit gar nicht erst zu versuchen. So langsam weiß ich nicht mehr, ob ich mich ärgern soll – vielleicht lief es spitze, und es hat einfach keiner mehr an mich gedacht – oder ernsthaft beunruhigt sein müsste.

Gerade habe ich mich entschieden, in den sauren Apfel zu beißen und mich bei Henning oder Peter zu melden, vielleicht wissen die was, da kommt Cleos Anruf.

»Endlich«, sage ich vorwurfsvoll.

»Marten? Es ist etwas passiert.« Ihre Stimme klingt anders. Dünn und ausdruckslos.

Ich halte die Luft an.

»Marten! Es ist so schrecklich!« Sie fängt an zu weinen.

Zuerst kann ich es nicht glauben: Cleo weint? Ich schreie fast in den Hörer: »Sag mir sofort, was passiert ist!«

Stella ist aufmerksam geworden und sieht mich mit schreckgeweiteten Augen an, aber für sie habe ich jetzt keine Zeit.

Cleo beginnt stammelnd zu erzählen. Sie bricht immer wieder ab. Ich höre die Worte Schlägerei, Messerstecherei, Hells Angels. Es dauert, bis ich in etwa den Verlauf des Abends vor mir sehe – und erkenne, dass es ein großer Fehler war, »zur Sicherheit« noch Franks Hilfe erbeten zu haben. Denn so, wie ich den Bericht verstehe, ist er es, der den Ärger ins Rabbit gebracht hat. *Richtigen* Ärger.

Bereits als er kam, ist Frank anscheinend in merkwürdig aufgedrehter Stimmung gewesen. Anstatt zu arbeiten, probierte er die übrig gebliebenen Sachen vom Kostümverleih an, belästigte die Kellnerinnen und störte Miyake. Und zwischendrin lief er andauernd raus auf den Hof, um zu telefonieren.

Dann kamen die Gäste, und die ersten Stunden des Essens verliefen fabelhaft. Es gab Reden, große Stimmung, und die Frau, um die es Rainer ging – »diese Jackie, du weißt schon«, sagt Cleo: »Die saß plötzlich bei ihm auf dem Schoß.«

Alles sei wunderbar gewesen. »Ich dachte, nun kann nichts mehr passieren, Marten!«

Doch dann habe Frank anfangen, die Geschäftsführer einzeln zu sich heranzuziehen und ihnen »Importideen« zu unterbreiten. »Er hat anscheinend Steroide verticken wollen«, sagt Cleo. »Vielleicht auch noch was anderes, ich weiß nicht, aber vor allem ging es um Steroide. Die sollten sie gleich jetzt, im Rabbit, einkaufen. Frank hatte die Lieferanten schon bestellt, direkt in unseren Laden. Und dann kamen sie, einfach so. Und rate mal, was für Typen das waren. Hells Angels! Diese Lieferanten waren Hells Angels.«

Ich stehe wie vor den Kopf geschlage da. Ist Frank irre geworden? Was hat er denn mit denen zu schaffen?

»Nein! Ich glaub das nicht.«

»Frank hat denen anscheinend feste Abnahmen versprochen. Die Fitnessfritzen wollten sich aber erst mal alles *angucken*. Die Hells sind ausgetickt. Sie seien doch nicht auf Omas Tupperware-Party und würden mal eben mit heißer Ware durch die Gegend tuckern, haben sie gesagt ...«

Ich schnaufe. Stella, die jetzt direkt neben mir steht und mitzuhören versucht, hält den Atem an.

»Rainer ist aggressiv geworden, und einer der Geschäftsführer hat sich dann über seine Rockerfreunde lustig gemacht, das kam noch dazu. Es ging alles so schnell, eins führte zum anderen, man konnte nichts aufhalten, weil niemand so richtig kapierte, was eigentlich geschah. Alles ist verwüstet. Sie haben auch Peter ...«

»Peter war bei dem Fest dabei?«

»So gegen elf, ja, mit Henning. Sie wollten nur mal sehen, ob alles gut geht, aber da lagen ja alle schon im Clinch, und als Peter sagte, Hells hätten in seinem Laden nichts zu suchen, da ging es los. Die haben systematisch alles zerstört, alles: Geschirr, Tische, Stühle, Stellas Bilder ... Ich glaube, es ist Henning gewesen, der dann bei der Polizei angerufen hat. Bis auf zwei haben sie alle Angels geschnappt und die Steroide eingesackt, aber leider hat Peter Koka in der Tasche gehabt, nur eine kleine Menge, er hat irgendwas davon erzählt, das sei für Notfälle, aber das kam nicht gut an bei den Bullen. Die Jungs sind alle in U-Haft jetzt. Wie bitte? Nein, Henning nicht. Der ist hier, das heißt, irgendwo hinten im Lager. Er will dich auch gleich noch sprechen.«

»Frank. Dieser Idiot.«

»Ja, die Polizei sagt, Frank sei auf Liquid Ecstasy gewesen, was immer das sein soll.«

Meine Antwort kommt automatisch: »Billiger Scheiß. Felgenreiniger im Prinzip, den trinkt man. Kannst du im Internet ganz legal kaufen, macht aber hochsüchtig.« Ich halte inne, als ich bemerke, dass ich wie ein Drogenberater klinge.

Stella zieht an meinem Ärmel. Zum ersten Mal sehe ich sie an: »Die Polizei«, sage ich wie ein Idiot. »Die Polizei war da.«

»Noch etwas«, sagt Cleo am anderen Ende der Leitung.

»Was?« Jetzt kommt's, denke ich – da ist nicht nur Sachschaden entstanden. Stella drängt ihren Kopf an meinen, um mitzuhören.

»Rainer …« Cleo schluckt.

»Ja? Was ist mit Rainer, spuck's aus! Ist er auch in U-Haft? Mann, echt, der wollte da nie wieder hin!«

»Schön wär's«, sagt sie leise.

Ich erstarre.

»Also, wir hatten solche Holzknüppel als Deko, aber die Hells – hatten Messer. Erst haben sie nur Stellas Bilder mit den Knüppeln … Also ein paar sind kaputt jetzt … Aber dann ist Frank in die Küche. Um seine Armee zu bewaffnen, hat er gesagt. Echt, er war völlig weg von diesem Liquid Dings. Er hat deine scharfen Messer verteilt, Marten. Es gab Stichwunden, viele! Aber wirklich schwer verletzt ist nur Rainer. Er ist auf der Intensivstation.« Ihre Stimme bricht ab.

»Das sagst du erst jetzt! Scheiße! Was heißt Intensivstation, was hat er?«, brülle ich in den Hörer, aber es kommt nur noch das Besetztzeichen. »Scheiße! Scheiße!«

Ich drehe mein Gesicht zur Wand und versuche, klar zu denken: »Wir nehmen den nächsten Flug nach Frankfurt«, sage ich und beginne, meine Sachen in die Reisetasche zu werfen. Stella tut es mir nach.

»Wer ist Rainer? Dein alter Freund?«

»Ja.« Mein Handy klingelt erneut. Henning. Ich spreche mit ihm, während Stella zur Rezeption läuft, um einen Airport-Shuttle zu buchen.

Auf dem Weg zum Flughafen starre ich schweigend aus dem Fenster.

»Egal, was passiert ist. Mach dir um Himmels willen keine Vorwürfe«, sagt Stella.

»O doch«, sage ich. »Ich bin schuld, dass Rainer da jetzt liegt, ich allein. Wie konnte ich nur auf die Idee kommen, dass Frank … Ich kenne den doch gar nicht!« Mir fällt erst jetzt wieder ein, dass Stella gar nicht weiß, worum es genau geht, ich habe ja nichts erzählt. »Weißt du, Rainer hat viel Mist gebaut, war einige Male auch im Knast. Aber er hat sich verändert. Ist weg aus dem Milieu, hat längst nicht mehr gedealt, nichts mehr am Hut mit Drogen. Und jetzt das – es ist ungerecht.«

»O Marten, es tut mir so leid.«

Unsere Aufregung scheint auf den Taxifahrer übergegriffen zu haben, er rast wie ein Irrer.

»Rainer hatte sich gerade ein super Geschäft aufgebaut. Ich habe das auch erst vor Kurzem erfahren; ich kannte ihn, da war ich elf, zwölf. Er wollte diese Frau beeindrucken … Sie sagen, es ist wirklich ernst. Sie wissen nicht, ob er durchkommt.«

»Es ist gut«, sagt Stella, »schon gut. Du erklärst mir das alles irgendwann mal. Beruhige dich, bitte. Wenn dieser Rainer so hart im Nehmen ist, bin ich sicher, er kommt durch.«

Ihre Worte klingen fast überzeugend, aber auf ihrem Gesicht mischen sich Verwirrung und Angst. Ich muss ihr die ganze Geschichte erzählen, denke ich. Dann weiß sie, was ich mit meiner »nicht so behüteten Kindheit« gemeint habe.

34

Es ist nicht mehr Rainer, der da an Schläuchen und Geräten im Bett liegt. Sondern bloß irgendein Rest von ihm, eine Hülle mit ehemals solariengebräuntem, jetzt von einem grauen Krankheitsschleier überzogenen Gesicht, lächerlich faltig. Er hat die Augen geschlossen, auf dem Monitor sehe ich, dass sein Herz schlägt. Wie am Tag zuvor setze ich mich hin und warte, bis er die Augen aufmacht. Ich bin zum zweiten Mal hier, zum zweiten Mal in zwei Tagen. Die Schwester hat gesagt, dass er viel Besuch bekommt und dass ihm das anscheinend guttue. Er sei im Moment stabil. Ich habe nicht nachgefragt, was das heißt.

Auch diesmal dauert es nur ein oder zwei Minuten, bis er auf meine Anwesenheit reagiert.

»Marty«, sagt er, »schön, dass du deinen alten Freund besuchst.« Er bewegt die Lippen zwar mühsam, aber ich kann sein heiseres Flüstern gut verstehen.

»Hey«, ich versuche zu lächeln. »Ich hoffe, sie geben dir genug Morphium.«

»Ich kann nicht klagen.« Der Daumen an seiner rechten Hand versucht, nach oben zu zeigen.

»Jackie. Sie will zu mir zurück«, sagt er und lächelt fast sichtbar. »Es hat sich gelohnt.«

»Ich weiß. Das hast du mir gestern schon gesagt. Ich freue mich für dich, Kumpel.«

Es fällt mir schwer, mich nicht wieder zu entschuldigen dafür, dass ich Frank in die Sache mit hineingezogen habe, denn ich denke an kaum etwas anderes mehr. Als ich gestern damit anfing, ist Rainer so wütend geworden, dass eine Schwester kam und mich beinahe vor die Tür gesetzt hätte.

Jetzt sieht er mich an, als ob er genau Bescheid wüsste.

Er lächelt. Ich beiße mir auf die Lippen.

Er schließt die Augen.

Ich erzähle, dass die Versicherung die Schäden im Rabbit bezahlt. Dass Stellas zerstörte Bilder zum Stadtgespräch geworden sind. Und Peter aus der U-Haft entlassen worden ist, er muss lediglich eine kleine Geldstrafe bezahlen.

»Die Hells haben sie identifiziert, weil Rosalie sie auf einem Foto erkannt hat. Nein, nein, ich weiß, was du sagen willst: Keines der Mädchen wird Anzeige erstatten, wir sowieso nicht. Die Rockergang wollen wir keinesfalls für den Rest unseres Lebens am Hals haben. Tja, das hab ich alles schon früh von dir gelernt.«

Von Frank sage ich nichts. Er hat einiges abbekommen, für meinen Geschmack aber nicht genug. Im Gegensatz zu Rainer sind bei ihm keine lebenswichtigen Organe beschädigt worden. *Es hätte ihn treffen sollen*, denke ich immer wieder, wütend und ohnmächtig. Es sind viel zu oft die Falschen, bei denen das Schicksal zuschlägt. Warum nur?

Es klopft leise an der Tür, und Rainer schlägt die Augen auf. Ist er doch die ganze Zeit wach gewesen? Hat mir zugehört, alles mitbekommen, was ich erzählt habe?

»Ja?«, sage ich.

Es ist Peter, er hat den Arm verbunden. Als er mich sieht, zuckt er zurück, während ich gleichzeitig die Augen niederschlage.

»Ich wollte gerade gehen«, sage ich.

»Gut. Ich warte draußen.«

»Rainer, Kumpel, ich geh jetzt. Schau, wie beliebt du bist, hast noch einen Besucher.« Seine Lippen bewegen sich. Ich rücke näher zu ihm heran und beuge meinen Kopf so dicht an seinen, dass ich sein Flüstern verstehe.

»Egal, wie erfolgreich du bist – vergiss deine Freunde nicht. Tu es einfach nicht, ja?«

»Rainer, ich …«

»Sie sind dein wahres Leben. Das andere kommt und geht. Ein Freund nicht. Ein Freund ist der, der dableibt. Versprichst du mir das?«

Ich verspreche es ihm. Lasse Peter herein und beschließe, im Flur auf ihn zu warten.

Während der Besuchszeit herrscht reger Betrieb. Ab und zu, wenn eine Tür kurz aufgeht, kann ich auch einen anderen Patienten in einem Bett liegen sehen, bevor sie sich wieder schließt.

Ein alter Mann im Bademantel kommt hinter seinem Wägelchen den Gang entlang. Die Schnur seines Tropfs hat sich verheddert, und er zieht die Stange nur mühsam mit sich.

»Warten Sie«, sage ich und gehe zu ihm, »ich bringe das kurz in Ordnung.«

»Danke. Ich glaube nämlich, ich bin hier nicht richtig. Ist das der Ausgang?«

»Nein, der ist da drüben. Ich komme ein Stück mit, in Ordnung?«

Es kommt mir vor, als ob Peter eine Ewigkeit bei Rainer im Zimmer verbringt, aber als ich auf die Uhr sehe, sind es gerade mal zehn Minuten. Er sieht mich und fragt: »Hast du auf mich gewartet?«

»Wir sollten reden.«

»Das ist wahr.«

Wir sehen uns in die Augen; es kommt mir vor, als sei es eine Ewigkeit her, dass wir das zuletzt getan haben.

»Wir hätten das alles anders angehen sollen«, sage ich. »Mir ist einfach nicht klar gewesen, dass ihr, wie soll ich sagen – frustriert seid von mir …«

»Nein, so stimmt es ja auch nicht. Du hast dich bloß auf einmal nicht mehr für uns interessiert«, widerspricht Peter,

»und da dachten wir – na ja, wir wollten dir mal zeigen, dass du uns nicht für selbstverständlich nehmen kannst. Verdammt, ich höre mich an wie eine vernachlässigte Ehefrau, oder?«

Wir lachen. Es tut gut, auch wenn es sehr kurz ist. Sofort werden wir uns wieder bewusst, dass nur ein paar Meter von uns entfernt, hinter der Tür, Rainer liegt und immer noch in Lebensgefahr schwebt.

»Trotzdem«, sagt Peter, »wir hätten dich bei der Feier nicht so hängen lassen dürfen. Wir haben alle von dem Kredit profitiert.«

»Aber du bist es gewesen, der ihn besorgt hat. Du hast Rainer sogar in den Staaten aufgespürt!«

Er winkt ab: »So schwer war das wirklich nicht gewesen.«

»Ich hätte nicht so abhauen dürfen«, sage ich, »das mit Rainer …«

Wir lächeln uns traurig an.

Peters Augen sind wieder so entsetzlich leer. Wie damals, als er von Larissas Unfalltod erfuhr.

Er gibt sich genauso die Schuld wie ich mir, denke ich.

»Ich hatte davon gehört, dass du Frank zur Sicherheit engagiert hast«, sagt er mit zusammengebissenen Zähnen. »Und ich *wusste*, scheiße, ich wusste, dass er wieder zu spielen angefangen hat.«

»Aber du hast nicht gewusst, dass er auf Liquid Ecstasy ist und die famose Idee hat, mit den Hells Geschäfte zu machen!«

»Das stimmt.« Peter vergisst für einen Moment seine Verletzung, will den verbundenen Arm heben und verzieht das Gesicht.

»Lass uns ein andermal über alles sprechen«, schlage ich vor, »wenn … Es ist alles zu viel jetzt …« Wenn es Rainer wieder besser geht, hatte ich auf der Zunge, aber diesen Satz darf ich nicht laut sagen. Es könnte klingen, als hätte ich daran Zweifel.

Peter legt seine gesunde Hand über meine Schulter, und wir verlassen die Klinik.

Am Abend schicke ich Stella eine sms, dass ich allein bleiben wolle, nicht reden. Bitte sie, zu verstehen. Und ich schreibe, fast ohne darüber nachzudenken, dass ich sie liebe. Sie schreibt zurück: »Ich dich auch. Wenn du mich brauchst, komme ich. Versuch, etwas zu schlafen.«

Zu Hause sehe mir wieder und wieder die Fotos vom Fest an, die Henning, Cleo, Rosalie und Lilly mir inzwischen auf meine Bitte hin auf mein Handy geschickt haben. Alle, auf denen weder Rainer noch Jackie zu sehen sind, lösche ich.

Auf den Bildern sieht Rainer glücklich aus. Steht stolz am Tisch, um den herum muskulöse, solariengebräunte Typen mit ihren Freundinnen sitzen. Das Glas erhoben, hält er eine kleine Rede. Schräg hinter ihm sitzt Jackie. Sie sieht exakt so aus, wie ich sie von vor zehn Jahren in Erinnerung habe: breiter Mund und große Zähne, nur ist ihre enge Hose nicht mehr aus Jeansstoff, sondern aus Wildleder, die Bluse aus Seide statt Polyester. Mir schießt der Gedanke durch den Kopf, dass sie statt einer billigen Nutte eine teure geworden ist.

Ich lege die Fotos weg. Erinnere mich plötzlich, wie Jackie einmal, den Grund weiß ich nicht mehr, auf dem Hof des Studios um Rainer herumtanzte, der schlecht gelaunt war, dann aber anfing, schallend zu lachen. Steht es mir zu, über sie zu urteilen? Es spielen so viele Zufälle, glückliche oder unglückliche, eine Rolle dabei, wie man zu dem wird, der man ist.

Vielleicht hat Rainer ja recht, und sie hat Britney eine Chance gegeben, indem sie das Kind Leuten anvertraute, die nicht nur dringend ein Kind wollten, weil sie kein eigenes bekommen konnten, sondern ihr auch noch mehr bieten würden als sie und Rainer es je vermocht hätten. Schöne Kleider, Klavierunterricht, eine Privatschule und weiß der Teufel was sonst noch. Ja, vielleicht war es auch gut, die kleine Britney von einem Stiefvater fernzuhalten, der sie nicht mochte, vielleicht hasste, vielleicht missbraucht hätte ... Außerdem: Wenn Jackie ihn nicht verlassen hätte, wäre niemals der Ehrgeiz in Rainer erwacht, er würde vielleicht immer noch am August-Bebel-Ring sitzen und dealen und von einem anderen Leben träumen.

Dann würde er aber jetzt auch nicht zwischen Tod und Leben schweben, fällt mir ein. Und der Kreis beginnt von Neuem: Jackie, diese Schlampe, hat ihm alles Unglück gebracht, wieso nur hat Rainer ausgerechnet diese Frau geliebt, die ihn immer wieder so sehr verletzt hat ...

Wie lächerlich. Wie unwürdig. Wie ungerecht.

35

Bisher bin ich mir nicht sicher gewesen, doch als Rainer diesmal die Augen öffnet, weiß ich, er wird sterben. Die Erkenntnis trifft mich so unmittelbar, dass ich in der Bewegung innehalte. Wir sehen einander an; sein Blick schraubt mich im Hier und Jetzt, im Leben, fest und kommt schon halb von woanders. Er weiß, dass ich es weiß, und schließt die Augen wieder.

Im Krankenzimmer riecht es leicht nach Parfum. Eine Grußkarte, auf der ein rosa Teddybär »Gute Besserung und alles Liebe« wünscht, lehnt an einem leeren Glas am Nachttisch.

Jackie muss direkt vor mir da gewesen sein. Rainer antwortet nicht, als ich ihn danach frage.

Ich nehme die Karte in die Hand, klappe sie auf: eine fröhlich klimpernde Melodie erklingt. Das macht mich so unendlich traurig, dass ich sie rasch wieder weglege.

»Die hat sie dir sicher schon ein paarmal vorgespielt, nicht wahr?«

Rainer kann nicht mehr zwinkern, um ja oder nein zu sagen. Aber ich weiß ganz bestimmt, dass er mich hört. Er hat auch nach sieben Joints immer noch alles mitbekommen früher – und da lag er genauso unbeweglich da.

»Ach, Rainer, was soll ich dir erzählen? Eigentlich gibt es seit gestern nichts wirklich Neues.« Die grelle Nachmittagssonne blendet mich. Ich stehe auf, gehe zum Fenster und schließe die Vorhänge.

Als ich mich wieder umdrehe, hat er die Augen geöffnet. Er versucht, etwas zu sagen. Es muss ihn große Willenskraft kosten. »Du. Weißt. Noch.«

»Psst – nicht reden«, sage ich, beuge mich aber gleichzeitig so dicht zu ihm, dass mein Ohr fast seine Lippen berührt.

»... was ich dir über unser Kind erzählt habe?«

Erschrocken fahre ich hoch. Er hat unerwartet laut und klar gesprochen.

»Britney? Ja, natürlich.«

Er lächelt. Die Wut, die er über sein verlorenes Mädchen gezeigt hat, als er mich zu Hause besuchte, scheint verflogen.

Auf seiner Stirn glänzen Schweißtropfen, doch es gelingt ihm nun, ein paar Sätze loszuwerden: »Es geht ihr gut. Jackie hat gesagt, es ist eine alte Dame, die sich um sie kümmert wie eine gütige Großmutter. Britney war auf einem schicken Internat und hat schon die halbe Welt gesehen. Ein Mädchen mit Stil ... ist sie ... geworden. Selbstständig. Hat einen anderen Namen. Jackie will ... sie. Hier. Her. Holen.«

Er sagt nichts mehr. Ich starre ihn an. Spüre etwas Saures in der Kehle.

»Sternberg?«, frage ich heiser. »Heißt sie jetzt Sternberg mit Nachnamen?«

Er schließt die Augen. Fängt auf einmal an zu husten, zu keuchen, und die Geräte piepen lauter. Die Wellenlinie, die seinen Herzschlag aufzeichnet, wird zur Zickzackkurve. Eine Krankenschwester reißt die Tür auf, überblickt die Situation sofort, drückt den Notschalter. Der Alarm geht los. Ein Arzt kommt angerannt, ihm folgen zwei weitere Schwestern. Ich werde zur Tür hinaus geschoben.

Warte. Gehe auf und ab, immer auf und ab. Vier Schritte den Gang hoch, vier runter, vier hoch ... Der Arzt und zwei Schwestern verlassen den Raum, eilen weg, ohne mich zu beachten. Die Pflegerin, die als erste da gewesen ist, sieht mich und teilt mir mit, Rainers Zustand sei nun stabil, er schlafe.

Ich gehe wie in Trance nach Hause; in mir rotieren die Neu-igkeiten, die Stella betreffen. Das heißt – vielleicht ist es auch ein Zufall. Es gibt jede Menge reiche alte Tanten auf der Welt, nicht wahr?

Nein, gibt es nicht.

Aber – Stella? Ich kann sie mir einfach nicht als seine Tochter vorstellen. Als Tochter von Jackie und Rainer.

Andererseits, wenn Jackie diese verdammte Blondtönung aus den Haaren hätte, wäre sie ein komplett anderer Typ. Ohne die Schminke wäre ihr Gesicht vielleicht feiner.

Also doch?

Ich schüttele den Kopf. Stellas Eltern sind bei einem Au-tounfall umgekommen, das hat sie mir selbst erzählt. Das spricht dagegen. Aber das Foto, das sie mir zeigte und auf dem nicht Jackie und Rainer zu sehen waren – Stella selbst seltsamerweise auch nicht –, das spricht wiederum eher dafür. Dieses Bild von einem glücklichen jungen Paar in einem unbewohnt aussehenden Wohnzimmer wirkte auf mich von Anfang an unecht, wie ein Werbefoto, Reklame für eine Versicherung oder einen Bausparvertrag. Und von dem Autounfall hat Stella nur von ihrer Tante erfahren – sie selbst war noch nicht einmal vier Jahre alt gewesen.

Mein Hirn läuft Amok.

Inzwischen bin ich längst in meiner Wohnung, weiß aber nicht, was ich mit mir und dem Durcheinander in mir anstellen soll. Der Kampf zwischen *nein, doch, nein* geht inzwischen etwa in die vierzigste Runde.

Ich verlasse die Wohnung wieder. Gehe in Richtung Hanauer Landstraße, wo ich ein paar ziellose Runden drehe, um die Büromöbelgeschäfte und Motorradfilialen in der ersten, die Diskothek, die Romanfabrik, eine Tanzschule in der zweiten Reihe herum. Stelle fest, dass ich automatisch Richtung Rabbit marschiert bin und drehe wieder um.

Zuletzt stoppe ich an einem Kiosk und kaufe mir ein paar Flaschen Bier. Nur, um nicht verrückt zu werden. Nur, um einen Fingerbreit Abstand vom Geschehen zu bekommen. Um die Wand zu polstern, gegen die ich meinen Kopf hauen will, wieder und wieder.

Um sechs Uhr früh wache ich vom Klingeln des Telefons auf. Eine Ärztin teilt mir mit, dass Rainer die Nacht nicht überlebt hat. Es ist der einunddreißigste August 2008. So wird es auf seinem Grabstein stehen.

Ich lege mein Handy weg. Lehne mich mit dem Rücken an die Wand und rutsche sie langsam herunter. Im Sitzen schlage ich mir die Hände vor das Gesicht und heule los.

Ich habe ihm noch sagen wollen, dass ich meinen ersten Sohn Rainer nennen werde.

Dass ich mich mein ganzes Leben lang daran erinnern werde, was er über Freundschaften gesagt hat. Und an ihn, natürlich. Ich werde mich immer an ihn erinnern.

Nicht an die letzten Tage im Krankenhaus. Sondern an den Helden meiner Kindheit. Den Ex-Boxer, den Trainer, den Kerl mit den Sixpacks zu großen blauen Mädchenaugen unter einem Kranz dichter Wimpern. Augen, die leuchten, als stecke alles Leben der Welt in ihnen.

Das Rabbit bleibt einige Tage geschlossen

Wintersterne

Wir sitzen alle vor dem Fernseher. Alle, das sind Henning, Cleo, außerdem Peter mit seinen Zwillingen, Tamara und Titus, sowie die neue Kellnerin Beate, auf die der stolze Teilzeitvater ein Auge geworfen hat. Bettine als verantwortliche Redakteurin der Sendung ist natürlich dabei; und aus diesem Grund auch meine Schwester Nicole: Sie will ein Schülerpraktikum beim Fernsehen ergattern. Stella muss ich nicht erwähnen, sie wohnt schließlich hier. Genau wie ich seit einigen Monaten.

Meinen Vater habe ich ebenfalls eingeladen, wobei ich zugeben muss, dass ich mir sicher gewesen war, dass er so kurz nach seiner Hüftoperation sowieso nicht kommen würde. Falls es ihn interessiert, kann er die zehnte und vorläufig letzte Folge meiner Kochshow – »Wolf kocht« heißt sie leider, ich konnte nichts dagegen tun – auch von seinem Sofa daheim aus ansehen. Und wenn nicht, auch egal; es schalten genügend Leute ein. Die Quoten seien besser als erwartet, sagt Bettine, denn – das hatte sie mir bisher natürlich verschwiegen – der große Kochboom im Fernsehen habe längst den Zenit überschritten.

Jackie war ebenfalls eingeladen gewesen und wollte eigentlich erscheinen, aber dann ist ihr ein Skiurlaub in St. Moritz dazwischengekommen. Stella und sie verstehen sich bemerkenswert gut, auch wenn sie nicht miteinander umgehen wie Mutter und Tochter. Eher wie Schwestern, die sich zwar überhaupt nicht ähnlich sind, aber sympathisch finden.

Überhaupt hat Stella die Neuigkeiten zu ihrer Herkunft erstaunlich gut verkraftet. Rainer war so klug, ihr einen Brief zu hinterlassen, in dem er ihr alles erklärte; so musste ich nicht den Boten spielen. Stella hat Jackie nicht einmal einen Vorwurf gemacht, dass sie sie zur Adoption freigab. »Dann könnte ich kaum vier Fremdsprachen fließend und hätte mir auch keine Aussichten auf eine Heirat in eines der Königshäuser machen können, nicht wahr?«, imitiert sie Frau von Sternberg, die sie nicht mehr Tante nennt, wenn sie überhaupt einmal von ihr spricht. Ich sage dazu nichts, bin mir aber insgeheim sicher, dass darin eine doppelte Wahrheit steckt. Stella ist nämlich durchaus an ein bequemes Leben gewöhnt und möchte es nicht missen, zumindest nicht ganz – ein Teil ihres Wesens wird immer die arrogante, verwöhnte, rechthaberische und zickige höhere Tochter bleiben, zu der sie erzogen wurde. Ich liebe sie trotzdem. Und es ist zum Glück nur ein kleiner Teil.

Sie nennt sich jetzt Stella März, hat also Rainers Nachnamen angenommen. Sie freut sich wie eine Schneekönigin darüber, das affektierte »von Sternberg« wegzulassen (»Stella von Sternberg – doppelter Stern hält besser, oder wie? Ich bitte dich, Marten, das hat für dich doch auch immer wie der Name einer Comicfigur geklungen! Stimmt's oder hab ich recht?«).

Nein, nein: Stella März ist perfekt, hübsch und kurz. Was sie sich bei Britney gedacht haben, na ja – Schwamm drüber.

Rainer ist seit über einem Jahr tot, und ich empfinde die Ungerechtigkeit keinen Deut weniger. Peter geht es genauso, das weiß ich, auch wenn wir seit dem Tag der Beerdigung nicht mehr darüber gesprochen haben. An dem Abend, Peter war längst nicht mehr nüchtern, hat er mir seine Theorie über die Ungerechtigkeit der Welt erklärt. Es gebe, sagte er, eigentlich kein »Schicksal«, das so und so verlaufe. Sondern nur das Gute auf der einen und das Böse auf der anderen Seite; man müsse sich das wie einen Boxkampf mit unterschiedlich vielen Runden vorstellen, bei dem mal der Flinkere, dann wieder der mit der meisten Ausdauer oder einfach der mit dem größeren Glück gewinne. Grundsätzlich, sagte Peter, sei das Böse bekanntlich fleißiger, also besser auf den Kampf vorbereitet. Und da es dem Grundsatz nach *alles* vernichten wolle, schaue es nicht besonders genau hin, welche Person ihm im Ring gegenüberstehe, wer hinter dem Gesichtsschutz stecke, es schlage einfach zu. Peter ist sehr stolz auf diese Theorie, weil er darin so viel von Larissas Ideen untergebracht hat. Er weigert sich aber, Henning davon zu erzählen, weil der doch nur wieder seinen Spaß daran hätte, sie zu zerpflücken.

Von Jenna habe ich nichts mehr gehört – bis ich vor ein paar Wochen zufällig eines sehr späten Abends durch die Fernsehprogramme zappte und meinen Augen nicht trauen wollte. Da saß sie in einer Talkshow-Runde. Lächelnd, im hellen Sommerkleid, ohne Piercing und mit kürzeren Haaren, aber eindeutig Jenna. Sie sprach gerade, auf dem Bildschirm wurde »Jana Page, Bestsellerautorin« eingeblendet. Ich saß mit offenem Mund da. Hörte, wie die Moderatorin fragte: »Frau Page, ihr Roman ist eine Liebesgeschichte, in der die männliche Hauptfigur als gewalttätiger Charakter dargestellt wird, der seine Freundin abhängig macht: sexuell und von Drogen, was Sie ja wunderbar authentisch beschreiben – aber dennoch, und darauf will ich hinaus, gehen Sie verständnisvoll mit ihm um, liefern Gründe für sein Verhalten. Da ist seine schwere Kindheit, er gerät an die falschen Freunde … Meine Frage lautet daher: Wie kommt es, dass Sie so verständnisvoll sind? Steckt in jeder Frau ein Stück weit der Wunsch, dominiert zu werden?« Die Moderatorin nickt Jenna aufmunternd zu. Doch bevor die den Mund aufmachen kann, schaltet sich eine andere Diskussionsteilnehmerin ein: eine forsch dreinblickende »Literaturwissenschaftlerin«, die »genau das von der psychologischen Seite her unglaublich reizvoll« fand, »diesen Kunstgriff, die Perspektive des Mannes einzunehmen, der Wille zur Empathie bei diesem fast willenlos gemachten jungen Mädchen«, das habe sie »absolut überzeugt«, ohne diese »Volte« wäre das Buch »nur ein weiteres Machwerk der Betroffenheitsliteratur«. Ins Studiopublikum kommt daraufhin Bewegung, jemand in der zweiten Reihe ruft: »Sexismus!«, und alle reden durcheinander, bis die Literaturfrau noch mal loslegt und mit ihrem fremdwortgespickten Wortschwall in kürzester Zeit alle niedergemäht hat.

Dann ist endlich Jenna an der Reihe, und sie macht eine erstaunlich gute Figur. Zwar wiederholt sie nur das bisher Gesagte, bestätigt, das sei ja »sehr richtig«, und dies und das auch, und genau so habe sie es sich gedacht, aber sie tut es auf sympathische Art und Weise, sie ist ruhig und freundlich, gestikuliert sparsam, und endet sogar mit einem kleinen Witz. Ihre schauspielerische Leistung beeindruckte mich an jenem Abend fast so sehr wie die Tatsache, dass sie tatsächlich ein Buch geschrieben hat.

»Ich bin gespannt, wie mein Esszimmer im Fernsehen wirkt«, sagt Stella jetzt und rückt auf dem Sofa enger zu mir.

»*Unser* Esszimmer«, berichtige ich.

»Da war es das aber noch nicht!«

Tatsache. Die letzte Folge »Wolf kocht« ist bereits im Spätsommer abgedreht worden. Stella muss lachen: »Erinnerst du dich? Die Wachteln …«

»Klar, wie könnte ich die je vergessen!«

»Jetzt hört schon mit den ollen Kamellen auf«, sagt Bettine.

Für die Abschlusssendung hatte sie sich etwas Besonderes ausgedacht: Nicht ich allein sollte beim Brutzeln in der Küche gezeigt werden. Nein, ich sollte für meinen Freundeskreis kochen, und zwar ein »Biblisches Weihnachtsmenü«, das allen ganz wunderbar schmecken würde. Die Zubereitung der einzelnen Speisen würde sie in Rückblenden hineinschneiden, je nachdem, wer gerade wovon probiere. Meinen Part in der Küche hatten wir an den beiden Vortagen gedreht, ohne größere Pannen – bis auf ein Intermezzo: Bettine fand die geschmorten Wachteln für das Fernsehen »zu blass« und besprach sich deswegen mit ihrem Assistenten.

Als ich nicht viel später das Ergebnis sah, bekam ich den Mund nicht mehr zu. Nach dem Motto: Haut ist Haut und Huhn und Wachtel sind beides Geflügel, also in etwa dasselbe, hatte der Assistent beim Hähnchengrill an der Ecke ein paar Broiler gekauft, ihnen die braune Knusperhaut abgezogen und die Wachteln darin eingepackt.

»Wunderbar« sagte Bettine, »genau so habe ich mir das Gericht vorgestellt. Guck, Marten, sie sehen auch nicht mehr so mickrig aus, die Hülle macht sie ein bisschen dicker.«

Ich bin mir nicht sicher, was passiert wäre, wenn nicht Peter die Idee gehabt hätte, die Wachteln – von der Kamera unbeobachtet, versteht sich – mit Zuckercouleur und Bunsenbrenner zu bearbeiten und sie auf diese Weise zu bräunen, ohne dass sie aussahen wie ein missratenes Klonexperiment.

Stellas Ellbogen rammt mich: »Es geht los!«

Das Intro, das ich schon kenne, ist immer dasselbe. Aber da sind wir jetzt alle: Peter trägt die Schüssel mit der Mandelsuppe, Cleo den Bohnensalat »Jakob«; ich folge mit den malträtierten Wachteln, Stella balanciert »König Salomos Kichererbsenbällchen« als Turmbau zu Babel auf einem Holzbrett.

»Da kommt der eklige Matschbrei!«, kräht Tamara aufgeregt, als zuletzt Henning die Steingutschüssel mit »Esaus Linsengericht« hereinschleppt. Prominent als vegetarische Hauptspeise angekündigt, hatte Bettine sie für »optisch ungeeignet« erklärt, aber hier fanden wir rasch einen Kompromiss: Wir streuten eine dicke Schicht Kräuter darauf.

Auf dem Bildschirm sitzen wir inzwischen alle am Tisch, ein kratziger Isländerpulli mit eingestickten Rentieren neben dem anderen.

»Das weckt Weihnachtsgefühle«, hatte Bettine gesagt. Die fünf Ventilatoren, die ihr Team um uns aufgestellt hatte, sind zum Glück für das Publikum unsichtbar geblieben.

»So sehen sie eigentlich nicht schlecht aus«, sagt Peter.

»Klar, man sieht ja nicht, wie feucht es darunter bei fünfunddreißig Grad im Schatten war«, bestätigt Henning. »Mir ist der Schweiß gerade so runtergelaufen. Meine Güte, diese Höllenpullover hatte ich schon wieder vergessen …«

»Wie kann man die vergessen! Bettines großzügiges Geschenk an uns alle«, sagt Stella ironisch. Sie kann Bettine nicht leiden, seit die am Drehtag als allererstes »das deprimierende schwarze Bild« über dem Esstisch abhängen ließ.

»Die Dinger haben aber einen Riesenvorteil, wenn ich mich mal kurz einmischen darf«, sagt Beate.

»Der da wäre?«

»Man sieht keine Schweißflecken unter den Achseln oder am Rücken, bei der dicken Islandwolle fließt alles runter.«

»Stimmt, ich hatte definitiv einen nassen Hintern!«

»Hast du sie uns deshalb mitgebracht?«, fragt Stella Bettine direkt.

»Nun ja, nein, ich muss zugeben, das ist mir auch erst später aufgefallen, dass man keine Flecken sieht. Ich wollte einfach, dass ihr schön und winterlich gekleidet seid!«

»Aha?«, sagt Stella.

»Ja, ich weiß, ich hatte euch das vorher gesagt, aber ich war mir halt nicht sicher, äh, wie ihr es interpretieren würdet.« Bettine windet sich: »Also ganz konkret: Ich wusste einfach nicht, in welchen Klamotten Henning und Peter aufkreuzen würden.«

Stella muss lachen.

»Ich hatte mein schönstes Sommerhemd an«, sagt Peter würdevoll.

»Ja, eben!«

Darauf reagiert Peter nicht mehr, denn jetzt ist er in Großaufnahme zu sehen.

Der Bildschirm-Peter erzählt, wie ihm die Idee zu einem biblischen Menü gekommen sei. »Meine Tochter Tamara« – Schwenk auf Tamara, die gerade noch rechtzeitig den Finger aus der Nase gezogen hat – »hat mich gefragt: ›Papa, was haben eigentlich Maria und Josef zu Weihnachten gegessen?‹ –, und da habe ich ein bisschen nachcherchiert.«

»Von wegen du«, sagt Henning.

»Da sind meine Füße«, jauchzt Tamara. Sie deutet auf ihren winzigen Fuß in rosa Gummilatschen. »Und da sieht man meine Flipflops!« Tatsächlich sind sie für eine Sekunden neben Mopsi mit Nikolaushut über dem zerdrückten Gesicht zu sehen.

»Mist, ja, ich hab's auch gemerkt«, sagt Bettine, »aber das ist das einzige Mal, dass wir den Hund mit dem Hut drauf hatten, der hat ihn ja jedes Mal sofort abgeschüttelt!«

»Ist doch egal«, meint Cleo, »das sieht alles super aus.«

Ich bin ebenfalls erstaunt, wie schön fotografiert alles rüberkommt: Coole junge Leute in bester Laune, die sich unterhalten. Die Kamera schwenkt über die dekorierte Tafel, auf der jetzt der »Jerusalemer Honig-Käsekuchen« und die Datteltorte »Jericho« thronen.

Das Tischgespräch führt inzwischen Henning; er spricht

in feinstem Dozententon über die kulinarischen Sitten zu alttestamentarischen Zeiten. Da habe es ja nicht nur die jüdischen Speisen gegeben – und auch hier enorme Unterschiede, denn jene Gruppe, die später die sephardischen Juden genannt wurden, kochte ganz anders als die heute als aschkenasisch bezeichneten –, sondern auch die Römer und Ägypter mit ihren sehr speziellen Zubereitungsmethoden und Tischsitten ...

»Du hast mich mitten im Satz abgeschnitten«, mäkelt der echte Henning.

Stimmt, aber ich finde das gut, denn stattdessen kommt jetzt Stella mit der Bibelgeschichte, nach der ich das Rezept für »Pharaos Butterkekse« entwickelt hätte: »In der Bibel steht, dass Josef, als er im Gefängnis ist, den Traum des Oberbäckers des Pharao deutet. Der Oberbäcker hat von drei Körben Feingebäck geträumt, die er auf dem Kopf trug. Dann fraßen ihm Vögel alles weg.«

»Wie hat er denn drei Körbe auf einmal auf dem Kopf getragen?«, will Tamara wissen.

»Keine Ahnung, vielleicht nicht gleichzeitig? Ist doch egal. Jedenfalls sind im Rezept nur Zutaten, die es damals auch gegeben hat«, antwortet Stella.

»Und was ist das für eine Prophezeiung gewesen?« Henning ergreift wieder das Wort: » Josef sagte dem Oberbäcker voraus, er werde den Tod am Galgen sterben ...«

»Und wieder habt ihr mich mitten im Satz abgeschnitten!«, sagt Henning. »Na bravo.«

»Was soll ich denn machen«, verteidigt sich Bettine. »Außerdem war das doch der wichtigste Teil der Antwort!«

Wir sehen, wie die Torten angeschnitten und auf Teller verteilt werden – essen wollte und konnte inzwischen keiner mehr –, und kurz darauf ist die Sendung vorbei. Zuletzt der

Abspann: Mein Gesicht, ich grinse breit mit frisch gebleach-ten Zähnen.

Im Wohnzimmer beginnt sofort eine wilde Diskussion über die Sendung. Ich höre Titus quengeln: »Kann ich noch mal in Martens Zimmer zu Otto und Oscar? Papa, bitte!«

Ich stehe auf und gehe in die Küche, um nachzusehen, was das Essen macht. Ich habe zur Feier des Tages Kaninchen in Biersauce gemacht, nach einem belgischen Rezept, auf das ich neulich gestoßen bin.

Als ich die Ofentür öffne und auf das fertige Gericht sehe, wird mir vom heißen Dampf für einen Augenblick so schwindelig, dass ich mich abstützen und meine Augen schließen muss. Ich verstehe nicht, was mit mir passiert, aber auf einmal bin ich wieder der kleine Junge im Tiergeschäft, der Nicoles Kaninchen im Arm erstickt. Bin wieder elf Jahre alt und spüre erneut diese unglaubliche Macht, bestimmen zu können, ob das Tier weiterleben darf oder nicht.

Ohne es zu wollen, habe ich einen Sprung rückwärts durch die Zeit gemacht, die Vergangenheit ist Gegenwart geworden, ich entscheide mich fürs Töten. Einfach so, ohne Grund, weil ich der Stärkere bin. Meine eigene tagtägliche Ohnmacht existiert nicht mehr; so lustvoll, so befreiend ist diese Tat. Sofort weiß ich, der Elfjährige, dass ich sie wiederholen werde. Allein der Gedanke reicht schon, und mir geht es besser. Hier *beginnt* etwas. Meine Wut hat eine Richtung, ein Ziel, ein Ritual. Wie viele sind es wohl alles in allem gewesen? Ich klammere mich an die Spüle, mir ist schlecht, mein Kinderherz pumpt so schnell, dass ich fürchte, es werde sich nie mehr beruhigen. Rote Blitze zucken über meine geschlossenen Lider, ich rieche starke Gewürze, etwas Süßliches, es ist magisch. Eine durchgehende Linie führt von dem vergangenen Augenblick hierher zu mir; eines der Tiere liegt nun im Ofen, ich habe es nicht in den Fluss geworfen oder in der Erde verscharrt, sondern es zubereitet und werde dafür von allen gelobt.

Ich mache nichts anderes als damals, nur liegt jetzt eine Schicht Kultiviertheit darüber, zur Tarnung. Ich bin Koch. Bereite für meine Freunde Lapin à la gueuze zu. Dass ich, indirekt, den Auftrag zum Schlachten gegeben, das Töten befürwortet habe – schließlich habe ich das Fleisch bestellt –, das zählt nicht. Ich bin wie der Gecko, der alle täuscht. Um nicht erkannt zu werden, hat er die Farbe eines Holzstücks angenommen: Wer würde darauf kommen, dass da ein Tier lauert? Mir ist schlecht, kalter Schweiß klebt an meiner Stirn. Immer noch halte ich mich an der Spüle fest.

»Alles in Ordnung, Marten?« Stella steht in der Küchentür. »Marten! Du bist ganz weiß im Gesicht!«

Ihre Stimme zieht mich aus der Vergangenheit, katapultiert mich ins Jetzt. Ich atme auf. Erstaunlich, aber ich kann tatsächlich sofort sprechen: »Ja, alles okay.«

»Puh, ist ziemlich heiß hier drin, ich lüfte mal kurz, ja?«

»Das ist eine gute Idee.«

»Alle freuen sich schon aufs Essen. Henning will wissen, wie dieses belgische Bier heißt, das du im Rezept verwendest; ich hab's vergessen.«

»Gueuze-Bier.« Ich bin in Sicherheit. Bin wieder da. Nicke und lächele und gehe ein paar Schritte hin zu Stella, die am offenen Fenster steht. Gemeinsam schauen wir hinaus.

Der Winterhimmel ist von einer schier unbegreiflichen Schwärze; geheimnisvoll, still, unendlich. Vor dieser Nicht-Farbe muss man keine Angst haben. Sie ist nötig, damit man die Sterne so gut sehen kann, wie wir es jetzt tun: einzelne, funkelnde Punkte, die sich zu Bildern gruppiert haben.

Und auf einmal, während ich neben Stella am Fenster stehe und einzelne Flocken vom Himmel rieseln, weiß ich, was ich will. Ich will die Zeit. Das Gestern, das Morgen, und diesen Augenblick. Für jede Sekunde meines Lebens dankbar sein, das will ich.

Wenn ich die Augen schließe, kommen die Bilder, sehe ich mich mit Micha schwimmen, radfahren, lachen; ich sehe Gesichter, meine Mutter, Rainer, Peter. Höre Stimmen, Geschrei und Geflüster, Nicole weint, ein Gast lobt mich, ein anderer meckert, Micha sieht mich an, Rudi am Steuer, ein Schrebergartengrundstück, ein verwüstetes Bett, orangefarbener Teppich, Glas, eine Katze springt in die Wand, flackernde Momentaufnahmen, mein erstes Soufflé, Stellas Küsse, der römische Platz, ich sehe Tränen, das Grab meiner Mutter, ich sehe vage, unscharfe Bilder, solche, die erst in Zukunft belichtet werden – und alles, was ich sehe, in dieser Schwärze hinter meinen Augenlidern, leuchtet und gehört mir. Ich muss an das Sprichwort meines Vaters denken: Schließ die Augen, und alles, was du jetzt siehst, gehört dir. Niemals hätte er sich vorstellen können, wie viel das ist.

Ja, es ist wirklich alles in Ordnung. Eigentlich noch mehr als das. Ich habe so unendlich viel bekommen. Das ist merkwürdig, denn ich hatte ja keine großen Erwartungen.

Inhalt

Für viele Tipps und Geschichten rund ums Kochen und noch mehr Rezepte bedanke ich mich bei dem fantastischen Koch Andreas Neumeister. Sollten sich doch Fehler eingeschlichen haben, zeichne selbstverständlich ich dafür verantwortlich.

Silke Scheuermann